스포츠경영관리사

4주 완성 필기+실기

M스포츠연구소

박영사

INFORMATION
시험안내

1. 기본 정보

> 스포츠제품에 대한 부가가치 창출, 중계권 포함 스포츠와 연관된 무형 자산의 상품화 및 판매, 스폰서 모집, 선수와 팀의 매니지먼트, 시설관리 등을 수행하는 직무

스포츠경영관리사 자격제도는 스포츠경영관리 분야에서의 올바른 직무활동과 전문가를 양성하기 위하여 2005년에 신설되었다. 스포츠경영관리사는 프로 및 아마추어 스포츠구단의 스포츠마케팅을 기획하고 운영하는 업무를 담당한다. 또한 스포츠콘텐츠의 확보와 상품화에 힘쓰고, 스포츠선수 대리인 사업을 시행한다.

- 관련부처: 문화체육관광부
- 시행기관: 한국산업인력공단

2. 교육기관

4년제 대학 스포츠경영학과, 스포츠마케팅학과, 스포츠과학과, 스포츠산업과, 체육학과, 사회체육학과, 생활체육학과 등 체육계열 학과 및 스포츠산업 관련 대학원

3. 시험과목

필기(매과목 100점)	1. 스포츠산업 2. 스포츠경영 3. 스포츠마케팅 4. 스포츠시설
실기(100점)	스포츠마케팅 및 스포츠시설경영 실무

4. 검정방법 · 합격기준

필기 (시험시간 150분)	검정방법	객관식 과목당 25문항
	합격기준	매과목 40점 이상, 전과목 평균 60점 이상
실기 (약 3시간)	검정방법	주관식 필답형
	합격기준	60점 이상

※ 정확한 정보는 반드시 한국산업인력공단 사이트에서 확인하시기 바랍니다. (q-net.or.kr)

INFORMATION

5 주요 활동 정보

활동 분야	스포츠이벤트의 기획 및 운영, 스포츠스폰서 및 광고주 유치, 프로 및 아마추어 스포츠 구단 스포츠 마케팅 기획 및 운영, 스포츠콘텐츠의 확보 및 상품화, 스포츠선수대리인 사업의 시행, 스포츠시설 회원 모집·관리 등 회원서비스, 스포츠시설 설치 및 경영 컨설팅, 공공 및 민간체육시설 관리·운영
관련 직업	공공기관 종합체육시설, 프로스포츠 구단, 각종 경기단체, 일반 기업체, 교육기관 등

6 자격취득자 우대사항

연구전담요원의 자격기준(기초연구진흥 및 기술개발지원에 관한 법률 시행규칙 제2조제3항)
기업부설연구기관 등이 확보해야 하는 연구전담요원의 자격기준으로 「국가기술자격법」에 따른 기술·기능 분야의 기사 이상 기술자격을 가진 사람, 산업기사 기술자격을 가진 사람으로서 연구개발 경력이 2년 이상인 사람, 기능사 기술자격을 가진 사람으로서 연구개발 경력이 4년 이상인 사람 등을 인정

7 관련 분야 고용전망

정부는 스포츠산업 진출을 희망하는 구직자에게 고용안정성을 높일 수 있는 일자리 정보를 제공하고, 구인기업에는 기업특성에 맞는 인력정보를 제공하기 위해 2014년부터 스포츠산업 일자리 지원센터(JOB SPOIS)를 운영하고 있음(https://spobiz.kspo.or.kr/)

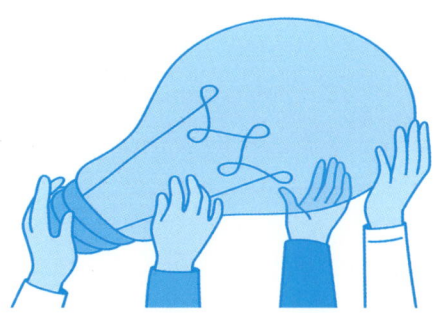

STRUCTURE
도서 구성

4단계로 스포츠경영관리사 완전 정복!

1단계	2단계	3단계	4단계
필 기	실 기	기출적중 100제	부 록

| New NCS 출제기준 (2024~2026)을 반영한 과목별 편제 및 키워드 학습 | New NCS 출제기준 (2024~2026)을 반영한 실기 구성 | 출제빈도 및 경향 분석 | 전자책-웹북으로 보는 최신 법령 |

New NCS 출제기준(2024~2026)을 반영한 핵심이론과 학습 능률을 높여주는 키워드 학습

서술형과 단답형으로 출제된 주제를 보강하여 만반의 실기 준비를 다할 수 있도록 구성

10개년 기출문제를 분석하여 기출적중 100제를 과목별로 재구성

핵심 법령 전문을 전자책-웹북으로 구성, QR코드 스캔으로 손쉽게 연결!

REVIEW

"M스포츠경영관리사 生生 합격후기"

여선○: 실기시험이 어려워 떨어질까 걱정했는데 M스포츠경영관리사 덕분에 거뜬히 합격했죠.
홍경○: '무비질소', '공복시오감' 등 아직도 암기비법이 생생합니다.
조영○: 따라하다 보니 저도 동시합격의 기쁨을 누렸습니다.
차우○: 1차와 2차를 동시에 공부할 수 있어 매우 효과를 봤어요.
김재○: 수험서를 통해 스포츠 비즈니스 세계에 흠뻑 빠졌고, 현장 전문가가 될 거예요.
조두○: 자격증 취득을 통해 스포츠산업 융합분야의 대학원 공부를 계속하게 됐습니다.
장준○: 동태들이 자학한다는 '동태스자학' 암기비법을 생각하면 아직도 웃음이 납니다.
홍명○: 2차 실기요약을 통해 서술하는 능력을 많이 키웠습니다.
정의○: 반복패턴 학습을 통해 합격을 했고, 스포츠에이전트에 관심을 갖게 되었어요.
서준○: 무한반복 학습을 통해 단기간에 합격을 해서 대학원 진학도 하게 됐습니다.
오재○: 실수 없이 단기간에 합격하기 위해선 아주 적합한 수험서라 생각합니다.
곽현○: 2차 실기시험을 불합격한 후, 이 책으로 바꾸고 나서 최종 합격했어요.
권형○: 이 책으로 합격한 후, 스포츠 소비자 티켓팅 행동패턴을 조사하는 회사에 취직했어요.
이옥○: 아직도 생생한 암기비법이예요. 지금은 마케팅 리서치 회사에 취직했습니다.
류혜○: M스포츠경영관리사로 공부해 단기간에 합격하고, 대학원 진학과 연구원 근무로 이어졌어요.

CONTENTS
차례

PART 01 스포츠산업
CHAPTER 01 핵심이론 ······ 004
CHAPTER 02 기출적중 100제 ······ 036

PART 02 스포츠경영
CHAPTER 01 핵심이론 ······ 074
CHAPTER 02 기출적중 100제 ······ 107

PART 03 스포츠마케팅
CHAPTER 01 핵심이론 ······ 140
CHAPTER 02 기출적중 100제 ······ 175

PART 04 스포츠시설
CHAPTER 01 핵심이론 ······ 210
CHAPTER 02 기출적중 100제 ······ 239

PART 05 실기(스포츠마케팅 및 스포츠시설경영 실무)
CHAPTER 01 스포츠용품 개발 ······ 274
CHAPTER 02 스포츠시설 사업 타당성 ······ 280
CHAPTER 03 스포츠시설 내부 디자인 ······ 285
CHAPTER 04 스포츠시설 경영기획 ······ 286

CONTENTS

CHAPTER 05 스포츠시설 마케팅 ·· 299
CHAPTER 06 스포츠시설 재무관리 ·· 318
CHAPTER 07 스포츠시설 서비스 및 안전관리 ·· 324
CHAPTER 08 스포츠시설 법률지원 ·· 329
CHAPTER 09 스포츠이벤트 전략기획 ·· 332
CHAPTER 10 스포츠이벤트 마케팅 ·· 336
CHAPTER 11 스포츠이벤트 중계권 관리 ·· 340
CHAPTER 12 스포츠정보 분석 ·· 341
CHAPTER 13 스포츠라이선싱 계약 ·· 344
CHAPTER 14 실기 답안 작성 연습 ·· 351

별책부록(전자책 – 웹북)

CHAPTER 01 스포츠산업 진흥법 · 시행령 · 시행규칙
CHAPTER 02 체육시설의 설치 · 이용에 관한 법률 · 시행령 · 시행규칙
CHAPTER 03 전문체육시설의 설치기준 등 첨부자료

※ QR코드를 스캔하면 전자책–웹북을 확인하실 수 있습니다.

KEYWORDS for the QUESTIONS
빈출 키워드

🔍 스포츠경영관리사 실기 기출 키워드

- BCG
- GE
- Meenaghan 스폰서십 효과
- PSL
- STP
- SWOT 분석(4개)
- 가격책정(심리적 기능 고려 4개)
- 가치사슬(포토 지원활동)
- 간접금융 정의, 예시
- 경영자 계층
- 경쟁전략(본원적 경쟁)
- 계산(총자본순이익률, 회전율, 순이익률)
- 고객유지관리
- 공식파트너, 공식스폰서, 공식공급업체, 공식상품화권자 차이점
- 관람스포츠 생산제품
- 관람형 스포츠시설 특징
- 관여도(지속적, 상황적) 마케터 전략
- 광고의 성장요인
- 교섭적, 변혁적 리더십
- 구매행동
- 기계적 관료제 특성
- 기업촉진활동(판매촉진) 유형 4개
- 기회 매트릭스
- 내부수익률법
- 도입기, 성숙기 특징, 전략
- 라이선싱 계약 상호 고려사항
- 라이선싱 정의
- 마이클 포터 경쟁요인
- 마케팅전략 7P
- 매슬로우 욕구단계
- 미션
- 민츠버그 조직구조 유형 및 요인
- 브랜드 가치
- 브랜드 라인 확장(장단점)
- 브랜드 인지도 강화
- 브랜드 확장 정의, 특징, 강화 개념
- 상품개발과정
- 서비스 특성
- 서비스 품질 척도
- 선수보증계약 시 주의사항 및 계약 핵심조항
- 성장전략(시장침투전략 빈칸 채우기)
- 소비자 구매절차
- 손익분기점 계산, 수량
- 수요 탄력성
- 수요예측 질적 방법
- 수직적 마케팅 시스템(VMS)
- 순현가법
- 스포츠단체가 상채석 기업을 상대로 무식시서아 될 효과
- 스포츠시설 입지 선정 시 고려사항
- 스포츠조직과 기업 입장 스폰서십 기대효과
- 스포츠조직의 세 가지 레버리지
- 스포츠산업 특성 및 분류
- 스포츠서비스 구매(소비자 지각된 위험)

KEYWORDS for the QUESTIONS

- 스포츠소비자에 영향을 미치는 요인
- 스포츠조직, 스폰서 미디어 관계
- 스폰서십 필요성(조직: 스포츠주관자, 기업 입장 각 3개)
- 시장세분화(개념, 필요성)
- 시장침투전략 개념과 실행방법
- 신제품 개발절차 7단계
- 앨더퍼 ERG
- 앰부시마케팅 방지 방법
- 앰부시마케팅 개념 및 유형
- 에이전시 유형
- 유동성 비율, 당좌비율 계산
- 유통과정 발생문제와 해결방법
- 인사평가(오류 5개)
- 인적자원현장실습(OJT 장단점)
- 인지부조화(정의, 해결 및 감소방안)
- 재구매가격, 촉진가격, 오픈가격
- 전력평준화 4개
- 전사적, 사업부, 기능별 전략
- 전통적 촉진방법 4개
- 점포형 소매상 유형(5개)
- 접근가능성, 측정가능성
- 조직구조 구성요소(복잡성, 공식화, 집권화)
- 주요 수입원(5개)
- 직무분석, 직무평가(각 3개)
- 직접금융 방법
- 차별화, 비용우위, 집중화전략 중 개념 설명
- 차별화전략(의미, 예시, 장단점)
- 촉진수단(할인쿠폰)
- 추세조사, 코호트조사, 패널조사
- 충성도 조사방법 3개
- 카리스마적 리더십
- 카테고리 확장
- 커뮤니케이션(의사소통) 장애 3개
- 투자결정기법
- 투자회수기법(단점 3개)
- 프로스포츠 수입(직간접)
- 행동적, 인지적, 정서적 관여도
- 허시&브랜차드 리더십
- 허츠버그 동기이론, 위생이론

M스포츠 네이버 카페에서
https://cafe.naver.com/sportspass
업데이트되는 최신 학습자료를 확인하세요.

필기·실기 학습 시 유용한 45개 암기비법

본서에 제시한 암기비법은 필기와 실기에서 유용하게 활용하기 위해 마련했습니다. 핵심단어를 도출해 문장화를 하다 보니 다소 어법이 맞지 않을 수 있으나 중요한 것은 머릿속에 오래 남도록 암기하고 응용하기 위함이니 잘 따라오시길 바랍니다. 이외에 필요한 부분이 있으면 자신만의 암기비법을 추가해 나가는 것도 좋은 학습 방법입니다.

연번	암기비법		문제유형	해답
		스포츠산업		
1	공복시오감	배가 고플 때 즉, 공복 시엔 오감이 뒤틀리겠지요.	스포츠산업의 특성	공간·입지 중시형 산업 복합적 산업분류 구조 시간 소비형 산업 오락성 중심의 최종 소비재 산업 감동과 건강 산업
2	유신확답공	유신체제에 대해 확답을 하라고 한다면 공감이 가야겠지요.	서비스 품질 척도	유형성 신뢰성 확신성 응답성 공감성
3	정도선개포상	조선시대 정도전이 아닌 정도선이 개포상한답니다.	스포츠 신상품 개발의 절차	정보수집 아이디어 도출 아이디어 선별 개발 및 테스트 포괄적 사업성 분석 상품화
4	인심용평수	인심이 좋으면 용평수(水)를 준답니다.	스포츠상품 개발 후 소비자 수용 단계	인지 관심 사용 평가 수용

			스포츠경영	
5	현실체감 통상대	졸업하기 힘들어 현실체감을 하는 통상대학교가 있답니다.	스포츠이벤트의 특성	현장성 진실성 체험성 감성적 특성 통합성 상호교류성 대중성
6	제구사치술경	친구 제구가 사치술경이란 경전을 낭독합니다.	스포츠경영 외부환경 (일반환경)	경제 인구 사회문화 정치법률 기술 국제환경
7	경비공유관	경비아저씨가 배우 공유의 관상을 본답니다.	스포츠경영 외부환경 (과업환경)	경쟁자 소비자 공급자 유통업자 규제기관
8	별소물개	태평양의 물개 중에서 가장 으뜸은 별소물개라고 합니다.	BCG 매트릭스	별 자금젖소 물음표 개
9	기공구대신	집안의 큰 망치 기억나세요? 기존의 공구를 대신할 만한 좋은 망치는 없답니다.	마이클 포터의 5가지 경쟁요인	기존 경쟁자 공급자 교섭력 구매자 교섭력 대체재 위협 신규진입자 위협
10	차비집	차비가 없으면 집에 못갑니다.	마이클 포터의 본원적 경쟁전략	차별화 전략 비용우위 전략 집중화 전략
11	차비집		(스포츠마케팅) 표적시장 선정전략	차별적 마케팅 전략 비차별적 마케팅 전략 집중적 마케팅 전략

12	차비집세	차비도 없는데 어떻게 집세를 냅니까?	(스포츠시설) 스포츠시설의 경영전략 유형	차별화 전략 비용우위 전략 집중화 전략 세분화 전략
13	문정선구행	제가 아는 문정선이란 분은 매일 구도자의 마음으로 행동합니다.	스포츠소비자 의사결정 5단계	문제·필요 인식 단계 정보 수집 단계 대안평가 및 선택 단계 구매의사 결정 단계 구매 후 행동의 단계
14	동태스자학	바다 밖에선 동태들이 자학할 수도 있겠지요.	스포츠소비자 행동의 영향요인 (내적)	동기 태도 라이프스타일 자아관 학습
15	사문준족	조선시대의 사문난적처럼 이 시대엔 사문준족이 있을까요?	스포츠소비자 행동의 영향요인 (외적)	사회계층과 문화 준거집단 가족
16	고잠식저	고로 잠식을 딩하면 저항을 하지요.	소비자 충성도 모형	높은(고) 충성도 잠재적 충성도 가식적 충성도 낮은(저) 충성도
17	행정인 고저속상	행정을 하는 사람(인)때문에 고저 속상하겠지만 참아야겠지요.	관여도 종류	행동적 관여도 정서적 관여도 인지적 관여도 고관여 저관여 지속적 관여도 상황적 관여도
18	복부단 다시습	조선시대엔 복부인 김시습이고 현대엔 복부단 다시습입니다.	고관여도 구매행동	복잡한 의사결정에 따른 구매행동 인지 부조화·감소 구매행동 단순한 의사결정에 따른 구매행동
			저관여도 구매행동	다양성 추구 구매행동 시험적 구매행동(충동구매) 습관적 구매행동(관성적 구매행동)
19	직접 민주회기채폰 간접 어차입	직접민주회기 때 파리채와 핸드폰을 들고, 간접어(魚)로 차입해도 됩니다.	자본의 외부조달 방법 (직접금융)	민자유치 주식발행 회원권 판매 기금지원 채권발행 스폰서십
			자본의 외부조달 방법 (간접금융)	기업어음 은행차입 매입채무

20	명계감정전권	명계남 배우가 감정을 갖고 전권을 휘두를까요?	스포츠조직의 경영원칙	명령 일원화의 원칙 계층 단축화의 원칙 감독 한계의 원칙 조정의 원칙 전문화의 원칙 권한과 책임의 원칙
21	복식집합	복식으로 호흡하는 것은 공기를 집합시키는 것인가요?	스포츠조직 구조를 형성하는 요소	복잡성 공식화 집권화 통합화
22	환전기사규사	환전소 기사를 규사라고 하지 않지요?	스포츠조직 설계와 영향요인	환경 전략 기술 사람 규모 라이프사이클
23	형성중장	형성이 잘돼야 중학교 때 반장을 합니다.	스포츠조직의 수명주기	형성기 성장기 중년기 장년기
24	도성숙퇴	도(道)는 성숙해야 퇴물이 안 됩니다.	(스포츠마케팅) 스포츠제품의 수명주기	도입기 성장기 성숙기 쇠퇴기
25	대대지연 정감달변 의기문자상	대대적으로 지연되어 정감어린 달변으로 의기롭게 문자상(모습)을 봅니다.	경영자의 역할 (민츠버그)	대인관계 역할 • 대표자, 지도자, 연락자 정보수집 역할 • 감시자, 전달자, 대변자 의사결정 역할 • 기업가, 문제해결자, 자원분배자, 협상가
26	상들더력업	산들(상들) 바람이 더러워(더력업)요	리더십 이론 - 상황이론(피들러)	리더·구성원 관계 직위 권력 과업 구조
27	지지참취	지지한 참치(취)는 먹으면 안 됩니다.	하우스의 경로·목표 이론	지시적 리더십 지원적 리더십 참여적 리더십 성취지향적 리더십
28	생안사존자	살고(생) &(안) 죽는 것(사)은 존재하는 자의 마음이다.	동기부여 이론 - 매슬로우 욕구단계	생리적 욕구 안전 욕구 사회적 욕구 존경 욕구 자아실현 욕구

29	기자체중백	기자가 체중을 백(빼)겠답니다.	해크먼의 직무특성이론	기술 다양성 자율성 직무 정체성 직무 중요성 피드백
30	면찰중플질	면접과 관찰 중에는 플(풀)질하면 안 됩니다.	직무분석	면접법 관찰법 중요사건화법 워크샘플링법 질문지법
31	분서점요	진시황은 분서갱유했지만 직무평가는 분서점요 했답니다.	직무평가	분류법 서열법 점수법 요소비교법
32	인형실적	사람도 아니고 인형이 실적을 냈답니다.	인사이동 배치관리 원칙	인재육성주의 균형주의 실력주의 적재적소주의

스포츠마케팅

33	마욕충쟁프	마욕을 부리면 스머프가 아니라 충쟁프가 됩니다.	시장세분화의 필요성 및 효과	• 마케팅 기회의 발견을 통한 유리한 전략 전개 • 정확한 욕구충족에 따른 맞춤형 공략방식 추진 • 소비자의 다양한 욕구를 충족시켜 매출액 증대 및 브랜드 충성도 강화 • 마케팅 자원의 효율적 배분을 통한 경쟁우위 확보 • 적합한 마케팅 프로그램 개발 및 소요예산 수립
34	측근행실차	측근들의 행실이 나쁘면 차버려야겠지유	시장세분화를 위한 조건	측정가능성 접근가능성 실행가능성 실체성 차별화 가능성
35	인지행심시다	인지행심은 쓰지 않고 시다가 맞지요.	시장세분화의 기준	인구통계학적 세분화 지리적 세분화 행동적 세분화 심리묘사적 세분화 시간 세분화 다속성 세분화

36	속이상용경	속이 상하면 용경이란 경전을 읽으세요.	위치화의 유형	**속**성에 의한 위치화 **이**미지에 의한 위치화 사용**상**황이나 목적에 의한 위치화 이**용**자에 의한 위치화 **경**쟁상품에 의한 위치화
37	핵실기확잠	핵을 실제로 기차게 확 쏘는 잠수함은 무섭지요?	스포츠제품의 5가지 차원	**핵**심제품 **실**제제품 **기**대제품 **확**장제품 **잠**재제품
38	경마조가 경정쟁비	경마(馬)의 조가 경정의 쟁비를 이깁니다.	스포츠제품의 가격 결정 요인 (내적)	기업의 **경**영전략 **마**케팅 전략 **조**직의 특성 원**가** 구조
			스포츠제품의 가격 결정 요인 (외적)	**경**제 환경 **정**부 규제 경**쟁**자 소**비**자
39	가차심패상	가차 없이 심하게 부패하면 상합니다.	가격책정 전략	원**가**기준 책정 전략 가격 **차**별화 책정 전략 **심**리적 가격 책정 전략 **패**키지 전략 신**상**품 가격 전략
40	완탄단완비	지금 완탄단완비(雨)가 내립니다.	수요의 가격탄력성	**완**전탄력적 E = ∞ **탄**력적 E > 1 **단**위 탄력적 E = 1 **완**전 비탄력적 E = 0 **비**탄력적 0 < E < 1
41	상목표시미평	상목을 표시해야 아름답다고(미) 평가됩니다.	스포츠 브랜드 커뮤니케이션 과정	**상**황분석 **목**표설정 **표**적시장 선정 메**시**지 작성 **미**디어 선택 광고효과 **평**가
42	무비질소	무비를 보러 영화관에 갔는데 질소가 아니라 산소가 필요하겠지요.	스포츠서비스의 특징	**무**형성 **비**분리성 이**질**성 **소**멸성

43	단층체집다 편당유통판	단층을 체(채)집했다가 편당 유통을 통해 판매하세요.	-확률 -표본 -추출법	**단**순무작위 표본추출법 **층**화무작위 표본추출법 **체**계적 표본추출법 군**집**표본 표본추출법 **다**단 표본추출법
			-비확률 -표본 -추출법	**편**의표본추출법 할**당**표본추출법 **유**의표본추출법 계**통**추출법 **판**단표본추출법
44	국천광선풀	국가 개천이란 가면 광선풀이 자란대요.	스포츠 에이전시 유형	**국**제 스포츠 마케팅 에이전시 라이선싱과 머**천**다이징 전문 에이전시 **광**고 스포츠 에이전시 **선**수관리 에이전시 **풀** 서비스 에이전시
			스포츠시설	
45	골키차	골프차보다 골키차가 더 좋답니다.	등록체육시설업	**골**프장업 스**키**장업 자동**차**경주장업

M스포츠경영관리사
https://cafe.naver.com/sportspass

PART 01

스포츠산업

CHAPTER 01 핵심이론
CHAPTER 02 기출적중 100제

필기편을 학습하기 전에 꼭 읽어야 할 내용

01
필기는 총 4과목입니다. 스포츠산업, 스포츠경영, 스포츠마케팅, 스포츠시설입니다. 총 100문항(과목당 25문항), 시험 시간 2시간 30분으로 100점을 만점으로 하여 과목당 40점 이상, 전과목 평균 60점 이상이면 합격입니다. 어느 한 과목에만 치중하지 말고 골고루 학습해야 합니다. 온라인 접수 홈페이지(http://www.q-net.or.kr)를 통해 시험정보를 확인하시길 바랍니다.

02
2024~2026년 출제지침에 따르면 국가직무능력(NCS; National Competence Standards)의 주제를 많이 따랐습니다. 이에 M스포츠경영관리사 개정(6판)에도 내용을 추가 혹은 재배치를 통해 충분한 학습이 이루어질 수 있도록 준비했습니다. 본서는 각 교과목별로 핵심이론과 엄선하여 넣은 기출적중 100제로 이루어져 있습니다. 핵심이론에 없는 부분이 기출적중에도 등장하니 모두 숙지하시길 바랍니다.

03
학습순서는 스포츠산업과 스포츠시설을 병행하시면 좋습니다. 「스포츠산업진흥법」과 「체육시설의 설치·이용에 관한 법률」이 중요하므로 법령을 동시에 학습하면 효과가 큽니다. 또한 예를 들어 스포츠에이전트 영역의 샐러리 캡(연봉 총 상한제)은 스포츠마케팅 분야이지만, 스포츠산업, 스포츠경영에서도 문제가 출제됩니다. 즉, 넘나드는 영역의 문제가 나올 수 있음을 인지하시면 좋습니다.

04
무턱대고 기출 위주로만 학습하다보면 응용문제나 새로운 문제에 적응하기 힘들 수 있습니다. 본서의 특징은 매년 많은 수험생들의 합격으로 검증받고 있는 매우 독특한 암기비법(45개)에 있습니다. 필기뿐만 아니라 실기(기술 혹은 단답형) 문제에 모범답안을 모두 채워 넣는 데 큰 도움이 됩니다. 종종 합격 수험생과 연락이 닿을 때면 재미있는 암기비법으로 '동태스자학(동태들이 자학한다.)', '차비집(차비가 없으면 집에 못 간다.)' 등이 이야기 소재가 됩니다. 핵심요약을 통해 효율적으로 학습하되, 효과적으로 암기하고 이해해야 합니다. 아무쪼록 좋은 결과 기대합니다.

CHAPTER 01 스포츠산업 핵심이론

01 스포츠산업의 이해

1 스포츠산업의 개념 및 환경

(1) "<u>스포츠산업</u>"이란 스포츠와 관련된 재화와 서비스를 통하여 부가가치를 창출하는 산업

(2) 스포츠산업의 분류

> **Moon's Advice**
>
> 개념을 이해한다면 훨씬 수월하게 암기가 가능할 겁니다.
> 1) 스포츠시설업: 스포츠시설 건설업, 스포츠시설 운영업
>   - 스포츠시설 건설업은 무(無)에서 유(有)를 만드는 업종. 허허벌판인 곳에 국제 스포츠이벤트 유치를 위해 부지를 선정하고 기초공사를 한 후에 건물을 올림(無 → 有)
>   - 스포츠시설 운영업은 지어진 건물을 어떻게 하면 잘 운영할 수 있는가를 놓고 고민함. 즉, 유(有)에서 더 나은 유(有)로 가는 방향을 생각하면 이해하기 쉬움(有 → 有)
> 2) 스포츠용품업: 운동 및 경기용품업, 운동 및 경기용품 유통·임대업
>   - 운동 및 경기용품업은 경기용품이 만들어지기 전 상태인 원단에서 여러 공정을 거쳐 용품이 됨. 즉, 무(無)에서 유(有)로 가는 방향임(無 → 有)
>   - 운동 및 경기용품 유통·임대업은 만들어진 용품을 유통하거나 빌려주는 방향인 유(有)에서 더 나은 유(有)로 가는 방향으로 이해할 수 있음(有 → 有)
> 3) 스포츠서비스업: 스포츠경기 서비스업, 스포츠정보 서비스업, 스포츠교육기관, 기타 스포츠서비스업
>   - 경기, 정보, 교육, 기타의 핵심키워드로 이해함

① 스포츠산업 특수분류 3.0

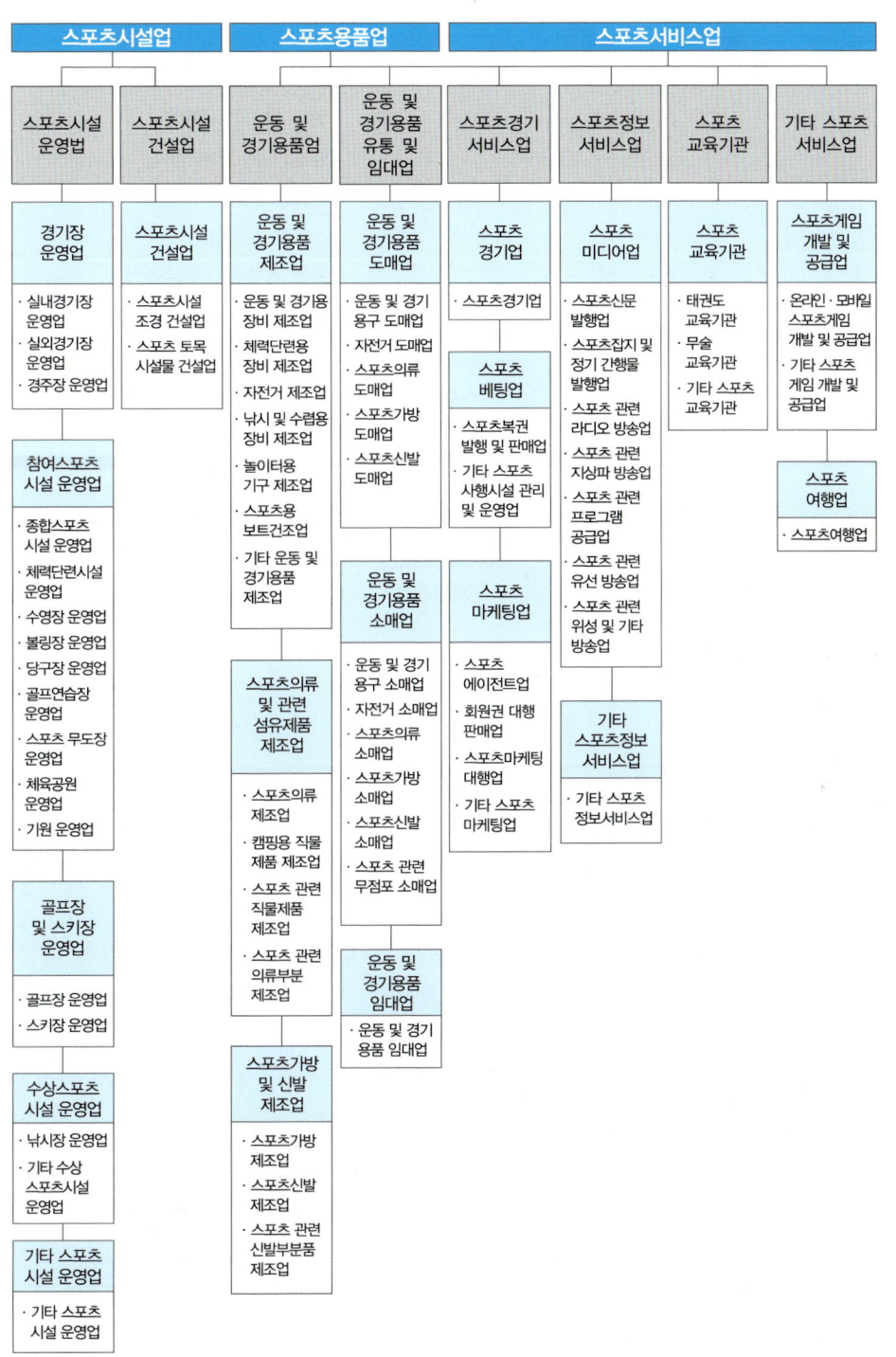

② 한국표준산업분류

◇ 한국표준산업분류(제10차 개정, 2017)

대분류	중분류	소분류	세분류	세세분류
예술, 스포츠 및 여가관련 서비스업	스포츠 및 오락관련 서비스업	스포츠 서비스업	경기장 운영업	실내 경기장 운영업
				실외 경기장 운영업
				경주장 및 동물 경기장 운영업
			골프장 및 스키장 운영업	골프장 운영업
				스키장 운영업
			기타 스포츠시설 운영업	종합 스포츠시설 운영업
				체력 단련시설 운영업
				수영장 운영업
				볼링장 운영업
				당구장 운영업
				골프 연습장 운영업
				그 외 기타 스포츠시설 운영업
			기타 스포츠 서비스업	스포츠 클럽 운영업
				그 외 기타 스포츠 서비스업

(3) 스포츠산업의 특성

> **암기 TIP** 공복시오감
>
> 여러분, 배가 고플 때 즉, 공복 시엔 오감이 뒤틀리겠지요. 이렇게 암기해봅시다.

스포츠산업이란 스포츠와 관련된 재화와 서비스를 통하여 부가가치를 창출하는 산업이다. 스포츠산업의 5가지 특성은 다음과 같다.

① **공**간·입지 중시형 산업: 접근성과 시설의 규모 등이 소비자들에겐 주된 관심 대상이 된다.
② **복**합적인 산업분류 구조를 가진 산업: 스포츠시설업, 스포츠용품업, 스포츠서비스업 간에 상호 유기적이고 복합적인 특성을 내포한다.
③ **시**간 소비형 산업: 노동시간이 줄어들고 여가활동이 늘어나면서 스포츠활동이 많아지고 있다. 직접 참여하거나 경기장에서 관람하는 스포츠활동은 일정 시간을 소비해야 한다.
④ **오**락성 중심의 최종소비재 산업: 스포츠산업은 소비자와 직접 접촉하는 최종 소비재로서 오락성이 중심 개념인 산업으로 사람들은 수준 높은 경기를 관람하기를 원하고, 재미있는 종목을 배우고자 한다.
⑤ **감**동과 건강을 가져다주는 산업: 각본 없는 드라마를 경험하게 하고, 궁극적으로 정신적·육체적 건강을 높여줄 기회를 제공한다.

> **개념+** 스포츠산업의 중요성
>
> 고부가가치 산업, 무한한 성장 잠재력이 있는 산업, 미디어적 가치가 있는 산업, 국민복지에 기여하는 산업

(4) 스포츠산업의 환경 변화

① 비대면 스포츠산업 플랫폼 확대
② 스포츠 중계 환경 변화
③ 스포츠 기술 환경 변화: 스포츠 참여기술, 스포츠 관람기술
④ 스포츠산업 내의 4차 산업혁명 기술의 변화: 대체 불가능 토큰(NFT, Non-Fungible Token), 메타버스(Metaverse)
⑤ 데이터를 이용한 수익 창출 모델의 변화
⑥ 기후위기로 인한 스포츠산업 환경 변화

(5) 스포츠산업 정책

① 국내 스포츠산업 정책의 변천과정

시기	주요 내용
1990년대 이전	• 스포츠산업 정책은 아니었지만 체육 분야 정책지원 근거 마련 <table><tr><td>국민체육진흥법 (1962년 제정)</td><td>• 1965년 개정된 내용 중 최초의 스포츠산업 관련 법률 명시 • 1982년 개정된 내용 중 체육용구 우수업체에 국민체육진흥기금 융자관련 명시</td></tr><tr><td>체육시설의 설치· 이용에 관한 법률</td><td>• 1989년 제정되면서 민간 체육시설업의 효율적인 관리와 체계적인 육성 기반 마련</td></tr></table>
1993~ 1997년	• 제1차 국민체육진흥5개년계획 - 체육용구 품질수준 향상, 생산업체 투자여건 조성 금융지원, 민간스포츠시설업 육성을 위해 골프장, 스키장 특별소비세 감면, 체육시설 설치·운영 인·허가 절차 간소화 등
1998~ 2002년	• 제2차 국민체육진흥5개년계획 - 민간체육시설 적극 지원, 소비자 보호를 위한 제도적 장치 마련, 체육시설·용품업체에 대한 지원, 우수 생활체육용구 생산업체 산업적 지원, 경륜·경정 등 여가스포츠산업 육성 등
2001년	• 스포츠산업 육성대책 - 스포츠 자원의 상품가치 개발, 스포츠서비스업 중점 지원, 고부가가치 실현을 위한 지식정보 기반 구축, 민간기업의 경쟁력 강화 지원 등
2003~ 2007년	• 참여정부 국민체육진흥5개년계획 - 생활체육 활성화를 위한 국민의 삶의 질 향상, 과학적 훈련지원을 통한 전문체육의 경기력 향상, 스포츠산업을 새로운 국가전략산업으로 육성, 국제체육교류 협력을 통한 국가이미지 제고, 체육과학의 진흥 및 정보화, 체육행정 시스템의 혁신과 체육진흥재원 확충

2005년	• 스포츠산업 비전 2010 　- 스포츠산업 활성화, 국제경쟁력 강화를 위한 집중 지원 전략, 고부가가치 스포츠용품 개발, 국제경쟁력 강화, 레저스포츠산업 기반 확대, 프로스포츠산업의 성장기반 구축 등 • 스포츠산업 진흥법 제정(2007년)
2008년	• 제1차 스포츠산업 중장기계획(2009~2013) 　- 체육강국에 걸맞는 스포츠산업 선진국 도약 비전, 스포츠산업 글로벌 경쟁력 강화, 대표적 융·복합산업 신성장 동력화, 선순환구조 형성을 통한 지역경제 활성화
2013년	• 제2차 스포츠산업 중장기 발전계획(2014~2018) 　- 스포츠산업의 융·복합화를 통한 미래성장 동력 창출 비전, 고령화 사회, 여가 증가 등에 따른 스포츠 참여 확대, 아웃도어 등 레저산업 급성장 대비, 스포츠산업 강국 목표 등
2016년	• 스포츠산업 진흥법('07 제정) 전면 개정 　- 스포츠산업실태조사, 프로스포츠단 연고 경기장을 스포츠산업 진흥시설로 우선 지정, 중소기업투자모태조합과 한국벤처투자 조합 등에 출자, 지자체 또는 공공기관이 프로스포츠단 창단에 출자 가능, 공유재산을 25년 이내 관리위탁 가능 등
2019년	• 제3차 스포츠산업 중장기 발전계획(2019~2023) 　- 첨단기술 기반 시장 활성화: 참여스포츠 신시장 창출, 관람스포츠 서비스 혁신 　- 스포츠기업 체계적 육성: 스포츠기업 창업·성장 지원, 스포츠기업 글로벌 진출 지원 　- 스포츠산업 균형발전: 스포츠를 통한 지역경제 활성화, 스포츠 서비스업 경쟁력 강화 　- 스포츠산업 일자리 창출: 스포츠 사회적 경제 활성화, 스포츠 융·복합 인재 양성 및 활용 　- 스포츠산업 진흥기반 확립: 스포츠산업 진흥 전담체계 구축, 스포츠산업 법·제도 개선
2024년	• 제4차 스포츠산업 진흥 중장기 계획(2024~2028) 　- 촘촘한 지원을 통한 스포츠기업 글로벌 경쟁력 강화 　- 고부가가치산업 융복합을 통한 新시장 개척 　- 지역이 주도하는 스포츠산업 균형 성장

개념+ 국내 대표적인 스포츠산업 정책

① 스포츠산업 경쟁력 강화 지원: 스포츠용품 시험 및 인증사업, 스포츠산업 융자사업, 스포츠산업 모태펀드 조성사업, 중소 스포츠기업 지원 사업, 스포츠산업 일자리 지원사업, 스포츠산업 선도기업 육성사업
② 스포츠산업 신시장 개척 지원: 스포츠산업 유망강세 품목 해외시장 진출 지원사업, 지역 융·복합 스포츠산업 기반 확충사업, 전지훈련특화시설(에어돔) 설치 지원사업
③ 스포츠산업 기반기술 강화: 스포츠산업기술개발 및 서비스 사업화
④ 스포츠산업 전문 인력 양성사업: 스포츠산업 전문 인력 양성 지원사업, 스포츠산업분야 인턴십 지원사업 스포츠사업 일자리긴피런스 개최사업, 스포츠산업 비대면 시장 융합인력 양성
⑤ 스포츠산업 기반 조성: 스포츠산업 인프라 구축사업, 스포츠산업 정보제공 및 저변 확대
⑥ 프로스포츠산업화를 위한 제도 개혁: 프로스포츠 경기장 임대구조, 프로스포츠 에이전트 제도

② 국민체력 100 프로그램(문화체육관광부 국민체육진흥공단)

체력인증프로그램	청소년기 (2014년 시작)	성인기(만 19~64세) (2012년 시작)	어르신(만 65세 이상) (2013년 시작)
국민체력100 NFA (National Fitness Award)	1등급 2등급 3등급	1등급 2등급 3등급	1등급 2등급 3등급
신체조성건강 권장범위	성별·연령별 • 신체질량지수(BMI) • 체지방률	성별·연령별 • 신체질량지수(BMI) • 체지방률	적용되지 않음
인증 기준 — 건강 체력 항목	심폐지구력 • 20m 왕복오래달리기(회) • 트레드밀/스텝검사 근력 • 상대악력(%) 근지구력 • 윗몸말아올리기(회) • 반복점프(회) 유연성 • 앉아 윗몸 앞으로 굽히기(cm)	심폐지구력 • 20m 왕복오래달리기(회) • 트레드밀/스텝검사 근력 • 상대악력(%) 근지구력 • 교차윗몸일으키기(회) 유연성 • 앉아 윗몸 앞으로 굽히기(cm)	근기능(상지, 하지) • 상대악력 • 30초 의자 앉았다 일어서기 심폐지구력 • 2분 제자리 걷기(회) • 6분 걷기(m) 유연성 • 앉아 윗몸 앞으로 굽히기(cm)
인증 기준 — 운동 체력 항목	민첩성 • 일리노이 민첩성검사(초) 순발력 • 체공시간 검사(초) 협응력 • 눈-손 협응력 검사(초)	민첩성 • 왕복달리기(초) 순발력 • 제자리 멀리뛰기(cm)	평형성 • 의자 앉아 3m 표적 돌아오기(초) • 8자 보행(초)

2 스포츠시장

(1) 소비자 형태에 따른 스포츠시장

참여스포츠 시장	직접 스포츠활동에 참여하는 소비자의 시장 예 스포츠센터 프로그램 구매, 피트니스 센터와 헬스 서비스, 스포츠 캠프 및 강습 등
관람스포츠 시장	경기장을 찾아 경기관람을 하는 소비자의 시장 예 티켓 구매, 용품 구매, 경기장 내의 제품
매체스포츠 시장	다양한 매체를 통해 수집하고 배포되는 스포츠 정보 시장 매체를 통해 경기 관람, 용품 구입 등의 소비자 시장

(2) 스포츠제품의 가치 사슬

> **Moon's Advice**
> 스포츠경영에서도 나올 수 있는 주제입니다.

개념	• 스포츠조직의 활동에서 부가가치가 생성되는 과정을 의미함 • 스포츠제품을 생산하는 과정을 여러 세부 활동으로 구분하여 목표수준과 실제성과를 분석하면서 문제점과 개선방안을 도출 ◎ **경기장 사업의 가치 사슬에 영향을 주는 요인** 팬 및 관중규모, 미디어, 인기구단의 장기 입주, 기업 광고주, 다용도 시설, 모든 계약자(단기, 장기), 모든 이벤트(단기, 장기) 등 모든 사안이 영향을 줌

가치사슬 모형	• 스포츠조직에서 경쟁전략을 세우기 위해 자신의 경쟁적 지위를 파악하고 이를 향상시킬 수 있는 지점을 찾기 위한 모형
	• 가치사슬모형의 이점인 최저비용, 운영효율성, 이익마진 형성, 생산자와 소비자 간의 관계에서 경쟁우위를 확보할 수 있음
	• 주활동(primary activities): 부가가치를 직접 창출
	  - 물류투입(입고, 입력)
	  - 운영(생산, 처리)
	  - 물류산출(출고, 저장, 분배)
	  - 마케팅 및 영업(판매)
	  - 서비스 활동 등
	• 지원 활동(support activities): 부가가치가 창출되도록 간접적 역할
	  - 기업의 인프라스트럭처(회계, 재무, 경영)
	  - 인적자원관리(HRM, Human Resource Management)
	  - 기술 개발
	  - 조달 프로세스 등

(3) 프로스포츠의 프랜차이즈 구조

개념	프로스포츠의 세계는 프랜차이저(franchiser, 본사)와 프랜차이지(franchisee, 체인점 혹은 가맹점)의 구조처럼 구성돼 있음 ◎ 야구위원회(KBO)는 프랜차이저(본사)이고, 구단은 프랜차이지(가맹점)의 역할을 함 프랜차이저 (본사, 프로연맹) ◄──► 프랜차이지 (가맹점, 구단)

특징	• 가맹점은 본사에 가맹비를 지불함으로써 본사가 갖고 있는 로열티를 획득할 수 있음
	  - 신생팀은 프로리그에 새로 가입할 경우 창단가입금을 지불
	• 가맹점은 마케팅 비용을 줄일 수 있는 대신 본사로부터 경영통제를 받게 됨
	• 프로연맹은 스포츠조직으로 구단 최고경영자로 구성된 기구에서 최종 의사결정을 함
	  - 프로구단의 연고지 변경

특징	- 리그 소속 구단의 숫자 제한 　① 프로구단의 희소성 유지, 리그가치를 제고하기 위함 　② 리그수입 분배금을 기존구단들이 많이 배당받기 위함 　③ 선수 확보를 쉽게 하기 위함 • 선수평가업무는 구단의 고유 업무이지만, 연맹차원 제도의 영향을 받음 • 프로구단이 지자체의 지원을 더 얻어내기 위해 연고지 변경 등을 내세우며 협상을 하는 방법을 프랜차이즈 게임이라고 함 　- 지자체는 프로구단, 스포츠이벤트 유치를 통해 지역에 미치는 파급효과를 기대함 　- 경기장 수가 적을 때는 지자체가 협상에 유리하고, 리그소속 구단 수가 적을 때는 구단이 협상에 유리함

(4) 스포츠 유통

참여 스포츠 유통	• 종합스포츠시설, 체력단련시설, 골프장, 스키장, 수상스포츠시설 등 • 판매방식 　- 직접 판매: 대부분 중간상을 거치지 않고 고객에게 직접 판매
관람 스포츠 유통	• 국제스포츠이벤트(올림픽, 월드컵 등), 프로스포츠 경기 • 판매방식 　- 직접 판매: 우편을 통한 시즌 입장권 판매, 구단 홈페이지를 통한 온라인 입장권 판매, 경기장 매표소를 통한 입장권 판매 　- 간접 판매: 판매대행사를 통한 온라인 입장권 판매 • 유통경로 　- 입장권 유통경로, 방송중계권 유통경로, 스포츠스폰서십 유통경로, 선수보증광고 유통경로, 선수계약 유통경로

02 스포츠용품 제작 기획 및 개발 계획

1 스포츠용품의 시장조사 및 분석

(1) 스포츠용품업 분류(스포츠산업 특수분류 3.0)

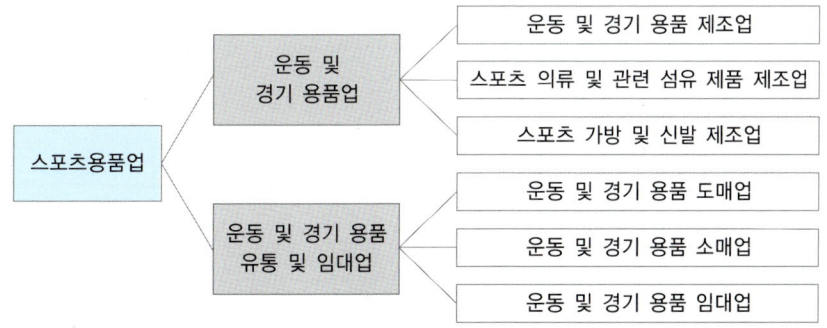

(2) 시장조사를 통해 얻는 이점

① 스포츠 고객들의 특성과 정보 제공
② 스포츠 고객들의 구매력과 구매습관 제공
③ 목표시장의 자금규모와 경제적 속성 인지
④ 다른 스포츠 용품 회사들과의 경쟁력 제고
⑤ 환경적인 요인에 대한 경제적·정치적 환경 정보 제공
⑥ 현재와 미래 스포츠 고객과의 커뮤니케이션 제공

(3) 스포츠용품 시장조사를 위한 환경분석

거시환경 분석	• 국민소득, 투자, 소비 등의 상호관계, 경제현상을 파악 • 소득, 소비, 저축, 투자, 고용수준 등 거시적으로 수량을 측정할 수 있는 총량의 개념을 사용
미시환경 분석	• 개별 경제주체들의 경제 행위, 상호작용을 분석 • 가계 소비, 기업 생산은 시장에서의 상호작용을 통해 재화의 가격을 결정

(4) 스포츠용품 기획 단계별 업무 프로세스

구분	업무내용	세부내용
마케팅 정보분석	마케팅 환경 정보	패션 산업에 영향을 미치는 거시적 환경분석
	시장 정보	소매점, 경쟁사, 인기 상품 조사, 시장 규모 조사
	소비자 정보	소비자 의식, 라이프스타일, 구매 행동, 착화 성향, 선호도 조사
	패션 정보	해외 및 국내 패션 트렌드 조사
	판매 실적 정보	지난 3년간 및 해당 시즌 판매 실적 분석
	관련 산업 정보	직·간접적으로 영향을 미치는 관련 산업 부문 정보 분석
표적시장 설정	시장세분화	시장세분화 요인에 의한 세분 시장 설정
	시장 표적화	표적 시장에 맞는 전략 설정 및 라이프스타일 분석
	시장 포지셔닝	포지셔닝 요인에 의한 브랜드 포지셔닝 작업
상품 기획 콘셉트 설정	4P's mix 전략	상품, 가격, 유통, 판매 촉진의 기본 방향 설정
	B.I. 전략	브랜드 아이덴티티 및 페이스 플래닝
	브랜드 이미지 설정	브랜드 이미지 설정, 시즌 콘셉트 설정

(5) 시장조사 결과보고서 작성원칙

정확성, 간결성, 객관성, 합목적성, 평이성, 논리성, 유용성, 포괄성, 일괄성

(6) 스포츠용품 가격결정 영향 요인

① 내부요인: 마케팅목표, 목표시장점유율, 마케팅믹스 전략

② 외부요인: 경쟁자의 가격, 사회적 분위기, 수요의 변화 및 가격탄력성
- 시장유형에 따른 가격결정: 완전경쟁시장, 독점적 경쟁시장, 과점경쟁시장, 독점시장
③ 소비자요인: 심리적 가격, 준거가격, 상품구매경험, 할인판매 빈도

> **Moon's Advice**
>
> 스포츠마케팅의 '스포츠마케팅 믹스(제품, 가격, 장소, 촉진)'와 병행해서 학습하길 바랍니다.
> ※ **스포츠용품 가격 특성**: 탄력적인 시장상황에 쉽게 변경, 마케팅 믹스 중 가장 강력한 경쟁 도구, 정형화된 체계 구축의 어려움, 비교적 큰 변동 폭, 예기치 않은 상황의 영향, 상대적 관계에 의해 상품가격 결정
> ※ **가격전략의 방향설정**
> (1) **상대적 고가격 전략이 적합한 상황**: 진입장벽이 높아 경쟁기업의 진입이 어려운 경우, 규모의 경제효과를 통한 이익이 작을 경우, 높은 품질로 새로운 소비자 층을 유인하고자 할 경우
> (2) **대등가격 전략이 적합한 상황**: 시장의 수요가 비탄력적일 경우, 경쟁기업에 대해 확고하나 원가우위를 가지지 못할 경우, 가격책정의 목표가 경쟁기업과 대등한 경쟁력을 갖는 경우
> (3) **상대적 저가격 전략이 적합한 상황**: 시장의 수요의 가격탄력성이 높을 경우, 시장에 경쟁자의 수가 많을 것으로 예상될 경우, 소비자들의 본원적인 수요를 자극하고자 할 경우

(7) 스포츠용품 경제성 분석

> **Moon's Advice**
>
> 스포츠경영의 '재무관리'와 병행해서 학습하길 바랍니다.

① 경제성 분석 절차: 손익 계산서 추정 → 현금흐름표 추정 → 재무상태표 추정 → 손익분기 분석 → 투자수익률 분석
② 투자수익률 분석: 순현재가치법(NPV), 내부수익률법(IRR)

NPV와 IRR의 적용 과정

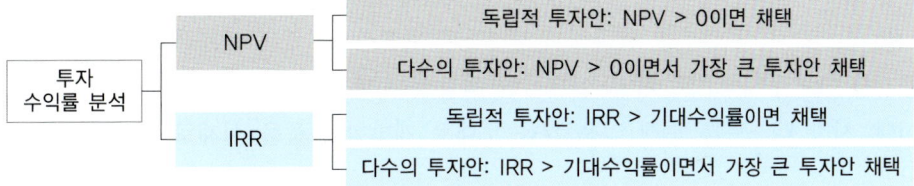

③ 투자회수기간
  ㉠ 투자회수: 이익을 포함하지 않는 순수하게 초기에 투자된 금액
  ㉡ 투자회수기간: 고정비용이 회수되는 데 걸리는 시간

2 스포츠용품 기획

(1) 스포츠용품 콘셉트
① 소비자들은 아이디어를 구매하는 것이 아니라 구체화·정교화된 제품 콘셉트를 구매하는 것임

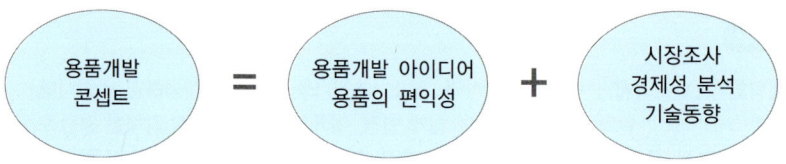

② 콘셉트의 조건: 창의성, 소비자 편익 제공, 대중성, 차별화, 내·외적 환경

(2) 기획 보고서 작성의 일반원칙
① 수요자 관점에서 이해하기 쉽게 작성함(수요자가 정확히 판단하게 도움)
② 기획서 그 자체로 완결성을 가져야 함
③ 표준화된 양식에 따라 간결, 명료, 효율적으로 작성함

3 스포츠용품 개발 계획 및 수행

(1) 스포츠용품 개발 과정
① 아이디어 창출: 소비자의 충족되지 않은 욕구를 이해하면서 시작, 기존 용품에 대한 개선점을 파악하고 새로운 제품에 대한 트렌드를 익히는 것이 중요
② 용품 선정: 개발과정 첫 단계에서 나온 아이디어로부터 용품의 개념을 정의, 생산의 적합성, 재무적 타당성, 시장의 잠재력을 충족
③ 실행가능성 분석: 용품개발에 가장 적절한 아이디어를 선택하기 위한 과정으로 부적합한 아이디어를 선별하고 검토
④ 용품 개발: 검토된 용품 아이디어를 생산 제품으로 구체화시키는 과정
⑤ 시장 테스트: 시장 일부를 선택해 투자비용과 위험성으로부터 실패하지 않도록 문제점 보완, 성공가능성을 구체적으로 하고 실제적인 적합성을 테스트하는 과정
⑥ 실행: 시장 테스트를 통해 얻은 것을 토대로 개발한 용품을 실제로 생산하는 과정

(2) 스포츠용품 개발 설계의 중요성
① 새로운 용품을 지속적으로 개발하지 못하는 기업은 도태될 가능성이 큼
② 신기술 개발 속도가 빠르고 소비자 기호가 다양하여 스포츠용품 수명이 짧음

(3) 스포츠용품 개발 계획
① 공정계획: 제품설계 완료 후 양산을 수행하는 공정경로 계획 수립

② 생산계획: 생산을 하기에 앞서 판매계획을 토대로 생산하려는 제품 종류, 수량, 가격 등을 비롯해 생산방법, 장소, 일정 등에 관해 가장 경제적·합리적 예정을 수립

(4) 스포츠용품 개발 계획서 종류

개발 계획서	• 실제 스포츠용품 생산이 가능하도록 설계 • 용품개발 타당성, 사용자 요구조건, 용품개발 각 단계별 개발담당자 및 개발인원, 정부규제 및 관련 특허 회피 전략, 용품 설계 목표, 용품개발 예산, 용품개발에 필요한 부품들, 용품개발 일정, 용품의 세부적 규격, 용품의 목적, 타사 용품과 개발용품의 비교분석
성능구현 계획서	• 설계단계에서의 개발목표를 확인하고 구현하기 위한 절차 설계 • 용품제작을 위한 세부적 절차, 절차구현을 위한 필요 인력 및 예산, 스포츠용품 생산 일정, 스포츠용품 상세 설명, 스포츠용품 개발노트
검증단계 계획서	• 제작된 스포츠용품을 통해 성능구현이 얼마나 이루어졌는지 검증 • 용품검증을 위한 정확한 절차, 용품검증 기준, 용품검증에 필요한 인력 및 예산, 우려되는 문제점 및 개선 방안
이관단계 계획서	• 스포츠용품의 개발완료 후 양산 관련 부서에서 용품을 생산할 수 있도록 요청하는 계획서 • 용품개발과정에서 발생한 기술·내용·문제점 개선 이력, 양산을 위해 예상되는 인력 및 예산, 관련 부서 간 회의 내용, 양산 이관 시 예상되는 문제점 및 해결방안

(5) 스포츠용품 개발진도 보고의 원칙

① 필요성의 원칙: 불필요한 부분은 가급적 억제해야 한다는 원칙
② 완전성의 원칙: 보고 사항과 관련된 자료 수집을 철저히 하여 한 번에 완전한 보고를 해야 한다는 원칙
③ 적시성의 원칙: 적절한 보고시기를 놓치지 말아야 한다는 원칙
④ 간결성의 원칙: 보고 내용은 간결하고 군더더기가 없어야 한다는 원칙

(6) 스포츠상품 개발 시스템

구분		내용
생산관리 시스템	생산관리 개념	• 투입 → 산출 – 투입: 원료, 재료, 반제품, 인력, 자금, 정보 등 – 산출: 제품, 서비스, 편익 등
	생산관리 3S	표준화(standardization), 전문화(specialization), 단순화(simplification)
	PERT/CPM	• PERT(Program Evaluation & Review Technique): 작업 순서, 진행상황을 한눈에 파악할 수 있게 함 • CPM(Critical Path Method): 주공정선 방법을 통해 최적공사기간, 최소공사비용을 산출하는 공정관리기법

품질관리 시스템	품질관리 개념	제품이나 서비스를 생산할 때 사전에 확정한 품질 수준에 부합하도록 생산 활동을 관리하는 활동		
	품질관리 용어	통계적 품질관리(SQC)		품질관리에 통계를 활용
		전사적 품질관리(TQC)		회사 전원이 품질관리를 이해하고 노력
		전사적 품질경영(TQM)		기업활동의 전반적인 부분의 품질 향상
		ISO 9000		국제표준화기구에서 정한 품질관리 보증
		MOT(Moment of Truth)		고객과의 접점에서 진실하게 관리
	서비스 품질 관리	• 서브퀄(SERVQUAL) 척도(예 스포츠센터)		
		유형성		물적 요소의 외형, 시설, 장비, 직원 등 눈에 보이는 서비스 품질
		신뢰성		고객과의 약속된 서비스, 정확하게 이해하는 서비스 품질
		확신성		종업원의 지식, 태도, 안정성을 전달하는 서비스 품질
		응답성		고객에게 서비스를 제공하려는 의지에 관한 서비스 품질
		공감성		고객을 개별화시켜 이해하려는 노력에 관한 서비스 품질
		🔖 암기 TIP '유신확답공' 기억나시나요? 스포츠마케팅과 스포츠시설에서도 나옵니다.		
경영정보 시스템	개념	경영정보시스템(MIS)은 경영 내외의 관련 정보를 즉각적이고 대량으로 수집, 전달, 처리, 저장, 이용할 수 있음		
	설계와 이용 시 유의점	• 컴퓨터가 모든 것을 할 수 있다는 가정 • 경영자는 MIS 운영과정을 이해할 필요가 없다는 가정 • 의사소통이 많을수록 항상 경영성과를 높여준다는 가정 • 경영자에게 모든 정보를 제공할수록 의사결정에 도움이 될 거라는 가정 • 정보가 많을수록 항상 좋다는 가정		
	정보화 용어	BSC	• Balanced Score Card • 조직 비전과 전략목표 실현을 위해 4가지(재무, 고객, 내부프로세스, 학습과 성장) 관점으로 성과지표를 도출하는 성과관리시스템	
		CRM	• Customer Relationship Management • 기업이 고객과 관련된 내외부 자료를 분석·통합해 고객중심 자원을 극대화하는 고객관계관리 방법	
		DSS	• Decision Support System • 최고경영자들의 의사결정을 체계적으로 내릴 수 있도록 관련 자료를 분석·의사결정방향을 제공하는 컴퓨터 체계인 의사결정지원시스템	

경영정보 시스템	정보화 용어	DBMS	• Database Management System • 컴퓨터에 수록된 자료들을 쉽고 빠르게 추가·수정·삭제할 수 있도록 해주는 데이터베이스관리 시스템
		ERP	• Enterprise Resources Planning • 기업 경쟁력을 강화시키는 역할을 하는 통합정보 시스템인 전사적 자원관리 방법
		ES	• Expert System • 특수한 의사결정을 위한 인간의 지능에 기초한 법칙에 따른 진보된 컴퓨터 프로그램 • 지식베이스, 실시단계, 사용자 인터페이스 등으로 구성
		MRP	• Material Requirement Planning • 생산될 제품의 부품 투입시점과 투입 양을 관리하기 위한 자재소요량 계획 시스템
		RFID	• Radio Frequency Identification • 반도체 칩이 내장된 태그, 라벨, 카드 등의 저장된 데이터를 무선주파수를 이용해 비접촉으로 읽어내는 인식시스템
		SCM	• Supply Chain Management • 제품의 생산과 유통 과정을 하나의 통합망으로 관리(공급망관리)하는 경영전략시스템
		SIS	• Strategic Information System • 기업의 전략을 실현하여 경쟁우위를 확보하기 위한 목적으로 사용하는 전략정보시스템
		TPS	• Transaction Processing System • 자재구입, 상품판매, 상품주문발송 등 거래와 관련된 데이터가 발생할 때마다 단말기에서 발신된 데이터를 수신·처리하여 결과를 즉시 보내주는 거래처리시스템
		KMS	• Knowledge Management System • 조직 내 인적자원의 지식을 체계화하고 공유하는 지식관리 시스템
		EIS	• Executive Information System • 중역의 기업 경영을 돕기 위해 전산화된 시스템
		CIM	• Computer Integrated Manufacturing • 네트워크를 통해 공장 전체를 통합화시킨 소프트웨어 지향의 자동화 시스템

(7) 스포츠신상품 개발 절차

> **암기 TIP** 정도선개포상
>
> 여러분, 조선시대 정도전이 아닌 정도선이 개포상한답니다. 이렇게 암기해봅시다.

정보수집	소비자의 욕구와 시장 환경 변화를 파악
아이디어 도출	상품화 가치가 있을 다양한 아이디어를 도출
아이디어 선별	상품화가 가능한 아이디어를 선별
개발 및 테스트	개발 후 테스트를 거침
포괄적 사업성 분석	전체적으로 사업성을 분석함
상품화	사업화 단계

(8) 스포츠상품 개발 후 소비자 수용 단계

> **암기 TIP** 인심용평수
>
> 여러분, 인심이 좋으면 용평수(水)를 준답니다. 이렇게 암기해 봅시다.

인지	신제품에 대한 정보를 처음 알게 된 단계
관심	노출이 반복돼 관심을 유발하고 추가정보를 탐색하는 단계
사용	구매 후 사용하는 단계
평가	신제품의 요구충족 상태를 파악하고 태도를 형성하는 단계
수용	사용 혹은 평가 수용 여부를 파악하는 단계

4 스포츠용품 품질평가 기준서 작성

(1) 스포츠 관련 인증분야

대분류(3)	소매업(자동차 제외)/ 교육서비스업/ 스포츠 및 오락 관련 서비스업
중분류(3)	문화, 오락 및 여가용품 소매업/ 스포츠 및 레크리에이션 교육기관/ 스포츠서비스업
소분류(6)	스포츠용품 소매업/ 스포츠 및 레크리에이션 교육기관/ 경기장 운영업/ 골프장 및 스키장 운영업/ 기타 스포츠시설 운영업/ 기타 스포츠 서비스업

(2) 스포츠용품 인증체계

① 자율안전인증: 등산용로프, 스포츠용 구명복, 롤러스포츠보호장구, 스노보드, 스케이트보드, 스키용구, 헬스기구, 이륜자전거, 운동용안전모
② 안전품질표시: 물안경, 선글라스, 안경테, 텐트, 모터달린 보드, 인라인롤러스케이트, 킥보드

(3) 스포츠용품 인증

① 주관: 국민체육진흥공단(스포츠용품시험소)
② 대상품목: 자전거 부품(프레임 스텝), 운동구(야구공, 축구공), 웨이트 운동기구(러닝머신, 스텝퍼, 사이클, 승마 운동기구), 기타(육상 용품, 인라인스케이트, 번지 점프코드, 탁구대 등)

(4) 품질평가 기준서 작성 순서

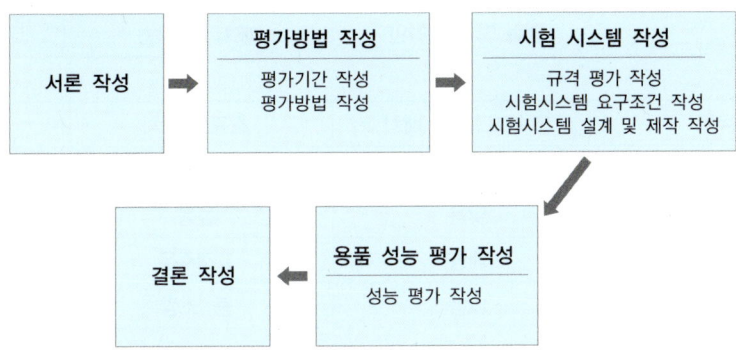

03 스포츠용품 시제품 제작, 검증 및 인증

1 시제품 설계 및 제작

(1) 도면의 분류
    ① 용도에 따른 분류: 계획도, 제작도(공정도, 상세도), 주문도, 견적도, 승인도, 설명도
    ② 내용에 따른 분류: 부품도, 조립도(총 조립도, 부분 조립도), 기초도, 배치도, 배근도, 정치도, 스케치도
    ③ 표현 형식에 따른 분류: 외관도, 전개도, 곡면선도, 선도(계통도, 구조선도), 입체도

(2) 모의실험
    ① 물리적 모의실험: 구체적인 물체, 물리적 대상을 화면에 제공하여 그 물체를 파악함(모의실험 중 가장 간단함)
    ② 절차적 모의실험: 특정한 작업절차 및 과정을 파악함(대부분의 물리적 모의실험이 절차적 모의실험임)
    ③ 과정적 모의실험: 여러 변수 값을 설정하여 주어진 변수가 상호 작용되어 일어나는 과정과 결과를 파악함(물리적 혹은 절차적 모의실험과 달리 직접 상황에 참여하지 않음)

(3) 공정관리
    ① 공정관리: 계획수립(공정표 작성)→일정관리 검토→작업 진도 분석 및 확인→통제 및 대책 강구(지연 시 만회 등 고려)

② 공정의 특징

	연속 및 조립라인	배치 및 잡숍	프로젝트
제품:			
주문유형	연속 또는 큰 배치	소규모 배치	단일 단위
제품흐름	순차적	혼잡	없음
제품의 다양성	낮음	높음	매우 높음
시장형태	대량	고객주문	유일
수량	많음	중·소량	단일 단위
노동인력:			
기술	낮음	높음	높음
과업형태	반복적	비반복적	비반복적
보수	중간	높음	높음
자 본:			
투자	높음	중간	중간
재고	낮음	높음	거의 없음
장비	전용	범용	범용
생산목표:			
원가	낮음	중간	높음
품질	적합품질	적합품질	적합품질
납품	정시	정시	정시
유연성	낮음	중간	높음

2 시제품 작업표준서 작성 및 평가

(1) 공정계획 수립

① 공정 흐름도 검토, 공정설계, 생산설비 선정
② 설비 설치 후 설비 및 LINE T/O
③ 시험가동에 따른 문제점 개선, 목표품질 확보
④ 공정 흐름도 제·개정 설비관리계획 설정

(2) 공정 적합성 평가단계

양산 이행을 위한 시험 생산→공정 능력 파악→제조 작업 인원 확보 및 교육훈련 실시→제조공정 기술표준 확보 및 관리항목 설정

(3) 작업표준서
  ① 정의: 어떤 제품 또는 부품을 만들 때 도면에 지시된 설계자의 의도대로 제작하기 위해 누구나 쉽게 작업할 수 있도록 표준을 정하여 작성한 작업 안내서
  ② 항목: 작업, 품질, 안전, 해당 용품의 내용
  ③ 작성체계: 작업공정 분석과 효율성 검토 → 작업표준서의 작성 → 작업표준서의 등록 및 승인 → 출도 및 배포

(4) 시제품 성능파악
  ① 절차: 기존 규격에 대한 자료조사 → 시험장비 실태조사 → 규격분석(평가인자, 시험장비, 하중조건분석, 시험조건) → 성능인자 및 시험조건 설정 → 시험장비 설계
  ② 장비의 이해(예 야구)

구분	야구공	야구배트
시험장치 목적	고정벽에 야구공을 일정속도로 충돌시켰을 경우 반발력을 나타내는 반발계수를 측정하기 위한 장비	공의 반발력, 배트의 강도를 측정하는 것으로 야구배트의 스윗 스팟(sweet spot) 부분에 일정속도로 야구공을 충돌시켜 야구배트-야구공 반발계수, 배트성능지수 등 측정
시험장치 구성	수평형 충격시험기, 고정벽, 속도측정장비, 기타 부속장치	수평형 충격 시험기, 야구공 및 배트 속도 측정기, 야구배트 회전 및 고정장치 및 기타 부속품

(5) 시제품 기능 수정
  ① 신뢰성 검사: 일정한 시간적 간격, 동일한 조건의 측정대상에 대해 반복적 측정, 각 반복 측정치들 사이의 일관성의 정도
  ② 신뢰성 분석의 주의사항
    ㉠ 항목을 분명하게 작성함
    ㉡ 측정도구 신뢰도가 낮을 때 유사한 속성을 지닌 항목 수를 증가시킴
    ㉢ 응답자가 측정항목을 평가할 때 명확하고 일관성이 있도록 지시사항을 명시해서 측정오차를 감소시킴
  ③ 신뢰성 검사 종류

검사-재검사	하나의 검사를 서로 다른 시기에 두 번 실시할 때 두 점수 간의 상관계수(안정성 계수)를 구하는 방법
동형검사	동일한 검사를 더 개발해서 두 검사의 점수 간 상관계수(동등성 계수)를 구하는 방법
반분법	전체 문항 수를 반으로 나누고 상관계수를 이용하여 두 부분이 모두 같은 개념을 측정하는지 내적 합치도를 평가하는 방법

3 기능성 검증

(1) 제품사양서

① 스포츠용품의 사양은 스포츠용품의 설계, 구조를 뜻함
② 제품 설비, 공정, 구성 등에 관한 제반 사항을 구체적으로 기재해야 함

(2) 기능 측정 장비 및 측정방법

① KC 인증, KS 인증 과정을 통해 기능을 측정할 수 있음
  ㉠ KC(Korea Certificate): 2009년부터 단일화 한 국가통합인증마크로서 안전·보건·환경·품질의 법정 강제인증제도
  ㉡ KS(Korea Standards): 산업표준화법에 따라 국가, 지자체, 공공기관, 공공단체가 준수해야 할 인증제도
② 국민체육진흥공단의 KISS(Korea Industrial Standards for Sporting Goods)를 부여하고 있음(인증 유효기간 3년)

4 신뢰성 및 안전성 검증

(1) 신뢰성 시험의 필요성

① 시스템, 제품 기능이 복잡화되어 고장 가능성 증가
② 기술개발 속도가 빨라져 신기술, 신재료 등의 미평가 영역 극복
③ 시장불량률 감소를 위해 신뢰성 시험의 요구
④ 제조기술, 작업자 숙련도가 높아짐에 따라 신뢰성 시험 필요

(2) 신뢰성 시험 종류

환경시험, 수명시험(가속수명시험), 열충격시험, 유통환경시험, 진동시험, 압축시험, 낙하시험

(3) 신뢰도 검증방법

① 재시험법
② 내적일관성확인법: 이분법, 문항 간 일관성 검증방법, 동질이형법

5 인증신청 준비 및 신청

(1) 스포츠용품 인증신청

① 주관기관: 국민체육진흥공단(KSPO) 스포츠용품시험소
② 기술요약서 항목: 신청업체, 인증신청 제품명, 신청 제품 개요, 신청 제품 기술 수준, 기타 항목, 신청 제품 자립도

③ 인증: KISS 인증(Korea Industrial Standards for Sporting Goods)

(2) 인증절차

① KC 인증(Korea Certificate)

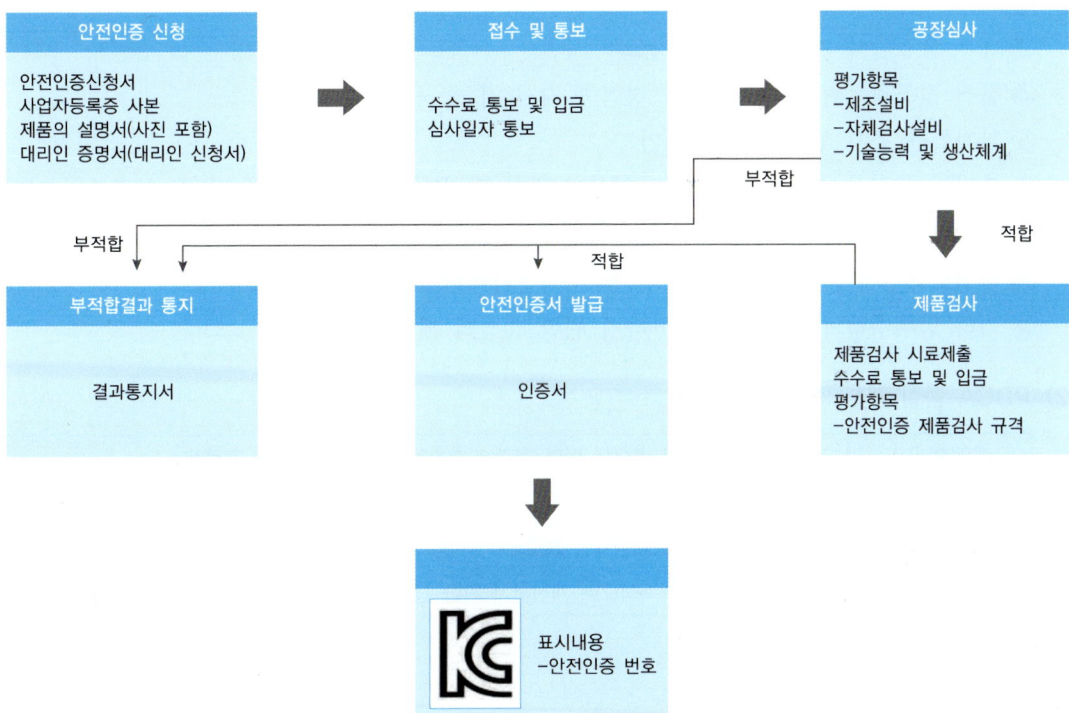

② KISS 인증(Korea Industrial Standards for Sporting Goods)

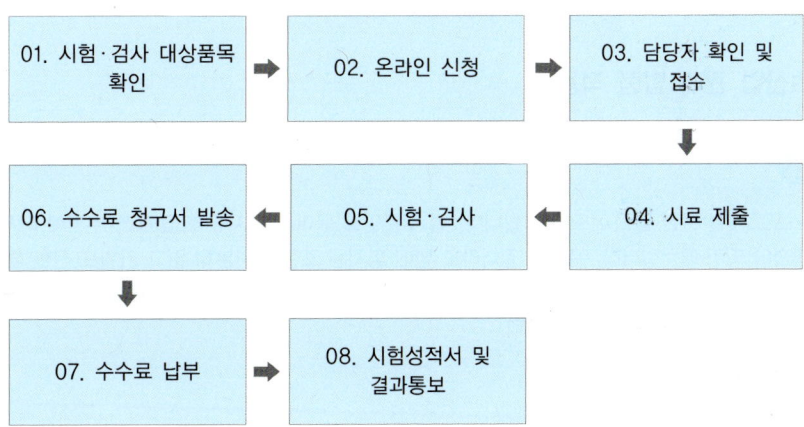

6 인증심사 대응 및 사후관리

(1) 품질 개선 요구서 발부기준

① 고객 불만, 클레임 접수 건 중 시정조치 사안
② ISO 인증심사 등 외부감사 지적 건 중 시정조치 사안
③ 내부 품질감사 지적 건 중 시정조치 사안
④ 품질 경영검토위원회 회의결과 경영층 지시 건 중 시정조치 사안
⑤ 부적합품 조치 후 시정조치 사안
⑥ 조직의 품질시스템 미이행 또는 개선에 관한 관리자급 이상의 지시 건 중 시정조치 사안
⑦ 예방활동을 위한 품질 데이터 분석결과에서 파악된 시정조치 사안
⑧ 품질보증부서에서 품질활동 수행 중 분석결과에서 파악된 시정조치 사안
⑨ 기타 업무수행의 효율성을 제고하기 위한 개선의 제안

(2) PDCA 품질 개선 평가

계획(Plan)	고객요구사항, 조직 방침에 따라 결과 도출하는 데 필요한 목표, 프로세스
실시(Do)	프로세스의 시행 내용
검토(Check)	방침, 목표 및 제품 요구사항 프로세스, 제품 모니터링, 측정, 결과 보고 내용
조치(Action)	프로세스 성과를 지속적으로 개선하기 위한 활동 내용

04 스포츠시설 법률지원

1 스포츠산업 관계 법령 적용

> **Moon's Advice**
>
> 법률 부분은 '스포츠시설 관련 법령'에도 등장합니다. 법 부분만을 묶어서 동시에 학습하고, 추후에 다시 복습에야 효과가 납니다. 반복학습이 되기 때문입니다. 문장이 길더라도 법에 명시된 조항을 차분이 읽고 키워드(신한 색) 위주로 이해하면 좋습니다. 스포츠산업 진흥법은 2016년 전부 개정된 부분을 별도로 제시합니다. '법제처(www.moleg.or.kr)'에서 전문(법, 시행령, 시행규칙)을 확인하길 권장합니다.

① 스포츠산업 진흥법

조항	구분	내용
법 제1조	목적	이 법은 스포츠산업의 진흥에 필요한 사항을 규정함으로써 스포츠산업의 기반조성 및 경쟁력 강화를 도모하고, 스포츠를 통한 국민의 여가선용 기회의 확대와 국민경제의 건전한 발전에 이바지함을 목적으로 한다.
법 제2조	정의	1. "스포츠"란 건강한 신체를 기르고 건전한 정신을 함양하며 질 높은 삶을 위하여 자발적으로 행하는 신체활동을 기반으로 하는 사회문화적 행태를 말한다. 2. "스포츠산업"이란 스포츠와 관련된 재화와 서비스를 통하여 부가가치를 창출하는 산업을 말한다. 3. "스포츠산업진흥시설"이란 스포츠산업 관련 사업자와 그 지원시설 등을 집단적으로 유치하기 위하여 지정된 시설물을 말한다.

법
제5조
	기본계획
	수립 등
		① 문화체육관광부장관은 스포츠산업 진흥에 관한 기본적이고 종합적인 중장기 진흥기본계획을 5년마다 수립·시행하고, 기본계획에 따라 스포츠산업의 각 분야별·기간별 세부시행계획을 수립·시행하여야 한다.
		② 기본계획에는 다음 각 호의 사항이 포함되어야 한다.
		  1. 스포츠산업 진흥의 기본방향에 관한 사항
		  2. 스포츠산업 활성화를 위한 기반 조성에 관한 사항
		  3. 스포츠산업 전문인력 양성에 관한 사항
		  4. 스포츠산업의 경쟁력 강화에 관한 사항
		  5. 스포츠산업 진흥을 위한 재원 확보에 관한 사항
		  6. 국가 간 스포츠산업 협력에 관한 사항
		  7. 프로스포츠의 육성·지원에 관한 사항
		  8. 스포츠산업 관련 시설의 감염병 등에 대한 안전·위생·방역 관리에 관한 사항
		  9. 장애인차별금지 및 권리구제 등에 관한 법률에 따른 정당한 편의 제공에 관한 사항
		  10. 그 밖에 스포츠산업 진흥을 위하여 필요한 사항으로서 대통령령으로 정하는 사항

시행령 제2조	기본계획의 수립 등	법 제5조제1항의 중장기 진흥기본계획은 5년마다 수립·시행하여야 한다. 1. 해당 연도의 사업 추진 방향 2. 주요 사업별 세부수행계획 법 제5조제2항제8호에서 "대통령령으로 정하는 사항"이란 다음 각 호의 사항을 말한다. 1. 스포츠산업 관련 연구개발의 추진에 관한 사항 2. 스포츠산업 관련 창업의 지원에 관한 사항 3. 그 밖에 문화체육관광부장관이 스포츠산업 진흥을 위하여 필요하다고 인정하는 사항
법 제9조	스포츠산업 전문인력의 양성	① 국가 및 지방자치단체는 스포츠산업 진흥에 필요한 전문인력을 양성하기 위하여 노력하여야 한다. ② 문화체육관광부장관은 스포츠산업 전문인력 양성기관을 지정하여 운영할 수 있다. ③ 국가 및 지방자치단체는 그 양성에 필요한 경비를 예산의 범위에서 보조할 수 있다.

시행령
제5조
	스포츠산업
	전문인력
	양성기관의
	지정 등
		① 스포츠산업 전문인력 양성기관
		  1. 스포츠산업 관련 학과 또는 전공이 설치된 대학
		  2. 정부출연연구기관
		  3. 서울올림픽기념국민체육진흥공단
		  4. 스포츠산업 진흥을 목적으로 설립된 기관 또는 단체

시행령
제5조
	스포츠산업
	전문인력
	양성기관의
	지정 등
		5. 그 밖에 문화체육관광부장관이 전문인력의 양성을 위하여 필요하다고 인정하는 기관 또는 단체
		② 전문인력 양성기관의 지정 기준
		  1. 전문 교수요원을 확보하고 있을 것
		  2. 교육시설 및 교육장비를 적절하게 보유하고 있을 것
		  3. 운영경비 조달계획 및 지원금 사용계획이 타당할 것
		  4. 교육 대상별 교육과정 및 교육내용이 적절할 것
		③ 전문인력 양성기관으로 지정받으려는 기관 또는 단체는 문화체육관광부령으로 정하는 신청서를 문화체육관광부장관에게 제출하여야 한다.
		④ 문화체육관광부 인터넷 홈페이지에 그 사실을 공고하여야 한다.

시행령 제6조	경비의 보조	문화체육관광부장관과 지방자치단체의 장은 법 제9조제3항에 따라 전문인력 양성기관에 다음 각 호의 경비의 전부 또는 일부를 보조할 수 있다. 1. 전문인력 양성교육 프로그램 운영에 필요한 비용 2. 전문인력 양성교육에 대한 조사·연구 비용 3. 교육자료의 개발 및 보급에 필요한 비용 4. 교육장소 임대비 및 장비 구입비 ※ 교육장소 매입비가 아님
시행령 제7조	스포츠 산업 전문인력의 양성을 위한 지원	문화체육관광부장관과 지방자치단체의 장은 법 제9조제1항에 따른 스포츠산업 전문인력의 양성을 위하여 다음 각 호의 지원 등을 할 수 있다. 1. 스포츠산업 전문인력 관련 정보의 수집 및 조사·연구 2. 제5조제1항에 따라 지정된 전문인력 양성기관이 실시하는 스포츠산업 전문인력 연수과정을 수료한 사람 및 「국가기술자격법」에 따른 스포츠경영관리사의 현장실무 지원 3. 스포츠산업 현장 종사자의 전문성 강화를 위한 국내외 연수 지원
법 제13조	국유·공유 재산의 대부·사용 등	① 국가 또는 지방자치단체는 제11조제1항에 따른 스포츠산업진흥시설의 지정 및 운영을 위하여 필요하다고 인정하는 경우에는 「국유재산법」 또는 「공유재산 및 물품 관리법」에도 불구하고 국유·공유 재산을 수의계약으로 대부·사용·수익하게 하거나 매각할 수 있다.

법
제14조
	스포츠산업지
	원센터의
	지정 등
		① 문화체육관광부장관은 스포츠산업의 발전을 위하여 다음 각 호의 어느 하나에 해당하는 기관을 스포츠산업지원센터로 지정할 수 있다.
		  1. 국공립 연구기관
		  2. 「고등교육법」에 따른 대학 또는 전문대학
		  3. 「특정연구기관 육성법」에 따른 특정연구기관
		  4. 그 밖에 문화체육관광부령으로 정하는 기관
		② 지원센터는 다음 각 호의 기능을 행한다.
		  1. 스포츠산업 발전을 위한 지방자치단체와의 협조에 관한 사항
		  2. 스포츠산업체 발전을 위한 상담 등 지원에 관한 사항
		③ 문화체육관광부장관은 지원센터가 제2항의 기능을 충실하게 이행하지 아니하는 때에는 그 지정을 해제할 수 있다.
		④ 지원센터의 지정 및 해제 절차 등에 필요한 사항은 대통령령으로 정한다.

시행규칙 제4조	스포츠산업지 원센터의 지정 신청	① 법 제14조제1항에 따른 스포츠산업지원센터로 지정을 받으려는 기관은 스포츠산업지원센터 지정 신청서에 다음 각 호의 서류를 첨부하여 문화체육관광부장관에게 제출하여야 한다. 　1. 정관(법인만 해당한다) 　2. 지원 인력에 관한 사항 　3. 지원 시설과 장비에 관한 사항 　4. 운영경비의 조달 계획 ② 법 제14조제1항제4호에 '문화체육관광부령으로 정하는 기관'이란 다음 각 호에 어느 하나에 해당하는 기관이다. 　1. 서울올림픽기념국민체육진흥공단 　2. 「민법」 또는 다른 법률에 따라 설립된 스포츠 분야의 법인
법 제19조	국제교류 및 해외시장 진출 지원	문화체육관광부장관은 국내 스포츠산업의 경쟁력 강화와 스포츠산업 관련 상품의 해외시장 진출을 활성화하기 위하여 다음 각 호의 사업을 지원할 수 있다. 1. 외국과의 공동제작 2. 방송·인터넷 등을 통한 해외 마케팅·홍보활동 3. 외국자본의 투자유치 4. 수출 관련 협력체계의 구축 5. 그 밖에 스포츠산업의 경쟁력 강화 및 해외시장 진출을 위한 사업
시행령 제19조	국제교류 및 해외시장 진출지원	문화체육관광부장관은 법 제19조제2항에 따라 다음 각 호의 기관이나 단체에 같은 조 제1항 각 호에 따른 사업을 위탁하거나 대행하게 할 수 있다. 1. 서울올림픽기념국민체육진흥공단 2. 「대한무역투자진흥공사법」에 따른 대한무역투자진흥공사 3. 지원센터 4. 법 제20조에 따른 사업자단체
법 제20조	사업자단체의 설립	스포츠산업 사업자는 스포츠산업의 진흥과 상호 협력증진 등을 위하여 대통령령으로 정하는 바에 따라 문화체육관광부장관의 인가를 받아 업종별로 사업자단체를 설립할 수 있다.
시행령 제20조	사업자단체의 설립 인가	① 법 제20조에 따라 사업자단체의 설립 인가를 받으려는 자는 문화체육관광부령으로 정하는 바에 따라 문화체육관광부장관에게 설립 인가를 신청하여야 한다. ② 제1항에 따른 신청을 받은 문화체육관광부장관은 신청 내용이 다음 각 호의 요건을 모두 갖춘 경우에 그 설립을 인가한다. 　1. 사업계획서가 스포츠산업 진흥의 목적에 부합할 것 　2. 사업 수행을 위한 자금 조달 방안이 있을 것 　3. 업종별 사업자가 100분의 50 이상 참여할 것 ③ 제1항에 따른 신청을 받은 문화체육관광부장관은 신청을 접수한 날부터 30일 이내에 인가 여부를 결정하여 신청인에게 통보하여야 한다. ④ 문화체육관광부장관은 제2항에 따라 사업자단체의 설립을 인가한 경우에는 문화체육관광부 인터넷 홈페이지에 그 사실을 공고하여야 한다.
시행령 제22조	포상	① 문화체육관광부장관은 포상하려는 경우에는 포상 내용, 수상자의 선정 방법 및 절차, 포상 기준 등을 정하여 문화체육관광부 인터넷 홈페이지에 그 사실을 공고하여야 한다. ② 문화체육관광부장관은 수상 개인·단체 및 기업 등에 스포츠산업진흥과 관련한 상금 등을 지원할 수 있다.

◈ **스포츠산업 진흥법 전면개정(2016) 조항 및 내용**

조항	구분	내용
법 제7조	실태조사	① 문화체육관광부장관은 기본계획과 세부시행계획을 효율적으로 수립·시행하기 위하여 정기적으로 스포츠산업 실태조사를 실시하여야 한다.
시행령 제3조	실태조사의 범위와 방법	① 문화체육관광부장관은 법 제7조제1항에 따라 매년 다음 각 호의 사항에 관하여 실태조사를 실시하여야 한다. 1. 스포츠산업 관련 사업체 수 및 종사자 수 2. 스포츠산업의 매출액 3. 스포츠산업의 사업 실적 및 경영 전망 4. 스포츠산업의 인력 수급 5. 그 밖에 스포츠산업 진흥을 위한 정책을 수립·시행하는 데 필요한 사항
법 제8조	연구개발의 추진	① 문화체육관광부장관은 스포츠산업과 관련된 연구개발을 추진하기 위한 정책을 수립·시행하고, 연구개발을 수행하는 데 드는 자금을 예산의 범위에서 지원하거나 출연할 수 있다.
시행령 제4조	연구개발의 지원·출연과 사업	① 문화체육관광부장관은 제8조제1항에 따라 지원, 출연할 수 있는 대상은 다음 각 호의 어느 하나에 해당한다. 1. 「특정연구기관 육성법」에 따른 특정연구기관 2. 정부출연연구기관 3. 대학, 산업대학, 전문대학 또는 기술대학 4. 문화체육관광부장관이 스포츠산업 관련 기술개발을 추진하기 위하여 필요하다고 인정하는 기관, 법인, 단체 또는 사업자 ② 문화체육관광부장관은 제1항 각 호에 따른 기관, 법인, 단체 또는 사업자가 다음 각 호의 어느 하나에 해당하는 사업을 하는 경우에는 법 제8조제1항에 따라 기술개발을 수행하는 데 드는 자금을 지원하거나 출연할 수 있다. 1. 스포츠산업 관련 기술개발 사업 2. 스포츠산업 관련 기술의 조사·연구를 위한 사업 3. 스포츠산업 관련 기술의 평가, 이전 및 활용에 관한 사업 4. 그 밖에 문화체육관광부장관이 기술개발의 추진을 위하여 필요하다고 인정하는 사업
법 제10조	창업 지원 등	문화체육관광부장관은 스포츠산업과 관련된 창업을 촉진하고, 일자리를 창출하기 위하여 필요한 시책을 마련하며, 사업추진에 필요한 자금을 예산의 범위에서 지원할 수 있다.
법 제11조	스포츠산업 진흥시설의 지정 등	① 문화체육관광부장관은 스포츠산업의 진흥을 위하여 지방자치단체의 장과 협의하여 다음 각 호의 지정요건을 갖춘 해당 지방자치단체 소유의 공공체육시설을 스포츠산업진흥시설로 지정할 수 있다. 이 경우 시설 설치 및 보수 등에 필요한 자금의 전부 또는 일부를 지원할 수 있다. 1. 문화체육관광부령으로 정하는 수 이상의 스포츠산업 사업자가 입주할 것 2. 입주하는 스포츠산업 사업자의 100분의 30 이상이 「중소기업기본법」 제2조에 따른 중소기업자일 것 3. 입주하는 스포츠산업 사업자가 공동으로 이용할 수 있는 공용 회의실 및 공용 장비실 등의 공용이용시설을 설치할 것 ※ 개별 회의실 및 장비실이 아님

법 제11조	스포츠산업 진흥시설의 지정 등	② 제1항에 따른 스포츠산업진흥시설로 지정을 받고자 하는 지방자치단체의 장은 대통령령으로 정하는 바에 따라 문화체육관광부장관에게 지정을 신청하여야 한다. ③ 제2항에도 불구하고 문화체육관광부장관은 프로스포츠의 육성을 위하여 필요하다고 인정하는 경우 지방자치단체의 장과 협의하여 해당 지방자치단체 내의 프로스포츠단 연고 경기장을 스포츠산업진흥시설로 우선 지정할 수 있다.
시행 규칙 제3조	지정 요건	법 제11조제1항제1호에서 "문화체육관광부령으로 정하는 수"란 5를 말한다.
법 제12조	지정 해제	문화체육관광부장관은 지정된 스포츠산업진흥시설이 지정요건에 미달하는 때에는 대통령령으로 정하는 바에 따라 그 지정을 해제할 수 있다.

시행령
제9조
	진흥시설의
	지원
		① 문화체육관광부장관은 법 제11조제1항 각 호 외의 부분 후단에 따라 진흥시설에 다음 각 호의 지원을 할 수 있다.
		  1. 진흥시설의 운영에 필요한 자금의 지원
		  2. 공동이용시설의 설치비·운영비의 지원

시행령 제10조	진흥시설의 지정해제	① 문화체육관광부장관은 법 제12조에 따라 진흥의 지정을 해제하려면 미리 해당 지방자치단체의 장의 의견을 들어야 한다. ② 문화체육관광부장관은 법 제12조에 따라 진흥시설의 지정을 해제한 경우에는 문화체육관광부 인터넷 홈페이지에 그 사실을 공고하여야 한다.
법 제15조	품질 향상 지원	① 문화체육관광부장관은 스포츠산업의 육성과 기술개발을 위하여 스포츠산업 관련 상품의 품질 향상에 필요한 지원을 할 수 있다. ② 문화체육관광부장관은 제1항에 따른 품질 향상 지원에 소요되는 장비, 인력, 비용 등 운용에 필요한 예산을 지원할 수 있다.
법 제16조	스포츠산업에 대한 출자	정부는 스포츠산업에 대한 투자 활성화를 위하여 대통령령으로 정하는 바에 따라 예산의 범위에서 다음 각 호의 조합이나 회사에 출자할 수 있다. 1. 벤처투자모태조합 2. 스포츠산업체에 투자하거나 스포츠산업에 대한 투자를 목적으로 설립된 조합 또는 회사
법 제17조	프로스포츠의 육성	① 국가 및 지방자치단체는 스포츠산업의 발전을 도모하고, 국민의 건전한 여가활동을 북돋우기 위하여 프로스포츠 육성에 필요한 시책을 강구할 수 있다. ② 지방자치단체 또는 공공기관은 프로스포츠 육성을 위하여 프로스포츠단 창단에 출자 또는 출연할 수 있으며, 프로스포츠 활성화를 위하여 필요한 경우 프로스포츠단 사업추진에 필요한 경비를 지원할 수 있다. ③ 지방자치단체는 공공체육시설의 효율적 활용과 프로스포츠의 활성화를 위하여 필요하다고 인정하는 경우에는 공유재산을 25년 이내의 기간을 정하여 그 목적 또는 용도에 장애가 되지 아니하는 범위에서 사용·수익을 허가하거나 관리위탁 또는 대부할 수 있다. ④ 지방자치단체의 장은 제3항에 따라 공유재산을 사용·수익하게 하거나 대부하는 경우에는 해당 공유재산의 사용료 및 대부료와 납부 방법 등을 정할 수 있다. ⑤ 제3항에 따라 공유재산을 사용·수익하게 하거나 대부하는 경우에는 해당 공유재산의 목적 또는 용도에 장애가 되지 아니하도록 대통령령으로 정하는 바에 따라 사용·수익과 대부의 내용 및 조건을 부과하여야 한다.

법 제17조	프로스포츠의 육성	⑥ 지방자치단체의 장은 공유재산 중 체육시설을 프로스포츠단의 연고 경기장으로 사용·수익을 허가하거나 관리위탁 또는 대부하는 경우 해당 체육시설과 그에 딸린 부대시설에 대하여 대통령령으로 정하는 바에 따라 해당 프로스포츠단(민간자본을 유치하여 건설하고 투자자가 해당 시설을 프로스포츠단의 연고 경기장으로 제공하는 경우 민간 투자자를 포함한다)과 우선하여 수의계약할 수 있다. 건설 중인 경우에도 또한 같다. ⑦ 제6항에 따라 공유재산의 사용·수익 허가를 받은 프로스포츠단은 사용·수익의 내용 및 조건에 위반되지 아니하는 범위에서 지방자치단체의 장의 승인을 받아 다른 자에게 사용·수익하게 할 수 있다. ⑧ 제6항에 따라 공유재산의 사용·수익을 허가받거나 관리를 위탁받은 프로스포츠단은 필요한 경우 해당 체육시설을 직접 수리 또는 보수할 수 있다. 다만, 그 수리 또는 보수가 공유재산의 원상이 변경되는 대통령령으로 정하는 대규모의 수리 또는 보수에 해당할 경우에는 지방자치단체의 장의 승인을 받아야 한다. ⑨ 지방자치단체는 제8항에 따른 수리 또는 보수에 필요한 비용의 전부 또는 일부를 지원할 수 있다.

시행령
제13조
	프로스포츠단
	창단에의
	출자·출연 등
		① 지방자치단체 또는 공공기관은 법 제17조제2항에 따라 프로스포츠단 창단을 위한 자본금 또는 재산의 전부나 일부를 단독으로 또는 공동으로 출자하거나 출연할 수 있다.
		② 지방자치단체 또는 공공기관이 법 제17조제2항에 따라 프로스포츠단 사업 추진에 지원할 수 있는 경비의 범위는 다음 각 호와 같다.
		  1. 프로스포츠단의 운영비(인건비를 포함한다)
		  2. 프로스포츠단의 부대시설 구축을 위한 비용
		  3. 각종 국내·국제 운동경기대회의 개최와 참가비
		  4. 유소년 클럽 및 스포츠교실의 운영비
		  5. 그 밖에 프로스포츠단의 활성화를 위하여 필요한 경비

시행령
제14조
	공유재산의
	사용료와
	납부 방법 등
		① 지방자치단체의 장은 법 제17조제4항에 따른 공유재산의 연간 사용료를 매년 징수한다. 다만, 프로스포츠단과 협의한 경우에는 사용·수익 허가 기간 동안의 사용료 전부를 한꺼번에 징수할 수 있다.
		② 제1항 본문에 따른 연간 사용료는 시가(時價)를 반영한 해당 재산 평가액의 연 1만분의 10 이상의 범위에서 지방자치단체의 조례로 정하되, 월 단위, 일 단위, 시간별 또는 횟수별 등으로 계산할 수 있다.
		③ 제1항 본문에 따른 연간 사용료는 매년 납부기한까지 한꺼번에 내야 한다. 다만, 지방자치단체의 장은 연간 사용료가 100만원을 초과하는 경우에는 연 4회의 범위에서 분할납부하게 할 수 있다.
		④ 지방자치단체의 장은 다음 각 호의 어느 하나에 해당하는 경우에는 사용료를 감경하거나 면제할 수 있다.
		  1. 공유재산 중 체육시설을 프로스포츠단의 연고 경기장으로 사용·수익하는 것을 허가하는 경우
		  2. 공유재산 중 체육시설을 국제 운동경기대회 개최를 위하여 사용·수익하는 것을 허가하는 경우
		  3. 프로스포츠단이 해당 체육시설을 직접 수리 또는 보수하는 경우
		  4. 그 밖에 지방자치단체의 장이 프로스포츠의 활성화를 위하여 필요하다고 인정하는 경우

시행령 제16조	수의계약	지방자치단체의 장은 법 제17조제6항에 따라 프로스포츠단과 우선하여 체결하는 수의계약의 내용에 다음 각 호의 사항을 포함할 수 있다. 1. 공유재산의 연간 사용료 및 위탁료에 관한 사항 2. 공유재산의 사용·수익 허가 또는 관리 위탁의 조건에 관한 사항
시행령 제17조	대규모의 수리 또는 보수	법 제17조제8항에서 대규모의 "수리 또는 보수"란 총공사비가 10억원 이상인 수리 또는 보수를 말한다.
법 제18조	선수 및 감독·코치 등의 권익 보호 등	① 문화체육관광부장관은 선수 및 감독·코치 등 대통령령으로 정하는 자의 권한과 권익을 보호하고, 스포츠산업의 건전한 발전을 위하여 공정한 영업질서의 조성 등 필요한 시책을 강구하여야 한다. ② 문화체육관광부장관은 대기오염도 예측결과 및 위기경보 발령 등을 고려하여 프로스포츠 경기의 일정 등을 조정할 수 있는 지침을 마련하여야 한다.
법 제18조2	표준계약서의 제정·보급	① 문화체육관광부장관은 선수의 권익을 보호하고 스포츠산업의 공정한 영업질서를 확립하기 위하여 프로스포츠 관련 표준계약서를 마련하여 프로스포츠단에 이를 보급하여야 한다. ② 문화체육관광부장관은 제1항에 따른 표준계약서를 제정 또는 개정하고자 할 때에는 공정거래위원회와 협의하여야 하고, 이해관계자와 전문가의 의견을 들어야 한다. ③ 문화체육관광부장관은 프로스포츠단에 제1항에 따른 표준계약서의 사용을 권장할 수 있다.

시행령 제18조	선수 및 감독·코치 등의 권익 보호 등	① 법 제18조제1항에서 "감독·코치 등 대통령령으로 정하는 자"란 프로스포츠단에 소속된 사람으로서 다음 각 호의 어느 하나에 해당하는 사람을 말한다.
		  1. 감독
		  2. 코치·트레이너 등 선수를 지도하거나 훈련시키는 사람
		② 문화체육관광부장관은 법 제18조에 따라 선수 및 감독·코치 등의 권익 보호와 스포츠산업의 건전한 발전을 위하여 다음 각 호의 시책을 강구하여야 한다.
		  1. 스포츠산업의 공정한 영업질서 조성
		  2. 건전한 프로스포츠 정착을 위한 교육·홍보
		  3. 승부 조작, 폭력 및 도핑 등의 예방
		  4. 선수의 부상 예방과 은퇴 후 진로 지원
		  5. 선수의 권익 향상을 위한 대리인제도의 정착
		  6. 선수의 경력관리를 위한 관리시스템의 구축
		  7. 그 밖에 문화체육관광부장관이 선수 및 감독·코치 등의 권익 보호 및 스포츠산업의 건전한 발전을 위하여 필요하다고 인정하는 사항
		③ 문화체육관광부장관은 필요하다고 인정되는 경우에는 「국민체육진흥법」 제2조제9호의 체육단체와 같은 조 제11호의 경기단체에 제2항 각 호에 따른 시책을 시행하는 데 필요한 조치를 요청할 수 있다.

개념 +

「국민체육 진흥법」은 1962년에 제정된 오랜 역사를 지닌 법률로서 엘리트 체육 육성 및 지도자 양성 등 우리나라 체육진흥에 목적을 두었습니다. 본 장에서는 스포츠산업진흥에 토대를 둔 조항만을 제시합니다. 「체육시설의 설치·이용에 관한 법률」은 스포츠시설에 자세하게 제시하였습니다. 본 장에서는 스포츠산업과 관련된 조항만을 제시합니다. '법제처(www.moleg.or.kr)'에서 전문(법, 시행령, 시행규칙)을 확인하길 권장합니다.

② 국민체육진흥법

조항	구분	내용
법 제1조	목적	이 법은 국민체육을 진흥하여 국민의 체력을 증진하고, 체육활동으로 연대감을 높이며, 공정한 스포츠 정신으로 체육인 인권을 보호하고, 국민의 행복과 자긍심을 높여 건강한 공동체의 실현에 이바지함을 목적으로 한다.
시행령 제8조	체육지도자의 양성과 자질 향상	문화체육관광부장관은 국민체육 진흥을 위한 체육지도자의 양성과 자질 향상을 위하여 다음 각 호의 시책을 마련하여야 한다. 1. 국내외 교육기관이나 단체에의 위탁교육 2. 체육지도자의 해외 파견과 국외 체육지도자의 국내 초빙강습 3. 국외 체육계의 조사와 연구 4. 체육지도자의 양성을 위한 연수 5. 체육지도자에 대한 기술과 정보의 지원 6. 그 밖에 체육지도자의 양성과 자질 향상을 위하여 필요한 시책 ② 체육지도자의 자격은 18세 이상인 사람에게 부여한다.
시행령 제9조의6	스포츠지도사 등의 자격종목	스포츠지도사, 장애인스포츠지도사, 유소년스포츠지도사와 노인스포츠지도사의 자격 종목은 문화체육관광부장관이 정하여 고시한다.
시행령 제9조의2	건강운동 관리사	건강운동관리사
시행령 제11조의2	연수기관의 지정 등	1. 체육단체 또는 경기단체의 경우 비영리법인일 것 2. 연수과정의 운영을 위한 조직, 인력 및 시설을 갖추고 있을 것 3. 해당 지역에 연수기관의 설치·운영 수요가 있을 것 4. 현장실습을 위한 여건을 갖추고 있을 것
법 제10조의2	노인과 유소년 체육의 진흥	① 국가와 지방자치단체는 노인과 유소년의 체육 진흥에 필요한 시책을 마련하여야 한다. ② 국가와 지방자치단체는 노인과 유소년의 건강의 유지 및 증진을 위한 맞춤 체육활동 프로그램을 운영하거나 그 운영에 필요한 비용 및 시설을 지원할 수 있다.
법 제10조의3	표준계약서의 작성 등	① 국가는 직장에 설치·운영되는 운동경기부가 소속된 기관 및 단체의 장과 직장운동경기부 선수가 대등한 입장에서 공정하게 계약을 체결할 수 있도록 표준계약서를 개발, 보급해야 한다. ② 지방자치단체의 장은 계약 체결현황, 내용 등 문화체육관광부장관에게 매년 보고해야 한다.
시행 규칙 제3조의2	표준계약서의 개발·보급 등	① 문화체육관광부장관은 법 제10조의3제1항에 따른 표준계약서를 고용노동부장관 및 공정거래위원회와 협의하여 개발하고, 이를 직장에 설치·운영되는 운동경기부가 소속된 기관 및 단체에 보급해야 한다. ② 법 제10조의3제2항에 따른 표준계약서상 필수 기재사항은 다음 각 호의 사항으로 한다. 1. 계약 당사자 2. 계약 기간 3. 업무의 범위 4. 계약 당사자의 권리 및 의무에 관한 사항 5. 계약 금액 6. 계약의 효력 발생, 변경 및 해지

구분	제목	내용
시행규칙 제3조의2	표준계약서의 개발·보급 등	7. 손해배상에 관한 사항 8. 계약 불이행의 불가항력 사유 9. 분쟁해결에 관한 사항 10. 고용보험 등 사회보험에 관한 사항(근로계약의 경우만 해당)

법 제17조	체육 용구의 생산 장려 등	① 국가와 지방자치단체는 체육용구·기자재의 생산 장려에 필요한 조치를 마련해야 한다.
		② 문화체육관광부장관은 체육용구 등을 생산하는 업체 중 우수업체를 지정하여 서울올림픽기념국민체육진흥공단으로 하여금 국민체육진흥기금의 국민체육진흥계정에서 그 자금을 융자하게 할 수 있다.
		③ 문화체육관광부장관은 체육시설의 설치를 위하여 필요하다고 인정되는 경우와 체육과 관련된 용역을 제공하는 업종으로서 다음 각 호의 어느 하나에 해당하는 산업의 육성을 위해 서울올림픽기념국민체육진흥공단으로 하여금 그 자금을 융자하게 할 수 있다.
		  1. 운동경기의 개최 및 지원과 관련된 경기 전문 종사업
		  2. 체육 행사의 기획, 수익사업의 대리 및 선수 등의 계약 대리와 관련된 업(業)
		  3. 체육 관련 정보를 생산하거나 제공하는 업
		  4. 그 밖에 대통령령으로 정하는 업종
		④ 문화체육관광부장관은 우수 업체를 지정하고자 할 때에는 산업통상자원부장관과 미리 협의해야 하고, 산업통상자원부장관은 특별한 사유가 없는 한 협의요청을 받은 날부터 20일 이내에 문화체육관광부장관에게 의견을 제시해야 한다.

시행령 제17조	체육 용구의 생산 장려 등	① 체육 용구와 기자재는 문화체육관광부장관이 산업통상자원부장관과 협의하여 정하는 것으로 한다.
		  1. 국내외 각종 경기대회 경기종목에 사용되는 체육용구등
		  2. 학교 체육에 사용되는 체육용구등
		  3. 장애인 체육에 사용되는 체육용구등
		  4. 그 밖에 국민체육 진흥을 위하여 필요한 체육용구등
		② 국가와 지방자치단체는 체육용구등의 생산 장려를 위하여 다음 각 호의 조치를 하여야 한다.
		  1. 체육용구등의 생산업체에 대한 융자알선과 자금지원
		  2. 체육용구등의 생산업체에 대한 기술지원

시행령 제18조	자금의 융자 등	① 자금의 융자에 필요한 사항은 문화체육관광부령으로 정한다. 이 경우 융자이율은 미리 기획재정부장관과 협의하여야 한다.
		② 대통령령으로 정하는 업종은 다음 각 호의 어느 하나에 해당하는 것이다.
		  1. 체육용구등의 품질향상을 위한 연구·개발 사업
		  2. 체육용구등의 생산을 위한 원자재 구입 및 설비투자업
		  3. 체육시설의 설치 및 개·보수업
		  4. 체육 관련 용역 생산을 위한 설비투자업
		  5. 체육 관련 용역의 상품화를 위한 연구·개발 사업
		  6. 「재난 및 안전관리 기본법」에 따른 재난으로 사업에 심각한 피해를 입은 「스포츠산업 진흥법」 제2조제2호에 따른 스포츠산업으로서 문화체육관광부장관이 정하여 고시하는 업종

시행령 제18조의7	이의신청심의위원회의 심의	① 이의신청심의위원회는 재적위원 과반수의 출석으로 개의하고, 출석위원 과반수의 찬성으로 의결한다. ② 이의신청심의위원회의 위원장은 필요한 경우에는 당사자 또는 참고인이 이의신청심의위원회의 회의에 출석하여 의견을 진술하게 할 수 있다. ③ 제1항 및 제2항에서 규정한 사항 외에 이의신청심의위원회의 심의에 필요한 사항은 스포츠윤리센터의 정관으로 정한다.

법 제19조	기금의 설치 등	필요한 경비를 지원하기 위해 국민체육진흥기금을 설치한다. 1. 체육 진흥에 필요한 시설 비용 2. 체육인의 복지 향상 3. 체육단체 육성 4. 학교 체육 및 직장 체육 육성 5. 체육·문화예술 전문인력 양성 6. 취약분야 육성 7. 스포츠산업 진흥 8. 사행산업 또는 불법사행산업으로 인한 중독 및 도박 문제의 예방·치유 9. 그 밖에 국민체육 진흥 등을 위하여 대통령령으로 정하는 사항

③ 체육시설의 설치·이용에 관한 법률

조항	구분	내용
법 제1조	목적	이 법은 체육시설의 설치·이용을 장려하고, 체육시설업을 건전하게 발전시켜 국민의 건강 증진과 여가 선용(善用)에 이바지하는 것을 목적으로 한다.
시행규칙 제1조의4	체육시설 안전관리 등 교육	① 체육시설 안전관리 등 교육(이하 "안전교육"이라 한다)에는 다음 각 호의 사항이 포함되어야 한다. 1. 체육시설 안전점검 및 안전관리의 내용과 방법 2. 안전사고의 예방 및 대처방안 3. 체육시설정보관리종합시스템 사용법 ② 다음 각 호의 어느 하나에 해당하는 사람은 연수·강의 등의 집합교육 또는 정보통신망을 활용한 온라인 교육을 통하여 안전교육을 받아야 한다. 1. 체육시설의 소유자 및 관리자 2. 체육시설업자 3. 그 밖에 문화체육관광부장관이 체육시설 안전관리를 위하여 교육이 필요하다고 인정하는 자 ③ 제2항 각 호의 어느 하나에 해당하게 된 사람은 그에 해당하게 된 날부터 6개월 이내에 3시간 이상의 안전교육을 받아야 하며, 그 다음 해부터는 매년 3시간 이상의 안전교육을 받아야 한다. ④ 문화체육관광부장관은 「국민체육진흥법」 제36조에 따른 서울올림픽기념국민체육진흥공단에 안전교육을 의뢰하여 실시할 수 있다.
시행령 제3조	전문체육시설의 설치·운영	1. 시·도 : 국제경기대회 및 전국 규모의 종합경기대회를 개최할 수 있는 체육시설 2. 시·군 : 시·군 규모의 종합경기대회를 개최할 수 있는 체육시설
시행령 제4조	생활체육시설의 설치·운영	1. 시·군·구 : 지역 주민이 고루 이용할 수 있는 실내·외 체육시설 2. 읍·면·동 : 지역 주민이 고루 이용할 수 있는 실외체육시설
법 제4조의6	체육시설정보관리 종합시스템 운영	문화체육관광부장관으로부터 업무를 위임·위탁받은 기관은 체육시설의 안전관리를 위하여 다음 각 호의 정보를 체육시설정보관리종합시스템으로 관리·운영한다. 1. 체육시설 안전관리에 관한 기본계획 및 관리계획 2. 체육시설 안전점검 결과 3. 체육시설 안전점검 실시결과의 통보·이행 및 이에 대한 결과 4. 그 밖에 체육시설의 안전 및 유지·관리에 관련되는 사항과 체육시설의 정보로 관리할 필요가 있다고 인정되어 문화체육관광부령으로 정하는 사항

법
제29조
	휴업 또는 폐업
	통보 등
		① 체육시설업자가 3개월 이상 휴업하거나 폐업한 경우에는 휴업 또는 폐업한 날부터 30일 이내에 문화체육관광부령으로 정하는 바에 따라 그 사실을 시·도지사, 시장·군수 또는 구청장에게 통보하여야 한다.
		② 시·도지사, 시장·군수 또는 구청장은 체육시설업자가 제1항에 따른 기간에 휴업 또는 폐업 사실을 통보하지 아니하면 문화체육관광부령으로 정하는 바에 따라 휴업 또는 폐업 처리를 할 수 있다.
		③ 체육시설업자는 문화체육관광부령으로 정하는 기간 이상 휴업 또는 폐업하려는 때에는 휴업 또는 폐업 예정일 14일 전까지 그 사실을 다음 각 호의 이용자에게 통지하여야 한다. 다만, 다음 각 호의 이용자의 연락처를 알 수 없는 경우 등 정당한 사유가 있는 경우에는 통지에 갈음하는 조치를 할 수 있다.
		  1. 회원
		  2. 체육시설업자에게 이용료를 미리 지급하고 이용 또는 교습 약정이 종료되지 아니한 일반이용자
		④ 제3항에 따른 통지 방법, 통지에 갈음하는 조치 등에 필요한 사항은 문화체육관광부령으로 정한다.

2 스포츠 유관 법령 적용

(1) 법률체계
① 법령: 법률+명령
② 법률(국회 제정), 시행령(대통령의 명령), 시행규칙(총리, 각 부처의 장관의 명령)

(2) 스포츠산업관련 법령 제정현황
국민체육진흥법(1962 제정), 체육시설의 설치·이용에 관한 법률(1989 제정), 경륜·경정법(1991 제정), 스포츠산업 진흥법(2007 제정), 태권도진흥 및 태권도공원 조성에 관한 법률(2007 제정), 전통무예진흥법(2008 제정), 2018 평창동계올림픽대회지원 등에 관한 법률(2012 제정), 국제경기대회지원법(2012 제정), 생활체육진흥법(2015 제정), 바둑진흥법(2018 제정)

(3) 스포츠산업 유관 법령
공유재산 및 물품관리법, 관광진흥법, 관세법, 국민여가활성화기본법, 낚시 관리 및 육성법, 독점규제 및 공정거래에 관한 법률, 마리나 항만의 조성 및 관리 등에 관한 법률, 말산업육성법, 방송법, 사격 및 사격장 안전관리에 관한 법률, 산림문화·휴양에 관한 법률, 상표법, 수상레저안전법, 수중레저활동의 안전 및 활성화 등에 관한 법률, 약관의 규제에 관한 법률, 유통산업발전법, 자전거 이용 활성화에 관한 법률, 장애인 차별금지 및 권리구제 등에 관한 법률, 저작권법, 제조물책임법, 총포·도검·화약류 등 안전관리에 관한 법률, 청소년기본법, 청소년보호법, 국민건강증진법, 조세법, 장애인복지법, 국토의 계획 및 이용에 관한 법률, 건축법과 하천법 등 다양한 여러 법령들에서 체육 및 스포츠와 관련한 조문을 두고 있음

CHAPTER 02 스포츠산업 기출적중 100제

01 스포츠산업의 이해

01
마이클 포터의 가치사슬 이론에서 본원적 활동에 해당하지 않는 것은?

① 물류투입활동
② 획득활동
③ 운영활동
④ 고객서비스활동

해설
가치사슬모형의 주활동(본원적 활동, 부가가치를 직접 창출)으로는 물류투입, 운영, 물류산출, 마케팅 및 영업, 서비스활동 등이 있고, 지원활동(부가가치를 창출하도록 간접적 역할)에는 회계, 재무, 경영, 인적자원관리, 기술개발 등이 있음

정답 ②

해설 +

가치사슬 모형	· 스포츠조직에서 경쟁전략을 세우기 위해 자신의 경쟁적 지위를 파악하고 이를 향상시킬 수 있는 지점을 찾기 위한 모형 · 가치사슬모형의 이점인 최저비용, 운영효율성, 이익마진 형성, 생산자와 소비자 간의 관계에서 경쟁우위를 확보할 수 있음 · **주활동(primary activities): 부가가치를 직접 창출** 　- 물류투입(입고, 입력) 　- 운영(생산, 처리) 　- 물류산출(출고, 저장, 분배) 　- 마케팅 및 영업(판매) 　- 서비스 활동 등 · **지원 활동(support activities): 부가가치가 창출되도록 간접적 역할** 　- 기업의 인프라스트럭처(회계, 재무, 경영) 　- 인적자원관리(HRM, Human Resource Management) 　- 기술 개발 　- 조달 프로세스 등

02
스포츠이벤트 생산자가 티켓 유통대행사를 선정할 때 유의할 사항을 모두 고른 것은?

> ㄱ. 대행사 선정 시 주도권을 확보하기 위해 복수 후보자와 협상한다.
> ㄴ. 티켓 대행사의 직원들이 상품생산자들의 내외부 상황요인을 잘 이해하고 있는지 판단한다.
> ㄷ. 티켓 대행사에 대한 감사권을 가질 수 있는지 여부를 판단한다.
> ㄹ. 티켓 대행사가 소비자들에게 전가하는 비용을 통제할 수 있는지 검토한다.

① ㄱ, ㄷ
② ㄱ, ㄴ, ㄹ
③ ㄴ, ㄷ, ㄹ
④ ㄱ, ㄴ, ㄷ, ㄹ

해설
복수의 대행사 후보자와 협상함으로써 보다 나은 서비스를 제공하고, 궁극적으로 소비자에게 혜택이 돌아갈 수 있는 역량을 갖춘 대행사를 선정할 수 있음. 모든 보기가 정답임

정답 ④

03

우리나라 스포츠산업 정책의 변천에 관한 설명으로 틀린 것은?

① 1990년 전까지는 스포츠산업체가 대부분 소규모 영세업체로 운영되었기에 정부로부터 정책적 지원 대상에서 제외되었다.
② 「체육시설의 설치·이용에 관한 법률」 제정으로 민간 체육시설업의 효율적인 관리와 체계적인 육성을 할 수 있는 기반이 마련되었다.
③ 제1차 국민체육진흥5개년계획은 '스포츠산업'이라는 용어가 처음 사용됨으로써 스포츠를 산업적 시각에서 다루었다.
④ 2000년대 스포츠산업 정책은 스포츠산업 육성대책(2001), 스포츠산업 비전 2010(2005), 2009~2013 스포츠산업 중장기계획(2008)이 있다.

해설
제2차 국민체육진흥계획을 통한 스포츠산업의 중요성을 언급함으로써 스포츠산업 육성대책(2001)을 발표함

정답 ③

해설+ 국내 스포츠산업 정책의 변천과정

시기	주요내용	
1990년대 이전	• 스포츠산업 정책은 아니었지만 체육 분야 정책지원 근거 마련	
	국민체육 진흥법 (1962년 제정)	• 1965년 개정된 내용 중 최초의 스포츠산업 관련 법률 명시 • 1982년 개정된 내용 중 체육용구 우수업체에 국민체육진흥기금 융자관련 명시
	체육시설의 설치·이용에 관한 법률	• 1989년 제정되면서 민간 체육시설업의 효율적인 관리와 체계적인 육성 기반 마련
1993~1997년	• 제1차 국민체육진흥5개년계획 – 체육용구 품질수준 향상, 생산업체 투자여건 조성 금융지원, 민간스포츠시설업 육성을 위해 골프장, 스키장 특별소비세 감면, 체육시설 설치·운영 인·허가 절차 간소화 등	
1998~2002년	• 제2차 국민체육진흥5개년계획 – 민간체육시설 적극 지원, 소비자 보호를 위한 제도적 장치 마련, 체육시설·용품업체에 대한 지원, 우수 생활체육용구 생산업체 산업적 지원, 경륜·경정 등 여가스포츠산업 육성 등	
2001년	• 스포츠산업 육성대책 – 스포츠 자원의 상품가치 개발, 스포츠서비스업 중점지원, 고부가가치 실현을 위한 지식정보 기반 구축, 민간기업의 경쟁력 강화지원 등	
2003~2007년	• 참여정부 국민체육진흥5개년계획 – 생활체육 활성화를 위한 국민의 삶의 질 향상, 과학적 훈련지원을 통한 전문체육의 경기력 향상, 스포츠산업을 새로운 국가전략산업으로 육성, 국제체육 교류 협력을 통한 국가이미지 제고, 체육과학의 진흥 및 정보화, 체육행정시스템의 혁신과 체육진흥재원 확충	
2005년	• 스포츠산업 비전 2010 – 스포츠산업 활성화, 국제경쟁력 강화를 위한 집중지원 전략, 고부가가치 스포츠용품 개발, 국제경쟁력 강화, 레저스포츠 산업기반 확대, 프로스포츠산업의 성장기반 구축 등 • 스포츠산업 진흥법 제정(2007년)	
2008년	• 제1차 스포츠산업 중장기계획(2009~2013) – 체육 강국에 부합하는 스포츠산업 선진국 도약 비전, 스포츠산업 글로벌 경쟁력 강화, 대표적 융·복합 산업 신성장 동력화, 선순환구조 형성을 통한 지역경제 활성화	
2013년	• 제2차 스포츠산업 중장기 발전계획(2014~2018) – 스포츠산업의 융·복합화를 통한 미래성장 동력 창출 비전, 고령화 사회, 여가 증가 등에 따른 스포츠 참여 확대, 아웃도어 등 레저산업 급성장 대비, 스포츠산업 강국 목표 등	
2016년	• 스포츠산업 진흥법('07 제정) 전면 개정 – 스포츠산업실태조사, 프로스포츠단 연고 경기장을 스포츠산업 진흥시설로 우선 지정, 중소기업투자모태조합과 한국벤처투자조합 등에 출자, 지자체 또는 공공기관이 프로스포츠단 창단에 출자 가능, 공유재산을 25년 이내 관리위탁 가능 등	
2019년	• 제3차 스포츠산업 중장기 발전계획(2019~2023) – 첨단기술 기반 시장 활성화: 참여스포츠 신시장 창출, 관람스포츠 서비스 혁신 – 스포츠기업 체계적 육성: 스포츠기업 창업·성장 지원, 스포츠기업 글로벌 진출 지원 – 스포츠산업 균형발전: 스포츠를 통한 지역경제 활성화, 스포츠서비스업 경쟁력 강화 – 스포츠산업 일자리 창출: 스포츠 사회적 경제 활성화, 스포츠 융·복합 인재 양성 및 활용 – 스포츠산업 진흥기반 확립: 스포츠산업 진흥 전담체계 구축, 스포츠 산업법·제도 개선	
2024년	• 제4차 스포츠산업 진흥 중장기 계획 – 촘촘한 지원을 통한 스포츠 기업 글로벌 경쟁력 강화 – 고부가가치산업 융복합을 통한 新시장 개척 – 지역이 주도하는 스포츠산업 균형성장	

04

이윤극대화를 추구하는 프로리그에서 새로운 팀의 진입이나 적정 팀 수를 결정할 때 고려하는 요인이 아닌 것은?

① 입장수입을 포함한 경기장 수입 등 구단유지에 필요한 수입의 확보 가능성
② 프로급 선수공급 가능성
③ 연고지의 인구 규모
④ 현재 구단의 지역별 구단 안배 비율

해설
프로리그 운영의 지역별 안배는 소비자층의 다양성을 확보하는 측면에서는 효율적이나, 이윤극대화를 추구하기 위한 목적으로는 다른 보기에 비해 거리가 멂. 즉, 대도시 등과 같은 시장성이 높은 지역에 구단을 배치하는 전략이 유효함

정답 ④

05

관람 스포츠 수요변화에 영향을 미치는 요인에 관한 설명과 가장 거리가 먼 것은?

① 스포츠 소비자의 소득과 여가시간은 수요변화를 야기하는 중요한 요인이다.
② 스포츠이벤트의 수준은 관람수요의 변화에 영향을 미친다.
③ 프로리그의 팀 간 전력 차는 관람수요 변화에 영향을 미치지 않는다.
④ 스타 플레이어의 유무는 관람수요 변화에 큰 영향을 미친다.

해설
프로리그의 팀 간 전력 차이는 관람수요에 영향을 미칠 수 있음. 전력 차이가 너무 크면 흥미를 떨어뜨려 관객의 외면을 받을 수도 있고, 우열을 가릴 수 없을 정도의 전력을 갖춘 팀끼리의 리그 운영을 통해 관객의 흥미를 보다 유도할 수도 있음

정답 ③

06

참여형 스포츠 제품의 유통에 관한 설명으로 옳은 것은?

① 대부분 간접유통경로가 있다.
② 스포츠상품의 중간상을 거치지 않고 직접 고객에게 서비스를 제공하는 경우가 대부분이다.
③ 직접적인 인간의 접촉을 통해서가 아니라, 전자매체를 통해서 전달될 수도 있다.
④ 골프장 등의 회원권은 참여스포츠의 유통이나 판매 대행사가 수행할 경우에는 관람 스포츠제품 유통으로 분류된다.

해설
스포츠 센터의 시설과 장비를 이용하기 위해 소비자가 직접 방문하거나 예약시스템(전화, 인터넷 등)을 통해 직접 구매하는 경우가 많음. 즉, 중간상 역할을 하는 예약시스템이 있지만 복잡한 거래구조를 확립하기 위한 체계가 아니기 때문에 생산자와 소비자가 직접 거래를 하는 경우에 해당됨

정답 ②

07

스포츠산업 특수분류 v.3.0상 골프연습장 운영업은 어떤 세부류에 해당하는가?

① 참여스포츠 시설 운영업
② 골프장 및 스키장 운영업
③ 경기장운영업
④ 기타 스포츠시설업

해설
골프연습장 운영업은 참여스포츠 시설 운영업에 해당됨. 골프장 및 스키장 운영업을 별도 분류한 것과 혼동해서는 안 됨

정답 ①

08

스포츠복지서비스인 국민체력 100의 청소년기 체력측정 항목에 해당하지 않는 것은?

① 20m 왕복 오래달리기 ② 상대악력
③ 6분 걷기(m) ④ 눈-손 협응력 검사

해설

국민체력 100에서 6분 걷기는 노약자에 해당되는 건강체력 항목임

정답 ③

해설 + 국민체력 100

체력인증 프로그램		청소년기 (2014년 시작)	성인기 (만19~64세) (2012년 시작)	어르신 (만65세 이상) (2013년 시작)
국민체력 100NFA (National Fitness Award)		1등급 2등급 3등급	1등급 2등급 3등급	1등급 2등급 3등급
신체조성 건강 권장범위		성별·연령별 • 신체질량지수 (BMI) • 체지방률	성별·연령별 • 신체질량지수 (BMI) • 체지방률	적용되지 않음
인증기준	건강 체력 항목	심폐지구력 • 20m 왕복오 래달리기(회) • 트레드밀/ 스텝검사 근력 • 상대악력(%) 근지구력 • 윗몸말아올리 기(회) • 반복점프(회) 유연성 • 앉아 윗몸 앞 으로 굽히기 (cm)	심폐지구력 • 20m 왕복오 래달리기(회) • 트레드밀/ 스텝검사 근력 • 상대악력(%) 근지구력 • 교차윗몸일으 키기(회) 유연성 • 앉아 윗몸 앞 으로 굽히기 (cm)	근기능 (상지, 하지) • 상대악력 • 30초 의자 앉 았다 일어서기 심폐지구력 • 2분 제자리 걷기(회) • 6분 걷기(m) 유연성 • 앉아 윗몸 앞 으로 굽히기 (cm)
	운동 체력 항목	민첩성 • 일리노이 민 첩성검사(초) 순발력 • 체공시간 검사 (초) 협응력 • 눈-손 협응 력 검사(초)	민첩성 • 왕복 달리기 (초) 순발력 • 제자리 멀리 뛰기(cm)	평형성 • 의자 앉아 3m 표적 돌아오기 (초) • 8자 보행(초)

09

다음 중 일반적으로 스포츠제품 유통경로의 단계 수가 증가하는 경우는?

① 고객의 최소판매단위에 대한 유통 서비스 요구가 높을수록
② 고객이 대형유통업체를 선호할수록
③ 고객의 공간적 편의성에 대한 유통 서비스 요구가 낮을수록
④ 고객의 배달기간에 대한 유통 서비스 요구가 낮을수록

해설

스포츠제품 유통경로의 단계 수가 증가하는 경우는 고객의 최소판매단위에 대한 유통 서비스의 요구가 높을수록 커짐

정답 ①

해설 + 유통경로의 흐름

전형적 경로	생산자 → 도매업자 → 소매업자 → 소비자
직접 마케팅 경로	생산자 → 소비자
도매상 없는 경로	생산자 → 소매상 → 소비자

10

프로리그가 안정적으로 운영되기 위한 적정 구단 수를 판단하는 기준과 가장 거리가 먼 것은?

① 일정규모 이상의 주민이 거주하는 연고지를 기준으로 결정되어야 한다.
② 아마추어 선수의 저변을 고려해 결정되어야 한다.
③ 지리적으로 균등하게 분포시키는 방안이 고려되어야 한다.
④ 최소인구의 연고지에서 흑자 운영되는 도시가 기준이 되어야 한다.

해설

프로구단이 지자체의 지원을 더 얻어내기 위해 연고지 변경 등을 내세우며 협상을 하는 방법을 프랜차이즈 게임이라고 함. 지자체는 프로구단, 스포츠이벤트 유치를 통해 지역에 미치는 파급효과를 기대함. 경기장 수가 적을 때는 지자체가 협상에 유리하고, 리그 소속 구단 수가 적을 때는 구단이 협상에 유리함. 즉, 상호 간 협상에 유리한 조건을 내세우므로 균등하게 분포시키는 방안과는 거리가 멂

정답 ③

11

스포츠산업 시장을 경쟁시장과 비경쟁시장으로 구분할 때 성격이 다른 하나는?

① 스포츠센터 이용권
② 경기 관람권
③ TV중계료
④ 스폰서 금액

해설
스포츠센터 이용권은 참여스포츠의 경쟁시장에 속하고, ②, ③, ④는 관람스포츠 시장의 비경쟁시장에 해당됨. 즉 경기관람권, TV 중계권, 스폰서 금액은 권한이 확보되면 다시 경쟁을 통해 권한조정이 되는 시장이 아님

정답 ①

12

한국표준산업분류(제10차 개정, 2017)에서 다음이 공통적으로 해당하는 분류는?

- 경륜장
- 자동차 경주장
- 종합스포츠시설 운영업
- 볼링장 운영업

① 레저 및 참여스포츠업
② 스포츠오락업
③ 스포츠지원업
④ 스포츠서비스업

해설
2017년 개정된 한국표준산업분류에서 스포츠와 관련된 입종 중 소분류인 스포츠서비스업이 해당됨

정답 ④

해설 + 한국표준산업분류(제10차 개정, 2017)

대분류	중분류	소분류	세분류	세세분류
예술, 스포츠 및 여가 관련 서비스업	스포츠 및 오락 관련 서비스업	스포츠 서비스업	경기장 운영업	실내 경기장 운영업
				실외 경기장 운영업
				경주장 및 동물 경기장 운영업
			골프장 및 스키장 운영업	골프장 운영업
				스키장 운영업
			기타 스포츠 시설 운영업	종합 스포츠시설 운영업
				체력 단련시설 운영업
				수영장 운영업
				볼링장 운영업
				당구장 운영업
				골프 연습장 운영업
				그 외 기타 스포츠 시설 운영업
			기타 스포츠 서비스업	스포츠클럽 운영업
				그 외 기타 스포츠 서비스업

13

스포츠산업의 특성에 관한 설명으로 틀린 것은?

① 스포츠산업은 공간과 입지소선이 선행되어야 한다.
② 스포츠산업은 시간소비형 산업이다.
③ 스포츠산업은 유사한 제품을 생산하는 기업들의 집합이라는 단순한 분류로 구분된다.
④ 스포츠산업은 건강산업의 속성과 최종소비재로서 오락산업의 속성을 갖는 산업이다.

해설
'공복시오감' 기억나시나요. 스포츠산업은 공간·입지 중시형, 복합적, 시간 소비형, 오락성의 최종소비재, 건강·감동을 지향하는 산업임

정답 ③

14

특별소비세가 골프장 시장에 미치는 영향을 그림으로 표현하였다. 특별소비세가 없을 때 골프장 시장의 균형점을 P0, Q0으로 나타내었다. 정부의 특별소비세 부과는 공급곡선을 왼쪽으로 이동시켜 P1, Q1으로 옮겨 놓았다. 만약 정부가 골프장에 부과된 특별소비세를 완전히 폐지했을 때 발생할 수 있는 현상으로 가장 적합한 것은?

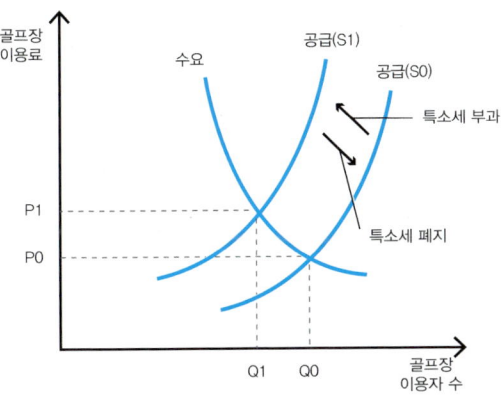

① 골프장 이용자 수가 줄어들 것이다.
② 골프장 이용료가 내려갈 것이다.
③ 골프장 이용자 수는 늘어나지만 이용료 역시 올라갈 것이다.
④ 골프장 이용료는 내려가지만 이용자 수 역시 줄어들 것이다.

해설
특별소비세란 특정한 물품에 대한 지출 및 소비사실과 특정한 장소에 대하여 과세하는 조세(간접세, 국세)임. 인하 혹은 폐지가 되면 이용료가 내려가고, 이용객이 늘어날 가능성이 큼

정답 ②

15

다음 중 스포츠산업의 환경 변화와 가장 거리가 먼 것은?

① 4차 산업혁명으로 인한 스포츠산업 관련 고용일자리 위축
② 스포츠용품 관련 과학기술개발 경쟁 심화
③ 소셜 네트워크 서비스 등의 확산으로 스포츠이벤트에 대한 관심 증가
④ 참여·레저스포츠와 건강 분야에 대한 지속적 관심 증대

해설
4차 산업혁명을 통해 새롭게 생겨나는 일자리가 많아짐

정답 ①

16

스포츠용품 유통 경로 중 프랜차이징 시스템을 이용하는 프랜차이즈 가맹점에 대한 설명으로 틀린 것은?

① 가맹점은 다른 가맹점을 통제할 수 있다.
② 가맹점 운영과 관련하여 본부의 통제를 받아야 한다.
③ 가맹점은 프랜차이즈 본부의 유명세로 광고·마케팅 비용을 절감할 수 있다.
④ 가맹점은 프랜차이즈 본부에 로열티 및 각종 비용을 지불하고 본부가 가지고 있는 특권을 이용한다.

해설
가맹점은 마케팅 비용을 줄이는 대신 본사로부터 경영통제를 받는 것임. 즉, 가맹점 간에는 경영통제나 운영상의 영향력을 주고받지 않음

정답 ①

17

프로축구경기의 생산과 소비에 대한 설명으로 틀린 것은?

① 프로축구경기 생산에서 축구장과 축구공은 중간재에 해당한다.
② 프로축구경기 생산에서 연맹과 구단은 생산자에 해당한다.
③ 프로축구경기의 중계방송사는 생산-소비 간 유통채널에 해당한다.
④ 프로축구경기 시장에서 선수는 생산을 위한 노동력을 제공한다.

> **해설**
> 축구장과 축구공은 생산에 필요한 자본재에 속함. 연맹과 구단은 축구경기를 생산하고, 방송사는 소비자에게 경기를 방영하여 유통하는 역할을 함. 참고로 기업은 자사의 상품홍보를 위해 스폰서십에 참여하면서 소비자임과 동시에 대회를 소비자에게 알리는 유통사 역할도 하게 됨
>
> **정답** ①

18

2차 티켓시장의 특성에 대한 설명과 가장 거리가 먼 것은?

① 2차 티켓시장은 암표시장을 억제할 수 있는 유력한 대안으로 부각되고 있다.
② 2차 티켓시장은 사업자가 티켓보유자의 티켓을 수집해 티켓구매를 원하는 팬에게 소개해주고 수수료를 수입으로 받는 구조로 형성되어 있다.
③ 2차 티켓시장에서 거래되는 모든 티켓가격은 최초 발매가격과 동일하게 책정되어야 한다.
④ 2차 티켓시장은 주로 시즌티켓을 포함한 고가티켓이 주요 상품이다.

> **해설**
> 2차 티켓시장(secondary ticket market)이란 표를 못 구한 소비자를 위해 암표거래를 막는 동시에 합법적 티켓 판매가 가능한 시스템임. 1차 구매자와 직접 거래하거나 2차 판매 전문회사를 통해 최초 발매가격과는 무관하게 거래됨
>
> **정답** ③

19

다음 중 스포츠제품의 일반적인 유통경로 유형이 다른 하나는?

① 스포츠센터 수영 프로그램 등록
② 지역사회에서 주최하는 마라톤대회 등록
③ N브랜드의 스포츠용품 구매
④ 스키장 시즌권 구매

> **해설**
> 모든 답안이 참여스포츠유통으로 중간상을 거치지 않고 고객에게 직접 판매하는 방식임. 단, ③번은 스포츠용품 자체를 구매하는 것이고, 나머지는 서비스를 구매하는 개념임
>
> **정답** ③

20

관람스포츠 산업에서 판매되는 다양한 상품 중 표적으로 하는 주요 고객의 성격이 다른 하나는?

① 경기장 명칭사용권
② 영구좌석분양권
③ 유니폼 광고권
④ 리그타이틀 스폰서십

> **해설**
> ②번은 개인이 주요 고객이지만, 나머지는 기업이 고객이 됨. PSL(Personal Seat License)는 개인좌석인증제로서 특정한 기간 동안 '개인좌석을 임대'하는 제도가 있음
>
> **정답** ②

21

스포츠시장의 수요와 공급에 관한 설명으로 옳지 <u>않은</u> 것은?

① 대체재가 많은 스포츠제품의 수요탄력성은 가격변동에 민감하게 반응한다.
② 어떤 스포츠종목의 인구감소라는 요인으로 수요곡선 자체가 이동하는 것은 수요의 법칙이다.
③ 스포츠시장은 수요의 가격탄력성이 강하며 외부요인의 영향을 많이 받는다.
④ 프로스포츠시장은 독과점이 강하기 때문에 수요공급의 법칙이 적용하기 어렵다.

> **해설**
> 프로스포츠시장은 관람스포츠시장으로서 경기장을 찾아 경기관람을 하는 소비자의 시장임. 즉, 소비자가 많이 찾을수록 인기를 얻고 방송중계권과 광고시장이 확대될 수 있는 수요공급의 법칙에 따라 흥행과 부진의 기로에 있는 시장임

정답 ④

22

완전 경쟁적 시장모형을 견제할 때 시장 균형은 스포츠시장의 재화 간 관계에 따라 달라진다. 다음 중 재화 간의 관계가 다른 하나는?

① 테니스 코트 시장 - 풋살 코트 시장
② 배드민턴 코트 시장 - 배구 코트 시장
③ 스크린골프 시장 - 골프연습장 시장
④ 요가 레슨 시장 - 필라테스 레슨 시장

> **해설**
> 참여스포츠시장으로 직접 스포츠활동에 참여하는 소비자의 시장임. 스크린 골프장과 골프 연습장은 동일한 종목을 배우기 위한 참여스포츠시장이지만 시설 사용방식, 시설 규모, 장비 종류 등이 다름. 나머지는 한 장소에서 규격변경 등을 토대로 함께 사용이 가능한 종목임

정답 ③

23

관람스포츠의 수요변화에 대한 설명과 가장 거리가 <u>먼</u> 것은?

① 스포츠관람 대체재의 증가는 관람스포츠 수요를 감소시킬 수 있다.
② 관람소비자 소득 수준의 향상은 수요를 증가 시킬 수 있다.
③ 여가시간의 증가는 관람스포츠 수요변화와 무관하다.
④ 온라인 게임 산업의 성장은 관람수요의 감소를 불러올 수 있다.

> **해설**
> 여가시간의 확대가 관람스포츠의 수요에 영향을 미치는 대표적인 예로 국내 프로야구는 코로나-19로 한 때 주춤했지만, 이전까지의 한 해 누적관중이 800만 명을 넘어섬. 다만 스포츠관람 대체할 콘텐츠 개발에 따른 소비자의 관심도 변화에 따라 경기장에 직접 찾아가는 관람수요가 감소할 수도 있음

정답 ③

24

관람스포츠산업에서 중요한 요소인 경기장은 경기장사업의 가치가 높은 곳일수록 공급량이 늘어난다. 경기장사업의 가치사슬에 대한 설명과 가장 거리가 <u>먼</u> 것은?

① 팬 및 관중 규모는 경기장사업 가치사슬의 핵심이다.
② 인기구단의 장기 입주는 경기장사업의 가치를 높이는 역할을 한다.
③ 다용도 시설은 경기장사업의 가치와는 무관하다.
④ 미디어의 관심은 경기장사업의 가치를 높일 수 있다.

> **해설**
> 경기장사업의 가치사슬에 영향을 주는 요인은 팬 및 관중규모, 미디어, 인기구단의 장기 입주, 기업 광고주, 다용도 시설, 모든 계약자(단기, 장기), 모든 이벤트(단기, 장기)가 해당됨

정답 ③

25

스포츠이벤트의 가치사슬 선상에 있는 집단에 대한 설명으로 틀린 것은?

① 스타플레이어는 경기장 광고의 가치를 높일 수 있다.
② 프로구단 연고도시에 위치한 기업의 규모와 수는 스폰서십 가치에 영향을 미친다.
③ 특정종목의 팬 규모는 상품화사업권의 가치에 큰 영향을 미친다.
④ 프로구단이 아닌 고교, 대학팀은 선수의 가치형성에 영향을 미치지 않는다.

해설

경기장사업의 가치사슬에 영향을 주는 요인은 팬 및 관중규모, 미디어, 인기구단의 장기 입주, 기업 광고주, 다용도 시설, 모든 계약자(단기, 장기), 모든 이벤트(단기, 장기) 등 모든 사안이 영향을 줌. 즉, 스포츠이벤트의 가치사슬도 고교, 대학팀에서 양성된 선수가 프로구단에 선수를 보급한다는 측면을 비롯해 관련한 모든 사안이 직·간접적으로 영향을 미친다고 볼 수 있음

정답 ④

26

참여스포츠산업의 소비시장 규모를 거시적으로 예측할 때 가장 관계가 적은 변인은?

① 1인당 소득
② 대학진학률
③ 노동시간
④ 고령화지수

해설

직접 스포츠 활동에 참여하는 시장인 참여스포츠 시장에 영향을 줄 수 있는 요인으로 개인소득, 주5일제와 같은 노동시간의 변화, 노인인구 급증 등에 비해 대학진학률은 상대적으로 관계가 적음

정답 ②

27

가격인하를 하지 않은 야구경기 관람료와 가격인하를 한 영화 관람료라는 두 제품 간의 가격변화에 따른 소비자의 소비형태의 변화에 대한 설명으로 가장 거리가 먼 것은?

① 영화 관람의 인하로 종전과 동일한 소비를 하고도 돈이 남아 영화 관람의 소득효과는 (+)의 소비효과 발생
② 영화 관람료 인하에 따른 소득증가로 야구경기 관람의 소득효과는 (+)의 소비효과 발생
③ 상대적으로 가격인하를 하지 않아 비싸진 야구경기 관람을 영화 관람으로 대체하여 야구 관람의 대체효과는 (-)의 소비효과 발생
④ 야구경기 관람의 대체효과에 의한 (-)의 소비효과가 소득효과에 의한 (+)의 소비효과보다 클 경우 야구경기 관람은 (+)의 소비효과 발생

해설

야구경기와 영화 관람의 두 가지 소비재를 놓고 살펴보는 응용문제임. ①은 영화 관람료가 인하돼서 영화를 보고도 돈이 남아 (+) 소비효과가 발생, ②는 영화 관람료가 인하돼서 돈이 남아 야구경기를 보게 되니 (+) 소비효과가 발생, ③은 야구경기 관람료가 비싸 대신 영화를 보게 돼서 결국 야구는 못 봤으니 대체효과는 (-)임. 마지막으로 ④는 (-)의 소비효과가 소득효과에 의한 (+)의 소비효과보다 클 경우 야구경기 관람은 (-)의 소비효과가 발생함

정답 ④

28

자치단체의 프로구단 혹은 스포츠이벤트 유치경쟁을 프랜차이즈 게임이라고 한다. 자치단체가 이러한 경쟁을 벌이는 이유와 가장 거리가 먼 것은?

① 도시의 인지도를 높이는 유력한 수단이기 때문이다.
② 지역주민들이 느끼는 심리적 소득도 유치경쟁에 나서는 이유 중의 하나이다.
③ 도시의 이미지를 개선하는 데 도움이 되기 때문이다.
④ 연관 산업의 발전은 프랜차이즈 게임의 유발 원인이 아니다.

해설
프로구단이 지자체의 지원을 더 얻어내기 위해 연고지 변경 등을 내세우며 협상을 하는 방법을 프랜차이즈 게임이라고 함. 지자체는 프로구단, 스포츠이벤트 유치를 통해 지역에 미치는 파급효과를 기대함

정답 ④

29

프로리그에서 신생 팀이 리그에 새로 가입할 경우 창단가입금을 받는 이유와 가장 거리가 먼 것은?

① 기존 팀의 입장수입 감소를 초래할 수는 없기 때문이다.
② 방송중계권수입의 분배금액이 줄어들기 때문이다.
③ 구단 수가 늘어나면 경기장 수요가 늘어 자치단체와의 임대조건협상에서 불리해지기 때문이다.
④ 리그의 가치 훼손 위험에 대한 대가이다.

해설
프로스포츠의 프랜차이즈 구조에서 가맹점은 본사에 가맹비를 지불함으로써 본사가 갖고 있는 로열티를 획득할 수 있음. 신생팀은 프로리그에 새로 가입할 경우 창단 가입금을 지불함. 리그 가치 훼손 위험과는 관련이 없음

정답 ④

30

일반적으로 프로리그 연맹은 리그에 가입하는 회원구단의 숫자를 제한하는 경향이 있다. 그 이유와 가장 거리가 먼 것은?

① 프로구단의 희소성을 유지하여 리그가치를 높이기 위해 신규 구단의 가입을 제한한다.
② 리그수입의 분배금을 기존 구단들이 많이 배당받기 위해 제한한다.
③ 선수 확보를 용이하게 하기 위해서 구단 숫자를 제한한다.
④ 리그의 효율적인 프로모션을 위해 제한한다.

해설
프로연맹은 프로구단의 연고지 변경 및 리그 소속 구단의 숫자 제한 등을 하는 최고의사결정 기구임. 관람스포츠시장의 규모와 발전 추이를 보면서 구단 숫자를 조정함. 수요와 공급의 법칙에 따라 구단 숫자가 적으면 희소성이 유지되고, 리그 수입의 분배금이 각 구단에 돌아갈 몫이 커짐. 또한 선수를 확보하기가 구단이 많을 때보다 적을 때가 쉬움

정답 ④

02 스포츠용품 제작 기획 및 개발 계획

31

제품개발과정에서 설계, 기술, 제조, 구매, 마케팅, 서비스 등의 담당자 등이 하나의 팀을 구성하여 각 부분이 서로 제품개발에 대한 정보를 교환하면서 제품개발과정을 단축시키는 방식은?

① 적시생산(JIT: just-in-time)
② 동시공학(concurrent engineering)
③ 리엔지니어링(re-engineering)
④ 6시그마(six sigma)

해설
동시공학은 제품설계단계에서 제조 및 사후지원업무까지 통합적인 과정을 감안하여 설계를 하는 시스템적 접근방법임

정답 ②

32

신제품 개발과정 중 아이디어 창출단계에서 사용하는 기법과 가장 거리가 먼 것은?

① 속성열거법
② 강제적 결합법
③ 브레인스토밍
④ 결합분석법

해설
① 속성연결법은 문제의 대상이나 아이디어의 다양한 속성을 목록으로 작성하여 세분된 각각의 속성에 주의를 기울이는 방법, ② 강제결합법은 서로 관계가 없어 보이는 사물이나 아이디어를 강제로 연결시켜 봄으로써 새로운 아이디어를 생성하는 기법, ③ 브레인스토밍은 일정한 테마에 관하여 회의형식을 채택하고, 구성원의 자유발언을 통한 아이디어의 제시를 요구하여 발상을 찾아내려는 방법임. ④ 결합분석법은 원자 또는 분자를 이온화 한 후, 이온을 질량과 전하의 비에 따라 분리, 검출하는 분석법으로 신제품 개발과정에서 필요한 기법과 무관함

정답 ④

33

독립적으로 운영되어 온 생산, 유통, 재무, 인사 등의 기능영역별로 정보시스템을 전사적 차원에서 단일 플랫폼으로 통합하는 정보시스템의 명칭은?

① DSS(Decision Support System)
② SIS(Strategic Information System)
③ KMS(Knowledge Management System)
④ ERP(Enterprise Resource Planning)

정답 ④

해설 + 경영정보 시스템

DSS	• Decision Support System • 최고경영자들의 의사결정을 체계적으로 내릴 수 있도록 관련 자료를 분석·의사결정방향을 제공하는 컴퓨터 체계인 의사결정지원시스템
SIS	• Strategic Information System • 기업의 전략을 실현하여 경쟁우위를 확보하기 위한 목적으로 사용하는 전략정보시스템
KMS	• Knowledge Management System • 조직 내 인적자원의 지식을 체계화하고 공유하는 지식관리시스템
ERP	• Enterprise Resources Planning • 기업 경쟁력을 강화시키는 역할을 하는 통합정보 시스템인 전사적자원관리 방법

34

스포츠용품을 제작하기 위해 기획 단계별로 수행해야 할 업무 프로세스에 대한 설명으로 거리가 먼 것은?

① 마케팅 정보 분석을 위해 STP 과정을 거친다.
② 소비자 의식, 라이프스타일, 구매 행동 등의 소비자 정보를 분석해야 한다.
③ 포지셔닝에서 경쟁력 있는 세분시장별로 사업성을 검토해야 한다.
④ BI 전략을 통해 상품 기획의 콘셉트를 설정할 수 있다.

해설
STP(세분화, 표적화, 포지셔닝) 과정은 표적시장 설정 단계에 필요한 것이며, 마케팅 정보 분석이 완료된 후 실시함. 마케팅 정보 분석은 환경, 시장, 소비자, 판매 실적 및 관련 산업에 관한 정보를 분석하는 것임

정답 ①

35

스포츠 제품이 계획기간 내에 변화하는 수요를 가장 경제적으로 충족시킬 수 있도록 기업이 보유한 생산능력의 범위 내에서 생산수준, 고용수준, 재고수준, 하청수준 등을 결정하는 것은?

① 기준생산계획
② 총괄생산계획
③ 능력소요계획
④ 생산일정계획

해설
총괄생산계획(APP, aggregate production plan)은 구체적인 계획을 수립하기 위해 전체적인 측면을 고려하는 것으로 생산수준, 고용수준, 생산능력, 하청 등 전반적인 수준을 결정하는 과정임

정답 ②

36

적시시스템(JIT)에 관한 설명으로 틀린 것은?

① 공간절약을 통해 비용을 절감하고자 함
② 재고를 최소화하고자 함
③ 유럽의 자동차회사에서부터 시작되었음
④ 대량의 반복생산체제에 적합함

해설

적시시스템(JIT, Just In Time)은 1970년대 일본기업들로부터 나온 개념으로 낭비요소의 최소화, 효율적인 생산운영과 통제시스템을 일컫는 용어임

정답 ③

37

다음은 어떤 생산시스템에 관한 설명인가?

- 원재료, 부품, 반제품과 등과 같은 종속적 수요의 재고에 대한 주문 및 생산계획을 처리하도록 만들어진 정보 시스템
- 재고관리 및 일정계획과 통제의 두 가지 기능을 동시에 수행하는 기법

① 공급사슬관리(SCM)
② 자재소요계획(MRP)
③ 적시생산시스템(JMT)
④ 컴퓨터통합생산(CIM)

해설

MRP(Material Requirement Planning)은 생산될 제품의 부품 투입시점과 투입 양을 관리하기 위한 자재소요량계획시스템임

정답 ②

38

동일한 목표를 달성하고 새로운 가치창출을 위해 공급업체들과 자원 및 정보를 협력하여 하나의 기업처럼 움직이는 생산시스템은?

① 공급사슬관리(SCM)
② 적시생산시스템(JIT)
③ 자재소요계획(MRP)
④ 컴퓨터통합생산(CIM)

해설

- 공급사슬관리(SCM, Supply Chain Management): 제품의 생산과 유통 과정을 하나의 통합망으로 관리(공급망 관리)하는 경영전략시스템
- 적시생산시스템(JIT, Just In Time): 1970년대 일본기업들로부터 나온 개념으로 낭비요소를 최소화하고, 효율적인 생산운영과 통제시스템을 일컫는 용어
- 자재소요계획(MRP, Material Requirement Planning): 생산될 제품의 부품 투입시점과 투입 양을 관리하기 위한 자재소요량계획 시스템
- 컴퓨터통합생산(CIM, Computer Integrated Manufacturing): 네트워크를 통해 공장 전체를 통합화시킨 소프트웨어 지향의 자동화 시스템

정답 ①

39

스포츠제품의 생산비용에 포함되지 않는 것은?

① 팀 유지 비용
② 프로모션 비용
③ 경기용품 비용
④ 시설관련 비용

해설

생산비용(cost of production)이란 생산을 위한 경제적 희생을 화폐액으로 나타낸 것임. 임금, 이자, 원재료비 등과 같이 생산에 투입된 요소의 화폐가치임. 즉 팀 유지, 경기용품, 시설·장비는 생산비용이고, 프로모션 비용은 팀, 대회 등을 홍보하기 위해 실제로 지불된 비용을 뜻하는 회계비용(accounting cost)임

정답 ②

40

다음 휴대폰과 축구경기를 생산하는 과정을 비교하는 표에서 틀리게 분류한 것은?

구분		스마트폰	축구경기
노동		근로자	선수, 심판
자본	중간재	칩셋, LCD	경기장
	자본재	공장, 조립기계	축구공
생산주체		제조회사	축구연맹, 구단
생산동기		이윤극대화	

① 노동 ② 자본
③ 생산주체 ④ 생산동기

해설
자본재(capital goods)란 부의 생산을 위해 토지 이외의 물질적 경제재를 뜻함. 축구경기에서는 경기장과 내부시설 등이 자본재에 해당됨

정답 ②

41

스포츠 수요를 결정하는 요인을 모두 고른 것은?

> ㄱ. 스포츠 활동에 소요되는 비용
> ㄴ. 소비자의 소득수준
> ㄷ. 관련 재화(goods)의 가격
> ㄹ. 소비자의 취미(taste)·선호(preference)

① ㄱ, ㄴ, ㄷ ② ㄱ, ㄴ, ㄹ
③ ㄷ, ㄹ ④ ㄱ, ㄴ, ㄷ, ㄹ

해설
수요(demand)란 소비자가 지불할 수 있는 제품과 서비스의 총량으로 스포츠 수요는 소요 비용, 소득수준, 재화 가격, 취미, 선호 등에 따라 소비자의 필요와 욕구를 충족시킬 수 있는 다양한 요인에 의해서 영향을 받음

정답 ④

42

대규모 경기장, 스포츠 센터 등과 같은 프로젝트들은 상호 관련된 수많은 작업들로 구성되어 있어 규모가 클수록, 설립하고자 하는 시설이 복잡할수록 적절한 관리가 필요하다. 이러한 복잡하고 규모가 큰 프로젝트의 일정계획 및 통제를 위해 개발된 대표적인 일정관리 기법은?

① 간트도표 ② PERT/CPM
③ TQM ④ ERM

해설
생산관리 시스템에서 PERT(Program Evaluation & Review Technique)은 작업 순서, 진행상황을 한눈에 파악할 수 있게 하는 기법임. CPM(Critical Path Method)은 주공정선 방법을 통해 최적공사기간, 최소공사비용 산출하는 공정관리기법임

정답 ②

43

다음은 어떤 경영정보시스템에 관한 설명인가?

> 정보시스템을 이용하여 경쟁사보다 정보우위와 경쟁우위를 달성하는 자원으로서의 정보의 역할이 중요시되는 시스템이다.

① TPS(Transaction Processing System)
② EIS(Executive Information System)
③ SIS(Strategic Information System)
④ DSS(Decision Support System)

해설

SIS(Strategic Information System)는 기업의 전략을 실현하여 경쟁우위를 확보하기 위한 목적으로 사용하는 전략정보시스템임

정답 ③

해설 + 경영정보시스템

TPS	• Transaction Processing System • 자재구입, 상품판매, 상품주문발송 등 거래와 관련된 데이터가 발생할 때마다 단말기에서 발신된 데이터를 수신·처리하여 결과를 즉시 보내주는 거래처리시스템
EIS	• Executive Information System • 중역의 기업 경영을 돕기 위해 전산화된 시스템
SIS	• Strategic Information System • 기업의 전략을 실현하여 경쟁우위를 확보하기 위한 목적으로 사용하는 전략정보시스템
DSS	• Decision Support System • 최고경영자들이 의사결정을 체계적으로 내릴 수 있도록 관련 자료를 분석·의사결정방향을 제공하는 컴퓨터 체계인 의사결정지원시스템

44

스포츠용품 품질평가 기준서 작성에 관한 설명으로 거리가 먼 것은?

① 스포츠관련 인증분야로서 문화, 오락 및 여가용품 소매업도 포함된다.
② 스포츠용품 인증은 지자체별로 지정된 위탁·운영업체에서 실시하다.
③ 스포츠용품은 자율안전인증과 안전품질표시의 체계를 통해 이루어진다.
④ 품질평가 기준서 작성은 평가방법을 작성, 시험 시스템 작성, 용품성능 평가 작성의 절차를 거친다.

해설

스포츠용품 인증은 문화체육관광부 산하기관인 서울올림픽기념국민체육진흥공단에서 실시하고, 대상품목으로 자전거 부품(프레임 스텝), 운동구(야구공, 축구공), 웨이트 운동기구(러닝머신, 스텝퍼, 사이클, 승마 운동기구), 기타(육상 용품, 인라인스케이트, 번지 점프코드, 탁구대 등)로 분류함

정답 ②

45

스포츠용품의 개발을 통해 상품화하기까지의 과정으로 옳은 것은?

> ㉠ 정보수집   ㉡ 아이디어 선별
> ㉢ 아이디어 도출 ㉣ 포괄적 사업성 분석
> ㉤ 개발 테스트   ㉥ 상품화

① ㉠→㉡→㉢→㉣→㉤→㉥
② ㉠→㉢→㉡→㉣→㉤→㉥
③ ㉠→㉡→㉢→㉤→㉣→㉥
④ ㉠→㉢→㉡→㉤→㉣→㉥

해설

'정도선개포상' 기억나시나요? 정보수집, 아이디어 도출, 아이디어 선별, 개발 및 테스트, 포괄적 사업성 분석, 상품화 절차로 이어짐

정답 ④

46

스포츠상품의 개발 후 소비자가 수용하는 단계로 옳은 것은?

> ㉠ 인지: 신제품에 대한 정보를 처음 알게 된 단계
> ㉡ 사용: 구매 후 사용하는 단계
> ㉢ 관심: 노출이 반복돼 관심을 유발하고 추가정보를 탐색하는 단계
> ㉣ 평가: 신제품의 요구충족 상태를 파악하고 태도를 형성하는 단계
> ㉤ 수용: 사용 혹은 평가 수용 여부를 파악하는 단계

① ㉠→㉡→㉢→㉣→㉤
② ㉠→㉢→㉡→㉣→㉤
③ ㉠→㉡→㉢→㉤→㉣
④ ㉠→㉢→㉡→㉤→㉣

해설
'인심용평수' 기억나시나요? 인지, 관심, 사용, 평가, 수용의 단계로 이어짐

정답 ②

47

스포츠용품 개발 진도를 보고하는 원칙으로서 거리가 먼 것은?

① 복잡함의 원칙 ② 필요성의 원칙
③ 적시성의 원칙 ④ 완전함의 원칙

해설
보고내용은 간결해야 함
- 필요성의 원칙: 불필요한 부분은 가급적 억제해야 한다는 원칙
- 완전성의 원칙: 보고 사항과 관련된 자료 수집을 철저히 하여 한 번에 완전한 보고를 해야 한다는 원칙
- 적시성의 원칙: 적절한 보고시기를 놓치지 말아야 한다는 원칙
- 간결성의 원칙: 보고 내용은 간결하고 군더더기가 없어야 한다는 원칙

정답 ①

48

스포츠용품의 기획 단계별 업무 프로세스의 설명으로 거리가 먼 것은?

① 스포츠용품 시장조사를 위해 거시환경과 미시환경 분석을 통해 패션 산업과 소비자 정보를 파악한다.
② 시장세분화와 표적화 과정을 통해 스포츠용품의 브랜드 포지셔닝 작업을 수행한다.
③ 시장침투전략과 라인 확장을 병행하여 시장의 점유율을 높인다.
④ 가격, 제품, 장소, 촉진의 전략을 통해 기본 방향을 설정한다.

해설
시장침투전략은 저가전략 등을 통해 초기에 시장에 진입하는 전략으로서 브랜드 이미지가 안착되지 않은 상황에서 라인 확장을 병행하는 것은 옳지 않음

정답 ③

49

스포츠용품 가격전략의 방향설정에 관한 설명으로 틀린 것은?

① 진입장벽이 높아 경쟁기업의 진입이 어려운 경우 상대적으로 고가격 전략이 적합하다.
② 규모의 경제효과를 통한 이익이 작을 경우 상대적으로 저가격 전략이 적합하다.
③ 경쟁기업에 대해 확고하나 원가우위를 가지지 못할 경우 경쟁기업과 대등한 가격 전략이 적합하다.
④ 높은 품질로 새로운 소비자층을 유인하고자 할 경우 고가격 전략이 적합하다.

해설

규모의 경제효과를 통한 이익이 작을 경우 상대적으로 고가격 전략이 적합함

정답 ②

해설 + 가격전략의 방향설정

- 상대적 고가격 전략이 적합한 상황: 진입장벽이 높아 경쟁기업의 진입이 어려운 경우, 규모의 경제효과를 통한 이익이 작을 경우, 높은 품질로 새로운 소비자층을 유인하고자 할 경우
- 대등가격 전략이 적합한 상황: 시장의 수요가 비탄력적일 경우, 경쟁기업에 대해 확고하나 원가우위를 가지지 못할 경우, 가격책정의 목표가 경쟁기업과 대등한 경쟁력을 갖는 경우
- 상대적 저가격 전략이 적합한 상황: 시장의 수요의 가격탄력성이 높을 경우, 시장에 경쟁자의 수가 많을 것으로 예상될 경우, 소비자들의 본원적인 수요를 자극하고자 할 경우

50

스포츠용품 개발 계획서에 대한 설명으로 옳지 않은 것은?

① 이관단계 계획서에는 절차를 구현하기 위한 필요 인력 및 예산, 스포츠용품 생산 일정 등을 구체적으로 명시함으로써 개발목표를 재확인한다.
② 개발계획서는 실제 스포츠용품 생산이 가능하도록 설계되어 용품개발 타당성, 사용자 요구조건, 용품개발 각 단계별 개발담당자 및 개발인원 등의 내용이 포함된다.
③ 성능구현 계획서는 설계단계에서의 개발목표를 확인하고 구현하기 위한 절차 설계로서 용품제작을 위한 세부적 절차를 명시한다.
④ 검증단계 계획서를 통해 제작된 스포츠용품을 통해 성능구현이 얼마나 이루어졌는지를 살펴본다.

해설

①은 성능구현 계획서에 관한 설명임

정답 ①

해설 + 스포츠용품 개발 계획서

개발 계획서	• 실제 스포츠용품 생산이 가능하도록 설계 • 용품개발 타당성, 사용자 요구조건, 용품개발 각 단계별 개발담당자 및 개발인원, 정부규제 및 관련 특허 회피 전략, 용품 설계 목표, 용품개발 예산, 용품개발에 필요한 부품들, 용품개발 일정, 용품의 세부적 규격, 용품의 목적, 타사 용품과 개발용품의 비교분석
성능구현 계획서	• 설계단계에서의 개발목표를 확인하고 구현하기 위한 절차 설계 • 용품제작을 위한 세부적 절차, 절차를 구현하기 위한 필요 인력 및 예산, 스포츠용품 생산 일정, 스포츠용품 상세 설명, 스포츠용품 개발노트
검증단계 계획서	• 제작된 스포츠용품을 통해 성능구현이 얼마나 이루어졌는지 검증 • 용품검증을 위한 정확한 절차, 용품검증 기준, 용품검증에 필요한 인력 및 예산, 우려되는 문제점 및 개선 방안
이관단계 계획서	• 스포츠용품의 개발완료 후 양산 관련 부서에서 용품을 생산할 수 있도록 요청하는 계획서 • 용품개발과정에서 발생한 기술·내용·문제점 개선 이력, 양산을 위해 예상되는 인력 및 예산, 관련 부서 간 회의 내용, 양산 이관 시 예상되는 문제점 및 해결방안

51

스포츠용품 기획과 개발에 관한 설명으로 거리가 먼 것은?

① 스포츠용품 개발과정으로 아이디어 창출, 용품 선정, 실행가능성 분석, 개발, 테스트, 실행의 경로를 거친다.
② 스포츠용품의 공정계획을 통해 생산을 하기에 앞서 판매계획을 토대로 생산하려는 제품 종류, 수량, 가격 등을 비롯해 생산방법, 장소, 일정 등에 관해 가장 경제적·합리적 예정을 수립한다.
③ 새로운 용품을 지속적으로 개발하지 못하는 기업은 도태될 가능성이 큰 만큼 스포츠용품의 수명주기가 짧다.
④ 기획 보고서는 수요자 관점에서 이해하기 쉽게 작성돼야 한다.

해설
②번은 생산계획에 관한 설명임. 공정계획은 제품설계 완료 후 양산을 수행하는 공정경로를 계획하는 것임

정답 ②

52

스포츠용품 기획을 할 때 시장조사를 통해 얻는 이점에 대한 설명으로 거리가 먼 것은?

① 다른 스포츠 용품회사들과의 경쟁력을 차별화하고 높일 수 있다.
② 스포츠 고객들의 구매력과 구매습관을 알 수 있어 소비자 특성을 파악하는 데 도움이 된다.
③ 환경적인 요인에 대한 경제적·정치적 환경을 인식할 수 있어 항상 안정적인 전략으로 가야 하는 명분이 된다.
④ 목표시장의 자금규모와 경제적 속성을 알 수 있어 자금조달과 투자에 대한 이해도를 높일 수 있다.

해설
환경적인 요인에 대한 경제적·정치적 환경을 인식할 수 있기 때문에 때에 따라 안정적인 전략으로 가야 하지만, 도전을 이어가야 함. 이러한 노력을 통해 현재와 미래 스포츠 고객과의 커뮤니케이션을 이어갈 수 있음

정답 ③

53

스포츠용품 가격을 결정하는 영향 요인으로 거리가 먼 것은?

① 마케팅목표, 목표시장점유율, 마케팅믹스 전략과 같은 내부요인에 영향을 받는다.
② 경쟁자의 가격, 사회적 분위기, 수요의 변화 및 가격 탄력성과 같은 외부요인에 영향을 받는다.
③ 심리적 가격, 준거가격, 상품구매경험, 할인판매 빈도는 소비자 요인에 해당된다.
④ 시장유형에 따른 가격결정으로 위험성을 줄이기 위해 완전한 경쟁시장에서만 전략을 수립 시행해야 한다.

해설
시장유형에 따른 가격결정으로 완전경쟁시장, 독점적 경쟁시장, 과점경쟁시장, 독점시장 등의 다양한 시장형태에 따라 전략을 수립 시행해야 함

정답 ④

54

스포츠용품의 경제성을 분석하는 절차로서 옳은 것은?

㉠ 재무상태표 추정	㉡ 손익계산서 추정
㉢ 손익분기 분석	㉣ 투자수익률 분석
㉤ 현금흐름표 추정	

① ㉠ → ㉡ → ㉢ → ㉣ → ㉤
② ㉠ → ㉢ → ㉡ → ㉣ → ㉤
③ ㉡ → ㉤ → ㉠ → ㉢ → ㉣
④ ㉡ → ㉠ → ㉢ → ㉤ → ㉣

해설
스포츠용품의 경제성 분석 절차는 손익 계산서 추정 → 현금흐름표 추정 → 재무상태표 추정 → 손익분기 분석 → 투자수익률 분석으로 이어짐

정답 ③

55

스포츠용품 기획에 대한 설명으로 틀린 것은?

① 수요자가 정확히 판단하게 도움을 줄 수 있도록 이해하기 쉽게 작성해야 한다.
② 소비자들은 아이디어를 구매하는 것이 아니라 구체화되고 정교화된 제품 콘셉트를 구매하는 것이다.
③ 제품 콘셉트의 조건은 창의성, 소비자 편익 제공, 대중성, 차별화, 내·외적 환경이 있다.
④ 기획서는 추후에 완결성을 얻기 위해 수정할 사항을 남겨둔다.

해설
기획 보고서 작성의 일반원칙으로 수요자 관점에서 이해하기 쉽게 작성하고, 기획서 그 자체로 완결성을 가져야 함. 또한 표준화된 양식에 따라 간결, 명료, 효율적으로 작성해야 함

정답 ④

57

다음 중 스포츠콘텐츠의 개념을 틀리게 설명한 것은?

① 인터넷 사용의 확산이 스포츠콘텐츠 시장의 발전에 기여하고 있다.
② 매스미디어의 기술적 발전이 스포츠콘텐츠 시장을 확대하고 있다.
③ 유료로 제공되는 정보는 스포츠콘텐츠에 포함되지 않는다.
④ 제작물과 중계방송도 스포츠콘텐츠의 일종이다.

해설
콘텐츠란 부호, 문자, 도형, 색채, 음성, 음향, 이미지 및 영상 등의 자료 또는 정보를 뜻함. 스포츠콘텐츠란 스포츠분야에서 각종 미디어를 통해 비즈니스를 형성하는 정보의 내용이라 이해하면 됨. 소비자 형태에 따른 스포츠시장에서 매체 스포츠시장은 광범위함. 직접 운동에 참여하거나 경기장에 가서 관람을 하지 않더라도 다양한 매체를 통해 스포츠콘텐츠(스포츠전문방송의 유료 서비스 등)를 구매하는 소비자가 있음

정답 ③

03 스포츠용품 시제품 제작, 검증 및 인증

56

스포츠상품에 대한 설명으로 틀린 것은?

① 스포츠상품은 여러 가격변수들이 구성되는 경우가 많아 스포츠 수요를 제대로 분석하기 어려운 경우가 발생한다.
② 테니스 라켓과 테니스 공은 보완재이다.
③ 한 상품의 가격변화가 다른 상품의 수요에 영향을 미치지 않을 때 두 상품은 대체재의 관계에 있다.
④ 소비자의 소득수준이 변하더라도 수요량이 변하지 않는 재화를 중립재라고 한다.

해설
대체재(substitution)는 한 재화의 가격이 하락함에 따라 다른 재화의 수요가 감소하는 경우를 의미함. 참고로 보완재는 한 재화의 가격이 하락할 때 다른 재화 수요가 증가하는 경우이고, 중립재는 생필품과 같이 소득이 증가해도 수요변화가 생기지 않는 재화를 말함

정답 ③

58

스포츠용품 시제품의 기능을 수정하는 데 있어 신뢰성 검사 시 주의할 사항이 아닌 것은?

① 신뢰성 검사는 각 반복 측정치들 사이의 일관성의 정도를 측정해야 한다.
② 측정도구 신뢰도가 낮을 때 유사한 속성을 지닌 항목수를 증가시킨다.
③ 응답자가 측정항목을 평가할 때 명확하고 일관성이 있도록 지시사항을 명시해서 측정오차를 감소시킨다.
④ 모호한 항목의 측정값을 극복하기 위해 일정한 시간적 간격으로 여러 차례 측정을 반복한다.

해설
신뢰성 검사는 일정한 시간적 간격, 동일한 조건의 측정대상에 대해 반복적 측정, 각 반복 측정치들 사이의 일관성의 정도를 나타내기 때문에 항목을 분명하게 작성해야 함

정답 ④

59

스포츠용품의 모의실험에 대한 설명으로 거리가 먼 것은?

① 스포츠용품 모의실험으로 물리적, 절차적, 과정적 모의실험이 있다.
② 물리적 모의실험은 구체적인 물체, 물리적 대상을 화면에 제공하여 그 물체를 파악하는 것이다.
③ 절차적 모의실험은 여러 변수 값을 설정하여 주어진 변수가 상호 작용되어 일어나는 과정과 결과를 파악하는 것이다.
④ 과정적 모의실험은 물리적 모의실험과 달리 직접 상황에 참여하지 않는다.

> **해설**
> ③은 과정적 모의실험에 대한 설명임. 절차적 모의실험은 특정한 작업절차 및 과정을 파악하는 것으로서 대부분의 물리적 모의실험이 절차적 모의실험이라 할 수 있음
>
> **정답** ③

60

야구공의 시제품에 대한 성능을 파악하기 위한 시험으로 올바른 설명은?

① 고정벽에 야구공을 일정속도로 충돌시켰을 경우 반발력을 나타내는 반발계수를 측정하기 위한 장비를 사용한다.
② 야구공 및 배트 속도 측정기가 필요하다.
③ 공의 반발력을 측정하기 위해 야구배트의 스윗 스팟(sweet spot) 부분에 충돌시킨다.
④ 시험장비를 설계하기 전에 고가의 장비 위수로 선별한다.

> **해설**
> ②, ③은 야구배트의 시제품 성능을 파악하기 위한 내용임. 절차로서 기존 규격에 대한 자료조사 → 시험장비 실태조사 → 규격분석(평가인자, 시험장비, 하중조건분석, 시험조건) → 성능인자 및 시험조건 설정 → 시험장비 설계로 이어짐. 즉, 시험장비 설계 전 고가의 장비로 선별해야 한다는 기준은 없음
>
> **정답** ①

> **해설+** 야구공과 배트 성능파악
>
> | 구분 | 야구공 | 야구베트 |
> |---|---|---|
> | 시험장치 목적 | 고정벽에 야구공을 일정속도로 충돌시켰을 경우 반발력을 나타내는 반발계수를 측정하기 위한 장비 | 공의 반발력, 배트의 강도를 측정하는 것으로 야구배트의 스윗스팟(sweet spot) 부분에 일정속도로 야구공을 충돌시켜 야구배트-야구공 반발계수, 배트성능지수 등 측정 |
> | 시험장치 구성 | 수평형 충격시험기, 고정벽, 속도측정장비, 기타 부속장치 | 수평형 충격 시험기, 야구공 및 배트 속도 측정기, 야구배트 회전 및 고정장치 및 기타 부속품 |

61

국내 스포츠용품 인증신청에 관한 설명으로 틀린 것은?

① 스포츠용품 인증은 국민체육진흥공단의 스포츠용품 시험소에서 실시한다.
② 국민체육진흥공단에서 스포츠용품 인증을 위해 KC(Korea Certificate)를 운영하고 있다.
③ 국민체육진흥공단의 스포츠용품 인증의 유효기간은 3년이다.
④ 스포츠용품 인증 신청을 위해 신청업체, 인증 신청 제품명, 신청 제품 개요, 신청 제품 기술 수준, 기타 항목, 신청 제품 자립도 등의 기술요약서를 제출한다.

> **해설**
> - KC: 2009년부터 단일화한 국가통합인증마크로서 안전·보건·환경·품질의 법정 강제 인증제도(Korea Certificate)
> - KS: 산업표준화법에 따라 국가, 지자체, 공공기관, 공공단체가 준수해야 할 인증제도(Korea Standards)
> - KISS: 국민체육진흥공단이 주관하는 스포츠용품 인증제도(Korea Industrial Standards for Sporting Goods)
>
> **정답** ②

62

스포츠용품 인증심사에 대한 대응과 사후관리에 대한 설명으로 거리가 먼 것은?

① 고객 불만과 클레임 접수 건에 한해서 시정조치를 해야 한다.
② 조직의 품질시스템을 이행하지 않는 것에 대한 경영자급 이상의 지시를 시정조치 해야 한다.
③ 품질보증부서에서 품질활동 수행 중 발생한 문제에 대해 시정조치 해야 한다.
④ 내부 품질감사 지적에 대해 시정조치를 해야 한다.

해설
②번은 관리자급 이상의 지시임

정답 ②

해설+ 품질 개선 요구서 발부기준

- 고객 불만, 클레임 접수 건 중 시정조치 사안
- ISO 인증심사 등 외부감사 지적 건 중 시정조치 사안
- 내부 품질감사 지적 건 중 시정조치 사안
- 품질 경영검토위원회 회의결과 경영층 지시 건 중 시정조치 사안
- 부적합품 조치 후 시정조치 사안
- 조직의 품질시스템 미 이행 또는 개선에 관한 관리자급 이상의 지시 건 중 시정조치 사안
- 예방활동을 위한 품질 데이터 분석결과에서 파악된 시정조치 사안
- 품질보증부서에서 품질활동 수행 중 분석결과에서 파악된 시정조치 사안
- 기타 업무수행의 효율성을 제고하기 위한 개선의 제안

63

스포츠용품 품질개선 평가로서 PDCA에 대한 설명으로 틀린 것은?

① 계획(Plan): 고객요구사항과 조직 방침에 따라 결과를 도출하는 데 필요한 목표이다.
② 실시(Do): 프로세스를 시행하기에 앞서 테스트하는 과정이다.
③ 검토(Check): 제품 요구사항, 제품 모니터링, 측정, 결과 보고 내용을 확인한다.
④ 조치(Action): 프로세스 성과를 지속적으로 개선하기 위한 활동 내용이다.

해설
실시(Do)는 프로세스를 시행하는 단계임

정답 ②

64

스포츠용품 제작 시제품에 관련하여 공정관리와 작업표준서 작성절차에 대한 설명이 아닌 것은?

① 공정표 작성→일정 관리 검토→작업 진도 분석 및 확인→통제 및 대책 강구의 절차를 통해 공정관리를 한다.
② 작업공정 분석 및 효율성 검토→작업표준서의 작성→작업표준서의 등록 및 승인→출도 및 배포의 절차로 작업표준서를 작성한다.
③ 기존 규격 조사→시험장비 실태조사→규격분석→성능인자 및 시험조건 설정→시험장비 설계의 공정과정을 준수한다.
④ 양산 이행을 위한 시험 생산→공정 능력 파악→제조 작업 인원 확보 및 교육훈련 실시→제조공정 기술표준 확보 및 관리항목 설정에 따라 공정 적합성을 평가한다.

해설
③번은 시제품 성능파악을 위한 절차임

정답 ③

65

스포츠용품의 시제품의 기능수정을 위한 신뢰도 검사에 대한 설명으로 옳지 않은 것은?

① 신뢰도는 올바른 측정도구와 방법을 사용했는지를 나타내는 개념으로 시제품 검사에서 중요하다.
② 검사-재검사는 하나의 검사를 서로 다른 시기에 두 번 실시할 때 두 점수 간의 상관계수를 구하는 방법이다.
③ 동형검사는 동일한 검사를 더 개발해서 두 검사의 점수 간의 상관계수를 구하는 방법이다.
④ 반분법은 전체 문항수를 반으로 나누고 상관계수를 이용하여 두 부분이 모두 같은 개념을 측정하는지 내적 합치도를 평가하는 방법이다.

해설
①은 타당도에 대한 설명임(스포츠마케팅 참조)

정답 ①

해설 + 신뢰도와 타당도

- 신뢰도(reliability)
  - 얼마나 일관성을 갖고 측정을 했는지에 대한 정도
  - 동일한 검사 또는 동형의 검사를 반복 시행했을 때 측정하려는 것을 얼마나 안정적으로 일관성 있게 측정하였는지, 검사도구가 오차 없이 정확하게 측정한 안정성, 일관성, 예측가능성, 정확성을 알 수 있음
- 타당도(validity)
  - 올바른 측정도구와 방법을 사용했는지를 나타내는 개념
  - 시험조사 또는 시험의 내용이 측정하고자 하는 요소를 정확하게 측정하는 정도

04 스포츠시설 법률지원

66

스포츠산업 진흥법령상 문화체육관광부장관이 기본계획을 수립하기 위하여 실태조사를 실시해야 하는 범위에 해당하는 것을 모두 고른 것은?

a. 스포츠산업 관련 사업체 수 및 종사자 수
b. 스포츠산업 매출액
c. 스포츠산업의 사업 실적 및 경영 전망
d. 스포츠산업의 인력 수급

① c, d
② a, b, c
③ a, b, d
④ a, b, c, d

해설
2016년 전면개정에 따라 포함된 법 제7조(실태조사)의 시행령에 따르면 위의 모든 사항에 관하여 실태조사를 해야 함

정답 ④

67

스포츠산업 진흥법령상 지방자치단체가 프로스포츠단 사업추진에 지원할 수 있는 경비로 명시되지 않은 것은?

① 프로스포츠단이 부대시설 구축을 위한 비용
② 각종 국내·국제 운동경기대회의 개최비와 참가비
③ 선수 양성교육에 대한 조사·연구 비용
④ 유소년 클럽 및 스포츠교실의 운영비

해설
스포츠산업 진흥법 제17조(프로스포츠의 육성) 및 시행령 제13조(프로스포츠단 창단에의 출자·출연 등)는 중요한 조항으로서 선수 양성교육에 관한 비용은 해당되지 않음

정답 ③

68

스포츠산업 진흥법에 따라 문화체육관광부장관과 지방자치단체의 장이 스포츠산업 전문인력의 양성을 위한 지원 내용과 거리가 먼 것은?

① 스포츠산업 전문인력 관련 정보를 수집하고 조사 및 연구에 지원할 수 있다.
② 스포츠경영관리사의 현장실무 지원을 할 수 있다.
③ 스포츠지도사의 양성을 위한 연수에 지원할 수 있다.
④ 스포츠산업 현장 종사자의 전문성 강화를 위한 국내외 연수 지원

해설
③번은 국민체육진흥법에 따라 지원할 수 있음

정답 ③

해설 + 국민체육진흥법(체육지도자 양성)

시행령 제8조	체육지도자의 양성과 자질향상	문화체육관광부장관은 국민체육 진흥을 위한 체육지도자의 양성과 자질 향상을 위하여 다음 각 호의 시책을 마련하여야 한다. 1. 국내외 교육기관이나 단체에의 위탁교육 2. 체육지도자의 해외 파견과 국외 체육지도자의 국내 초빙강습 3. 국외 체육계의 조사와 연구 4. 체육지도자의 양성을 위한 연수 5. 체육지도자에 대한 기술과 정보의 지원 6. 그 밖에 체육지도자의 양성과 자질 향상을 위하여 필요한 시책 ② 체육지도자의 자격은 18세 이상인 사람에게 부여한다.

69

스포츠산업 진흥법에 따라 프로스포츠의 육성에 관한 설명으로 옳지 않은 것은?

① 지방자치단체 또는 공공기관은 프로스포츠 육성을 위하여 프로스포츠단 창단에 출자 또는 출연할 수 있다.
② 지방자치단체는 공공체육시설의 효율적 활용과 프로스포츠의 활성화를 위하여 필요하다고 인정하는 경우에는 공유재산을 25년 이내의 기간을 정하여 그 목적 또는 용도에 장애가 되지 아니하는 범위에서 사용·수익을 허가하거나 관리위탁 또는 대부할 수 있다.
③ 지방자치단체의 장은 공유재산 중 체육시설을 프로스포츠단의 연고 경기장으로 사용·수익을 허가하거나 관리위탁 또는 대부하는 경우 해당 체육시설과 부대시설에 대하여 해당 프로스포츠단과 우선하여 수의계약할 수 있다.
④ 공유재산의 사용·수익을 허가받거나 관리를 위탁받은 프로스포츠단은 필요한 경우 해당 체육시설을 직접 수리 또는 보수할 수 있지만, 지방자치단체로부터 수리 또는 보수에 필요한 비용을 지원받을 수는 없다.

해설
스포츠산업 진흥법 제17조에 따르면 공유재산의 사용·수익을 허가받거나 관리를 위탁받은 프로스포츠단은 필요한 경우 해당 체육시설을 직접 수리 또는 보수할 수 있음. 단, 그 수리 또는 보수가 공유재산의 원상이 변경되는 대통령령으로 정하는 대규모의 수리 또는 보수에 해당할 경우에는 지방자치단체의 장의 승인을 받아야 함. 또한 지방자치단체는 수리 또는 보수에 필요한 비용의 전부 또는 일부를 지원할 수 있음

정답 ④

70

국내법에 따라 제정된 표준계약서의 내용과 거리가 먼 것은?

① 스포츠산업 진흥법에 따르면 문화체육관광부장관은 선수의 권익을 보호하고 스포츠산업의 공정한 영업질서를 확립하기 위하여 프로스포츠 관련 표준계약서를 마련하여 프로스포츠단에 이를 보급하여야 한다.
② 국민체육진흥법에 따르면 지방자치단체의 장은 계약 체결현황, 내용 등을 문화체육관광부장관에게 2년에 한 번씩 보고해야 한다.
③ 스포츠산업 진흥법에 따르면 문화체육관광부장관은 표준계약서를 제정 또는 개정하고자 할 때에는 공정거래위원회와 협의하여야 하고, 이해관계자와 전문가의 의견을 들어야 한다.
④ 국민체육진흥법에 따르면 국가는 직장에 설치·운영되는 운동경기부가 소속된 기관 및 단체의 장과 직장운동경기부 선수가 대등한 입장에서 공정하게 계약을 체결할 수 있도록 표준계약서를 개발, 보급해야 한다.

해설
국민체육진흥법에 따르면 지방자치단체의 장은 계약 체결현황, 내용 등 문화체육관광부장관에게 매년 보고해야 함

정답 ②

해설 + 표준계약서 관련

스포츠산업 진흥법	법 제18조2	표준계약서의 제정·보급	① 문화체육관광부장관은 선수의 권익을 보호하고 스포츠산업의 공정한 영업질서를 확립하기 위하여 프로스포츠 관련 **표준계약서를 마련하여 프로스포츠단에 이를 보급**하여야 한다. ② 문화체육관광부장관은 제1항에 따른 표준계약서를 제정 또는 개정하고자 할 때에는 **공정거래위원회와 협의하여야 하고, 이해관계자와 전문가의 의견**을 들어야 한다. ③ 문화체육관광부장관은 프로스포츠단에 제1항에 따른 **표준계약서의 사용을 권장**할 수 있다.
국민체육진흥법	법 제10조3	표준계약서의 작성 등	① 국가는 직장에 설치·운영되는 운동경기부가 소속된 기관 및 단체의 장과 직장운동경기부 선수가 대등한 입장에서 공정하게 계약을 체결할 수 있도록 **표준계약서를 개발, 보급**해야 한다. ② 지방자치단체의 장은 계약 체결현황, 내용 등 **문화체육관광부장관에게 매년 보고**해야 한다.
	시행규칙 제3조2	표준계약서의 개발·보급 등	문화체육관광부장관은 법 제10조3제1항에 따른 표준계약서를 **고용노동부장관 및 공정거래위원회와 협의하여 개발**하고, 이를 직장에 설치·운영되는 운동경기부가 소속된 기관 및 단체에 보급해야 한다.

71

스포츠 유관 법령에 관한 설명으로 **틀린** 것은?

① 법령은 법률과 명령의 조합을 의미한다.
② 법률과 시행령은 국회에서 제정하고 시행규칙은 대통령의 명령을 의미한다.
③ 2007년에 스포츠산업 진흥법과 태권도 진흥 및 태권도공원 조성에 관한 법률이 제정됐다.
④ 체육시설의 설치·이용에 관한 법률에 따르면 시와 도에 국제경기대회 및 전국 규모의 종합경기대회를 개최할 수 있는 전문체육시설을 설치하게 되어 있다.

해설
법률(국회 제정), 시행령(대통령의 명령), 시행규칙(총리 및 각 부처 장관의 명령)

정답 ②

72

스포츠산업 진흥법령상 ( ) 안에 들어갈 숫자가 옳은 것은?

> 문화체육관광부장관은 스포츠산업 진흥에 관한 기본적이고 종합적인 중장기 진흥기본계획을 ( )마다 수립·시행한다.

① 1년　　② 3년
③ 5년　　④ 10년

해설
문화체육관광부장관은 5년마다 기본적이고 종합적인 중장기 진흥계획을 수립·시행해야 함

정답 ③

73

스포츠산업 진흥법령상 다음 빈칸에 들어갈 숫자로 옳은 것은?

> 지방자치단체의 장은 공유재산의 연간 사용료를 매년 징수한다. 지방자치단체의 장은 연간 사용료가 100만원을 초과하는 경우에는 지방자치단체의 조례로 정하는 바에 따라 「공유재산 및 물품관리법」에 따른 이자를 붙여 연 ( )회의 범위에서 분할납부하게 할 수 있다.

① 2　　② 4
③ 6　　④ 12

해설
지방자치단체의 장은 연간 사용료가 100만원을 초과하는 경우에는 연 4회의 범위에서 분할 납부하게 할 수 있음

정답 ②

해설 + 스포츠산업 진흥법 시행령 제14조

시행령 제14조	공유재산의 사용료와 납부 방법 등	① 지방자치단체의 장은 법 제17조제4항에 따른 공유재산의 연간 사용료를 매년 징수한다. 다만, 프로스포츠단과 협의한 경우에는 사용·수익 허가 기간 동안의 사용료 전부를 한꺼번에 징수할 수 있다. ② 제1항 본문에 따른 연간 사용료는 시가(時價)를 반영한 해당 재산 평가액의 연 1만분의 10 이상의 범위에서 지방자치단체의 조례로 정하되, 월 단위, 일 단위, 시간별 또는 횟수별 등으로 계산할 수 있다. ③ 제1항 본문에 따른 연간 사용료는 매년 납부기한까지 한꺼번에 내야 한다. 다만, 지방자치단체의 장은 연간 사용료가 100만원을 초과하는 경우에는 연 4회의 범위에서 분할납부하게 할 수 있다. ④ 지방자치단체의 장은 다음 각 호의 어느 하나에 해당하는 경우에는 사용료를 감경하거나 면제할 수 있다. 　1. 공유재산 중 체육시설을 프로스포츠단의 연고 경기장으로 사용·수익하는 것을 허가하는 경우 　2. 공유재산 중 체육시설을 국제 운동경기대회 개최를 위하여 사용·수익하는 것을 허가하는 경우 　3. 프로스포츠단이 해당 체육시설을 직접 수리 또는 보수하는 경우 　4. 그 밖에 지방자치단체의 장이 프로스포츠의 활성화를 위하여 필요하다고 인정하는 경우

74

스포츠산업 진흥법상 스포츠산업지원센터로 지정받을 수 없는 기관은?

① 국공립 연구기관
② '초·중등교육법'에 따른 고등학교 또는 고등기술학교
③ 서울올림픽기념국민체육진흥공단
④ '특정연구기관 육성법'에 따른 특정연구기관

해설

스포츠산업 진흥법 제14조(스포츠산업지원센터의 지정 등)에 따라 문화체육관광부장관은 국공립 연구기관, 대학·전문대학, 특정연구기관, 문화체육관광부령이 정하는 기관 중에서 지정 가능. 서울올림픽기념국민체육진흥공단은 문체부장관부령이 정하는 기관임

정답 ②

75

스포츠산업 진흥법령상 명시된 스포츠산업 실태조사의 범위에 해당하지 않는 것은?

① 스포산업의 매출액
② 스포츠산업 관련 개설학과 및 재학생 수
③ 스포츠산업 관련 사업체 수 및 종사자 수
④ 스포츠산업 사업 실적 및 경영 전망

해설

스포츠산업 진흥법 시행령 제3조에 따르면 실태조사의 범위와 방법이 명시돼 있음. 실태조사 범위는 사업체 수 및 종사자 수, 매출액, 사업 실적 및 경영 전망, 인력 수급과 관련돼 있음

정답 ②

76

스포츠산업 진흥법령상 스포츠산업 진흥에 관한 기본적이고 종합적인 중장기 진흥 기본계획에 포함되지 않는 것은?

① 스포츠산업 전문인력 양성에 관한 사항
② 해당 연도의 사업 추진 방향
③ 스포츠산업의 경쟁력 강화에 관한 사항
④ 국가 간 스포츠산업 협력에 관한 사항

해설

스포츠산업 진흥법 시행령 제2조에 따르면 중장기 진흥 기본계획을 5년마다 수립하고 시행해야 함

정답 ②

해설 + 스포츠산업 진흥법 기본계획수립 사항(법 제5조)

1. 스포츠산업 진흥의 기본방향에 관한 사항
2. 스포츠산업 활성화를 위한 기반 조성에 관한 사항
3. 스포츠산업 전문인력 양성에 관한 사항
4. 스포츠산업의 경쟁력 강화에 관한 사항
5. 스포츠산업 진흥을 위한 재원 확보에 관한 사항
6. 국가 간 스포츠산업 협력에 관한 사항
7. 프로스포츠의 육성·지원에 관한 사항
8. 스포츠산업 관련 시설의 감염병 등에 대한 안전·위생·방역 관리에 관한 사항
9. 그 밖에 스포츠산업 진흥을 위하여 필요한 사항으로서 대통령령으로 정하는 사항

77

스포츠산업 진흥법상 문화체육관광부장관이 국제교류 및 해외시장 진출지원 사업을 위탁하거나 대행하게 할 수 있는 기관(단체)이 아닌 것은?

① 국민체육진흥공단
② 문화체육관광부 소속 해외문화홍보원
③ 스포츠산업 진흥법에 따른 사업자단체
④ 대한무역투자진흥공사법에 따른 대한무역투자진흥공사

해설

스포츠산업 진흥법 제19조에 따라 국내 스포츠산업 경쟁력을 강화하기 위해 상품의 해외시장 진출을 지원할 수 있음. 외국과의 공동제작, 방송인터넷 등을 통한 해외 마케팅 홍보활동, 외국자본의 투자유치, 수출 관련 협력체계 구축 등이 있음. 시행령 제19조에 따라 이 사업을 위탁하거나 대행할 수 있는데 국민체육진흥공단, 대한무역투자진흥공사, 지원센터, 문화체육관광부장관의 인가를 받은 사업자단체로 한정돼 있음

정답 ②

78

스포츠산업 진흥법상 프로스포츠의 육성에 대한 설명으로 틀린 것은?

① 국가 및 지방자치단체는 스포츠산업의 발전을 도모하고, 국민의 건전한 여가활동을 진작하기 위하여 프로스포츠 육성에 필요한 시책을 강구할 수 있다.
② 지방자치단체 또는 공공기관은 프로스포츠 육성을 위하여 프로스포츠단 창단에 출자 또는 출연할 수 있다.
③ 지방자치단체는 공공체육시설의 효율적 활용과 프로스포츠의 활성화를 위하여 필요하다고 인정하는 경우에는 공유재산을 30년 이내의 기간을 정하여 그 목적 또는 용도에 장애가 되지 아니하는 범위에서 사용, 수익을 허가하거나 관리를 위탁할 수 있다.
④ 지방자치단체의 장은 공유재산을 사용, 수익하게 하는 경우에는 해당 공유재산의 사용료와 납부 방법 등을 정할 수 있다.

해설

스포츠산업 진흥법 제17조(프로스포츠의 육성)에 따라 지자체는 25년 이내의 기간을 정하여 관리·위탁함

정답 ③

79

스포츠산업 진흥법령상 지방자치단체 또는 공공 기관이 프로스포츠사업 추진에 지원할 수 있는 경비의 범위를 모두 고른 것은?

> ㄱ. 프로스포츠단의 운영비(인건비를 포함한다.)
> ㄴ. 프로스포츠단의 부대시설 구축을 위한 비용
> ㄷ. 각종 국내·국제 운동경기 대회의 개최비와 참가비
> ㄹ. 유소년 클럽 및 스포츠교실의 운영비

① ㄱ, ㄴ, ㄷ
② ㄱ, ㄷ, ㄹ
③ ㄴ, ㄹ
④ ㄱ, ㄴ, ㄷ, ㄹ

해설

스포츠산업 진흥법 시행령 제13조(프로스포츠단 창단에의 출자·출연 등)에 따라 제시된 보기 모두 지원할 수 있는 경비의 범위임

정답 ④

해설+ 스포츠산업 진흥법(법 제13조)

시행령 제13조	프로스포츠단 창단에의 출자·출연 등	① 지방자치단체 또는 공공기관은 법 제17조 제2항에 따라 프로스포츠단 창단을 위한 자본금 또는 재산의 전부나 일부를 단독으로 또는 공동으로 출자하거나 출연할 수 있다. ② 지방자치단체 또는 공공기관이 법 제17조 제2항에 따라 프로스포츠단 사업 추진에 지원할 수 있는 경비의 범위는 다음 각 호와 같다. 1. 프로스포츠단의 운영비(인건비를 포함한다) 2. 프로스포츠단의 부대시설 구축을 위한 비용 3. 각종 국내·국제 운동경기대회의 개최비와 참가비 4. 유소년 클럽 및 스포츠교실의 운영비 5. 그 밖에 프로스포츠단의 활성화를 위하여 필요한 경비

80

스포츠산업 진흥법령상 스포츠산업진흥시설에 대한 설명으로 틀린 것은?

① 문화체육관광부장관은 스포츠산업진흥시설을 지정하는 경우 시설 운영에 필요한 자금을 제외하고 시설 설치 및 보수 등에 필요한 자금의 전부 또는 일부를 지원할 수 있다.
② 문화체육관광부장관은 프로스포츠의 육성을 위하여 필요하다고 인정하는 경우 지방자치단체의 장과 협의하여 해당 지방자치단체 내의 프로스포츠단 연고 경기장을 스포츠산업진흥시설로 우선 지정할 수 있다.
③ 문화체육관광부장관은 스포츠산업진흥시설의 지정을 해제하려면 미리 해당 지방자치단체의 장의 의견을 들어야 한다.
④ 문화체육관광부장관은 스포츠산업진흥시설을 지정한 경우 문화체육관광부 인터넷 홈페이지에 그 사실을 공고하여야 한다.

해설

문화체육관광부장관은 스포츠산업의 진흥을 위하여 지방자치단체의 장과 협의하여 해당 지방자치단체 소유의 공공체육시설을 스포츠산업진흥시설로 지정할 수 있고, 시설 설치 및 보수 등에 필요한 자금의 전부 또는 일부를 지원할 수 있음(법 제11조). 또한 진흥시설의 운영에 필요한 자금을 지원할 수 있음(시행령 제9조)

정답 ①

81

스포츠산업 진흥법령상 스포츠산업 전문인력 양성기관에 전부 또는 일부를 보조할 수 있는 경비에 해당하지 않는 것은?

① 전문인력 양성교육 프로그램 운영에 필요한 비용
② 전문인력 양성교육에 대한 조사·연구비용
③ 교육자료의 개발 및 보급에 필요한 비용
④ 교육장소 매입비 및 장비 구입비

해설

스포츠산업 진흥법 시행령 제6조(경비의 보조)에 따르면 교육장소 임대비 및 장비 구입비에 보조가 가능함. 단, 교육장소 매입비는 해당되지 않음

정답 ④

82

스포츠산업 진흥법령상 사업자단체의 설립 인가를 받으려는 자가 문화체육관광부장관에게 제출해야 하는 서류가 아닌 것은?

① 주요 사업계획서 및 수지계산서
② 회칙 또는 정관
③ 가입 회원사 명부
④ 가입 회원사별 노동조합 가입정보

해설
스포츠산업 진흥법 시행규칙 제5조(사업자단체의 설립인가 신청)에 규정함. 제출서류는 주요 사업계획서, 수지계산서, 회칙 또는 정관, 가입 회원사 명부가 있음

정답 ④

83

국민체육진흥법상 학교·직장·지역사회 또는 체육단체 등에서 체육을 지도할 수 있는 체육지도자가 취득해야 하는 자격이 아닌 것은?

① 스포츠지도사
② 건강운동관리사
③ 스포츠경영관리사
④ 유소년스포츠지도사

해설
국민체육진흥법상 스포츠지도사(전문, 생활), 건강운동관리사, 유소년스포츠지도사, 장애인스포츠지도사, 노인스포츠지도사의 양성에 대한 법령이 있고, 스포츠경영관리사는 스포츠산업 진흥법에 명시돼 있음

정답 ③

84

다음 ( )에 들어갈 내용은?

> 스포츠산업 진흥법령상 스포츠산업 진흥시설의 지정 요건으로 입주하는 스포츠 사업자의 ( ) 이상이 중소기업기본법에 따른 중소기업자이어야 한다.

① 100분의 10   ② 100분의 20
③ 100분의 30   ④ 100분의 40

해설
법 제11조(스포츠산업진흥시설의 지정 등)에 따르면 입주하는 스포츠산업 사업자의 100분의 30 이상이 중소기업자일 것으로 명시돼 있음

정답 ③

85

스포츠산업 진흥법령상 문화체육관광부장관이 스포츠산업과 관련된 연구개발을 추진하기 위해 자원·출연할 수 있는 대상으로 명시되지 않은 것은?

① 「고등교육법」에 따른 대학
② 「특정연구기관육성법」에 따른 특정연구기관
③ 「정부출연연구기관등의 설립·운영 및 육성에 관한 법률」에 따른 정부출연연구기관
④ 「지방자치단체출연 연구원의 설립 및 운영에 관한 법률」에 따른 지방자치단체 출연 연구원

해설
스포츠산업 진흥법 시행령 제4조에 따르면 특정연구기관, 정부출연기관, 대학·산업대학·전문대학·기술대학, 문체부 장관이 스포츠산업 관련 기술개발을 추진하기 위해 필요하다고 인정하는 기관, 법인, 단체 또는 사업자로 명시돼 있음

정답 ④

86

다음 스포츠산업 관련 법령 중에서 제정일이 오래된 것에서 최근의 순서로 나열한 것은?

> ㄱ. 국민체육진흥법
> ㄴ. 스포츠산업 진흥법
> ㄷ. 생활체육진흥법
> ㄹ. 바둑진흥법

① ㄱ → ㄴ → ㄷ → ㄹ
② ㄴ → ㄱ → ㄹ → ㄷ
③ ㄷ → ㄴ → ㄱ → ㄹ
④ ㄹ → ㄷ → ㄱ → ㄴ

해설
위 〈보기〉 외에도 체육·스포츠 관련 법령의 제정연도 순서를 살펴보면 국민체육진흥법(1962), 체육시설의 설치·이용에 관한 법률(1989), 스포츠산업 진흥법(2007), 생활체육진흥법(2015), 바둑진흥법(2018), 스포츠기본법(2021), 스포츠클럽법(2022) 등이 있음

정답 ①

해설 ➕ 선수 및 감독·코치 등의 권익 보호 등

| 스포츠
산업
진흥법
시행령
제18조 | 선수
권익
보호 등 | 문화체육관광부장관은 법 제18조에 따라 선수 및 감독·코치 등의 권익 보호와 스포츠산업의 건전한 발전을 위하여 다음 각 호의 시책을 강구하여야 한다.
1. 스포츠산업의 공정한 영업질서 조성
2. 건전한 프로스포츠 정착을 위한 교육·홍보
3. 승부 조작, 폭력 및 도핑 등의 예방
4. 선수의 부상 예방과 은퇴 후 진로 지원
5. 선수의 권익 향상을 위한 대리인제도의 정착
6. 선수의 경력관리를 위한 관리시스템의 구축
7. 그 밖에 문화체육관광부장관이 선수 및 감독·코치 등의 권익 보호 및 스포츠산업의 건전한 발전을 위하여 필요하다고 인정하는 사항 |

87

스포츠산업 진흥법령상 문화체육관광부장관이 선수 권익 보호와 스포츠산업의 건전한 발전을 위해 강구하여야 하는 시책에 해당하지 않는 것은?

① 승부 조작, 폭력 및 도핑 등의 예방
② 선수의 부상 예방과 은퇴 후 진로 지원
③ 선수의 경력관리를 위한 관리시스템의 구축
④ 선수의 권익 향상을 위한 대리인제도의 점진적 철폐

해설
스포츠산업 진흥법 시행령 제18조에 따르면 선수의 권익 향상을 위한 대리인제도의 정착이 필요함

정답 ④

88

스포츠산업 진흥법령상 사업자단체의 설립인가 요건 중 다음 ( )에 알맞은 것은?

> 업종별 사업자가 ( ) 이상 참여할 것

① 100분의 70
② 100분의 50
③ 100분의 30
④ 100분의 10

해설
스포츠산업 진흥법 시행령 제20조(사업자단체의 설립 인가)에 따른 업종별 사업자가 100분의 50 이상 참여해야 하고, 사업 수행을 위한 자금조달방안이 있어야 함

정답 ②

89

스포츠산업 진흥법령상 스포츠산업 진흥에 관한 기본적이고 종합적인 중장기 진흥기본계획에 포함되어야 하는 사항을 모두 고른 것은?

> ㄱ. 스포츠산업 활성화를 위한 기반 조성에 관한 사항
> ㄴ. 스포츠산업 전문인력 양성에 관한 사항
> ㄷ. 스포츠산업 진흥을 위한 재원 확보에 관한 사항
> ㄹ. 프로스포츠의 육성·지원에 관한 사항

① ㄱ, ㄴ
② ㄴ, ㄷ, ㄹ
③ ㄱ, ㄷ, ㄹ
④ ㄱ, ㄴ, ㄷ, ㄹ

해설

위의 예시와 더불어 코로나-19로 인해 스포츠산업 관련 시설의 감염병 등에 대한 안전·위생·방역 관리에 관한 사항도 포함됐음

정답 ④

해설 + 기본계획 수립

법 제5조	기본 계획 수립 등	① 문화체육관광부장관은 스포츠산업 진흥에 관한 기본적이고 종합적인 중장기 진흥기본계획과 스포츠산업의 각 분야별·기간별 세부시행계획을 수립·시행하여야 한다. ② 기본계획에는 다음 각 호의 사항이 포함되어야 한다. 1. 스포츠산업 진흥의 기본방향에 관한 사항 2. 스포츠산업 활성화를 위한 기반 조성에 관한 사항 3. 스포츠산업 전문인력 양성에 관한 사항 4. 스포츠산업의 경쟁력 강화에 관한 사항 5. 스포츠산업 진흥을 위한 재원 확보에 관한 사항 6. 국가 간 스포츠산업 협력에 관한 사항 7. 프로스포츠의 육성·지원에 관한 사항 8. 스포츠산업 관련 시설의 감염병 등에 대한 안전·위생·방역 관리에 관한 사항
시행령 제2조	기본 계획의 수립 등	법 제5조제1항의 중장기 진흥기본계획은 5년마다 수립·시행하여야 한다. 1. 해당 연도의 사업 추진 방향 2. 주요 사업별 세부수행계획법 제5조제2항 제8호에서 "대통령령으로 정하는 사항"이란 다음 각 호의 사항을 말한다. 1. 스포츠산업 관련 연구개발의 추진에 관한 사항 2. 스포츠산업 관련 창업의 지원에 관한 사항 3. 그 밖에 문화체육관광부장관이 스포츠산업 진흥을 위하여 필요하다고 인정하는 사항

90

스포츠산업 진흥법에 대한 설명으로 틀린 것은?

① 국가 및 지방자치단체는 스포츠산업의 진흥을 위하여 필요한 시책을 수립·시행하여야 한다.
② 지방자치단체는 문화체육관광부장관의 인가를 받아 업종별로 사업자단체를 설립할 수 있다.
③ 문화체육관광부장관은 스포츠산업의 육성과 기술개발을 위하여 스포츠산업 관련 상품의 품질 향상에 필요한 지원을 할 수 있다.
④ 문화체육관광부장관은 선수의 권익을 보호하고, 스포츠산업의 건전한 발전을 위하여 공정한 영업질서의 조성 등 필요한 시책을 강구하여야 한다.

해설

스포츠산업 진흥법 제20조(사업자단체의 설립)에 따르면 스포츠산업 사업자는 스포츠산업의 진흥과 상호 협력증진 등을 위하여 대통령령으로 정하는 바에 따라 문화체육관광부장관의 인가를 받아 업종별로 사업자단체를 설립할 수 있음

정답 ②

해설 + 사업자단체 설립 및 인가

법 제20조	사업자 단체의 설립	스포츠산업 사업자는 스포츠산업의 진흥과 상호 협력증진 등을 위하여 대통령령으로 정하는 바에 따라 문화체육관광부장관의 인가를 받아 업종별로 사업자단체를 설립할 수 있다.
시행령 제20조	사업자 단체의 설립 인가	① 법 제20조에 따라 사업자단체의 설립 인가를 받으려는 자는 문화체육관광부령으로 정하는 바에 따라 문화체육관광부장관에게 설립 인가를 신청하여야 한다. ② 제1항에 따른 신청을 받은 문화체육관광부장관은 신청 내용이 다음 각 호의 요건을 모두 갖춘 경우에 그 설립을 인가한다. 1. 사업계획서가 스포츠산업 진흥의 목적에 부합할 것 2. 사업 수행을 위한 자금 조달 방안이 있을 것 3. 업종별 사업자가 100분의 50 이상 참여할 것 ③ 문화체육관광부장관은 제2항에 따라 사업자단체의 설립을 인가한 경우에는 문화체육관광부 인터넷 홈페이지에 그 사실을 공고하여야 한다.

91

스포츠산업 진흥법령상 문화체육관광부장관이 스포츠산업 지원센터로 지정할 수 있는 기관을 모두 고른 것은?

> ㄱ. 「공공기관 운영의 관한 법률」에 따른 공공기관
> ㄴ. 「특정연구기관 육성법」에 따른 특정연구기관
> ㄷ. 「민법」에 따라 설립된 스포츠 분야의 법인
> ㄹ. 「고등교육법」에 따른 전문대학

① ㄱ, ㄴ
② ㄱ, ㄷ, ㄹ
③ ㄴ, ㄷ, ㄹ
④ ㄱ, ㄴ, ㄷ, ㄹ

해설
스포츠산업 진흥법 제14조(스포츠산업지원센터 지정 등)에 따르면 문화체육부장관은 국공립 연구기관, 대학 또는 전문대학, 특정연구기관, 그 밖에 장관이 정하는 기관에 스포츠산업지원센터로 지정할 수 있음

정답 ③

92

〈보기〉 중 스포츠산업 유관 법령에 해당되는 것은?

> ㉠ 공유재산 및 물품관리법
> ㉡ 낚시 관리 및 육성법
> ㉢ 말산업육성법
> ㉣ 수상레저안전법

① ㉠
② ㉠, ㉡
③ ㉠, ㉡, ㉢
④ ㉠, ㉡, ㉢, ㉣

해설
스포츠산업 유관 법령은 다음과 같이 매우 다양하게 분포돼 있음. 공유재산 및 물품관리법, 관광진흥법, 관세법, 국민여가활성화기본법, 낚시 관리 및 육성법, 독점규제 및 공정거래에 관한 법률, 마리나 항만의 조성 및 관리 등에 관한 법률, 말산업육성법, 방송법, 사격 및 사격장 안전관리에 관한 법률, 산림문화·휴양에 관한 법률, 상표법, 수상레저안전법, 수중레저활동의 안전 및 활성화 등에 관한 법률, 약관의 규제에 관한 법률, 유통산업발전법, 자전거 이용 활성화에 관한 법률, 장애인 차별금지 및 권리구제 등에 관한 법률, 저작권법, 제조물책임법, 총포·도검·화약류 등 안전관리에 관한 법률, 청소년기본법, 청소년보호법, 국민건강증진법, 조세법, 장애인복지법, 국토의 계획 및 이용에 관한 법률, 건축법과 하천법 등 다양한 여러 법령들에서 체육 및 스포츠와 관련한 조문을 두고 있음

정답 ④

93

국민체육진흥법에서 체육지도자를 양성하고 자질을 향상시키기 위한 시책으로 올바른 것은?

> ㉠ 국내외 교육기관이나 단체에의 위탁교육
> ㉡ 국외 체육계의 조사와 연구
> ㉢ 수익창출을 위한 민간체육시설 창업교육
> ㉣ 체육지도자의 양성을 위한 연수

① ㉠, ㉡
② ㉠, ㉢
③ ㉠, ㉡, ㉢
④ ㉠, ㉡, ㉣

해설
국민체육진흥법 시행령 제8조에 따르면 체육지도자의 양성과 자질향상을 위해 문화체육관광부장관은 국민체육진흥을 위해 다음 각 호의 시책을 마련해야 함. 수익창출을 위한 민간체육시설 창업교육을 거리가 멂

정답 ④

해설 + 국민체육진흥법(체육지도자 양성과 자질향상)

시행령 제8조	체육지도자의 양성과 자질향상	문화체육관광부장관은 국민체육 진흥을 위한 체육지도자의 양성과 자질 향상을 위하여 다음 각 호의 시책을 마련하여야 한다. 1. 국내외 교육기관이나 단체에의 위탁교육 2. 체육지도자의 해외 파견과 국외 체육지도자의 국내 초빙강습 3. 국외 체육계의 조사와 연구 4. 체육지도자의 양성을 위한 연수 5. 체육지도자에 대한 기술과 정보의 지원 6. 그 밖에 체육지도자의 양성과 자질 향상을 위하여 필요한 시책 ② 체육지도자의 자격은 18세 이상인 사람에게 부여한다.

94

국민체육진흥법에 따라 체육지도자 연수기관 지정에 해당되지 않는 기관(단체) 혹은 자격으로 거리가 먼 것은?

① 연수과정의 운영을 위한 조직, 인력 및 시설을 갖추고 있을 것
② 체육단체 또는 경기단체의 경우 영리법인과 합작기관(단체)으로 운영할 수 있을 것
③ 현장실습을 위한 여건을 갖추고 있을 것
④ 해당 지역에 연수기관의 설치·운영 수요가 있을 것

해설
국민체육진흥법 시행령 제11조2에 따르면 연수기관의 지정으로 1. 체육단체 또는 경기단체의 경우 비영리법인일 것, 2. 연수과정의 운영을 위한 조직, 인력 및 시설을 갖추고 있을 것, 3. 해당 지역에 연수기관의 설치·운영 수요가 있을 것, 4. 현장실습을 위한 여건을 갖추고 있을 것의 조건을 정해둠

정답 ②

95

체육시설의 설치·이용에 관한 법률에 따라 체육시설 안전관리를 위해 마련된 '체육시설정보관리시스템'에 관한 설명을 틀린 것은?

① 체육시설정보관리시스템을 각 광역자치단체에서 체계적으로 운영해야 한다.
② 관리기관은 체육시설 안전관리에 관한 기본계획과 관리계획을 수립해야 한다.
③ 관리기관은 체육시설의 안전점검 결과를 작성해야 한다.
④ 관리기관은 체육시설 안전점검 실시결과를 통보하고 이행한 후 이에 대한 결과를 작성해야 한다.

해설
체육시설의 설치·이용에 관한 법률 제4조의6에 따르면 문화체육관광부장관으로부터 업무를 위임·위탁받은 기관에서 체육시설의 안전관리를 위해 시스템을 관리·운영해야 함

정답 ①

96

운동경기부가 소속된 기관 및 단체의 장과 직장운동경기부 선수 간에 표준계약서 상에 명시할 사항으로 거리가 먼 것은?

① 계약 당사자
② 매년 연봉 인상률
③ 업무의 범위
④ 손해배상에 관한 사항

해설
국민체육진흥법 시행규칙 제3조의2에 따르면 계약금액을 명시할 수는 있지만 이는 매년 연봉 인상률과는 거리가 멂

정답 ②

97

국가는 직장에 설치·운영되는 운동경기부가 소속된 기관 및 단체의 장과 직장운동경기부 선수가 대등한 입장에서 공정하게 계약을 체결할 수 있도록 표준계약서를 개발하고 보급하게 돼 있다. 이와 관련하여 옳지 <u>않은</u> 설명은?

① 지방자치단체의 장은 계약 체결현황, 내용 등 문화체육관광부장관에게 매년 보고해야 한다.
② 문화체육관광부장관은 표준계약서를 고용노동부장관 및 공정거래위원회와 협의하여 개발해야 한다.
③ 고용노동부장관은 직장에 설치·운영되는 운동경기부가 소속된 기관 및 단체에 보급해야 한다.
④ 표준계약서상 필수 기재사항으로 계약 당사자의 권리 및 의무에 관한 사항이 있다.

해설
국민체육진흥법 시행규칙 제3조의2에 따르면 문화체육관광부장관이 표준계약서를 고용노동부장관 및 공정거래위원회와 협의하여 개발하고, 직장에 설치·운영되는 운동경기부가 소속된 기관 및 단체에 보급해야 함

정답 ③

해설+ 국민체육진흥법(표준계약서)

법 제10조3	표준계약서의 작성 등	① 국가는 직장에 설치·운영되는 운동경기부가 소속된 기관 및 단체의 장과 직장운동경기부 선수가 대등한 입장에서 공정하게 계약을 체결할 수 있도록 표준계약서를 개발, 보급해야 한다. ② 지방자치단체의 장은 계약 체결현황, 내용 등 문화체육관광부장관에게 매년 보고해야 한다.
시행규칙 제3조의2	표준계약서의 개발·보급 등	① 문화체육관광부장관은 법 제10조의3 제1항에 따른 표준계약서를 고용노동부장관 및 공정거래위원회와 협의하여 개발하고, 이를 직장에 설치·운영되는 운동경기부가 소속된 기관 및 단체에 보급해야 한다. ② 법 제10조의3제2항에 따른 표준계약서상 필수 기재사항은 다음 각 호의 사항으로 한다. 1. 계약 당사자 2. 계약 기간 3. 업무의 범위 4. 계약 당사자의 권리 및 의무에 관한 사항 5. 계약 금액 6. 계약의 효력 발생, 변경 및 해지 7. 손해배상에 관한 사항 8. 계약 불이행의 불가항력 사유 9. 분쟁해결에 관한 사항 10. 고용보험 등 사회보험에 관한 사항(근로계약의 경우만 해당)

98

국가와 지방자지단체는 체육용구·기자재의 생산 장려에 필요한 조치를 마련해야 한다. 이와 관련한 설명으로 거리가 먼 것은?

① 체육용구 등을 생산하는 업체 중 지정된 우수업체는 서울올림픽기념국민체육진흥공단으로 하여금 국민체육진흥기금의 국민체육진흥계정에서 그 자금을 융자받을 수 있다.
② 문화체육관광부장관은 우수 업체를 지정하고자 할 때에는 산업통상자원부장관과 미리 협의해야 하고, 산업통상자원부장관은 특별한 사유가 없는 한 협의 요청을 받은 날부터 20일 이내에 문화체육관광부장관에게 의견을 제시해야 한다.
③ 체육과 관련된 용역을 제공하는 업은 국민체육진흥기금 융자를 받을 수 있다.
④ 문화체육관광부 장관령으로 지정된 업종도 국민체육진흥기금 융자 대상에 포함된다.

해설
국민체육진흥법 제17조 체육용구의 생산 장려에 따르면 다음 호에 해당되는 산업의 육성을 위해 자금을 유자받을 수 있음. 장관령이 아니라 대통령령으로 정하는 업종으로 규정됨

정답 ④

해설 + 국민체육진흥법(체육용구 생산 장려)

법 제17조	체육용구의 생산 장려 등	① 국가와 지방자치단체는 체육용구·기자재의 생산 장려에 필요한 조치를 마련해야 한다. ② 문화체육관광부장관은 체육용구 등을 생산하는 업체 중 우수업체를 지정하여 서울올림픽기념국민체육진흥공단으로 하여금 국민체육진흥기금의 국민체육진흥계정에서 그 자금을 융자하게 할 수 있다. ③ 문화체육관광부장관은 국민체육진흥을 위하여 다음 각 호의 어느 하나에 해당하는 산업의 육성을 위하여 필요하다고 인정되는 경우에는 서울올림픽기념국민체육진흥공단으로 하여금 국민체육진흥기금의 국민체육진흥계정에서 그 자금을 융자하게 할 수 있다. 이 경우 각 호에 따른 산업의 범위는 「통계법」 제22조제2항 단서에 따라 통계청장의 동의를 받아 문화체육관광부장관이 정하는 스포츠산업 특수분류에 따른다.
법 제17조	체육용구의 생산 장려 등	1. 체육용구등을 생산하는 업 2. 체육시설을 설치하거나 운영하는 업 3. 체육과 관련된 용역을 제공하는 업 ④ 정부는 고도의 정밀성 등으로 어쩔 수 없이 수입하여야만 하는 체육용구등에 대하여 「조세특례제한법」으로 정하는 바에 따라 조세 감면 조치를 할 수 있다. ⑤ 제2항에 따라 우수 업체로 지정을 받으려는 자는 문화체육관광부장관에게 신청하여야 한다. ⑥ 제5항에 따른 신청을 받은 문화체육관광부장관은 우수 업체를 지정하고자 할 때에는 산업통상자원부장관과 미리 협의하여야 한다. 이 경우 산업통상자원부장관은 특별한 사유가 없으면 협의청을 받은 날부터 20일 이내에 문화체육관광부장관에게 의견을 제시하여야 한다. ⑦ 문화체육관광부장관은 제2항에 따라 우수 업체로 지정받은 자가 국민체육진흥기금의 국민체육진흥계정에서 융자받을 때 우대할 수 있으며, 융자받은 자금을 융자 목적 외에 사용한 때에는 그 지정을 취소할 수 있다. ⑧ 지방자치단체는 제1항에 따른 체육용구 등의 생산 장려에 필요한 조치에 관한 사항을 조례로 정할 수 있다.
시행령 제17조	체육용구의 생산 장려 등	① 체육 용구와 기자재는 문화체육관광부장관이 산업통상자원부장관과 협의하여 정하는 것으로 한다. 1. 국내외 각종 경기대회 경기종목에 사용되는 체육용구등 2. 학교 체육에 사용되는 체육용구등 3. 장애인 체육에 사용되는 체육용구등 4. 그 밖에 국민체육 진흥을 위하여 필요한 체육용구등 ② 국가와 지방자치단체는 체육용구등의 생산 장려를 위하여 다음 각 호의 조치를 하여야 한다. 1. 체육용구등의 생산업체에 대한 융자알선과 자금지원 2. 체육용구등의 생산업체에 대한 기술지원

99

국민체육진흥법에 따라 생산이 장려되는 체육 용구와 기자재로서 올바른 것은?

> ㉠ 국내외 각종 경기대회 경기종목에 사용되는 체육용구
> ㉡ 학교 체육에 사용되는 체육용구
> ㉢ 장애인 체육에 사용되는 체육용구
> ㉣ 국민체육 진흥을 위하여 필요한 체육용구

① ㉠, ㉡ ② ㉠, ㉣
③ ㉠, ㉡, ㉢ ④ ㉠, ㉡, ㉢, ㉣

해설
국민체육진흥법 시행령 제17조에 따르면 체육 용구와 기자재는 문화체육관광부장관이 산업통상자원부장관과 협의하여 정하는 것으로 위 보기 모두에 해당됨

정답 ④

100

체육용구 개발을 위해 자금 융자와 기금설치에 필요한 사항에 관한 설명으로 틀린 것은?

① 자금의 융자에 필요한 사항은 문화체육관광부령으로 정하고, 융자이율은 미리 한국은행총재와 협의하여야 한다.
② 체육용구등의 생산을 위한 원자재 구입 및 설비투자업에 대해 융자를 할 수 있다.
③ 스포츠산업 진흥을 위해 필요한 경비지원을 위해 국민체육진흥기금을 설치할 수 있다.
④ 사행산업 또는 불법사행산업으로 인한 중독 및 도박 문제의 예방·치유를 위해 국민체육진흥기금을 설치할 수 있다.

해설
국민체육진흥법 시행령 제18조에 따르면 자금의 융자에 필요한 사항은 문화체육관광부령으로 정하고, 융자이율은 미리 기획재정부장관과 협의하여야 함

정답 ①

해설 + 국민체육진흥법(자금융자, 기금설치)

시행령 제18조	자금의 융자 등	① 자금의 융자에 필요한 사항은 문화체육관광부령으로 정한다. 이 경우 융자이율은 미리 기획재정부장관과 협의하여야 한다. ② 대통령령으로 정하는 업종은 다음 각 호의 어느 하나에 해당하는 것이다. 1. 체육용구등의 품질향상을 위한 연구·개발 사업 2. 체육용구등의 생산을 위한 원자재 구입 및 설비투자업 3. 체육시설의 설치 및 개·보수업 4. 체육 관련 용역 생산을 위한 설비투자업 5. 체육 관련 용역의 상품화를 위한 연구·개발 사업 6. 「재난 및 안전관리 기본법」에 따른 재난으로 사업에 심각한 피해를 입은 「스포츠산업 진흥법」제2조제2호에 따른 스포츠산업으로서 문화체육관광부장관이 정하여 고시하는 업종
법 제19조	기금의 설치 등	필요한 경비를 지원하기 위해 국민체육진흥기금을 설치한다. 1. 체육 진흥에 필요한 시설 비용 2. 체육인의 복지 향상 3. 체육단체 육성 4. 학교 체육 및 직장 체육 육성 5. 체육·문화예술 전문인력 양성 6. 취약분야 육성 7. 스포츠산업 진흥 8. 사행산업 또는 불법사행산업으로 인한 중독 및 도박 문제의 예방·치유 9. 그 밖에 국민체육 진흥 등을 위하여 대통령령으로 정하는 사항

MEMO

PART 02

스포츠경영

M스포츠경영관리사 4주 완성 필기+실기

CHAPTER 01　**핵심이론**
CHAPTER 02　**기출적중 100제**

CHAPTER 01 스포츠경영 핵심이론

01 스포츠이벤트 전략기획

1 기획목표 설정 및 환경 분석

(1) 스포츠이벤트의 특성

> **암기 TIP** 현실체감통상대
> 여러분, 졸업하기 힘들어 현실체감을 하는 통상대학교가 있답니다. 이렇게 암기해봅시다.

현장성	현장에서 직접 이루어지는 특징
진실성	이벤트 개최의 목적과 취지를 공유
체험성	체험이 이루어지는 공간
감성적 특성	감성을 자극하여 감동을 유도
통합성	지역, 사회, 문화, 정치 등 모든 영역을 통합
상호교류성	쌍방향 커뮤니케이션의 수단
대중성	특정 소수가 아닌 대중 지향성 행사

(2) 스포츠이벤트 설계

목표	• 단기적으로 이루고자 하는 지향점 • 주최 기관의 목적에 일치하는 방향으로 운영돼야 함 • 측정 가능한 하나 이상의 목표를 수립하는 것이 바람직함
목적	• 개인: 즐거움 추구, 새로운 가치관과 삶이 활력 도모 • 기업: 고객과의 커뮤니케이션 수단 활용, 기업 이익 증대 • 협회: 종목 발전, 스포츠 행정의 일환으로 개최하여 스포츠 자체 발전 • 구단: 고정 팬 확보, 입장수입, 팀 인지도 상승 • 사회: 지역사회 이미지 개선 및 발전, 산업발전, 국제교류 활성화 등
종류	• 관전형 스포츠이벤트: 프로나 유명 선수들을 초청해 주최하는 대회 • 참가형 스포츠이벤트: 자발적 참가를 유도해 개최하는 스포츠 행사
전략	• PR(Public Relations), 퍼블리시티(Publicity) 활동 • SP(Sales Promotion) • 내부 프로모션(Inter Promotion)

필요성		• 여가 만족을 통한 삶의 질 향상 • 신체적·정신적·사회적 성장 및 발달 도모 • 지역사회를 보다 살기 좋은 공간으로 조성 • 청소년들에게 건전한 스포츠프로그램 제공 • 소외계층에게 양질의 스포츠프로그램 공급 • 지역사회의 경제적 부가가치 창출
스포츠이벤트 설계 시 고려사항		이벤트 목적, 프로그램 및 진행스케줄, 참가자 특징, 시설물 사용규칙, 시간의 제약 및 예산의 한계, 지역의 특성, 이벤트와 지역 간의 적합성, 경제 효과, 고객에 대한 조사, 소비자 선호도, 스폰서 참여 여부, 계획의 적합성, 재무적 건전성, 사회적 공감성 등을 총망라해야 함
효과	긍정적 효과	• 경제적 효과: 산업발전, 고용창출, 소득 증대, 관광객 유치 • 사회적 효과: 국민통합, 국제교류 증진 • 문화적 효과: 문화수준 향상, 시민의식 향상 • 환경적 효과: 기반시설 정비, 편의시설 확충
	부정적 효과	예산 과다 투입, 환경 파괴, 물가 상승, 부동산 투기현상, 정치적 이용 수단 변질, 노동력 착취, 교통 혼잡, 행정력 과다 소모 등

승수분석		• 승수분석: 어떤 요인으로 인한 다른 요인의 변화를 유발함으로써 파급효과를 분석
		  - 생산유발승수: 이벤트 개최에 따른 생산량과 금액 비교
		  - 소득유발승수: 이벤트 개최에 따른 소득 비교
		  - 고용유발승수: 이벤트 개최에 따른 고용효과 비교
		  - 부가가치유발승수: 이벤트 개최에 따른 부가가치 창출 비교
		  - 간접세유발승수: 이벤트 개최에 따른 간접세 비교
		  - 수입유발승수: 이벤트 개최에 따른 수입량과 금액 비교

2 스포츠이벤트 전략 수립

> **개념+** 스포츠이벤트의 사업기획 수립 방향
>
> ① 합리적인 목표와 정책을 수립하고 구체화하기 위한 근거를 제공해야 함
> ② 미래의 환경변화를 체계적으로 예측해 적절하게 대응해야 함
> ③ 다양한 부문의 활동을 조정하고 통제하기 위한 성과표준을 제시하는 기능을 갖춰 기획을 수립해야 함

(1) 스포츠이벤트 계획수립의 종류

① **전략적 기획**: 장기 목표설정 및 목표설정에 필요한 수단과 계획을 결정하는 데 중점을 두는 계획 (단일계획)

② **운영적 기획**: 전략을 수행하는 데 필요한 특정 단계들을 설명하고 수입과 지출 예산은 편성하는 계획, 정규적으로 이벤트가 개최될 때마다 계속 적용 가능

(2) 스포츠이벤트 계획서 작성 시 고려사항

① 이벤트의 주체를 파악하여 작성
  ㉠ 누구를 위한 이벤트인가를 생각하고 대상에 맞게 문서를 작성하는 것
  ㉡ 이벤트 참가자 수준, 눈높이, 성향 등을 고려하여 읽기 편하고 이해하기 쉽게 작성
② 논리적인 내용의 전개: 내용을 논리적으로 전개함

(3) 스포츠이벤트 환경 분석

거시환경 분석	㉠ 스포츠이벤트 주최 및 주관 측과 참여자 또는 관람자와의 관계에 직접적으로 혹은 간접적으로 영향을 미치는 요인 ㉡ 인구통계적 환경, 사회 및 문화적 환경, 경제적 환경, 기술적 환경, 자연적 환경, 경쟁적 환경, 정치 및 법률적 환경
미시환경 분석	㉠ 스포츠이벤트 주최 및 주관 측과 참여자 또는 관람자와의 관계에 직접적으로 영향을 미치는 요인 ㉡ 스포츠이벤트 주최 및 주관 측 환경, 공급업자, 마케팅 중간상, 고객, 경쟁업자, 조직과 이해관계를 가지고 있거나 영향을 미치는 집단(공중)

① 시장 분석
  ㉠ 기회 매트리스

  ㉡ 위협 매트리스

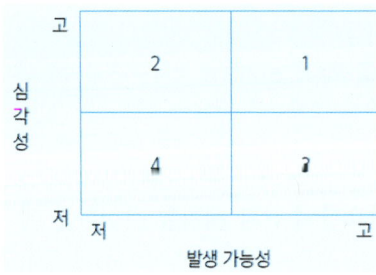

② 고객 분석
  ㉠ 기회와 위협요인을 분석함에 있어 또 다른 중요한 분석이 고객의 분석임
  ㉡ 소비자의 욕구와 니즈(Needs)를 분석하여 그 변화를 찾아내는 것임

3 재정운용 기획

(1) 스포츠이벤트 기획예산

　① 기획예산: 장기적인 목표를 설정하고 그것을 보다 구체적인 몇 개의 사업계획으로 나누어 그 각각에 자원을 체계적으로 연결·배정하는 예산 제도

　② 장단점

장점	⊙ 의사결정 절차를 일원화할 수 있음 ⓒ 자원을 합리적으로 배분할 수 있음 ⓒ 중장기계획을 추진하는 데 적합함 ② 계획의 실시를 객관적으로 측정하고 평가할 수 있음
단점	⊙ 성과를 계량화, 수치화하기 어려움 ⓒ 사업계획의 작성에 많은 시간과 비용이 소요됨 ⓒ 사업계획 간의 우선순위를 결정할 기준을 찾기가 쉽지 않음 ② 집권화 현상의 우려가 있음

(2) 스포츠이벤트 기획예산 수립 시 분석기법

　① 비용편익분석: 비용과 편익을 금전적 가치로 환산하여 대안을 마련

　② 체계분석: 비용편익분석 방법에 더하여 대안의 구조, 기능, 형태, 경험적 요소를 평가하여 대안을 채택

　③ 게임이론: 채택한 대안이 다른 조직이나 사람에게 미치는 영향을 고려

　④ 시뮬레이션: 실제로 모형화된 시스템을 조작하여 결과를 관찰하고 분석

(3) 스포츠이벤트 재무관리과정

　① 목표 달성을 위한 필요 예산 수립 → ② 수입계획과 지출계획 수립 → ③ 현금흐름 관리 → ④ 수입과 지출에 대한 모든 것을 기록하고 회계처리 → ⑤ 이벤트 종료 시 손익 점검

(4) 스포츠이벤트 수입과 지출항목

　① 수입항목: 입장료(관람비, 참가비), 방송중계권, 스폰서십, 라이선싱, 물품판매비, 광고 게재비

　② 지출항목

　　⊙ 고정비: 홍보비, 마케팅비, 인건비, 장소 대여비

　　ⓒ 변동비: 식음료비, 상품 패키지 구성비, 개인 물품 보관 대여비

02 스포츠 경영기획 및 재무관리

1 사업계획 및 분석

(1) 스포츠경영환경

> **암기 TIP** 이렇게 암기해봅시다.
> **제구사치술경** 여러분, 친구 제구가 사치술경이란 경전을 낭독합니다.
> **경비공유관** 여러분, 경비아저씨가 배우 공유의 관상을 본답니다.

스포츠경영환경은 내부환경과 외부환경으로 구분할 수 있다.
① **내부환경**: 조직마다 고유의 특성을 지니거나 다른 조직 문화와 분위기를 말한다. 조직 구성원의 행동 방식에 영향을 미치는 전통, 원칙, 가치 등을 조직 문화라고 한다.
② **외부환경**: 조직 외부에 존재하면서 전반석인 활동에 영향을 미치는 환경으로 일반환경과 과업환경으로 분류할 수 있다.
   ⊙ **일반환경**: 사회의 모든 조직에 영향을 미치는 광범위한 환경 요인이다. 거시적 환경으로 경제, 인구, 사회문화, 정치법률, 기술, 국제환경 등이 있다.
   ⊙ **과업환경**: 어떤 특정한 조직에 영향을 미치는 요인이다. 미시적 환경으로 경쟁자, 소비자, 공급자, 유통업자, 규제기관 등이 있다.

(2) SWOT 분석

> **Moon's Advice**
> 스왓(SWOT) 분석은 스포츠산업, 스포츠마케팅에서도 나옵니다.

구분		외부	
		기회(Opportunity)	위협(Threat)
내부	강점(Strength)	S-O전략: 공격전략	S-T전략: 다각화 전략
	약점(Weakness)	W-O전략: 안정전략	W-T전략: 방어전략

SWOT 분석이란 경영자가 경영환경을 분석하고 조사하기 위해서 사용하는 방법으로 자사(내부)의 강점과 약점, 시장(외부)으로부터의 기회와 위협요인을 파악한다. SWOT 분석의 응용을 살펴보면 다음과 같다.
① **강점과 기회의 결합**: 기회를 활용하기 위해 강점을 사용하는 성장지향적인 공격전략이 필요하다.
② **강점과 위협의 결합**: 위협을 회피하기 위해 강점을 사용하는 다각화 전략이 필요하다.

③ **약점과 기회의 결합**: 약점을 극복하고 기회를 활용하는 안정전략이 필요하다. 합작투자나 M&A가 이루어질 수 있다.

④ **약점과 위협의 결합**: 위협을 회피하고 약점을 최소화하는 방어전략이 필요하다.

(3) 경영전략의 수준

구분	내용	카츠의 경영자 기술
기업전략	• 최고 경영자가 의사결정을 하는 수준(전사적 전략) • 조직을 전체로 보고 사업 분야 결정	최고경영자 (개념적 기술)

사업부 전략	• 특정 분야에서 지속적인 경쟁우위 확보(경쟁전략)
	
	◎ 전략사업단위(SBU, Strategic Business Unit)
	  - 사업부 수준의 전략으로 전략수립, 집행의 기본단위
	  - 다른 전략사업단위와 구별되는 목표
	  - 독자적 경영기능 수행 능력
	  - 시장의 경쟁자보다 경쟁전략 확보
		중간경영자
		(대인관계 기술)

기능별 전략	마케팅, 인사 등 기능별 자원분배	일선 경영자 (전문적 기술)

(4) 포트폴리오 전략

> **암기 TIP** 별소물개
>
> 여러분, 태평양의 물개 중에서 가장 으뜸은 별소물개라고 합니다. 이렇게 암기해봅시다.

> **Moon's Advice**
>
> • 시장점유율(현재상황)과 시장성장률(미래상황)이 높은 별(Star) 영역의 사업부는 사업을 확대하거나 유지해야 합니다. 시장점유율이 높고 시장성장률이 낮은 자금젖소(Cash Cow) 영역의 사업부는 사업을 유지하면 됩니다. 이유는 시장성장률이 낮지만 시장점유율이 높아 사업을 유지만 하더라도 수익을 창출할 수 있기 때문입니다. 물음표(Question Mark) 영역의 사업부는 시장성장률은 높지만 시장점유율이 낮기 때문에 사업을 확대할지, 일부 거둬들일지(수확), 철수를 해야 할지 고민할 수밖에 없는 영역입니다. 마지막으로 개(Dog) 영역의 사업부는 시장점유율과 시장성장률이 낮기 때문에 사업을 수확하고 철수해야 합니다.
> • 시간 흐름에 따른 사업단위의 수명주기: 물음표 → 별 → 현금젖소 → 개

① BCG 매트릭스

② GE 매트릭스: BCG 매트릭스를 보완한 것임

	저	중	강
고	(유지)	투자	투자
중	수확/철수	(유지)	투자
저	수확/철수	수확/철수	(유지)

(세로축: 시장매력도, 가로축: 경쟁적 지위)

(5) 성장전략

> **Moon's Advice**
>
> 자세히 보면 기존끼리(기존제품-기존시장)는 침투해야 하고, 기존시장에 신규제품을 투입하려면 제품을 개발해야 가능하며, 기존제품을 갖고 신규시장에 뛰어들려고 하면 새로운 시장이 있어야 하니 시장을 개척해야 합니다. 신규끼리(신규제품-신규시장)는 여러모로 모색해야 되므로 다각화란 표현이 나왔습니다. 이렇게 이해해보세요. 스포츠마케팅 분야의 프로그램 연장 전략과 동일한 내용입니다. 병행해서 공부하길 권장합니다.

◆ 앤소프의 성장전략

신규시장	시장개척	다각화		시장침투	시장 개발 강화, 제품 재출시, 모방, 비용 절감, 개별적 가격 책정
기존시장	시장침투	제품개발		제품개발	신제품, 신규 서비스, 문제 및 시스템 솔루션
	기존제품	신규제품		시장개척	시장, 신규 고객층, 새로운 유통, 채널, 제품의 새로운 용도 개발
	제품			다각화	신규 시장을 위한 신제품

(시장 / 제품)

(6) 경쟁전략

> **암기 TIP** 기공구대신
> 여러분, 집안의 큰 망치 기억나세요? 기존의 공구를 대신할 만한 좋은 망치는 없답니다. 이렇게 암기해봅시다.

① 마이클 포터(M. Porter)의 5 Forces

기존 경쟁자	산업 내의 현재 경쟁자와의 경쟁강도는 얼마나 되는가?
공급자 교섭력	판매자가 갖고 있는 협상력은 얼마나 되는가?
구매자 교섭력	고객이 갖고 있는 협상력은 얼마나 되는가?
대체재 위협	우리 산업의 제품을 대신할 대체상품 혹은 대체서비스는 있는가?
신규진입자 위협	새로운 경쟁자들이 우리가 활동하는 산업 내로 진입하는가?

② 마이클 포터의 본원적 경쟁전략

> **암기 TIP** 차비집
> 여러분, 차비가 없으면 집에 못갑니다. 포터의 '차비집'은 차별화 전략, 비용우위 전략, 집중화 전략을 뜻합니다. 비용우위를 원가우위라고도 합니다. 우위라고 해서 비싸다는 의미가 아니고, 비용이 저렴해야 경쟁자에 비해 상대적으로 높은 성과를 창출할 수 있다는 의미입니다.
> '차비집'은 스포츠마케팅에도 표적시장의 선정 전략에서 차비집(차별적 마케팅 전략, 비차별적 마케팅 전략, 집중적 마케팅 전략)으로 나옵니다. 또한 스포츠시설의 경영전략 유형에도 차비집세(차별화 전략, 비용우위 전략, 집중화 전략, 세분화 전략)로 다시 나옵니다. 병행해서 공부하길 권장합니다. 이렇게 암기해봅시다.

구분		경쟁우위	
		비용우위	차별화 우위
경쟁범위	산업 전체	비용우위 전략	차별화 전략
	산업 특정부문	비용우위 집중화 전략	차별화 우위 집중화 전략

(7) 소비자 패턴 분석

① **스포츠소비자의 의사결정과정**: 스포츠소비자를 참여형태에 따라 분류하면 직접 스포츠소비자, 간접 스포츠소비자, 매체 스포츠소비자로 분류한다.
  ㉠ 직접 스포츠소비자: 스포츠에 직접 참여하는 소비자로 1차 소비자라 한다. 건강과 유행에 민감한 특성이 있다.
  ㉡ 간접 스포츠소비자: 스포츠를 관람하는 소비자로 2차 소비자라 한다. 재미있고 호감이 가는 이벤트를 선호한다.
  ㉢ 매체 스포츠소비자: 매체를 통해 참여하는 일반적 소비자로 3차 소비자라 한다. 스포츠 단신을 검색하거나 미디어를 통해 스포츠콘텐츠를 소비한다.

> **암기 TIP** 문정선구행
> 여러분, 제가 아는 문정선이란 분은 매일 구도자의 마음으로 행동합니다. 이렇게 암기해봅시다.

② 스포츠소비자의 의사결정 5단계 과정은 문제 혹은 필요 인식, 정보수집, 대안평가 및 선택, 구매의사 결정, 구매 후 행동의 단계이다.
  ㉠ 문제 혹은 필요 인식 단계: 소비자가 내적 혹은 외적 영향요인에서 발생하는 정보를 처리하기 위해 문제나 욕구를 인식하게 하고, 문제해결을 위한 동기가 생긴다.
  ㉡ 정보 수집 단계: 소비자가 욕구를 충족시키기 위해 정보를 수집한다.
  ㉢ 대안평가 및 선택 단계: 소비자가 해결방안을 찾기 위해 정보를 수집하는 과정을 거치고 선택한다.
  ㉣ 구매의사 결정 단계: 소비자가 특정 제품이나 서비스를 구매하기로 결정하고 실제 구매를 한다.
  ㉤ 구매 후 행동의 단계: 소비자가 특정 제품이나 서비스를 구매한 후 다시 구매하거나 다른 제품과 서비스를 찾는다.

개념+ 블랙박스 이론(샌디지, Sandage)과 수정된 블랙박스 이론(코틀러와 암스트롱, Kotler & Armstrong)

블랙박스 이론	수정된 블랙박스 이론
소비자는 광고, 포장, 유통 등의 다양한 촉진 요인에 의해 구매행위를 함	기존의 블랙박스 이론의 촉진 외에도 마케팅 믹스(제품, 가격, 장소·유통, 촉진), 경제적, 기술적, 정치적, 문화적 요인도 소비자의 구매의사결정에 영향을 미치는 자극에 포함시킴
원인과 결과 사이의 과정을 알 수 없기 때문에 원인과 결과만을 파악하자는 주장	소비자 반응에서도 제품선택, 상표선택, 판매상 선택, 구매시기, 구매량 등을 구체적으로 제시

③ 스포츠소비자 행동의 영향요인

암기 TIP 이렇게 암기해봅시다.

동태스자학 여러분, 바다 밖에선 동태들이 자학할 수도 있겠지요.
사문준족 여러분, 조선시대의 사문난적처럼 이 시대엔 사문준족이 있을까요?

스포츠소비자 행동은 소비자가 스포츠제품과 서비스를 탐색, 구매, 사용, 평가, 처분하는 과정이다. 소비자 행동에 영향을 미치는 요인은 내적 영향 요인과 외적 영향 요인이 있다.
㉠ 내적 영향 요인: 동기, 태도, 라이프스타일, 자아관, 학습
㉡ 외적 영향 요인: 사회계층과 문화, 준거집단, 가족

개념+ 소비자 정보처리에 대한 효과의 위계모형

AIO	Attention(주의) → Interest(흥미) → 견해(Opinion)
AIDA	Attention(주의) → Interest(흥미) → Desire(욕구) → Action(행동)
AIDMA	Attention(주의) → Interest(흥미) → Desire(욕구) → Memory(기억) → Action(행동)
AIDCA	Attention(주의) → Interest(흥미) → Desire(욕구) → Conviction(확신) → Action(행동)
DAGMAR	Awareness(인식) → Comprehension(이해) → Conviction(확신) → Action(행동)
Lavidge & Steiner	Awareness(인식) → Knowledge(지식) → Liking(호감) → Preference(선호) → Conviction(확신) → Action(행동)

④ 스포츠소비자의 충성도

암기 TIP 고잠식저

여러분, 고로 잠식을 당하면 저항을 하지요. 이렇게 암기해봅시다.

			높은(고) 충성도	심리적 애착과 구매율이 높음
고	가식적 충성도	높은 충성도	잠재적 충성도	심리적 애착은 높지만 제약요인으로 구매율이 낮음
행동적			가식적 충성도	심리적 애착은 낮지만 구매율이 높음
저	낮은 충성도	잠재적 충성도	낮은(저) 충성도	심리적 애착과 구매율이 낮음
	저 심리적 고			

⑤ 스포츠소비자의 관여도

> **암기 TIP** 행정인고저속상
>
> 여러분, 행정을 하는 사람(인)때문에 고저 속상하겠지만 참아야겠지요. 이렇게 암기해봅시다.

일반적 분류	**행**동적 관여도	특정제품을 구매, 스포츠 활동에 직접 참여하거나 경기장에서 관람하는 활동
	정서적 관여도	구매(이용) 후에 갖게 되는 좋은 혹은 나쁜 감정적 태도로서의 관여도
	인지적 관여도	정보습득을 통해 제품이나 서비스의 기능적 성과에 대한 관심
수준에 따른 분류	**고**관여	적극적인 정보탐색, 신중한 선택, 구매 후 행동에도 관심이 높은 경우
	저관여	소극적인 정보탐색을 통한 구매행동
시간에 따른 분류	**지속**적 관여도	제품이나 활동에 대해 오랫동안 관심이 지속(=습관적 관여도)
	상황적 관여도	특별한 상황 발생 시 순간적 구매시점에 관여도가 발생

⑥ 관여도와 구매행동

> **암기 TIP** 복부단 다시습
>
> 여러분, 조선시대엔 복부인 김시습이고 현대엔 복부단 다시습입니다. 이렇게 암기해봅시다.

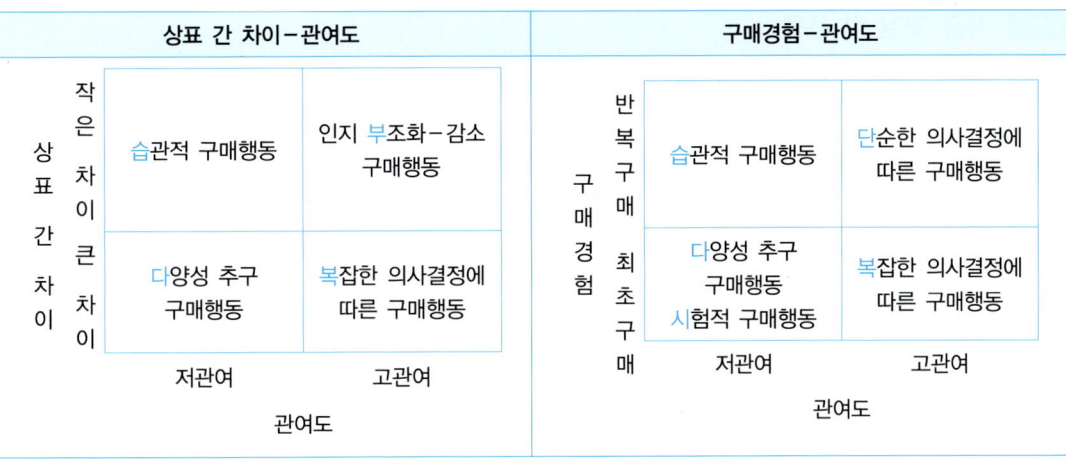

㉠ 고관여 구매행동
- 복잡한 의사결정에 따른 구매행동
  - 상표 간 차이가 뚜렷하고 관여도가 높은 경우
  - 전통적인 정보처리과정에 따라 나타나는 행동
- 부조화-감소 구매행동
  - 제품에 대한 지각된 위험이 크고, 가격이 비싸지만 상표 간에 뚜렷한 차이점을 발견하기 어려운 경우
- 단순한 의사결정에 따른 구매행동
  - 반복구매를 통해 관련 정보가 있어 제품 간 차이를 인식하기 때문에 비교적 단순한 의사결정을 함

㉡ 저관여 구매행동
- 다양성 추구 구매행동
  - 상표 간 차이가 뚜렷하지만 관여도가 낮을 경우
  - 다양한 제품을 경험하기 위해 브랜드를 자주 바꿈
- 시험적 구매행동(=충동구매)
  - 초기구매 상황에 관여도가 낮기 때문에 시험적으로 충동구매를 함
- 습관적 구매행동(=관성적 구매행동)
  - 상표 간 차이가 없고 관여도도 낮을 경우
  - 제품에 대한 충성도 때문이 아니라 관성에 의한 것임

2 자금 조달 및 운용

> **암기 TIP** 직접민주회기채폰 간접어차입
>
> 여러분, 직접민주회기 때 파리채와 핸드폰을 들고, 간접어(魚)로 차입해도 됩니다. 이렇게 암기해봅시다.

내부조달	조직 내부의 유보금을 사용	
외부조달	직접금융을 통한 자금조달	민자유치
		주식발행
		회원권 판매
		기금지원
		채권발행
		스폰서십
	간접금융을 통한 자금조달	기업어음
		은행차입
		매입채무

3 재무관리

> **Moon's Advice**
>
> 스포츠 파이낸싱 부분을 어려워하지만 문제는 기출 위주로 간단하게 나옵니다. 시간의 현재와 미래가치, 영구연금의 현재가치, 유동성 비율(특히 당좌비율), 총자본순이익율, 자기자본순이익율, 손익분기점, 순현재가치법, 내부수익률법만큼은 이해하면 좋겠습니다.

> **개념+**
>
> - 재무관리의 정의: 스포츠조직이 필요한 자금을 마련하고 운영하는 일
> - 재무관리의 목표: 스포츠조직의 가치를 극대화하기 위함
> - 재무관리의 기능: 투자결정기능, 자본조달기능, 배당결정기능

화폐의 미래가치 (future value)	• 공식 $P_n = P_0(1+R)^n = 현재원금(1+이자율)^{기간}$ – 현재의 일정금액을 일정기간 후 가치 평가하는 것 – [이해] '미래로 가야 하니까 기차(train)처럼 이자율과 기간이 순서대로 따라온다.'라고 이해해 봅시다.
화폐의 현재가치 (present value)	• 공식 $P_0 = \dfrac{P_n}{(1+R)^n} = \dfrac{미래가치}{(1+할인율)^{기간}}$ – 미래에 받을 현금을 현재시점에서 평가하는 것 – [이해] '현재에서 미리 판단하는 것이니까 할인율과 기간이 거꾸로(분모) 따라온다.'라고 이해해 봅시다.

(1) 화폐의 시간적 가치

Q. 현금 1,000만원을 이자율 10%의 정기예금에 가입했을 때 3년 후의 미래가치는?

화폐의 미래가치 공식

$P_n = P_0(1+R)^n = 현재원금(1+이자율)^{기간}$
$= 1,000만원(1+0.1)^3 = 1,000 \times 1.1 \times 1.1 \times 1.1 = 1,331만원$

Q. 할인율 10%가 적용된 3년 후에 현금 1,000만원을 받을 수 있는 현재가치는?

화폐의 현재가치 공식

$P_0 = \dfrac{P_n}{(1+R)^n} = \dfrac{미래가치}{(1+할인율)^{기간}}$

$= \dfrac{1,000만원}{(1+0.1)^3} = \dfrac{1,000만원}{(1.1 \times 1.1 \times 1.1)} = \dfrac{1,000만원}{1.331} = 751.3만원$

(2) 연금의 시간적 가치

연금의 미래가치 (future value)	• 공식 $S_n = A\left\{\dfrac{(1+R)^n - 1}{R}\right\} = 연금\left\{\dfrac{(1+이자율)^{기간} - 1}{이자율}\right\}$ – 연금의 마지막 수령시점에서 매년 말에 받은 연금의 미래가치를 합산한 금액
연금의 현재가치 (present value)	• 공식 $S_0 = A\left\{\dfrac{1}{R} - \dfrac{1}{R(1+R)^n}\right\} = 연금\left\{\dfrac{1}{할인율} - \dfrac{1}{할인율(1+할인율)^{기간}}\right\}$ – 일정기간 동안 매년 말 일정액의 연금을 수령할 때 매년 말에 수령하는 연금의 현재가치를 모두 합한 금액

영구연금의 현재가치 (present value)	• 공식 $$S_e = \frac{A}{R} = \frac{연금}{할인율}$$ – 매년 말 일정한 금액의 연금을 무한히 수령하는 금액 ＊공식이 단순하므로 필기시험에 자주 출제됨

Q. 어느 배구선수가 3년 동안 매년 말에 1,000만원의 연금을 수령한다. 이자율을 매년 10% 적용하여 3년 후에 받을 연금의 일시불 금액은 얼마인가?

연금의 미래가치 공식

$$S_n = A\left\{\frac{(1+R)^n - 1}{R}\right\} = 연금\left\{\frac{(1+이자율)^{기간} - 1}{이자율}\right\}$$

$$= 1,000만원\left\{\frac{(1+0.1)^3 - 1}{0.1}\right\} = 1,000만원\left(\frac{1.331 - 1}{0.1}\right) = 1,000만원 \times 3.31 = 3,310만원$$

(3) 재무분석

① 대차대조표와 손익계산서

대차대조표	손익계산서
• B/S(Balance Sheet)라 함 • 자금을 얼마나 갖고 사업을 시작해 얼마나 남았는지 계산한 표 • 특정시점에서 자금이 기업에 얼마나 머물러 있는가를 숫자로 나타낸 표 • 일정시점의 조직의 재무상태	• P/L(Profit and Loss Statement) 혹은 IS(Income Statement)라고 함 • 사업결과 손실과 이익이 얼마나 났는지 계산한 표 • 일정기간의 경영성과 • 대차대조표보다 수익성 분석에 편리
<table><tr><td>자산</td><td>부채와 자본</td></tr><tr><td>유동자산</td><td>유동부채</td></tr><tr><td rowspan="2">고정자산</td><td>고정부채</td></tr><tr><td>자본(자기자본)</td></tr><tr><td>자산 총계</td><td>부채와 자본 총계</td></tr></table> • 자산 총계＝부채와 자본 총계	(시작) 매출액 － 매출원가 ＝ 매출총이익 － 판매비, 관리비 ＝ 영업이익 ＋ 영업외수익 － 영업외비용 ＝ 경상이익 ＋ 특별이익 － 특별손실 ＝ 법인세 차감 전 순이익 － 법인세 비용 ＝ 당기순이익 (끝)
• 총자산(Total Assets) 　＝자본＋부채 　＝자기자본＋타인자본	• 이익＝수익－비용

개념+ 재무안정성 분석

레버리지 비율	• 자기자본비율(%)

• 자산구조의 안정성을 분석
  – "자본(자기자본)에 비해 부채가 너무 많지 않은가?"
  – (정의) 기업이 자금을 조달하는 과정에서 타인자본(부채)에 얼마나 의존하고 있는지를 측정하는 지표
	= (자기자본/총자본)×100
	= [(자기자본/(부채+자본)]×100
	
	• 부채비율(%)
	= (부채/자기자본)×100

유동성 비율	• 유동비율(%) = (유동자산/유동부채)×100

• 지불능력의 안정성을 분석
  – "단기부채를 감당할 유동자산이 충분한가?"
  – (정의) 기업의 단기 채무 상환능력을 평가하는 지표
• "필기시험"에 자주 출제됨
	• 당좌비율(%)
	= [(유동자산 – 재고자산)/유동부채]×100

안정성 비율	• 고정비율(%) = (고정자산/자기자본)×100

• 설비투자의 적정성을 분석
  – "설비투자(고정자산 투자)가 과도하지 않은가?"
  – (정의) 기업의 재무구조가 얼마나 건전하고 안정적인지를 장기적인 관점에서 평가하는 지표
	• 고정장기적합률(%)
	= [고정자산/(자기자본+고정부채)]×100

수익성 비율	• 총자산순이익률(%), ROA(Return on Assets) = (당기순이익/총자산)×100

• 조직의 수익성 분석
  – "얼마만큼의 이익을 달성하고 있는가?"
  – (정의) 기업이 얼마나 효율적으로 이익을 창출하고 있는지를 평가하는 지표
	• 자기자본순이익률(%), ROE(Return on Equity)
	= (당기순이익/자기자본)×100
	
	• 총자본순이익률(%), ROI(Return on Investment)
	= (당기순이익/총자본)×100
	– "필기시험"에 자주 출제됨

활동성 비율	• 총자산회전율(회) = 매출액/총자산

• 조직 자산의 효과적 활용성 분석
  – "자금이 얼마나 활발하게 순환하고 있는가?"
  – (정의) 기업이 보유한 자산을 얼마나 효율적으로 활용하고 있는지를 측정하는 지표
	• 재고자산회전율(회)
	= 매출액/재고자산

※ 재무관리는 실기시험에서 문제 풀이보다 개념 정리를 물어보는 경우가 많으므로 각각의 정의를 숙지해야 함

② 유동성 비율

유동비율	• 유동비율(%) = $\dfrac{유동자산}{유동부채} \times 100$ • 기업의 단기 지불능력을 가늠하는 지표(=은행가비율) • 1년 이내 갚아야 할 부채 • 200% 이상이면 적정 유동비율 • 높으면 단기 지급능력이 높지만, 현금이 있으면 투자해야 하므로 무조건 높다고 좋지 않음

당좌비율	• 당좌비율(%) = $\dfrac{유동자산 - 재고자산}{유동부채} \times 100$ • 기업이 단기 채무를 갚을 능력이 얼마나 있는지 더 정확히 보기 위함 • 당좌자산(언제든 빨리 현금화)과 유동부채(단기부채)의 크기를 견주는 비율(=신속비율) • 100% 이상이면 양호

Q. 프로야구 A 구단의 재무 상태가 유동자산 100억원, 유동부채 200억원 그리고 당기순이익이 40억원이라고 한다면 A 구단의 유동비율은?
유동비율=(유동자산/유동부채)×100=(100/200)×100=50%

Q. A사의 유동자산이 500억원인데 이 중 재고자산이 200억원이다. 유동부채가 200억원일 경우 당좌비율은?
당좌비율(%)=[(유동자산-재고자산)/유동부채]×100=[(500-200)/200)]×100=150%

③ 수익성 비율

총자본 순이익율	• 총자본순이익율(%) = $\dfrac{당기순이익}{총자본} \times 100$ • ROI(Return on Investment)라고 불림 • 엄밀히 얘기하면 투자자본순이익율이다. 대차대조표에 명시된 자본은 자기자본이고, 부채는 타인자본으로 외부차입금이다. 즉, 투자재원은 자기자본과 외부차입금으로 나눠진다.
자기자본 순이익율	• 자기자본순이익율(%) = $\dfrac{당기순이익}{자기자본} \times 100$ • ROE(Return on Equity)라고 불림 • 대차대조표에 나타난 자기자본(총자본-부채)과 손익계산서에 나타난 당기순이익을 통해 분석한다.

Q. A 프로농구 구단의 총자본이 1,000억원이고, 당기순이익이 200억원이라면 이 구단의 총자본순이익율(ROI)은?
총자본순이익률(ROI, Return on Investment)=(당기순이익/총자본)×100=(200/1,000)×100=20%

Q. A 스포츠 매니지먼트사는 부채 200억원을 포함해 총 자본이 300억원이고, 당기순이익은 15억원일 때 ROE를 구하시오.
자기자본순이익률(ROE, Return on Equity)=(당기순이익/자기자본)×100=(15/(300-200))×100=15%

*자기자본=총자본-부채

④ 손익분기점, 순현재가치법, 내부수익률법, 수익성지수법

> **Moon's Advice**
>
> 손익분기점은 손실과 이익이 일치하는 지점으로 얼마나 팔았을 때 혹은 얼마 벌었을 때 일치하는지를 파악하면 됩니다. 투자결정기법으로 순현재가치법, 내부수익률법, 수익성지수법은 모든 현금흐름을 고려하고, 화폐의 시간적 가치를 반영한 것입니다.

Q. A 스포츠용품업체가 생산 판매하는 스포츠제품의 판매가격이 3만원이다. A사가 이 제품을 생산하기 위해서 3천만원의 고정비와 단위당 1만5천원의 변동비가 소요된다. A사의 판매량(수량) 및 금액(비용)에 대한 손익분기점을 구하시오.

손실과 이익이 일치할 때 지점이 판매량이 2,000개일 때와 판매금액이 6천만원일 때입니다. 회사 입장에선 이 시기가 빨리 올수록 좋습니다. 그 이후부터는 흑자이기 때문입니다.

- 손익분기점(판매량) = $\dfrac{FC}{p-v}$ = $\dfrac{고정비}{상품단위\ 판매가격 - 판매상품\ 단위당\ 변동비}$

  = $30{,}000{,}000 / (30{,}000 - 15{,}000) = 2{,}000$(개)

- 손익분기점(금액) = $\dfrac{FC}{1-(v/p)}$ = $\dfrac{고정비}{1-(판매상품\ 단위당\ 변동비/상품단위\ 판매가격)}$

  = $30{,}000{,}000 / 1 - (15{,}000/30{,}000) = 6$천만원

Q. 어느 민간사업자가 스포츠센터를 짓고자 한다. 최초 투자금액이 1억원이고, 2년 후 현금흐름이 2억원이다. 순현재가치법(NPV)으로 계산한 후 투자를 결정하시오. (단, 할인율 10%)

$\dfrac{현금흐름}{(1+할인율)^{시점}} - 최초투자액 = \dfrac{200{,}000{,}000}{(1+0.1)^2} - 100{,}000{,}000 = 65{,}289{,}256$원

NPV가 65,289,256원이니 0(zero)보다 큽니다. 즉, 단일투자일 때는 NPV가 0보다 크면 투자하면 됩니다. 또한 복수투자일 때는 NPV가 둘 다 0보다 크다고 나타날 때 큰 값을 선택하면 됩니다.

- NPV > 0이므로 투자를 결정할 수 있습니다.

Q. A 사업자가 1억원을 투자해서 스포츠센터를 짓고자 한다. 2년 후에 약 1억 3천만원에 매각할 수 있을 거라고 예측하고 있다. 요구수익률(자본비용)이 10%라고 가정할 때 내부 수익률(IRR)은 얼마인가?

$\dfrac{현금흐름}{(1+할인율)^{시점}} - 최초투자액 = 0$

$\dfrac{130{,}000{,}000}{(1+IRR)^2} - 100{,}000{,}000 = 0$

IRR=0.14입니다. 자세히 보면 순현재가치법과 계산식이 똑같습니다. 단, 내부수익률법은 값을 0(zero)으로 놓고, 할인율(IRR)을 구하는 것입니다. 위 문제의 경우 요구수익률을 10%라고 제시했기 때문에 할인율이 10% 넘으면 투자해도 된다는 의미입니다.

- IRR이 14%로 요구수익률 10% 보다 크기 때문에 투자를 결정할 수 있습니다.

개념+ 투자결정기법

구분		기법	내용
확실성하에 투자 결정 기법	화폐의 시간적 가치를 고려할 때	순현재가치법	• 미래의 모든 현금 흐름을 적절한 할인율을 적용하여 산출한 현재가치로 투자안을 평가(=순현가법, Net Present Value Method) • 가치의 가산원칙을 적용함 $\frac{현금흐름}{(1+할인율)^{시점}} - 최초투자액$ • 단일투자안: NPV >0일 때 투자결정 • 복합투자안: 가장 큰 NPV의 투자안 선택
		내부수익률법	• 투자로 인해 발생하는 현금유입의 현재가치와 현금유출의 현재가치를 일치시켜 투자안의 순현가를 0으로 하는 할인율(IRR)을 구한 후 요구수익률(자본비용)과 비교하여 투자 여부를 결정하는 방법(IRR, Internal Rate of Return) $\frac{현금흐름}{(1+할인율)^{시점}} - 최초투자액 = 0$
		수익성지수법	$PI = \frac{현금유입의\ 현재가치투자안의\ NPV(순현가치)}{현금유출의\ 현재가치}$ • 단일투자안: PI >0일 때 투자결정 • 복합투자안: 가장 큰 PI의 투자안 선택
	화폐의 시간적 가치를 고려하지 아니 할 때	회수기간법	• 투자한 비용을 회수하는 데 걸리는 시간을 통해 투자 여부를 결정하는 방법 • 회수기간이 짧을수록 안정적인 투자안
		회계적이익률법	• 연평균 순이익 대비 연평균투자액 비율(=평균이익률법) $\frac{연평균\ 순이익}{연평균\ 투자액} \times 100$
불확실성하에 투자결정기법		위험조정할인율법	• 미래에 예상되는 불확실한 현금흐름에 부합하는 할인율 적용, 투자안 평가
		확실성등가법	• 위험이 있는 미래현금흐름을 무위험이자율을 적용, 투자안 평가

03 스포츠서비스 운영 및 안전관리

1 스포츠이벤트 운영

(1) 스포츠이벤트 현장인력 종류와 업무

① 운영요원: 티켓 검수, 이벤트 진행 보조 등
② 자원봉사자: 행사장 입장 및 안내 등 전문성을 요구하지 않는 통역 보조, 부대행사 지원
③ 파견요원: 주최기관과 계약으로 이루어진 대행사에서 파견된 인력

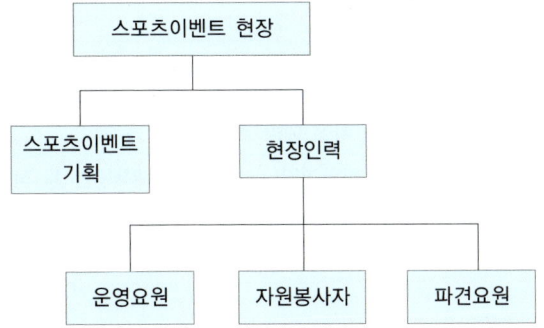

(2) 스포츠이벤트 수송관리 계획 시 고려해야 할 협의 및 지원사항

① 관람객 수송 방안, 교통대책 수립, 경기장 교통통제 개선, 교통이용 편의 제공
② 대회패밀리 수송총괄, 수송차량 및 인력확보, 6개 모터풀 설치, 장소별 배치 및 운영
③ 행사차량 교통 신호 소등, 수송차량 승차장 교통통제, 교통질서 확립, 관람객 질서 유지

(3) 스포츠이벤트 소요량 산출의 목적

① 소요량의 크기를 표시하여 스포츠이벤트 시 물자의 중요성을 인식시킬 수 있음
② 물자관리에서의 문제점을 발견할 수 있음
③ 물자관리 계획, 관리, 실적을 평가할 수 있음
④ 생산과 판매부분의 불합리한 물자관리계획 소비를 찾아낼 수 있음

2 안전관리 매뉴얼 작성 교육

(1) 스포츠이벤트 매뉴얼 단계별 흐름도

스포츠이벤트 전 준비사항	㉠ 스포츠 안전사고 예방 계획 수립 ㉡ 참여자 관리 ㉢ 시설 및 장비 사전 점검 ㉣ 안전요원 교육 ㉤ 유관기관 협력
스포츠이벤트 중 준비사항	㉠ 안전한 스포츠이벤트 운영을 위한 고려사항 ㉡ 스포츠이벤트 진행 중 운영자 실행 사항 ㉢ 사고 발생 시 조치
스포츠이벤트 후 준비사항	㉠ 관중 및 참가자 퇴장 시 조치사항 ㉡ 장비 및 시설 유지 계획 ㉢ 이벤트 평가하기

(2) 스포츠 안전사고 예방 계획수립 흐름도

단기계획	㉠ 스포츠이벤트 위험요소 사전조사 ㉡ 스포츠이벤트 시설 안전관리 실태 점검, 날씨, 기상변화 확인 ㉢ 스포츠이벤트 위험요소 사전 예방 조치
장기계획	㉠ 스포츠 안전사고 발생 현황 파악, 사후 처리, 대책방안 등 정보 수집 ㉡ 스포츠 안전사고 원인, 발생경향 분석 및 개선대책수립 등 검토 및 평가 ㉢ 수립된 사고 예방 대응·대책 반영 및 운영상의 미비점 보완

3 안전요원 운용 및 활동

스포츠이벤트 운영자의 역할	㉠ 이벤트 운영 관련 결정과 이행의 책임 ㉡ 적합한 인력 고용 ㉢ 시설 및 프로그램 관련 정보와 대책 제공 ㉣ 안전 교육 실시 ㉤ 직원 근무여건 보장
스포츠이벤트 직원의 역할	㉠ 안전사고 관련 충분한 지식 습득 ㉡ 작업환경과 자신의 업무에 대한 올바른 이해 ㉢ 위험 통제장치에 대한 자각 ㉣ 안전규정 준수 및 보고체계 확립

04 스포츠조직 관리

1 스포츠조직 구조의 이해

(1) 경영기능과 스포츠경영 기능의 과정

> **Moon's Advice**
>
> 앙리 피욜(H. Fayol)이 제시한 경영의 기능을 차용해 스포츠경영분야의 학자인 패키애너선 첼라두라이가 스포츠경영의 기능을 제시했습니다. 현대경영학에선 계획, 조직, 지휘, 통제의 4단계를 주로 서술합니다. 주로 피욜(=페이욜)에서 출제됐습니다.

파욜(1916)의 경영의 기능	1	계획(planning)	목표 설정, 달성하기 위한 방법 결정
	2	조직(organizing)	계획을 달성하기 위해 인적, 물적 자원 배치
	3	지휘(commanding)	구성원들의 성과를 높이기 위해 역량을 최대로 끌어내는 활동
	4	조정(coordinating)	• 업무의 중복, 비효율적 부분 조정 • 현대 경영의 기능은 조정을 빼고, 계획 → 조직 → 지휘 → 통제를 많이 언급함
	5	통제(controlling)	성과 점검, 문제 확인, 대책 마련
첼라두라이 (1985)의 스포츠 경영의 기능	1	계획(planning)	• 조직과 구성원들에게 목표를 정해주고, 목표 달성을 위해 활동 및 프로그램을 구체적으로 구성 • '공식적인 문서화'
	2	조직(organizing)	• 계획을 통해 제시된 모든 일을 조직 내의 업무와 사람 간의 관계를 설정하는 과정 • '적재적소에 배치'
	3	통솔(leading)	계획과 조직을 통해 마련된 구성원들이 해야 할 일을 효과적으로 수행하게끔 동기를 부여
	4	평가(evaluating)	• 업무 수립계획과 결과를 비교 • 피드백을 통해 개선점 보완

(2) 스포츠조직의 특성 및 경영원칙

> **개념 +**
>
> • 미션과 비전
>   - 미션(mission): 조직의 존재목적과 사회적 사명으로 현재적 가치를 의미하고, 미션 달성을 위해 조직이 존재한다.
>   - 비전(vision): 미래에 달성하고자 하는 조직의 모습으로 미래적 가치를 의미한다.
> • 직위와 지위
>   - 직위(position): 조직 내 개인이 담당하는 직무로서 책임이 부여된 자리를 의미한다.
>   - 지위(status): 직위에 계층개념이 포함된 서열의식을 의미한다(지위=직위+계층).
> • 권력과 권위
>   - 권력(power): 지시, 명령을 통해 다른 사람에게 영향을 미치는 능력을 의미한다.
>   - 권위(authority): 정당한 권력을 행사하는 행위를 의미한다.

> **암기 TIP** 명계감정전권
>
> 여러분, 명계남 배우가 감정을 갖고 전권을 휘두를까요? 이렇게 암기해봅시다.

스포츠조직의 특성	스포츠조직의 경영원칙
스포츠산업과 관련성	명령 일원화의 원칙
사회적 단체	계층 단축화의 원칙
목표 지향적	감독 한계의 원칙
구조적인 활동체계	조정의 원칙
구성원과 비구성원 간의 명확한 경계	전문화의 원칙
	권한과 책임의 원칙

(3) 스포츠조직 구조를 형성하는 요소

> **암기 TIP** 복식집합
> 여러분, 복식으로 호흡하는 것은 공기를 집합시키는 것인가요? 이렇게 암기해봅시다.

핵심적 요소	복잡성	조직의 분화(수평적, 수직적, 공간적 분화)
	공식화	조직 내 규정이 많고 행정절차가 구체적이면 공식화가 높은 조직이고 의사결정권은 최소화됨(=표준화)
	집권화	어떤 계층에서 의사결정이 이루어지느냐의 문제(↔ 분권화)
부가적 요소	통합화	조직 활동의 조정 및 통합

(4) 스포츠조직 설계와 영향요인

> **암기 TIP** 환전기사규사
> 여러분, 환전소 기사를 규사라고 하지 않지요? 이렇게 암기해봅시다.

> **Moon's Advice**
> 여러분이 대기업에 있다고 생각하시면 외부환경의 변화에 민감할까요? 조직이 크므로 상대적으로 외부환경의 불확실성이 낮게 느껴집니다. 그래서 수직적, 기계적, 관료적인 대기업은 전략이 방어형이 됩니다.

환경과 조직설계 간의 관계	• 외부환경의 불확실성이 낮을 경우 　－수직적, 기계적, 관료적	대기업
	• 외부환경의 불확실성이 높을 경우 　－수평적, 유기적, 적응적	중소기업
전략과 조직설계 간의 관계	• 전략이 방어형일 경우 　－공식화, 집권화	대기업
	• 전략이 공격형일 경우 　－단순화, 분권화	중소기업
기술과 조직설계 간의 관계	• 핵심기술은 조직설계 시 꼭 필요	–
사람과 조직설계 간의 관계	• 구성원의 권한 축소 　－기계적 조직	대기업
	• 구성원의 권한 확대 　－유기적 조직	중소기업
규모와 조직설계 간의 관계	• 대기업처럼 규모가 큰 조직 　－수직적, 기계적, 관료적, 세분화, 전문화, 안정과 성장의 혼합전략	대기업
	• 중소기업처럼 규모가 작은 조직 　－수평적, 유기적, 적응적, 노동분화 미약, 성장전략과 고수익 전략	중소기업
라이프사이클과 조직설계 간의 관계	• 형성기→ 성장기→ 중년기→ 장년기	–

🖉 암기 TIP 형성중장

수명주기 그래프와 같지만, 제품과 조직(사람의 일생을 의미하는 형성기, 성장기, 중년기, 장년기)으로 느낌을 달리하여 제시됐습니다. 이렇게 이해하고 암기해봅시다.

여러분, 형성이 잘돼야 중학교 때 반장을 합니다. "형성중장"과 똑같은 수명주기는 스포츠마케팅의 제품의 수명주기에도 등장합니다. 여기서는 도입기, 성장기, 성숙기, 쇠퇴기로서 "도성숙퇴"로 구분합시다. 공통단어는 성장기가 있군요.

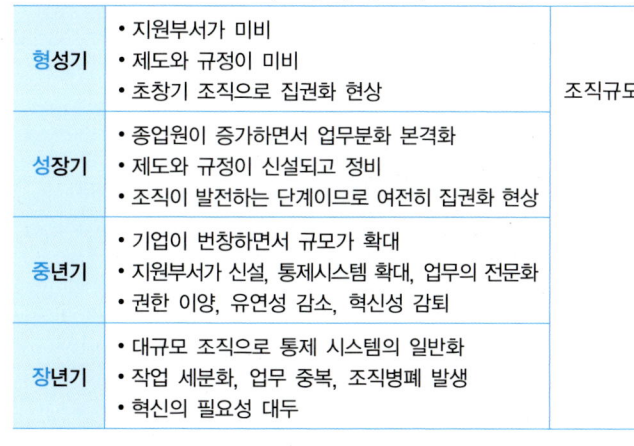
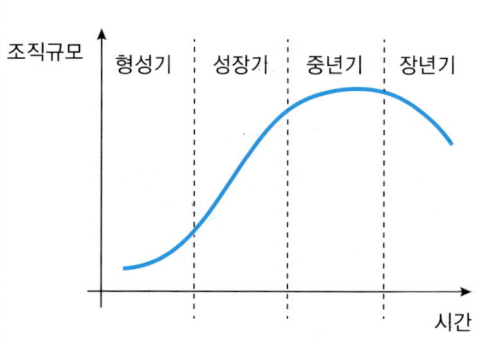

(5) 조직구성요인 및 조직유형

> **Moon's Advice**
>
> 헨리 민츠버그가 제시한 5개의 조직구성 요인과 5개의 조직구성 유형을 학습하세요. 전략부문(최고경영층)은 위에서 통치하고 싶어하니 집권화의 힘이 세고, 중간관리층은 위에서 하달된 미션을 핵심 운영층에서 정확하게 산출되길 원하는 표준화의 힘이 세며, 핵심운영층은 본인들 쪽으로 업무권한을 요구하고자 하는 분권화의 힘이 셉니다. 이렇게 이해해보세요.

㉠ 5가지 조직구성 요인

전략부문	집권화를 향한 힘(전략상층부)
중간관리층	• 부분적 전략 수립 • 산출물의 표준화를 향한 힘
핵심운영층	• 재화와 용역의 산출업무와 직결되는 업무 담당 • 분권화를 향한 힘
기술전문가	• 전략수립, 경영평가, 인력개발, 경영분석, 생산계획, 작업연구 등 • 과업의 표준화 작업을 수행
지원스태프	법률고문, 대외관계, 노사관계, 임금관리, 인사관리, 서무관리, 문서관리, 구내식당 등

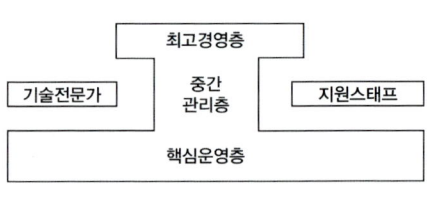

㉡ 5가지 조직유형

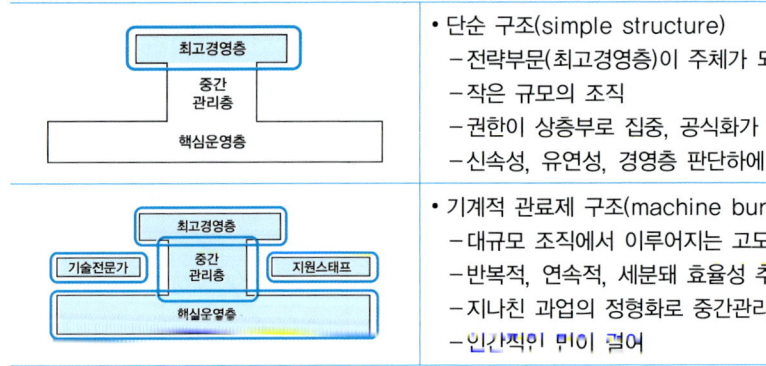

- 단순 구조(simple structure)
  - 전략부문(최고경영층)이 주체가 되는 조직 구조
  - 작은 규모의 조직
  - 권한이 상층부로 집중, 공식화가 약함
  - 신속성, 유연성, 경영층 판단하에 조직 성패 좌우
- 기계적 관료제 구조(machine bureaucracy)
  - 대규모 조직에서 이루어지는 고도로 표준화된 업무
  - 반복적, 연속적, 세분돼 효율성 추구
  - 지나친 과업의 정형화로 중간관리층 비대
  - 인간적인 면이 결여

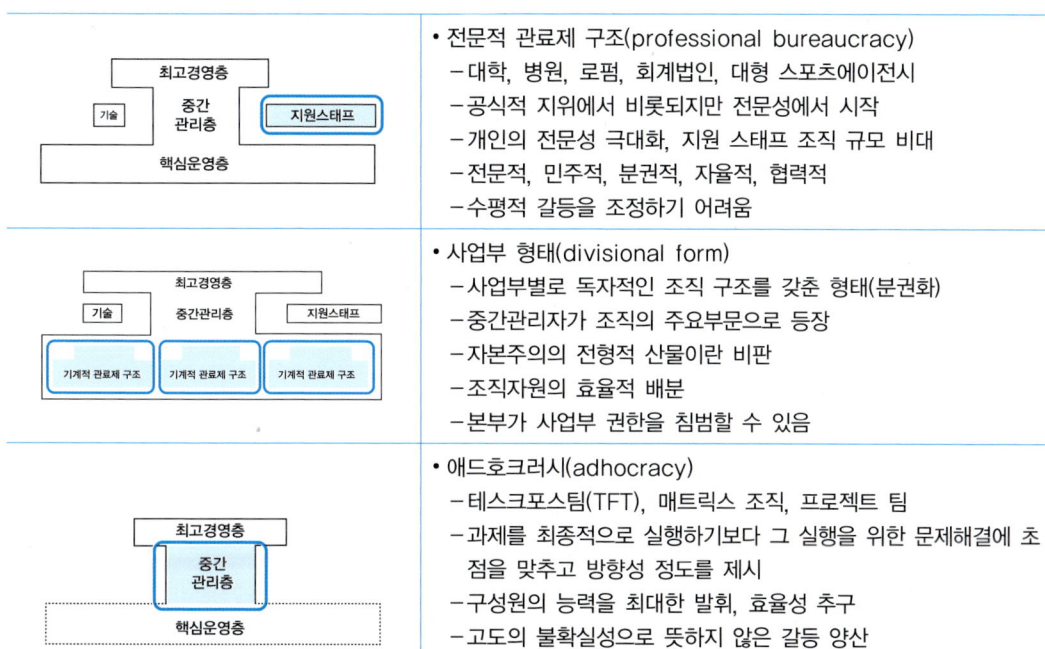

- 전문적 관료제 구조(professional bureaucracy)
  - 대학, 병원, 로펌, 회계법인, 대형 스포츠에이전시
  - 공식적 지위에서 비롯되지만 전문성에서 시작
  - 개인의 전문성 극대화, 지원 스태프 조직 규모 비대
  - 전문적, 민주적, 분권적, 자율적, 협력적
  - 수평적 갈등을 조정하기 어려움

- 사업부 형태(divisional form)
  - 사업부별로 독자적인 조직 구조를 갖춘 형태(분권화)
  - 중간관리자가 조직의 주요부문으로 등장
  - 자본주의의 전형적 산물이란 비판
  - 조직자원의 효율적 배분
  - 본부가 사업부 권한을 침범할 수 있음

- 애드호크러시(adhocracy)
  - 테스크포스팀(TFT), 매트릭스 조직, 프로젝트 팀
  - 과제를 최종적으로 실행하기보다 그 실행을 위한 문제해결에 초점을 맞추고 방향성 정도를 제시
  - 구성원의 능력을 최대한 발휘, 효율성 추구
  - 고도의 불확실성으로 뜻하지 않은 갈등 양산
  - 수평적, 유기적 구조, 과업수행 방향의 불일치와 역할 분담의 모호성 해결과제

2 스포츠조직 자원 및 인적관리 요소

(1) 경영자의 기술과 의사결정 유형

> **Moon's Advice**
>
> 로버트 카츠(R. Katz)가 제시한 계층별 경영자 기술입니다. 최고 경영자는 개념이 있어야 합니다. 자동차회사 대표가 전문적 기술에 해당하는 컨베이어 벨트에 가서 나사를 잘 조이라고 하면 이상하듯이, 글로벌 환경의 변화를 예의주시하며 회사가 나아갈 길에 대해 전략적 의사결정을 해야 합니다. 또한 경영자라고 하면 흔히 최고경영자만 생각하게 되지만, 중간경영자와 일선경영자가 있습니다.

경영자 유형	경영자 기술	의사결정 유형	내용
최고경영자	개념적 기술 (conceptual skills)	전략적 의사결정	• 조직 내·외부 환경변화 예측과 대응 • 조직을 전체로 보는 상황판단 능력
중간경영자	대인관계 기술 (human skills)	관리적 의사결정	• 목표 달성 전략, 효율화 • 상·하 구성원 간 원만한 관계가 원활한 소통
일선경영자	전문적 기술 (technical skills)	운영적 의사결정 (기능적)	• 제품생산과 고객 서비스 직결 • 특정업무의 효과적 수행, 현장실무 능력

(2) 경영자의 역할

> **Moon's Advice**
> 헨리 민츠버그(H. Mintzberg)가 제시한 경영자의 3가지 역할과 10가지 지위입니다.

> **암기 TIP** 대대지연 정감달변 의기문자상
> 여러분, 대대적으로 지연되어 정감어린 달변으로 의기롭게 문자상(모습)을 봅니다. 이렇게 암기해봅시다.

경영자 역할	경영자 지위	내용
대인관계 역할 (interpersonal roles)	• **대**표자 • **지**도자 • **연**락자	모든 계층의 경영자(최고, 중간, 일선)는 내·외부의 다양한 네트워크를 통해 업무를 추진함
정보수집 역할 (informational roles)	• **감**시자 • **전**달자 • **대변**자	필요한 정보를 조직 내·외부로부터 수집, 다른 구성원에게 전달함
의사결정 역할 (decisional roles)	• **기**업가 • **문**제 해결자 • **자**원 분배자 • **협상**가	조직목표 달성을 위해 실행 가능성에 역점을 둠

(3) 스포츠조직 역량 강화

① 리더십

> **개념 +**
> - 리더십의 역할: ① 조직 전체의 성과 좌우, ② 구성원에게 동기 부여, ③ 개인 역량을 배양, ④ 정보전달 기능을 강화, ⑤ 조직발전에 스스로 참여할 수 있도록 유도 기능
> - 리더십 이론: '특성이론' → '행동이론' → '상황이론'으로 발전합니다.

> **암기 TIP** 상들더력업
> 산들(상들) 바람이 더러워(더럭업)요. 상황이론에 대해 이렇게 암기해봅시다.

구분	대표학자	내용	
특성 이론	바스 (B. M. Bass)	신체특성, 성격, 사회적 배경, 사회적 특성, 지능과 능력, 과업 관련 특성	
행동 이론	블레이크와 머튼 (R. Blake & J. Mouton)	(관리격자 그래프: 인간관심 / 생산관심, 좌표 1.9, 9.9, 5.5, 1.1, 9.1 표시)	[1.1형] 방임형(무관심형) 리더 [1.9형] 인간 중심형 리더 [9.1형] 과업 중심형 리더 [5.5형] 중간형(타협형) 리더 [9.9형] 이상적 리더
상황 이론	피들러 (F. E. Fiedler)	리더-구성원 관계	리더에 대한 부하 직원의 신뢰, 존경, 확신 등의 정도를 의미, 양호 또는 불량으로 평가
		직위 권력	조직 내에서 공식적인 지위를 통해 채용, 해고, 승진, 급여 인상 등에 영향을 미치는 정도를 의미, 강약으로 평가
		과업 구조	업무 분담이 공식화되고 절차화된 정도를 의미, 고저로 평가

② 경로-목표 이론(하우스 R. House)

> **암기 TIP** 지지참취
>
> 여러분, 지지한 참치는 먹으면 안 됩니다. 이렇게 암기해봅시다.

지시적(directive) 리더십	목표 달성 방법을 명확히 설정해주는 리더
지원적(supportive) 리더십	구성원 모두의 욕구충족에 관심을 보이는 리더
참여적(participative) 리더십	의사결정 과정에 구성원들의 의견을 적극 반영하는 리더
성취지향적(achievement-oriented) 리더십	구성원의 능력을 최대한 끌어올리기 위해 노력하는 스타일을 가진 리더

③ 리더십 종류

거래적 리더십 (transactional leadership)	• 전형적인 리더십 유형 • 리더가 구성원들의 생산성에 대해 보상으로 교환 • 목표 달성을 위해 방향을 정하고 동기부여함
변혁적 리더십 (transformational leadership)	• 구성원들 개개인 스스로 문제를 능동적으로 해결할 방식을 찾도록 지원 • 목표와 가치를 더 높은 차원으로 고양

④ 동기부여 이론

Moon's Advice

- 동기부여의 성과: ① 조직성과 향상, ② 개인 인성의 변화, ③ 노동의 질적 향상
- 동기부여 이론: '내용이론' → '과정이론'으로 발전합니다.

암기 TIP 생안사존자

살고(생)&(안) 죽는 것(사)은 존재하는 자의 마음이다. 매슬로우의 욕구단계이론을 이렇게 암기해봅시다.

구분	대표학자	내용
내용 이론	매슬로우 (A. H. Maslow)	• 욕구단계이론 ① 생리적 욕구 → ② 안전 욕구 → ③ 사회적 욕구 → ④ 존경 욕구 → ⑤ 자아실현 욕구
	앨더퍼 (C. P. Alderfer)	• ERG 이론: 매슬로우 욕구단계이론 수정 ① 생존(존재) 욕구 → ② 관계 욕구 → ③ 성장 욕구
	허츠버그 (F. Herzberg)	• 2요인 이론(동기부여-위생이론) - 동기요인(만족요인): 승진, 보상, 좋은 평가 - 위생요인(불만족요인): 인간관계, 작업환경, 회사방침, 급여
과정 이론	브룸 (V. Vroom)	• 기대이론 - 동기유발 강도(M) = f(E×I×V) = f(기대×수단×가치성) - 기대: 노력을 하면 좋은 결과가 나오기는 할까? - 수단: 좋은 성과에 맞는 보상을 받을 수 있을까? - 가치성: 받은 대가기 내 개인적인 목표에 맞는 것일까?
	애덤스 (J. S. Adams)	• 공정성이론 - 투입: 시간, 경험, 노력, 교육, 충성심 등 - 결과: 임금, 인정, 승진, 사회적 관심, 자기존경, 성취감 등

⑤ 커뮤니케이션

> **개념+** 커뮤니케이션 활성화 방안
>
> ① 수신자 입장을 고려해야 한다.
> ② 적절한 기호를 사용해야 한다.
> ③ 평상시에 신뢰적 분위기를 조성해야 한다.
> ④ 정보흐름의 규제가 필요하다.

⑥ 커뮤니케이션 장애발생 원인과 대응방안

개인적 차원	• 송신자(발신자)와 수신자 간의 커뮤니케이션 기술 차이에서 발생 　- 대응: 커뮤니케이션 기술 교육을 통해 피드백 강화
조직적 차원	• 커뮤니케이션의 내용을 즉시 전달되지 않게 하는 관료적 조직문화에서 발생 • 위계적 질서에 의한 경직적인 조직 분위기에서 발생 • 지리적으로 떨어져 있는 구성원 사이에서 발생 　- 대응: 조직구조 재편, 비공식 채널 육성, 참여문화 확산
메시지 차원	• 커뮤니케이션의 내용이 너무 많거나 복잡할 때 발생 • 정보를 전달하기 위해 필요한 시간의 제약을 받을 때 발생 　- 대응: 메시지 양의 조정, 적합한 경로의 개발 또는 조정

(4) 스포츠조직 자원

> **Moon's Advice**
>
> 조직에서 사람을 채용하고 관리하는 과정입니다.
> ① 인적자원관리 계획 수립 → ② 모집 → ③ 선발 → ④ 훈련·개발 → ⑤ 평가관리 → ⑥ 승진·이동·보상 → ⑦ 퇴직관리
>
> • 인적자원관리계획 과정
>
> | 인적자원 확보 | 직무분석, 인력계획, 모집 및 선발 |
> |---|---|
> | 인적자원 개발 | 교육, 훈련, 개발 |
> | 평가 및 보상 | 직무평가, 승진, 이동, 보상 |
> | 인적자원 유지 | 이직, 퇴직관리, 노사관계 관리 |
>
> • 인적관리의 목표: ① 필요한 인력을 확보, ② 조직의 목표 달성, ③ 개인의 성장과 발전
> • 인적자원관리의 중요성
> 　① 인적자원관리를 통해 조직의 목표 달성
> 　② 훈련 및 개발 프로그램 등을 통해 동기부여, 경쟁심 유발하여 조직전체 성과 도출

① 직무분석 및 직무평가

> **암기 TIP**
>
> 기자체중백 여러분, 기자가 체중을 백(빼)겠답니다. 면찰중플질 면접과 관찰 중에는 풀(플)질을 하면 안됩니다. 진시황은 분서갱유했지만 직무평가는 분서점요했답니다. 이렇게 암기해봅시다.

> **Moon's Advice**
>
> 직무분석은 직무수행을 위해 구성원의 적성에 대한 정보를 수집, 분석하는 일이고, 직무평가는 직무의 난이도, 평가도에 따라 직위의 기준으로 평가, 결정하는 일입니다.

㉠ 직무특성이론(해크맨과 올드햄, Hackman & Oldham)

핵심직무차원	중요 심리상태	성과
기술 다양성	• 직무에 대해 느끼게 되는 의미성 • 직무에 대한 책임감 • 직무수행결과에 대한 지식	• 내재적 동기의 상승 • 작업의 질 상승 • 높은 만족도 • 낮은 결근율, 이직율
자율성		
직무 정체성		
직무 중요성		
피드백		

㉡ 직무분석

면접법	면접을 통해 직무에 대한 정보 습득, 분석
관찰법	관찰을 통해 직무에 대한 정보 습득, 분석
중요사건화법	중요한 일을 사건화하여 정보 습득, 분석
워크샘플링법	여러 번 관찰을 통해 직무 정보 습득, 분석
질문지법	질문지를 통해 직무에 대한 정보 습득, 분석

㉢ 직무평가

분류법	기준을 정한 후 직무별로 분류, 평가
서열법	직무 간 상호 비교, 직무 서열, 평가
점수법	요소별 중요도에 따라 점수 부여, 평가
요소비교법	직무별 평가 요소 비교, 평가

> **개념+** 인적자원개발법
>
> - 강의법: 교수자가 가진 지식과 정보 등을 전통적인 방법으로 학습자에게 강의
> - 토의법: 공동의 집단사고를 통해 문제를 해결
> - 역할연기법(role playing): 서로 다른 역할 경험을 통해 합리적 합의점 도출
> - 사례연구법(case study): 실제 사례의 간접 경험을 통해 문제해결 능력 증진
> - In-basket Game: 바구니 안에 모든 문제를 넣고 무작위로 꺼내 문제 해결
> - Behavior Modeling: 모범적 리더(스티브 잡스 등)를 대상으로 간접 경험을 통해 문제 해결
> - Business Game: 동종업계 혹은 경쟁업계를 가정하고 실제상황처럼 경험하여 문제 해결
> - Junior Board of Director: 실무자, 중간간부들한테 중역역할의 간접 경험, 상호토의

② 인사평가방법

목표에 의한 관리 (MBO; Management by Objectives)	• 구체적 목표와 성과기준을 상사, 부하와 함께 결정 • 목표 달성 여부를 정기적 점검, 보상
인적평정센터법 (HAC; Human Assessment Center)	피평가자의 합숙교육을 통해 의사결정, 토의, 심리, 자질 등을 평가
행위기준고과법 (BARS; Behaviorally Anchored Rating Scales)	평가자가 피평가자를 정기적으로 관찰하고, 이를 근거로 평가
다면평가법 (multisource evaluation)	상사, 동료, 부하, 본인(자기), 고객 등 다양한 평가 주체들이 평가자로 참여하여 한 개인이나 팀에 대해서 평가하는 인사평가제도

③ 인사이동, 보상, 퇴직관리 및 노사관계관리

> **암기 TIP** 인형실적
>
> 여러분, 사람도 아니고 인형이 실적을 냈답니다. 이렇게 암기해봅시다.

㉠ 인사이동에는 배치관리 원칙이 있다. 즉 인재육성주의, 균형주의, 실력주의, 적재적소주의이다.
㉡ 보상에는 금전적 보상과 비금전적 보상이 있다. 금전적 보상에는 상여금, 복리후생이 있고, 비금전적 보상에는 승진, 인정, 칭찬 등이 있다.
㉢ 보직 및 퇴직관리에서 보직관리는 인적자원의 교체와 이직관리를 통해 조직의 유효성과 공정성을 진단하는 것이고, 퇴직관리는 인적자원의 퇴직관리를 통해 적정 인력보전을 위한 대책을 마련하는 것이다.

ⓔ 노사관계관리

- 노사관계관리의 개념과 중요성

개념	노동자(근로자)와 사용자(경영자)의 상호 대등한 입장에서 단체교섭을 통해 근로조건을 결정하는 것을 원칙으로 함
중요성	조직의 생산성 향상, 기업과 개인의 발전, 사회안전과 국가경제 안정

- 단체교섭의 개념과 목적

개념	선수들의 노동조건 유지 및 개선을 위해 노사 간 대등한 입장에서의 교섭 행위를 의미함
목적	교섭결과를 협약으로 체결하기 위한 것임

- 부당노동행위의 개념과 종류

개념	근로자의 정당한 노동기본 권리행위인 노동조합활동을 사용자가 방해하는 행위를 의미함
종류	• 황견계약(Yellow Dog Contract): 노동조합에 가입하지 않거나 탈퇴 조건 등을 내세워 고용조건으로 하는 내용의 계약 • 단체교섭거부, 불이익 대우, 지배, 개입, 경비원조, 보복적 불이익 취급 등

CHAPTER 02 스포츠경영 기출적중 100제

01 스포츠이벤트 전략기획

01

스포츠이벤트 기획 후 실행단계에서 이벤트 연출 시 고려사항을 모두 고른 것은?

```
ㄱ. 이벤트의 목적
ㄴ. 프로그램 및 진행스케줄
ㄷ. 참가자의 특징
ㄹ. 시설물 사용규칙
ㅁ. 시간의 제약 및 예산의 한계
```

① ㄱ, ㄴ, ㅁ
② ㄴ, ㄷ, ㄹ
③ ㄱ, ㄷ, ㄹ, ㅁ
④ ㄱ, ㄴ, ㄷ, ㄹ, ㅁ

해설

이벤트 목적, 프로그램 및 진행스케줄, 참가자 특징, 시설물 사용규칙, 시간의 제약 및 예산의 한계, 지역의 특성, 이벤트와 지역 간의 적합성, 경제 효과, 고객에 대한 조사, 소비자 선호도, 스폰서 참여 여부, 계획의 적합성, 재무적 건전성, 사회적 공감성 등을 고려해야 함

정답 ④

02

스포츠이벤트 개발 및 유치에 관한 설명으로 가장 적합한 것은?

① 스포츠이벤트 개발에 있어 지역의 특색을 고려할 필요가 없다.
② 스포츠이벤트 개발 및 유치는 지역경제를 회복시킬 수 있는 기회가 될 수 있다.
③ 스포츠이벤트 개발 및 유치 실패 시에는 손해를 안겨 줄 수 있으므로 가급적 스포츠이벤트를 하지 않는 것이 좋다.
④ 스포츠이벤트 개발 및 유치 시에는 고객에 대한 조사는 할 필요가 없다.

해설

스포츠이벤트를 개발할 때 지역 특성, 이벤트와 지역 간 적합성, 고객에 대한 조사, 공감·감동·관심유발 요인 등을 고려하고, 무엇보다 지역경제에 도움을 줄 있는지의 여부가 중요함

정답 ②

03

대형 스포츠이벤트의 설계 시 고려해야 할 사항 중 상대적으로 그 중요성이 떨어지는 것은?

① 운동선수와 경기장
② 소비자들의 선호도
③ 후원업체의 존재 여부
④ 스포츠용품 제조업체

해설

스포츠이벤트 설계는 흥행 여부를 고려하며, 스포츠용품 제조업체는 개인 혹은 팀별 협찬사의 역할을 하므로 직접적인 중요도와 거리가 멂

정답 ④

04

스포츠이벤트의 특성에 대한 설명과 가장 거리가 먼 것은?

① 상업성: 스포츠를 통한 수익 확보가 궁극적인 목적이다.
② 체험성: 체험을 통한 감각적 자극을 획득한다.
③ 상호교류성: 쌍방향 커뮤니케이션을 통해 신뢰와 교류를 형성한다.
④ 통합성: 사회, 문화 등 각 영역을 넘어서는 주제로 통합이 가능하다.

해설

'현실체감통상대' 기억나시나요? 스포츠이벤트 특성은 현장성, 진실성, 체험성, 감성적 특성, 통합성, 상호교류성, 대중성임

정답 ①

05

스포츠이벤트 기획서 작성 시 상황을 분석하여 해결해야 할 임무 또는 과제를 발견하여 과제와 목적, 콘셉트를 설정하는 단계는?

① 도입 단계
② 실행계획 수립 단계
③ 실시 단계
④ 평가 단계

해설

해당 스포츠이벤트의 목적, 취지, 방향, 콘셉트 등은 도입 단계에서 수립해야 함. 실행계획 수립 단계는 구체적인 사업계획 내용(일정, 장소, 인원, 예산 등)을 넣는 단계, 실시 단계는 말 그대로 실행계획을 토대로 실시하는 단계이고, 평가 단계는 행사가 종료된 후 결과를 분석하고 수정사항을 통해 피드백을 해야 하는 단계임

정답 ①

06

스포츠이벤트 유치 시 유의사항에 속하지 않는 것은?

① 계획의 적합성
② 재무적 건전성
③ 사회적 공감성
④ 유치지역의 정치적 우위성

해설

정치적 목적을 위한 스포츠이벤트 유치는 그 본질을 훼손하는 경우가 생김

정답 ④

07

다음 중 프로구단 경영을 위한 구성요소와 가장 거리가 먼 것은?

① 연고지
② 팀, 선수, 감독
③ 기업주로부터의 스폰서십
④ 팀워크 및 전략

해설

프로스포츠 리그가 운영되기 위한 기본 요소로서 구단, 연고지, 스폰서 기업이 있음. 연고지는 리그 운영의 전체적인 측면에서 필요한 요소인 반면, 프로구단 경영을 위한 구성요소는 구단 내·외부 환경인 팀, 선수, 감독, 스폰서 및 무형적인 영역(전략, 팀워크 등)을 포함할 수 있음

정답 ①

08

다음 중 국내 프로야구단이 다음 시즌의 경영환경 분석을 위해 구단 경영에 영향을 미치는 요인을 분석한 결과로 적합하지 않은 판단은?

① 팀 간 전력차이가 심해 흥행에 차질이 생길 수 있다
② 신규 구단의 증설로 리그소속 선수의 평균연봉이 낮아질 가능성이 있다
③ 경기회복으로 스폰서십 수입이 증가할 수 있다
④ 연맹이 FA제도 도입을 결정해 선수연봉 인상이 우려된다.

해설
구단이 많아지면 선수확보가 상대적으로 어려워질 수 있으므로 연봉이 올라갈 가능성이 큼

정답 ②

09

스포츠이벤트 전략을 수립하기 위한 내용으로 적합하지 않은 것은?

① 장기적인 목표설정 및 목표설정에 필요한 수단과 계획을 결정하는 데 중점을 두는 단일계획을 수립한다.
② 이벤트 참가자 수준, 눈높이, 성향 등을 고려하여 읽기 편하고 이해하기 쉽게 계획서를 작성한다.
③ 위협의 발생 가능성과 심각성이 높은 위협 매트릭스를 활용하여 보완해 나간다.
④ 시장의 기회와 주관기관의 강점을 살려 스포츠이벤트 시장의 기회를 선점하는 전략을 구사한다.

해설
성공가능성이 높고 매력성이 높은 기회 매트릭스를 활용함

정답 ③

해설 + 시장분석
㉠ 기회 매트릭스

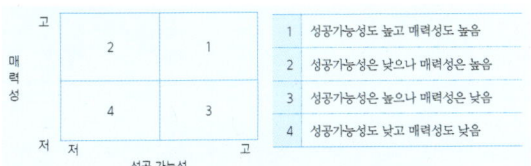

㉡ 위협 매트릭스

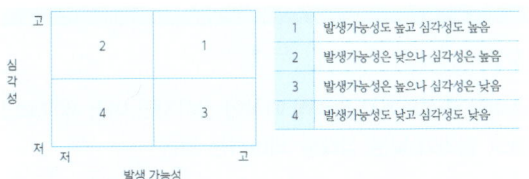

㉢ SWOT 분석

구분		외부	
		기회 (Opportunity)	위협 (Threat)
내부	강점 (Strength)	S-O전략: 공격전략	S-T전략: 다각화전략
	약점 (Weakness)	W-O전략: 안정전략	W-T전략: 방어전략

10

스포츠이벤트 계획예산을 수립할 때 필요한 내용을 설명한 것 중 옳지 않은 것은?

① 장기적인 목표를 설정하고 구체적인 몇 개의 사업계획으로 나누어 그 각각에 자원을 체계적으로 연결·배정하는 예산 제도를 활용한다.
② 수입항목으로서 입장료, 방송중계권, 스폰서십, 라이선싱, 물품판매비, 광고 게재비 등을 고려한다.
③ 시뮬레이션 분석을 통해 실제로 모형화된 시스템을 조작하여 결과를 관찰하고 분석한다.
④ 게임이론을 통해 비용과 편익을 금전적 가치로 환산하여 대안을 마련한다.

해설
④번은 비용편익분석에 대한 설명임

정답 ④

해설 + 스포츠이벤트 기획예산 수립 분석기법

- 비용편익분석: 비용과 편익을 금전적 가치로 환산하여 대안을 마련
- 체계분석: 비용편익분석 방법에 더하여 대안의 구조, 기능, 형태, 경험적 요소를 평가하여 대안을 채택
- 게임이론: 채택한 대안이 다른 조직이나 사람에게 미치는 영향을 고려
- 시뮬레이션: 실제로 모형화된 시스템을 조작하여 결과를 관찰하고 분석

02 스포츠 경영기획 및 재무관리

11

소비자 충성도에서 심리적 애착이 강하지만 여러 제약요인들로 참가가 낮은 상태를 의미하는 것은?

① 무 충성도
② 잠재적 충성도
③ 진정한 충성도
④ 거짓 충성도

해설

'고잠식저' 기억나시나요? 잠재적 충성도는 심리적 애착은 높지만 제약 요인으로 구매율이 낮은 상태임

정답 ②

해설 + 스포츠소비자 충성도

	심리적 저	심리적 고
행동적 고	가식적 충성도	높은 충성도
행동적 저	낮은 충성도	잠재적 충성도

높은(고) 충성도	심리적 애착과 구매율이 높음
잠재적 충성도	심리적 애착은 높지만 제약요인으로 구매율이 낮음
가식적 충성도	심리적 애착은 낮지만 구매율이 높음
낮은(저) 충성도	심리적 애착과 구매율이 낮음

12

다음 사례의 소비자 관여도 유형으로 가장 적합한 것은?

> 월드컵에 대한 관여정도가 낮았으나 입장권 판매시점에 월드컵 축구에 대한 국민적 분위기가 고조됨에 따라 경기 입장권을 구매하려는 생각이 드는 경우

① 행동적 관여도
② 정서적 관여도
③ 지속적 관여도
④ 상황적 관여도

해설

'행정인고저속상' 기억나시나요? 시간에 따른 분류(행동적, 정서적, 인지적 관여도), 수준에 따른 분류(고관여, 저관여), 시간에 따른 분류(지속적, 상황적 관여도)에서 특별한 상황 발생 시 순간적 구매시점에 관여노가 발생하는 상황적 관여도에 대한 내용임

정답 ④

13

다음 중 제품이 고가이며, 구매 후 리스크가 있고, 구매주기가 길어 브랜드에 관여되어 있지만 브랜드 간의 차이가 별로 없는 경우의 스포츠소비자 구매행동 유형은?

① 저관여 구매행동
② 습관적 구매행동
③ 복합적 구매행동
④ 부조화 감소 구매행동

해설

상표 간 차이와 관여도 사이에선 습관적 구매행동(저관여-작은 차이), 다양성 추구 구매행동(저관여-큰 차이), 부조화 감소 구매행동(고관여-작은 차이), 복잡한 구매행동(고관여-큰 차이)이 있음. 소비자가 구매에 높이 관여돼 있지만 상표 간 별 차이가 없을 때 발생하는 경우는 부조화 감소 구매행동에 해당됨

정답 ④

해설 + 스포츠소비자의 관여도와 구매행동

14

스포츠조직이 비즈니스모델로 이익극대화(profit maximization) 모델과 효용극대화(utility maximization) 모델을 채택했을 때의 설명으로 가장 거리가 먼 것은?

① 수입원을 감안하지 않고 선수연봉을 책정하면 효용극대화 모델로 볼 수 있다.
② 선택의 여지가 있을 때 평균규모 이상의 큰 경기장을 소유한 구단은 효용극대화 모델에 가깝다.
③ 구단별 보유선수 숫자를 제한하는 규정을 채택한 리그는 효용극대화 모델을 채택한 리그는 효용극대화 모델을 추구한다고 볼 수 있다.
④ 탄력적 가격정책을 채택한 조직은 수익극대화 모델로 볼 수 있다.

해설

구단별 보유선수의 숫자를 제한하는 규정은 이익극대화 모델로서 탄력적인 가격책정을 염두하며 수익을 창출함. 반면 효용극대화 모델은 샐러리 캡(각 구단이 당해 시즌에 각 구단 보유 선수에게 지급하기로 한 연봉 총상한제)을 제한하지 않는 등 수입원을 감안하지 않으면서 선수연봉을 책정함. 이를 통해 재화와 용역의 사용으로부터 얻을 수 있는 주관적인 만족을 측정하는데 평균 규모 이상의 큰 경기장을 소유한 구단의 운영정책으로 쓰임(스포츠마케팅에 나옴)

정답 ③

해설 + 스포츠 비즈니스 모델(스포츠마케팅에 등장)

이익극대화 모델
- 구단별 보유선수 숫자 제한 규정
- 탄력적 가격책정을 통한 수익창출 방침

효용극대화 모델
- 샐러리 캡(salary cap) 무제한, 보유선수 무제한 등 수입원을 감안하지 않고 선수연봉 책정
- 평균규모 이상의 큰 경기장을 소유한 구단의 운영정책
※ 샐러리 캡: 각 구단이 당해 시즌에 각 구단 보유 선수에게 지급하기로 한 연봉 총상한제

15

앤소프(Ansoff)의 성장전략 중 신제품을 가지고 신시장에 진출하는 전략은?

① 시장개발전략 ② 시장침투전략
③ 제품개발전략 ④ 다각화전략

해설

신제품과 신시장에서는 여러모로 모색해야 하는 다각화 전략을 제시했음. 스포츠마케팅에서 스포츠제품 또는 프로그램 연장 전략과 동일한 문제로 나올 수 있음

정답 ④

해설 + 앤소프의 성장전략(성장벡터)

	기존제품	신규제품
신규시장	시장개척	다각화
기존시장	시장침투	제품개발

시장침투	시장 개발 강화, 제품 재출시, 모방, 비용 절감, 개별적 가격 책정
제품개발	신제품, 신규 서비스, 문제 및 시스템 솔루션
시장개척	시장, 신규 고객층, 새로운 유통, 채널, 제품의 새로운 용도 개발
다각화	신규 시장을 위한 신제품

16

스포츠소비자의 구매경험과 관여도에 따른 구매의사결정에 대한 다음 표에 알맞은 내용이 아닌 것은?

구분	저관여	고관여
최초구매	ㄱ	ㄴ
반복구매	ㄷ	ㄹ

① ㄱ: 다양성 추구
② ㄴ: 복잡한 의사결정
③ ㄷ: 충동적 구매
④ ㄹ: 비교적 단순한 의사결정

해설

'복부단 다시습' 기억나시나요? 고관여 구매행동은 복잡한 의사결정에 따른 구매행동, 부조화-감소 구매행동, 단순한 의사결정에 따른 구매행동을 하고, 저관여 구매행동은 다양성 추구 구매행동, 시험적 구매행동(=충동구매), 습관적 구매행동(=관성적 구매행동)을 함

정답 ③

17

소비자의 구매 후 행동을 가장 일반적으로 설명할 수 있는 이론으로 소비자의 만족과 불만족은 소비자의 주관적 판단에 의해 결정된다고 하는 이론은?

① 매슬로우의 욕구이론
② 프로이트의 이론
③ 기대불일치모델 이론
④ 허츠버그 이론

해설

기대불일치모델 이론은 소비자가 특정 상품을 구매한 후에 기대치보다 만족감이 낮았을 경우 발생할 수 있다는 것임

정답 ③

18

잠재 고객들이 제품을 구입하기까지의 과정을 모형화한 AIDA 모델의 단계에 포함되지 않는 것은?

① 흥미
② 욕구
③ 행동
④ 평가

해설
아이다(AIDA)는 Attention(주의) → Interest(흥미) → Desire(욕구) → Action(행동)임

정답 ④

해설 + 소비자 정보처리

AIO (에이아이오우)	Attention(주의) → Interest(흥미) → Opinion(견해)
AIDA (아이다)	Attention(주의) → Interest(흥미) → Desire(욕구) → Action(행동)
AIDMA (아이드마)	Attention(주의) → Interest(흥미) → Desire(욕구) → Memory(기억) → Action(행동)
AIDCA (아이드카)	Attention(주의) → Interest(흥미) → Desire(욕구) → Conviction(확신) → Action(행동)
DAGMAR (다그마)	Awareness(인식) → Comprehension(이해) → Conviction(확신) → Action(행동)
Lavidge & Steiner (레비지와 스타이너)	Awareness(인식) → Knowledge(지식) → Liking(호감) → Preference(선호) → Conviction(확신) → Action(행동)

19

포터(M. Porter)가 제시한 사업수준의 경쟁우위를 확보하기 위한 경쟁전략에 해당하지 않는 것은?

① 차별화전략
② 집중화전략
③ 다각화전략
④ 원가우위전략

해설
'차비집' 기억나시나요? 차별화전략, 비용우위(원가우위)전략, 집중화전략임

정답 ③

20

A 스포츠용품 회사에서는 X제품을 생산·판매하고 있다. X제품의 판매단가는 500원이고, 단위당 변동영업비는 250원이다. 고정적인 영업비용이 100만원이라면 손익분기점에 해당되는 매출액 수준은? (단, 주어진 조건 외에는 고려하지 않는다)

① 200만원
② 300만원
③ 400만원
④ 500만원

해설
손익분기점(금액)
$$= \frac{FC}{1-(v/p)}$$
$$= \frac{고정비}{1-(판매상품단위당 변동비/상품단위 판매가격)}$$
$= 1,000,000/1-(250/500) = 2$백만원

정답 ①

21

A스포츠 구단의 유동자산은 300억원, 유동부채 200억원, 자본 500억원일 때, 이 구단의 유동비율은?

① 100%
② 150%
③ 200%
④ 250%

해설
$$유동비율 = \frac{유동자산}{유동부채} \times 100$$
$= (300/200) \times 100 = 150\%$

정답 ②

22

스포츠이벤트를 기획함에 있어 고정비 6억원, 1단위당 변동비 20,000원, 1인당 입장료를 50,000원으로 책정했을 때 손익분기점에 이르려면 몇 명의 관객이 입장해야 하는가?

① 10,000명
② 20,000명
③ 30,000명
④ 40,000명

해설

손익분기점의 판매량을 구하는 식을 대입함

손익분기점(판매량, 명)

$= \dfrac{고정비}{상품단위\ 판매가격 - 판매상품단위당\ 변동비}$

$= \dfrac{FC}{p-v} = 600,000,000 / (50,000 - 20,000) = 20,000$명

정답 ②

23

BCG 매트릭스에 관한 설명으로 옳은 것은?

① 개(dog) 영역의 경우 시장이 커지고 있으므로 성장전략이 요구되는 영역이다.
② 별(star) 영역은 상대적 시장점유율을 낮지만 시장성장률이 높은 영역이다.
③ 물음표(question mark) 영역은 철수전략이 요구되는 영역이다.
④ 횡축은 상대적 시장점유율, 종축은 시장성장률이다.

해설

'별소물개' 기억나시나요? 횡축은 시장점유율, 종축은 시장성장률을 제시함

정답 ④

해설 + BCG 매트릭스

별	확대(build), 유지(hold)
자금젖소	유지(hold)
물음표	확대(build), 수확(harvest), 철수(divest)
개	수확(harvest), 철수(divest)

24

스포츠 조직의 재무비율 분석의 예시가 <u>틀린</u> 것은?

① 유동성 비율 – 당좌비율
② 레버리지 비율 – 이자보상비율
③ 생산성 비율 – 재고자산회전율
④ 수익성 비율 – 자기자본순이익률

해설
재고자산회전율(회)은 활동성 비율을 의미함

정답 ③

해설 + 재무안정성 분석

레버리지 비율	• 자기자본비율(%)
• 자산구조의 안정성을 분석 – "자본(자기자본)에 비해 부채가 너무 많지 않은가?"	= (자기자본/총자본)×100 = [(자기자본/(부채+자본)]×100
	• 부채비율(%) = (부채/자기자본)×100
유동성 비율	• 유동비율(%)
• 지불능력의 안정성을 분석 – "단기부채를 감당할 유동자산이 충분한가?" • "필기시험"에 자주 출제됨	= (유동자산/유동부채)×100
	• 당좌비율(%) = [(유동자산 – 재고자산)/유동부채]×100
안정성 비율	• 고정비율(%)
• 설비투자의 적정성을 분석 – "설비투자(고정자산 투자)가 과도하지 않은가?"	= (고정자산/자기자본)×100
	• 고정장기적합률(%) = [고정자산/(자기자본+고정부채)]×100
수익성 비율	• 총자산순이익률(%), ROA(Return on Assets) = (당기순이익/총자산)×100
• 조직의 수익성 분석 – "얼마만큼의 이익을 달성하고 있는가?"	• 자기자본순이익률(%), ROE(Return on Equity) = (당기순이익/자기자본)×100
	• 총자본순이익률(%), ROI(Return on Investment) = (당기순이익/총자본)×100 – "필기시험"에 자주 출제됨
활동성 비율	• 총자산회전율(회)
• 조직 자산의 효과적 활용성 분석 – "자금이 얼마나 활발하게 순환하고 있는가?"	= 매출액/총자산
	• 재고자산회전율(회) = 매출액/재고자산

25

투자안의 경제성 평가방법에 관한 설명으로 옳은 것은?

① 수익성지수법은 수익성지수가 0보다 커야 경제성이 있다.
② 회수기간법은 회수기간 후의 현금흐름을 고려한다.
③ 순현재가치법에서는 가치의 가산원리가 적용된다.
④ 내부수익률법은 내부수익률이 자본비용보다 낮을 경우 투자안을 채택한다.

해설
순현재가치법은 미래의 모든 현금 흐름을 적절한 할인율을 적용하여 산출한 현재가치로 투자안을 평가하는 것으로 가치의 가산원칙을 적용함

정답 ③

26

프로구단 A 구단의 총자본이 500억원이고 부채가 100억원이며, 납세 전 순이익이 50억원이라면 이 구단의 총자본순이익률(ROI)은 얼마인가?

① 8.3%   ② 10%
③ 12.5% ④ 1000%

해설
총자본순이익률(%), ROI(Return on Investment)
= (당기순이익/총자본)×100 = (50/500)×100 = 10%

정답 ②

27

우리나라의 스포츠경영 환경변화로 옳은 것은?

① 프로스포츠의 퇴보
② 고령화 속도의 완화
③ 전문체육 위주의 체육정책
④ 생활체육 참가율의 증대

해설
생활체육 참가율이 높아지면서 참여 스포츠 소비자를 위한 경영환경 변화에 대응해야 함. 국내 스포츠 경영환경의 변화는 프로스포츠의 확대, 고령화에 따른 노인 스포츠 시장의 확대, 전문체육 위주에서 생활체육 정책으로의 확대 등이 포함됨

정답 ④

28

스포츠소비자의 구매의사결정과정에 영향을 미치는 관여도에 대한 설명으로 틀린 것은?

① 관여도의 크기에 따라 고관여도와 저관여도로 구분할 수 있다.
② 소비자의 제품에 대한 관여도의 크기는 상대적이지만 개인별, 제품별, 상황별로는 절대적인 개념이 적용된다.
③ 여러 대안들에 대한 구체적인 평가를 거치지 않고 과거의 구매대안을 반복적으로 구매하는 것은 일상적 문제해결과정(저관여)에 해당된다.
④ 일반적으로 같은 가격대의 제품이라도 소비자의 소득 수준에 따라 관여도는 달라진다.

해설

'행정인고저속상' 기억나시나요? 시간에 따른 분류(행동적, 정서적, 인지적 관여도), 수준에 따른 분류(고관여, 저관여), 시간에 따른 분류(지속적, 상황적 관여도)에서 특별한 상황 발생 시 순간적 구매시점에 관여도가 발생하는 상황적 관여도에 대한 내용임

정답 ②

29

마이클 포터가 제시한 본원적 경쟁전략에 관한 설명으로 옳은 것은?

① 집중화 전략은 산업의 특정부분이 아닌 산업 전체를 대상으로 한다.
② 차별화 전략을 구사하기 위해서는 철저한 원가관리와 규모의 경제 달성이 필요하다.
③ 상표충성도가 낮고 가격에 비탄력적인 경우 차별화 전략이 유리하다.
④ 산업의 특정부분을 별개의 산업으로 인정하면 비용우위, 차별화의 2가지 전략만 존재한다.

해설

'차비집 기억나시나요? 포터의 본원적 경쟁전략은 차별화 전략, 비용우위 전략, 집중화 전략이 있음. 집중화 전략은 산업의 특정부문에서 경쟁우위를 확보하기 위해 필요함

정답 ③

해설 + 포터의 본원적 경쟁전략

구분		경쟁우위	
		비용우위	차별화 우위
경쟁범위	산업 전체	비용우위 전략	차별화 전략
	산업 특정부문	비용우위 집중화 전략	차별화 우위 집중화 전략

30

SWOT에 의한 전략 중 외부의 환경에서 불리한 요인을 회피하기 위해 경쟁자와 비교하여 소비자들로부터 강점으로 인식되는 요인을 사용하여 창출하는 마케팅 전략은?

① 공격전략
② 방어전략
③ 안정전략
④ 다각화전략

해설

SWOT 분석

구분		외부	
		기회(Opportunity)	위협(Threat)
내부	강점(Strength)	S-O전략: 공격전략	S-T전략: 다각화 전략
	약점(Weakness)	W-O전략: 안정전략	W-T전략: 방어전략

정답 ④

31

성장 벡터에 의한 성장전략의 유형 중 시장침투 전략에 대한 설명으로 틀린 것은?

① 시장 점유율을 증대시키는 전략으로 자사제품의 소비자로 하여금 더 많이 사용하도록 하는 전략이다.
② 경쟁제품 사용자로 하여금 자사제품을 사용하도록 하는 전략이다.
③ 새로운 시장을 개발하는 전략으로 잠재고객을 발굴하여 기존 제품으로 욕구를 충족하는 전략이다.
④ 아직 사용하지 않는 사람들이 제품을 사용하도록 하는 전략이다.

> **해설**
> 시장침투전략은 기존의 시장과 기존의 제품 사이에서 사업을 확대하는 활동 대신 현상 유지에 치중하면서 제품을 재출시하고 가격을 인하해 시장을 선점하는 전략임
>
> **정답** ③

32

스포츠기업의 전략 수준에 대한 설명으로 틀린 것은?

① 기업 전략이란 기업의 사명을 정의하고, 사업수준과 기능수준에 제시되는 제안들을 검토하여, 관련 사업과의 연계성을 발견하는 과정이다.
② 사업부 전략은 개별사업단위의 목표를 달성하기 위해 사업의 장기적 경쟁우위를 구축하는 과정이다.
③ 전사적 전략은 조직 전체 수준에서 사업 분야를 결정하고 최고경영자 책임 하에 조직의 장기적 목표를 갖고 수행하는 과정이다.
④ 사업부 전략의 종류는 인사, R&D, 재무관리, 생산, 마케팅 부문이며, 이들은 조직에서 제품기획, 영업활동, 자금조달 등 세부적인 수행방법을 결정한다.

> **해설**
> 기업전략(최고경영자의 개념적 기술), 사업부 전략(중간경영자의 대인관계 기술), 기능별 전략(일선 경영자의 전문적 기술)이 있다. 마케팅, 인사 등 기능별 자원분배는 기능별 전략에 해당함
>
> **정답** ④

33

스포츠경영자원에 대한 설명으로 틀린 것은?

① 스포츠경영에는 물적자원뿐 아니라 인적자원도 필요하다.
② 오늘날 급격한 환경변화로 인해 정보자원의 중요성이 커지고 있다.
③ 스포츠경영자원이 충분히 확보된다면 자원에 대한 조정활동은 필요 없다.
④ 스포츠경영에서 자원은 제한적이기 때문에 효율적으로 관리해야 한다.

> **해설**
> 파욜은 경영의 기능을 '계획 → 조직 → 지휘 → 조정 → 통제'라고 했음. 조직에선 조정기능이 매우 중요함. 즉, 경영자원이 충분하다면 오히려 조정을 통해 효과적인 경영활동 환경을 조성해야 함
>
> **정답** ③

34

A 스포츠기업이 유동비율 120%, 유동부채 100억원, 재고자산 40억원이면 당좌비율은?

① 70% ② 80%
③ 90% ④ 100%

> **해설**
> - 유동비율(%) = (유동자산/유동부채) × 100
>   120 = (유동자산/100억원) × 100
>   ∴ 유동자산 = 120억원
> - 당좌비율(%) = [(유동자산 − 재고자산)/유동부채] × 100
>   = [(120억원 − 40억원)/100억원] × 100 = 80%
>
> **정답** ②

35

다음 중 스포츠시설 경영전략에 대한 설명으로 **틀린** 것은?

① 경쟁자의 가격을 조사 후 이에 대응하여 가격을 책정하는 경영전략은 원가계산 전략이다.
② 다양한 경쟁환경의 변화로 인해 경쟁력 상실이 우려되는 경영전략은 원가우위 전략이다.
③ 한정된 시장 내에서 목표시장의 축소 및 소멸될 위험이 있는 경영전략은 집중전략이다.
④ 고객 로열티 형성이 용이하고 전략요구 시 비교적 다양한 경영전략은 차별화 전략이다.

해설

'차비집세' 기억나시나요? 스포츠시설의 경영전략 유형은 차별화 전략, 비용우위 전략, 집중화 전략, 세분화 전략이 있음
- 차별화 전략: 프로그램, 서비스, 가격 등에 대해 경쟁자와 차이를 두는 전략
- 비용우위 전략: 경쟁자에 비해 낮은 가격을 통해 비용을 절감하고자 하는 전략
- 집중화 전략: 차별화 또는 비용우위를 집중하고자 하는 전략
- 세분화 전략: 유사한 특징을 갖는 집단을 구분하여 전개하는 마케팅 전략

정답 ①

36

구민체육센터에서 스포츠프로그램을 저렴한 월 회비를 받고 개설하여 소비자들이 부담 없이 반복적으로 프로그램을 구매하여 이용하는 경우의 구매행동유형은?

① 복잡한 구매행동
② 부조화 감소 구매행동
③ 다양성 추구 구매행동
④ 습관적 구매행동

해설

'다시습' 기억나시나요? 저관여 구매행동은 다양성 추구 구매행동, 시험적 구매행동, 습관적 구매행동임. 습관적 구매행동(=관성적 구매행동)은 상표 간 차이가 없고 관여도도 낮을 경우 제품에 대한 충성도 때문이 아니라 관성에 의한 구매행동임

정답 ④

37

투자안의 경제성 평가에 이용되는 지표 중 현금유입의 현재가치에서 현금유출의 현재가치를 차감한 것은?

① 내부수익률
② 순현재가치
③ 회수기간
④ 수익성지수

해설

미래의 모든 현금 흐름을 적절한 할인율을 적용하여 산출한 현재가치로 투자안을 평가하는 것을 순현재가치법이라고 함

정답 ②

해설 + 투자결정기법

구분		기법	내용
확실성하에 투자결정기법	화폐의 시간적 가치를 고려할 때	순현재가치법	• 미래의 모든 현금 흐름을 적절한 할인율을 적용하여 산출한 현재가치로 투자안을 평가(=순현가법, Net Present Value Method) • 가치의 가산원칙을 적용함 $\frac{현금흐름}{(1+할인율)^{시점}} - 최초투자액$ • 단일투자안: NPV > 0일 때 투자결정 • 복합투자안: 가장 큰 NPV의 투자안 선택
		내부수익률법	• 투자로 인해 발생하는 현금유입의 현재가치와 현금유출의 현재가치를 일치시켜 투자안의 순현가를 0으로 하는 할인율(IRR)을 구한 후 요구수익률(자본비용)과 비교하여 투자 여부를 결정하는 방법(IRR, Internal Rate of Return) $\frac{현금흐름}{(1+할인율)^{시점}} - 최초투자액 = 0$
		수익성지수법	$PI = \frac{현금유입의 현재가치투자안의 NPV(순현재가치)}{현금유출의 현재가치}$ • 단일투자안: PI > 0일 때 투자결정 • 복합투자안: 가장 큰 PI의 투자안 선택
	화폐의 시간적 가치를 고려하지 아니할 때	회수기간법	• 투자한 비용을 회수하는 데 걸리는 시간을 통해 투자 여부를 결정하는 방법 • 회수기간이 짧을수록 안정적인 투자안
		회계적 이익률법	• 연평균 순이익 대비 연평균투자액 비율(=평균이익률법) $\frac{연평균 순이익}{연평균 투자액} \times 100$
불확실성하에 투자결정기법		위험조정할인율법	• 미래에 예상되는 불확실한 현금흐름에 부합하는 할인율 적용, 투자안 평가
		확실성 등가법	• 위험이 있는 미래현금흐름을 무위험이자율을 적용, 투자안 평가

38

스포츠조직의 성과를 측정할 수 있는 재무비율에 관한 설명으로 틀린 것은?

① 유동성 비율 – 조직이 단기 부채를 상환할 수 있는 능력을 나타내 주는 것으로 유동 자산을 조달할 수 있는 능력을 말한다.
② 레버리지 비율 – 채무자들에게 채무 상환능력의 정도를 나타낸다.
③ 활동성 비율 – 조직이 자산을 얼마나 효과적으로 활용하고 있는가를 나타내는 비율을 말한다.
④ 수익성 비율 – 조직이 투자한 자본 혹은 매출액 대비 얼마만큼의 이익을 달성했는가를 측정한다.

해설
레버리지 비율은 자산구조의 안정성을 분석하는 툴(TOOL)로써 '자기자본에 비해 부채가 너무 많지 않은가?'를 알고자 하는 개념임

정답 ②

해설 + 재무안정성 분석

레버리지 비율	• 자산구조의 안정성을 분석 – "자본(자기자본)에 비해 부채가 너무 많지 않은가?"
유동성 비율	• 지불능력의 안정성을 분석 – "단기부채를 감당할 유동자산이 충분한가?"
안정성 비율	• 설비투자의 적정성을 분석 – "설비투자(고정자산 투자)가 과도하지 않은가?"
수익성 비율	• 조직의 수익성 분석 – "얼마만큼의 이익을 달성하고 있는가?"
활동성 비율	• 조직 자산의 효과적 활용성 분석 – "자금이 얼마나 활발하게 순환하고 있는가?"

39

다음 재무구조를 가진 스포츠센터의 자기자본순이익률(ROE)은 약 얼마인가?

- 자기자본: 45억 6천만원
- 수익: 76억 3천만원
- 사업(영업)이익: 13억 8천만원
- 경상이익: 9억 7천만원
- 당기순이익: 7억 8천 6백만원

① 9% ② 14%
③ 17% ④ 21%

해설
• 자기자본순이익율(%)

$$= \frac{당기순이익}{자기자본} \times 100$$

$$= \frac{7.86억원}{45.6억원} \times 100 = 17.23\%$$

참고로 기출문제 빈도가 높은 것은 총자본수익율이었으니 비교해서 공부하길 권장함

• 총자본순이익율(%) $= \dfrac{당기순이익}{총자본} \times 100$

정답 ③

40

BCG 매트릭스에 관한 설명으로 틀린 것은?

① 별(Star)에 해당하는 사업은 성장전략을 추구하는 것이 바람직하다.
② 개(Dog)에 해당하는 사업은 철수전략이나 회수전략이 바람직하다.
③ 물음표(Question Mark)에 해당하는 사업이 경쟁우위를 가질 수 있다고 판단되면 성장전략과 과감한 투자가 바람직하다.
④ 사업 포트폴리오의 성공적인 순환경로는 '현금젖소 → 별 → 물음표 → 개'이다.

해설

별 사업부는 성장을 주도하는 시장선도자 역할을 하게 됨. 수익이 많이 창출되지만 누구나 다 뛰어들고 싶어 하는 사업이므로 경쟁자를 막기 위해 투자를 지속해야 함. 즉, 전략사업단위를 확대(build)하거나 유지(hold)하는 전략을 구사해야 함. 자금(현금)젖소 사업부는 시장 점유율은 높고 시장 성장률을 낮은 영역임. 이는 시장 점유율이 높기 때문에 생산을 중단할 이유가 없음. 즉, 자금(현금)젖소 사업부에 속한 전략사업은 유지(hold)만 해도 이윤이 창출됨. 물음표 사업부에 속한 전략사업단위는 현재 시장 점유율은 낮지만, 시장 성장률이 높다고 판단되면 말 그대로 고민이 뒤따르므로 확대(build)할지, 수확(harvest)할지, 철수(divest)할지를 선택하는 영역임. 개 사업부에 속한 전략사업단위는 시장점유율과 성장률이 모두 낮기 때문에 수확(harvest)하거나 철수(divest)를 해야 함. 시간흐름에 따른 사업단위의 수명주기는 물음표 → 별 → 현금젖소 → 개로 이어짐. 이는 스포츠마케팅에 등장할 제품수명주기와 연결하여 설명할 수 있음. 제품수명주기(PLC, Procuct Life Cycle)는 도입기, 성장기, 성숙기, 쇠퇴기로 분류할 수 있음. 도입기(introduction stage)는 제품이 시장에 처음 나오는 단계이고, 성장기(growth stage)는 수요가 증가하면서 이익이 발생하는 단계를 뜻함. 성숙기(maturity stage)는 수요의 성장이 둔화되거나 멈추는 단계이고, 쇠퇴기(decline stage)는 매출이 감소하는 단계임. 즉 BGC 매트릭스에서 대체적으로 사업이 처음 도입되는 도입기에는 물음표를 던질 수밖에 없음. 초기비용이 많아 적자상태가 지속되므로 활발한 촉진활동을 위해서 두자를 늘려야 하는 상황이기 때문임. 이후 많은 자본이 투입되면서 수요가 증가하고 이익이 발생하게 됨. 경쟁사의 모방제품이 출현하는 성장기이므로 별사업부에 집중 투자하게 됨. 또한 시장규모가 커지면서 집중적인 유통전략이 필요한 시기를 맞이하는 것임. 수요의 신장이 둔화되지만 기존 고객의 충성도로 인해 시장 점유율을 토대로 현금회수가 최대로 증가하는 성숙기에는 자금젖소 사업부에 속하게 됨. 새로운 고객 창출보다는 경쟁사의 고객을 유인하거나 기존 고객을 유지하게 됨. 마지막으로 매출이 눈에 띄게 감소하는 쇠퇴기에는 철수를 고려해야 하는 개 사업부가 됨

정답 ④

41

스포츠경영의 일반환경 중 과업환경 요소끼리 바르게 짝지어진 것은?

① 소비자, 공급업자, 유통업자, 경쟁자, 금융기관
② 소비자, 소득, 학력, 공급업자, 경쟁자
③ 직업, 학력, 연령구조, 인구 수
④ 공급업자, 유통업자, 소득, 금융기관

해설

외부환경은 '제구사치술경 경비공유관' 기억나시나요? 외부환경 중에 일반환경은 경제, 인구, 사회문화, 정치법률, 기술, 국제환경이고, 과업환경은 경쟁자, 소비자, 공급자, 유통업자, 규제기관임. 환경분석의 개념은 스포츠산업, 스포츠경영, 스포츠시설에서도 나올 수 있음

정답 ①

42

국내 프로야구단이 다음 시즌의 경영환경 분석을 위해 구단 경영에 영향을 미치는 요인을 분석한 결과이다. 다음 중 적합하지 않은 판단은?

① 팀 간 전력차이가 심해 흥행에 차질이 생길 수 있다.
② 한 개 구단이 없어져 리그소속 선수의 평균연봉이 높아질 가능성이 있다.
③ 경기회복으로 스폰서십 수입이 증가할 수 있다.
④ 연맹이 FA제도 도입을 결정해 선수연봉 인상이 우려된다.

해설

이 문제는 스포츠경영의 환경과 스포츠산업의 프로스포츠 프랜차이즈 구조에 관한 문제이기도 함. 프로스포츠의 프랜차이즈 구조 중에 프로연맹은 리그 소속 구단의 숫자를 제한하는 권한을 갖고 있음. 구단 수가 늘어나게 되면 선수확보 경쟁(구단입장)과 구단선택 기회(선수입장)의 확대에 따라 선수연봉이 높아질 가능성이 높아지게 됨

정답 ②

43

어느 씨름선수가 3년 동안 매년 200만원씩 받는 연금이 있을 때, 이 연금을 현재시점에서 일시불로 받는다면 약 얼마를 받을 수 있는가?(단, 할인율은 매년 10% 적용)

① 432만원 ② 497만원
③ 507만원 ④ 578만원

해설

연금의 현재가치 공식

$$S_0 = A\left\{\frac{1}{R} - \frac{1}{R(1+R)^n}\right\}$$

$$= 연금\left\{\frac{1}{할인율} - \frac{1}{할인율(1+할인율)^{기간}}\right\}$$

$$= 200만원\left\{\frac{1}{0.1} - \frac{1}{0.1(1+0.1)^3}\right\} = 497만원$$

정답 ②

44

어느 야구선수가 매년 말 1,000만원의 연금을 영구히 수령한다. 할인율 10%를 적용할 경우 이 영구연금의 현재가치를 구하면?

① 5,000만원 ② 8,000만원
③ 1억원 ④ 10억원

해설

영구연금의 현재가치 공식

$$S_e = \frac{A}{R} = \frac{연금}{할인율} = \frac{1{,}000만원}{0.1} = 1억원$$

정답 ③

45

다음 재무상태표의 항목을 토대로 계산한 자본은? (단위: 만원)

- 유동자산 5,000
- 비유동자산 6,000
- 유동부채 5,000
- 비유동부채 2,000

① 3,000 ② 4,000
③ 5,000 ④ 6,000

해설

자산(11,000) = 유동자산(5,000) + 고정자산(6,000) = 유동부채(5,000) + 고정부채(2,000) + 자본(X)
* 비유동자산이 고정자산을 뜻함

정답 ②

46

재무제표에 대한 설명으로 틀린 것은?

① 대차대조표: 일정 기간의 재무상태를 나타낸다.
② 손익계산서: 일정 기간의 경영성과를 나타낸다.
③ 현금흐름표: 일정 기간 동안의 현금흐름의 변동내용을 나타낸다.
④ 이익잉여금처분계산서: 일정 기간 동안 이익잉여금의 처분에 관한 사항을 나타낸다.

해설

대차대조표는 일정시점의 조직의 재무상태를 말함

정답 ①

47

A 스포츠시설업의 대차대조표에서 유동자산합계는 5억 5천만원, 고정자산 합계는 6억원, 부채총계는 3억5천만원일 때, A 스포츠시설업의 자산총계는?

① 4억 7천만원 ② 9억원
③ 11억 5천만원 ④ 14억 2천만원

해설

자산 = 유동자산 + 고정자산 = 5.5억원 + 6억원 = 11.5억원

정답 ③

48

어느 스포츠제품의 단가가 9000원, 변동비가 6000원, 고정비가 1,350,000원일 경우 목표이익을 450,000원으로 설정한다면 손익분기점(BEP) 매출량은?

① 540개   ② 560개
③ 580개   ④ 600개

해설

목표영업이익(TP; Target Profit)이 있을 때 공식
손익분기점(판매량)

$= \dfrac{FC+TP}{p-v}$

$= \dfrac{\text{고정비}+\text{목표영업이익}}{\text{상품단위 판매가격}-\text{판매상품단위당 변동비}}$

$= \dfrac{1,350,000+450,000}{9,000-6,000} = 600(\text{개})$

정답 ④

49

다음 스포츠시설 관련 투자안(A, B, C)에 대하여 수익성지수(PI)를 통한 투자순위를 바르게 나열한 것은?

- 투자안 A: 투자비용 200만원, 순현가치 410만원
- 투자안 B: 투자비용 150만원, 순현가치 300만원
- 투자안 C: 투자비용 100만원, 순현가치 210만원

① A > B > C   ② A > C > B
③ B > A > C   ④ C > A > B

해설

수익성지수법(PI) = $\dfrac{\text{현금유입의 현재가치투자안의 NPV(순현가치)}}{\text{현금유출의 현재가치}}$

- 투자안 A = $\dfrac{410}{200} = 2.05$
- 투자안 B = $\dfrac{300}{150} = 2$
- 투자안 C = $\dfrac{210}{100} = 2.1$

정답 ④

50

투자안의 경제성 평가방법에 관한 설명으로 옳은 것은?

① 회계적이익률법은 가치의 가산원칙을 따른다.
② 순현재가치법은 독립적인 투자안의 경우 현금 유입액의 현재가치가 0보다 크면 경제성이 있다.
③ 내부수익률법은 독립적인 투자안의 내부수익률이 자본비용보다 작을 경우 경제성이 있다.
④ 확실성등가법은 위험이 있는 미래현금흐름을 확실한 현금흐름으로 조정한 후, 무위험이자율을 사용하여 경제성을 평가한다.

해설

회계적이익률법은 화폐의 시간적 가치를 고려하지 않기 때문에 가산원칙을 따르지 않음. 단일 투자일 때 순현재가치법은 최초투자액(유출금액)을 차감한 유입된 현재가치(순현가)가 0보다 클 때 투자를 결정하게 됨. 내부수익률법은 내부수익률(IRR)이 요구수익률(자본비용)보다 클 때 경제성이 있다고 판단하여 투자를 결정함. 확실성등가법은 불확실성하에 투자하는 결정기법으로 위험이 있는 미래현금흐름을 무위험이자율을 적용하여 투자안을 평가함

정답 ④

03 스포츠서비스 운영 및 안전관리

51

스포츠마케팅대행사의 역할과 가장 거리가 먼 것은?

① 스포츠단체와 스폰서의 조사 및 평가대행
② 스포츠이벤트 중계권 판매 및 협상대행
③ 프로스포츠 리그의 시즌 경기일정 수립대행
④ 기업의 스포츠 스폰서십 프로그램 대행

해설

경기일정은 스포츠단체 즉 야구위원회(KBO), 프로축구연맹 등에서 수립함

정답 ③

52

골프장 회원권 판매대행사는 스포츠비즈니스 구조상 다음의 유형 중 어떤 역할을 수행하는 회사인가?

① 관람스포츠상품 유통회사
② 참여스포츠 관련 상품 유통회사
③ 관람스포츠마케팅 대행사
④ 참여스포츠 생산회사

해설
골프장 회원권이란 골프장 경영자와의 회원가입계약에 따라 골프장과 부대시설을 우선적으로 사용할 수 있는 권리를 지닌 상품임. 이를 판매대행하는 것이므로 참여스포츠 관련 상품 유통에 해당하는 행위임

정답 ②

53

스포츠이벤트 수송관리를 계획할 때 유의해야 할 사항으로 거리가 먼 것은?

① 관람객 수송 방안과 교통대책을 수립한다.
② 행사차량 교통 신호를 소등하는 문제와 수송차량 승차장 교통통제를 해야 한다.
③ 필요시 티켓 검수, 이벤트 진행 보조 등을 하는 운영요원까지 투입해야 한다.
④ 대회패밀리 수송을 총괄하고 수송차량 및 인력확보에 주력해야 한다.

해설
스포츠이벤트 현장인력은 운영요원(티켓 검수, 이벤트 진행보조 등), 자원봉사자(행사장 입장 및 안내 등 전문성을 요구하지 않는 통역 보조, 부대행사 지원), 파견요원(주최기관과 계약으로 이루어진 대행사에서 파견된 인력) 등이 있는데, 현장인력 매뉴얼대로 움직여야 함. 애초에 수송관리 계획을 수립할 때 플랜 B를 마련해야 함

정답 ③

54

스포츠이벤트 생산자가 티켓 유통대행사를 선정할 때 유의할 사항을 모두 고르면?

㉠ 대행사 선정 시 주도권을 확보하기 위해 복수 후보자와 협상한다.
㉡ 티켓 대행사의 직원들이 상품생산자들의 내·외부 상황요인을 잘 이해하고 있는지 판단한다.
㉢ 티켓 대행사에 대한 감사권을 가질 수 있는지 여부를 판단한다.
㉣ 티켓 대행사가 소비자들에게 전가하는 비용을 통제할 수 있는지 검토한다.

① ㉠, ㉢
② ㉠, ㉡, ㉣
③ ㉡, ㉢, ㉣
④ ㉠, ㉡, ㉢, ㉣

해설
생산자(판매자)는 유통자를 통해 수많은 소비자와 일일이 상대하지 않기 때문에 거래의 경제성을 확보함. 또한 원활한 중간자 역할을 제대로 수행할 수 있는 역량 있는 대행사를 선정해야 하고, 선정이 된 후 과업에 맞게 철저하게 이행하는지 관리할 수 있어야 함. 즉, 보기의 모든 사항이 포함됨

정답 ④

55

경기장 입장권 판매 및 프로모션에 대한 설명과 가장 거리가 먼 것은?

① PSL이란 일정기간동안 지정좌석을 제공하는 형태의 특별 입장권을 말한다.
② 유통대행사를 활용하면 판매 소요비용이 경감되며, 입장료 원가 상승을 막을 수 있다.
③ 유통대행사를 통한 입장권 판매 시 관련 구단의 통제력이 약화될 가능성이 있다.
④ 입장권 프로모션의 유형에는 가격할인, 경품제공, 콘테스트, 쿠폰제공 등이 있다.

해설
유통대행사가 대행을 통해 얻을 수 있는 수수료가 책정되기 때문에 소요비용이 증가하고, 입장료가 올라감

정답 ②

56

프로구단의 매점사업 계약 유형을 전통적인 위탁계약과 관리대행 수수료계약으로 구분할 때 관리대행 수수료계약에 대한 설명으로 틀린 것은?

① 매점운영에 대한 감사업무가 단순해진다.
② 구장과 사업자 간에 상호이익을 추구하는 동업관계가 형성된다.
③ 매점사업자가 총수입의 일정비율과 이윤성과급이라는 수수료를 받는 계약을 말한다.
④ 구장 측이 사업운영에 관한 강력한 통제력과 유연성을 확보할 수 있다.

해설
매점운영에 대한 감사업무를 강화함으로써 소비자에게 비용이 전가되는 등의 판매료의 급격한 증가, 소비자 만족도를 높일 수 있는 매점운영 등의 전반적인 영역을 관리 감독해야 함

정답 ①

57

스포츠이벤트 매뉴얼에 대한 설명으로 거리가 먼 것은?

① 스포츠이벤트 전에는 스포츠 안전사고 예방 계획을 수립하고 시설 및 장비를 사전 점검해야 한다.
② 스포츠이벤트 중에는 스포츠이벤트 진행 중 운영자의 실행 사항을 명시해야 한다.
③ 스포츠이벤트 후에는 관중 및 참가자 퇴장 시 조치사항을 염두에 두고 준비해야 한다.
④ 스포츠이벤트 후에는 사고발생 시 조치사항을 고려하고 준비한다.

해설
④번은 스포츠이벤트 중의 준비사항임

정답 ④

해설+ 스포츠이벤트 매뉴얼 단계별 흐름도

스포츠이벤트 전 준비사항	㉠ 스포츠 안전사고 예방 계획 수립 ㉡ 참여자 관리 ㉢ 시설 및 장비 사전 점검 ㉣ 안전요원 교육 ㉤ 유관기관 협력
스포츠이벤트 중 준비사항	㉠ 안전한 스포츠이벤트 운영을 위한 고려사항 ㉡ 스포츠이벤트 진행 중 운영자 실행 사항 ㉢ 사고 발생 시 조치
스포츠이벤트 후 준비사항	㉠ 관중 및 참가자 퇴장 시 조치사항 ㉡ 장비 및 시설 유지 계획 ㉢ 이벤트 평가하기

58

스포츠이벤트 운영자와 직원의 역할을 설명한 내용 중 옳지 않은 것은?

① 스포츠이벤트 운영자는 위험 통제장치에 대한 자각에 몰두한다.
② 스포츠이벤트 직원은 자신의 작업환경과 자신의 업무에 대한 올바른 이해가 필수적이다.
③ 스포츠이벤트 운영자는 이벤트 운영과 관련한 결정과 이행의 책임을 완수할 준비가 돼 있어야 한다.
④ 스포츠이벤트 직원은 안전사고와 관련한 충분한 지식을 습득해야 한다.

해설
①은 스포츠이벤트 개최 시 현장직원의 역할에 가까움. 이 외에도 안전사고 관련 충분한 지식 습득, 작업환경과 자신의 업무에 대한 올바른 이해, 위험 통제장치에 대한 자각이 필요함. 스포츠이벤트 운영자는 이벤트 운영 관련 결정과 이행의 책임을 지고, 적합한 인력 고용, 시설 및 프로그램 관련 정보와 대책 제공, 안전 교육 실시, 직원의 근무여건을 보장해야 함

정답 ①

59

스포츠이벤트의 소요량을 산출하는 목적과 거리가 먼 것은?

① 소요량의 크기를 표시하여 스포츠이벤트 개최 시 물자의 중요성을 인식시킬 수 있다.
② 물자관리에서의 문제점을 발견할 수 있다.
③ 불합리한 생산관리계획의 문제점만 찾아낼 수 있음
④ 물자관리 계획, 관리, 실적을 평가할 수 있다.

해설
③번은 생산과 판매부분의 불합리한 물자관리계획 소비를 찾아낼 수 있음

정답 ③

60

스포츠이벤트 안전사고를 예방하기 위한 계획을 수립하는 데 있어 옳지 않은 설명은?

① 스포츠이벤트 시설의 안전관리 실태를 점검하고 날씨 및 기상변화를 확인한다.
② 스포츠 안전사고가 발생했던 현황을 파악하고 사후처리의 문제와 대책방안 등 정보를 수집하는 것은 단기적 계획이다.
③ 장기계획을 통해 스포츠 안전사고의 원인, 발생경향의 분석 및 개선대책수립 등을 검토하고 평가할 수 있다.
④ 스포츠이벤트 위험요소를 사전에 조사하고 예방조치를 하는 것은 단기계획이다.

해설
②번은 장기계획으로 스포츠 안전사고 발생 현황 파악, 사후 처리, 대책방안 등 정보 수집, 스포츠 안전사고 원인, 발생경향 분석 및 개선대책수립 등 검토 및 평가, 수립된 사고 예방 대응·대책 반영 및 운영상의 미비점 보완 등이 해당됨

정답 ②

---

04 스포츠조직 관리

61

스포츠조직들이 팀제를 도입했을 때 나타나는 일반적인 특성이 아닌 것은?

① 기능중심에서 과제중심으로 조직구조가 변한다.
② 관리업무가 강화된다.
③ 의사결정이 신속해진다.
④ 자율권과 책임이 강화된다.

해설
테스크포스팀(TFT), 매트릭스 조직, 프로젝트팀과 같은 애드호크러시(adhocracy)는 임시조직으로서 과제를 최종적으로 실행하기 보다는 그 실행을 위한 문제해결에 초점을 맞춤. 즉, 수평적, 유기적 구조로 과업수행 방향의 불일치와 역할 분담의 모호성이 있어 관리업무가 강화되는 것과는 거리가 멂

정답 ②

62

동일한 제품이나 지역, 고객, 업무과정을 중심으로 조직을 분화하여 만든 부문별 조직(사업부제 조직)의 장점이 아닌 것은?

① 기능부서 간의 조정이 보다 쉽다.
② 환경변화에 대해 유연하게 대처할 수 있다.
③ 특정한 제품, 지역, 고객들에게 특화된 영업을 할 수 있다.
④ 자원의 효율적인 활용으로 규모의 경제를 기여할 수 있다.

해설

민츠버그는 5가지 조직구성요인(전략부문, 중간관리층, 핵심운영층, 기술전문가, 지원스태프)과 5가지 조직구성유형(단순구조, 기계적 관료제구조, 전문적 관료제구조, 사업부 형태, 애드호크러시)을 제시했음. 사업부 형태(사업부제 조직)는 하나의 독립회사로 운영되는 분권화 조직이므로 부서 간 조정이 쉽고, 환경변화에 자체적으로 유연하게 대처할 수 있으며 특정 수요에 대해 마케팅을 할 수 있음

정답 ④

해설 + 다섯 가지 조직구성 요인

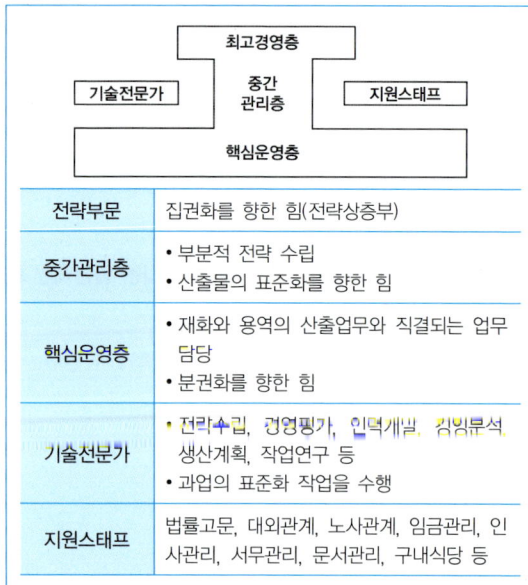

63

매슬로우(Maslow)의 욕구 5단계 이론 중 자기 자신에 대해 긍정적으로 평가할 수 있기를 바라며 다른 사람들로부터 인정받길 원하는 욕구 단계는?

① 생리적 욕구
② 자아실현의 욕구
③ 소속에 대한 욕구
④ 존경에 대한 욕구

해설

'생안사존자' 기억나시나요? ① 생리적 욕구 → ② 안전 욕구 → ③ 사회적 욕구 → ④ 존경 욕구 → ⑤ 자아실현 욕구로서 문제설명은 존경에 대한 욕구를 설명한 것임

정답 ④

64

허츠버그(F. Herzberg)의 2요인 이론에서 동기요인을 고른 것은?

┌─────────────────┐
│ ㉠ 상사와의 관계 │
│ ㉡ 성취 │
│ ㉢ 회사 정책 및 관리방침 │
│ ㉣ 인정 │
└─────────────────┘

① ㉠, ㉢ ② ㉠, ㉣
③ ㉡, ㉢ ④ ㉡, ㉣

해설

허츠버그는 2요인 이론으로 동기요인(만족요인: 승진, 보상, 좋은 평가)과 위생요인(불만족 요인: 인간관계, 작업환경, 회사방침, 급여)을 제시했음

정답 ④

65

조직의 라이프사이클을 형성기, 성장기, 중년기, 장년기로 구분할 때 다음 설명에 해당하는 것은?

> 관료화에 따른 문제점이 발생하고 환경변화에 대한 적응력이 둔화된다. 이 단계는 다음과 같은 특징을 가진다.
>
> - 기업 번창
> - 통제시스템
> - 지원부서 신설
> - 유연성 감소
> - 규모 확장
> - 업무 전문화
> - 권한 위양
> - 혁신성 감퇴

① 형성기 ② 성장기
③ 중년기 ④ 장년기

해설
중년기에는 기업이 번창하면서 규모가 확대되는 시기로 유연성과 혁신성이 감퇴할 수 있음

정답 ③

해설 + 스포츠조직 수명주기

형성기	• 지원부서가 미비 • 제도와 규정이 미비 • 초창기 조직으로 집권화 현상
성장기	• 종업원이 증가하면서 업무분화 본격화 • 제도와 규정이 신설되고 정비 • 조직이 발전하는 단계이므로 여전히 집권화 현상
중년기	• 기업이 번창하면서 규모가 확대 • 지원부서가 신설, 통제시스템 확대, 업무의 전문화 • 권한 이양, 유연성 감소, 혁신성 감퇴
장년기	• 대규모 조직으로 통제 시스템의 일반화 • 작업 세분화, 업무 중복, 조직병폐 발생 • 혁신의 필요성 대두

66

스포츠조직에서 변혁적 리더가 갖추어야 할 자질이 아닌 것은?

① 비전제시 능력 ② 신뢰 확보
③ 설득력과 지도력 ④ 조건적 보상

해설
조건적 보상은 거래적(교환적, 교섭적) 리더십에 해당됨

정답 ④

67

직무특성모형에서 핵심직무차원에 포함되지 않는 것은?

① 기능의 다양성(skill variety)
② 과업의 정체성(task identity)
③ 과업의 중요성(task significance)
④ 동기부여(motivation)

해설
'기자체중백' 기억나시나요? 해크맨과 올드햄의 직무특성이론의 핵심직무차원은 기술 다양성, 자율성, 직무 정체성, 직무 중요성, 피드백임

정답 ④

68

복수의 평가자가 적성검사, 심층면접, 시뮬레이션, 사례연구, 역할연기 등의 평가방법을 활용하여 지원자의 행동을 관찰 후 평가·선발하는 방법은?

① 다면평가법 ② 행동평가법
③ 종합평가제도 ④ 패널면접법

해설
종합평가제도란 여러 가지의 예측 기준치를 도구로 사용해 평가하여 타당도를 높이는 제도임

정답 ③

69

동기부여이론에 관한 설명으로 틀린 것은?

① 동기부여이론을 내용이론과 과정이론으로 구분될 수 있다.
② Herzberg의 2요인 이론은 내용이론에 속한다.
③ Adams의 공정성 이론은 Maslow의 욕구단계이론의 한계성에 대한 대안으로 제시된 것이다.
④ Vroom의 기대이론은 과정이론에 속한다.

해설

매슬로우의 욕구단계이론은 내용이론이고, 애덤스의 공정성 이론은 과정이론임

정답 ③

해설 + 동기부여 이론

구분	대표학자	내용
내용이론	매슬로우 (A. H. Maslow)	• 욕구단계이론 ① 생리적 욕구 → ② 안전 욕구 → ③ 사회적 욕구 → ④ 존경 욕구 → ⑤ 자아실현 욕구
	앨더퍼 (C. P. Alderfer)	• ERG 이론: 매슬로우 욕구단계이론 수정 ① 생존(존재) 욕구 → ② 관계 욕구 → ③ 성장 욕구
	허츠버그 (F. Herzberg)	• 2요인 이론(동기부여-위생이론) - 동기요인(만족요인): 승진, 보상, 좋은 평가 - 위생요인(불만족요인): 인간관계, 작업환경, 회사방침, 급여
과정이론	브룸 (V. Vroom)	• 기대이론 - 동기유발 강도(M) = f(E×I×V) = f(기대×수단×가치성) - 기대: 노력을 하면 좋은 결과가 나오기는 할까? - 수단: 좋은 성과에 맞는 보상을 받을 수 있을까? - 가치성: 받은 대가가 내 개인적인 목표에 맞는 것일까?
	애덤스 (J. S. Adams)	• 공정성이론 - 투입: 시간, 경험, 노력, 교육, 충성심 등 - 결과: 임금, 인정, 승진, 사회적 관심, 자기존경, 성취감 등

70

스포츠 경영 주체의 자질측면에서 의사결정에 따른 필요자질을 바르게 짝지은 것은?

① 중간관리층: 업무적 의사결정 - 인간적 자질
② 하위경영층: 관리적 의사결정 - 기술적 자질
③ 중간관리층: 전략적 의사결정 - 개념적 자질
④ 최고경영층: 전략적 의사결정 - 개념적 자질

해설

최고경영층 - 전략적 의사결정, 개념적 기술, 중간경영층 - 관리적 의사결정, 대인관계 기술, 일선 경영층 - 운영적(기능적) 의사결정, 전문적 기술을 연결하여 이해해야 함

정답 ④

71

조직에서 시간이 지남에 따라 업무량과 무관하게 구성원 수가 증가하는 경향을 나타내는 법칙은?

① 파킨슨 법칙(Parkinson's law)
② 파레토 법칙(Pareto law)
③ 세이 법칙(Say's law)
④ 하인리히 법칙(Heinrich's law)

해설

파킨슨의 법칙은 공무원의 수는 일의 양과 관계없이 증가한다는 생태학적 법칙(영국의 경영학자 시릴 노스코트 파킨슨이 제시), 파레토 법칙은 전체 결과의 80%가 전체 원인의 20%에서 일어나는 현상을 의미(이탈리아 경제학자 빌프레도 파레토가 제시), 세이의 법칙은 공급은 스스로 수요를 창출함을 의미(프랑스 경제학자 장바티스트 세가 제시), 하인리히 법칙은 대형사고가 발생하기 전에 그와 관련된 수많은 경미한 사고와 징후들이 반드시 존재한다는 것을 밝힌 법칙(미국 윌리엄 하인리히가 제시)임

정답 ①

72
스포츠경영을 과정 측면에서 보는 관점에 관한 설명과 가장 거리가 먼 것은?

① 계획이란 경영목표를 세우고 이를 달성하기 위한 최선의 방안을 찾는 활동이다.
② 조직화란 인적, 물적 자원을 배분하는 활동이다.
③ 지휘란 사람들이 높은 성과를 달성할 수 있도록 이끄는 활동이다.
④ 통제란 원활한 의사소통을 행하는 활동이다.

해설
경영의 기능은 계획→조직→지휘→통제임. 통제활동은 경영의 기능 과정이 계획대로 수행되고 있는지 확인하는 단계임. 조직 내의 원활한 의사소통은 지휘화(리더십, 동기부여, 커뮤니케이션) 과정에서 발생함

정답 ④

73
다음 설명에 해당하는 것은?

> 조직이 요구하는 일의 내용 또는 요건을 체계적으로 정리·분석하는 과정이며, 그 결과로 과업요건에 초점을 두는 직무기술서와 인적요건에 초점을 두는 직무명세서가 작성된다.

① 직무분석　② 직무평가
③ 블라인드 채용　④ 조직설계

해설
직무분석(job analysis)은 직무수행을 하기 위해 필요한 구성원의 적성에 대한 정보를 수집, 분석하는 일이고, 업무의 양과 범위 조정, 업무 환경 개선, 정원 산정, 인사고과 기초자료, 조직합리화 기초자료, 직무급 산정 기초자료를 확보하기 위한 목표가 있음

정답 ①

74
호손실험(Hawthorne experiment)의 주요결과에 관한 설명으로 틀린 것은?

① 개인은 경제적 요인뿐만 아니라 사회, 심리적 요인에 의해서 동기화될 수 있다.
② 권위적인 리더십보다는 민주적인 리더십이 더 효과적이다.
③ 생산성 증가에 있어 공식적 조직의 중요성이 다시 한 번 확인되었다.
④ 조직의 유효성을 높이기 위해서는 종업원을 만족시켜야 한다.

해설
호손실험은 미국 심리학자 메이요(G. E. Mayo)에 의해 1920년대에 호손 공장에서 생산성을 증대시키는 요인을 검증하기 위한 실험이었음. 즉, 작업능률을 좌우하는 요인은 작업환경이나 돈이 아니라 종업원의 심리적 안정감, 사내 친구관계, 비공식 조직, 친목회 등이 중요한 역할을 한다는 것임

정답 ③

75
다음 중 스포츠조직의 조직역량 강화를 위해 제공자가 전달하고자 한 정보를 수신자가 어떻게 받아들였는지를 알려주는 반응으로 정확한 메시지가 전달되었는지 확인할 수 있는 커뮤니케이션의 구성요소는?

① 메시지화　② 커뮤니케이션 경로선택
③ 메시지 해석　④ 피드백

해설
커뮤니케이션 구성 요소는 메시지화, 커뮤니케이션 경로 선택, 메시지 해석, 피드백이 있음. 송신자의 메시지를 수신자가 정확하게 받아들였는지 확인하는 과정을 피드백이라고 함

정답 ④

해설 + 커뮤니케이션 프로세스

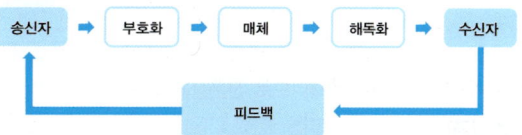

76

피들러(Fiedler)가 제시한 상황적 리더십 이론에서 리더에게 유리한 정도를 결정하는 요인이 아닌 것은?

① 리더와 구성원 간의 관계
② 과업 지향 정도
③ 과업의 구조화 정도
④ 리더의 지위에 부여된 권력

해설
'상들더력업' 기억나시나요? 상황이론은 피들러가 리더-구성원 관계, 직위 권력, 과업 구조로 제시함

정답 ②

77

스포츠조직 구조 중 사업부제 구조에 관한 설명으로 옳지 않은 것은?

① 각 사업부에 대해 독자적 생산, 영업, 관리권한을 부여한다.
② 사업부제 조직에서는 제품, 고객, 지역 등에 대한 전문성 확보가 어렵다.
③ 사업부의 성과통제시스템이 사업부 관리자의 혁신 능력에 대한 장애요인으로 작용할 수 있다.
④ 자원의 효율적 배분이 가능하고 사업부를 통한 위험의 분산과 환경변화에 대한 전략적 대응이 가능하다.

해설
사업부 형태(divional form) 조직은 사업부별로 독자적인 조직 구조를 갖춘 분권화 형태이므로 전문성을 확보함

정답 ②

78

스포츠조직의 인사평가에 관련된 설명으로 옳지 않은 것은?

① 평가대상자를 며칠간 합숙시키면서 각종 게임 및 토의 심리검사 등을 통해 평가하는 방법은 중요사건 서술법이다.
② 현혹효과 또는 후광효과(halo effect)는 평가자가 평가대상자의 어느 한 면을 기준으로 다른 것까지도 함께 평가해보려는 경향을 말한다.
③ 행동기준평가법(BARS)에서는 평가대상자의 능력이나 성과를 구체적으로 나타내는 중요사건의 결정 과정에 평가대상자를 참여시킨다.
④ 목표에 의한 관리(MBO)는 참여의 과정을 통해 조직의 목표를 설정함으로써 관리의 효율화를 기하려는 관리방식이다.

해설
피평가자의 합숙교육을 통해 의사결정, 토의, 심리, 자질 등을 평가하는 방법은 인적평정센터법(HAC; Human Assessment Center)임

정답 ①

79

조직구조를 형성하고 있는 핵심적인 차원(core dimensions) 또는 조직화의 기본적 변수에 해당하지 않는 것은?

① 복잡성
② 목표지향성
③ 집권화
④ 공식화

해설
'복식집합' 기억나시나요? 조직구조를 형성하는 요소는 복잡성, 공식화(표준화), 집권화, 통합화임

정답 ②

80

페욜(Fayol)이 주장한 경영활동과 관련하여 연결이 옳은 것은?

① 기술활동 – 생산, 제조, 가공
② 상업활동 – 계획, 조직, 지휘, 조정, 통제
③ 회계활동 – 구매, 판매, 교환
④ 관리활동 – 재화 및 종업원 보호

해설

프랑스 출신 경영학자 앙리 페욜(H. Fayol, 1841~1925)의 경영활동은 많이 알려져 있음(계획, 조직, 지휘, 조정, 통제). 그가 제시한 기업에 필요한 여섯 가지 활동에 대한 문제로서 기술 활동은 생산, 제조, 가공으로 분류함

정답 ①

해설 + 기업에 필요한 6가지 활동과 경영관리의 14개 원칙(페욜)

기업조직의 6개 본질적 기능	경영관리의 14개 원칙
(1) 기술 활동: 생산, 제조, 가공	(1) 분업의 원칙
(2) 영업 활동: 구매, 판매, 교환	(2) 권한(책임)의 원칙
(3) 재무 활동: 자본의 조달과 관리	(3) 규율의 원칙
(4) 보전 활동: 재산과 종업원 보호	(4) 명령일원화의 원칙
(5) 회계 활동: 재고관리, 대차대조표, 원가계산, 통계자료	(5) 지휘(지시) 통일성의 원칙
(6) 경영 활동: 계획, 조직화, 명령, 조정, 통제	(6) 개별이익의 전체이익에의 종속원칙(조직우선)
	(7) 보상의 원칙
	(8) 집권화(집중화)의 원칙
	(9) 계층화의 원칙
	(10) 질서유지의 원칙
	(11) 공정성의 원칙
	(12) 고용안정의 원칙
	(13) 자발성(주도권)의 원칙
	(14) 종업원 단결의 원칙

81

구체적인 성과 목표를 부하와 상사가 함께 결정하고, 그 목표의 달성 정도에 따라 보상이 이루어지는 인사평가 방법은 무엇인가?

① 목표에 의한 관리법
② 인적평정센터법
③ 행위기준고과법
④ 다면평가법

해설

위 설명은 목표에 의한 관리법임

정답 ①

해설 + 인사평가 방법

목표에 의한 관리 (MBO; Management by Objectives)	구체적 목표와 성과기준을 상사, 부하와 함께 결정/목표 달성 여부를 정기적 점검, 보상
인적평정센터법 (HAC; Human Assessment Center)	피평가자의 합숙교육을 통해 의사결정, 토의, 심리, 자질 등을 평가
행위기준고과법 (BARS; Behaviorally Anchored Rating Scales)	평가자가 피평가자를 정기적으로 관찰, 이를 근거로 평가
다면평가법 (multisource evaluation)	상사, 동료, 부하, 본인(자기), 고객 등 다양한 평가 주체들이 평가자로 참여하여 한 개인이나 팀에 대해서 평가하는 인사평가제도

82

카츠(R. L. Katz)가 제시한 경영자에게 필수적인 자질에 해당하지 <u>않는</u> 것은?

① 기술적 자질(technical skill)
② 인간관계적 자질(human skill)
③ 업무적 자질(operational skill)
④ 개념적 자질(conceptual skill)

해설

카츠는 최고경영자(개념적 기술 conceptual skills, 전략적 의사결정), 중간경영자(대인관계 기술 human skills, 관리적 의사결정), 일선경영자(전문적 기술 technical skills, 운영적 혹은 기능적 의사결정)의 기술을 제시함

정답 ③

83

허츠버그(Hertzberg)가 제시한 2요인(Two-factor) 이론을 따르는 경영자가 실행하는 종업원들의 동기를 유발시키기 위한 방안과 가장 거리가 먼 것은?

① 좋은 성과를 낸 종업원을 표창한다.
② 종업원이 하고 있는 업무가 매우 중요함을 강조한다.
③ 좋은 성과를 낸 종업원에게 더 많은 급여를 지급한다.
④ 좋은 성과를 낸 종업원에게 자기 계발의 기회를 제공한다.

해설

허츠버그의 2요인 이론(동기부여-위생이론)은 승진, 보상, 좋은 평가와 같은 동기요인(만족요인)과 인간관계, 작업환경, 회사방침, 급여와 같은 위생요인(불만족요인)으로 구분한 내용이론임. 즉, 위생요인이 충족되더라도 만족의 증가를 가져오지 않음. ③번은 애덤스의 공정성 이론과 같은 과정이론에 속함

정답 ③

84

부당노동행위에 속하지 않는 것은?

① 지배, 개입 및 경비원조
② 황견계약
③ 단체교섭 거부
④ 오픈 숍

해설

단체교섭은 노사가 대등한 입장에서의 교섭 행위를 의미하므로 거부하는 행위는 부당노동행위에 해당함

정답 ④

85

스포츠조직의 인적자원관리에 대한 내용으로 옳지 않은 것은?

① 조직에서는 인력을 투자자산이 아닌 반드시 관리하여야 할 비용요소로 인식한다.
② 궁극적인 목표는 개인의 목표와 조직의 목표가 동시에 달성되는 목표의 통합에 있다고 할 수 있다.
③ 인적자원관리전략에는 업무 수행력과 환경변화에 적응할 수 있는 인력을 고용하는 것이 포함된다.
④ 필요한 인력을 확보하고 이들의 능력을 개발하여 조직의 목표를 달성하고, 개인의 성장과 발전을 위한 관리활동을 말한다.

해설

인적자원관리는 조직에 필요한 인력을 확보, 훈련 및 개발 프로그램을 제공하여 능력을 최대한 발휘하게 함. 이를 통해 조직의 목표를 달성하고 개인의 성장 발전을 위한 과정이 되므로 투자자산으로서 인식을 함

정답 ①

86

조직의 라이프사이클을 형성기, 성장기, 중년기, 장년기로 구분할 때 다음 설명에 해당하는 것은?

> 관료화에 따른 문제점이 발생하고 환경변화에 대한 적응력이 둔화된다. 이 단계는 다음과 같은 특징을 가진다. 기업 번창-규모 확장-통제시스템-업무전문화-지원부서 신설-권한 이향-유연성 감소-혁신성 감퇴

① 형성기
② 성장기
③ 중년기
④ 장년기

해설

'형성중장' 기억나시나요? 즉 도입기, 성장기, 성숙기, 장년기임. 중년기는 기업이 번창하면서 규모가 확대되는 단계이지만, 유연성이 감소해 혁신성이 감퇴하는 시기임

정답 ③

87
조직설계 요소 중 통제범위에 대한 설명으로 틀린 것은?

① 과업이 복잡할수록 통제범위는 좁아진다.
② 관리자가 작업자에게 권한과 책임을 위임할수록 통제범위는 좁아진다.
③ 작업자가 관리자의 상호작용 및 피드백이 많이 필요할수록 통제범위는 좁아진다.
④ 작업자의 기술수준과 작업동기가 높을수록 통제범위는 넓어진다.

해설
경영자는 하부조직에 대한 통제범위가 넓을수록 효율적인 경영을 할 수 있음. 중간관리자에게 업무의 일부 권한을 위임하거나 기술수준·동기수준이 높을수록 통제범위는 넓어짐. 반면, 과업이 복잡하거나 하부조직과의 상호작용·피드백이 많을수록 통제범위는 좁아짐

정답 ②

88
다음 중 조직설계에 대한 설명으로 틀린 것은?

① 조직설계란 기업의 목표 달성을 위해 자원을 최적으로 활용할 수 있는 구조를 창출하는 과정이다.
② 조직설계를 할 때 종업원의 특성을 고려할 필요는 없다.
③ 현대 기업 환경에서는 유기적 조직구조를 갖추는 것이 필요하다.
④ 조직규모가 큰 대기업의 경우는 일반적으로 기계적 조직구조의 특징을 가진다.

해설
조직이란 2인 이상의 체계적인 인간의 집합체임. 조직설계란 조직의 목표 달성을 위해 조직구조를 구축하거나 변경하는 제반활동을 의미함. 구성원의 규모, 역량, 특성 등의 고려는 매우 중요함

정답 ②

89
기업의 조직형태 중 기계적 관료제 조직(machine bureaucracy)의 특징과 가장 거리가 먼 것은?

① 고정적이고 전문화된 업무
② 비공식적인 상호의사소통
③ 엄격한 위계질서
④ 중앙집권적 의사결정구조

해설
기계적 관료제 조직은 대규모 조직에서 이루어지는 고도로 표준화(공식화)된 업무, 반복적·연속적·세분화되어 효율성 추구, 지나친 과업의 정형화로 중간 관리층이 비대하고 인간적인 면이 결여되는 특성을 갖고 있음

정답 ②

해설 + 다섯 가지 조직유형

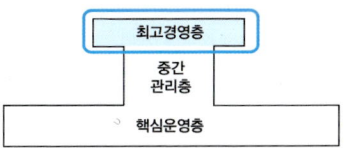

- 단순 구조(simple structure)
  - 전략부문(최고경영층)이 주체가 되는 조직 구조
  - 작은 규모의 조직
  - 권한이 상층부로 집중, 공식화가 약함
  - 신속성, 유연성, 경영층 판단하에 조직 성패 좌우

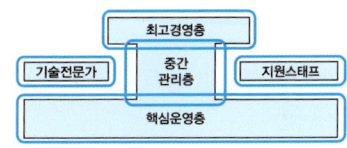

- 기계적 관료제 구조(machine bureaucracy)
  - 대규모 조직에서 이루어지는 고도로 표준화된 업무
  - 반복적, 연속적, 세분돼 효율성 추구
  - 지나친 과업의 정형화로 중간 관리층 비대
  - 인간적인 면이 결여

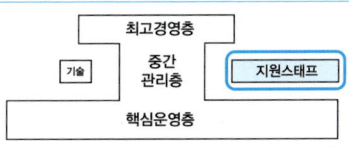

- 전문적 관료제 구조(professional bureaucracy)
  - 대학, 병원, 로펌, 회계법인, 대형 스포츠에이전시
  - 공식적 지위에서 비롯되지만 전문성에서 시작
  - 개인의 전문성 극대화, 지원스태프 조직 규모 비대
  - 전문적, 민주적, 분권적, 자율적, 협력적
  - 수평적 갈등을 조정하기 어려움

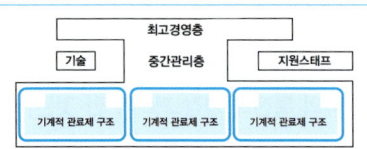

- 사업부 형태(divisional form)
  - 사업부별로 독자적인 조직 구조를 갖춘 형태(분권화)
  - 중간관리자가 조직의 주요부문으로 등장
  - 자본주의의 전형적 산물이란 비판
  - 조직자원의 효율적 배분
  - 본부가 사업부 권한을 침범할 수 있음

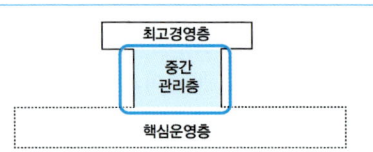

- 애드호크러시(adhocracy)
  - 테스크포스팀(TFT), 매트릭스 조직, 프로젝트 팀
  - 과제를 최종적으로 실행하기보다 그 실행을 위한 문제해결에 초점을 맞추고 방향성 정도를 제시
  - 구성원의 능력을 최대한 발휘, 효율성 추구
  - 고도의 불확실성으로 뜻하지 않은 갈등 양산
  - 수평적, 유기적 구조, 과업수행 방향의 불일치와 역할 분담의 모호성 해결과제

90

매트릭스 조직구조의 장점과 가장 거리가 먼 것은?

① 의사결정의 책임소재를 명확히 할 수 있다.
② 분야별 전문성을 살릴 수 있다
③ 전문적 지식과 기술의 활용을 극대화 할 수 있다.
④ 조직의 인력을 신축적으로 활용할 수 있다.

해설

애드호크러시와 같은 임시조직은 매트릭스 조직, TFT, 프로젝트 팀 등으로 과제를 최종적으로 실행하기보다 문제해결에 초점을 맞추고 방향성을 제시해서 종료되기 때문에 의사결정의 책임소재를 정확히 할 수 없음

정답 ①

91

동일한 제품이나 지역, 고객, 업무과정을 중심으로 조직을 분화하여 만든 부문별 조직(사업부제 조직)의 장점이 아닌 것은?

① 기능부서 간의 조정이 보다 쉽다.
② 환경변화에 대해 유연하게 대처할 수 있다.
③ 특정한 제품, 지역, 고객들에게 특화된 영업을 할 수 있다.
④ 자원의 효율적인 활용으로 규모의 경제에 기여할 수 있다.

해설

민츠버그는 5가지 조직구성요인(전략부문, 중간관리층, 핵심운영층, 기술전문가, 지원스태프)과 5가지 조직구성유형(단순구조, 기계적 관료제 구조, 전문적 관료제구조, 사업부 형태, 애드호크러시)을 제시했음. 사업부 형태(사업부제 조직)는 하나의 독립회사로 운영되는 분권화 조직이므로 부서 간 조정이 쉽고, 환경변화에 자체적으로 유연하게 대처할 수 있으며 특정 수요에 대해 마케팅을 할 수 있음

정답 ④

92

관리자나 감독 층을 대상으로 인간관계에 대한 태도개선 및 인간관계기술을 제고시키기 위해 당면한 문제를 미리 체험해 보는 교육훈련방법으로 가장 적합한 것은?

① 인 바스켓 훈련(In-basket training)
② 비즈니스 게임(business game)
③ 역할 연기법(role playing)
④ 사례 연구(case study)

해설

역할 연기법은 서로 다른 역할 경험을 통해 합리적 합의점을 도출하는 인적자원개발법임

정답 ③

해설 + 인적자원개발법

- 강의법: 교수자가 가진 지식과 정보 등을 전통적인 방법으로 학습자에게 강의
- 토의법: 공동의 집단사고를 통해 문제를 해결
- 역할연기법(role playing): 서로 다른 역할 경험을 통해 합리적 합의점 도출
- 사례연구법(case study): 실제 사례의 간접 경험을 통해 문제해결 능력 증진
- In-basket game: 바구니 안에 모든 문제를 넣고 무작위로 꺼내 문제 해결
- Behavior modeling: 모범적 리더(스티브 잡스 등)를 대상으로 간접 경험을 통해 문제 해결
- Business game: 동종업계 혹은 경쟁업계를 가정하고 실제상황처럼 경험하여 문제해결
- Junior board of director: 실무자, 중간간부들한테 중역역할의 간접 경험, 상호토의

93

프로스포츠 구단에서 인적자원 평가를 통해서 기대할 수 있는 효과와 가장 거리가 먼 것은?

① 조직구성원의 개인에 영향을 미치는 환경을 분석하여 상황에 따른 탄력적인 주관적 보상체계를 구축하게 한다.
② 경영자로 하여금 조직구성원의 질을 향상시키고 효과적으로 활용할 수 있도록 한다.
③ 모티베이션, 커뮤니케이션과 리더십 등 다른 조직행위를 바람직하게 개발할 수 있게 한다.
④ 평가에 근거하여 사람과 업무를 적합하게 결합하여 능력을 발휘할 수 있도록 하고 성공적인 경력개발을 촉진한다.

해설

조직구성원 전체가 공감하는 객관적 보상체계 구축이 중요함

정답 ①

94

다음 설명에 해당하는 직무 설계로 알맞은 것은?

- 직무성과가 경제적 보상보다는 개인의 심리적 만족에 있다고 전제한다.
- 종업원에게 직무의 정체성과 중요성을 높여주고 일의 보람과 성취감을 느끼게 한다.
- 종업원에게 많은 자율성과 책임을 부여하여 직무경험의 기회를 제공한다.

① 직무순환
② 직무 전문화
③ 직무 특성화
④ 직무 충실화

해설

'기자체중백' 기억나시나요? 해크먼과 올드햄(Hackman & Oldman)의 직무특성이론(기술 다양성, 자율성, 직무 정체성, 직무 중요성, 피드백)에 따르면 직무 수행자들은 직무 자체가 가진 특성에 의해 직무에 대한 의무감(충실화)이나 직무 수행 결과에 대한 책임감, 결과에 대한 지식의 증가 등과 같은 중요한 심리 상태를 경험하게 됨

정답 ④

95

인적자원관리활동 중 효과적인 업무수행을 위해 필요한 구체적인 기술이나 지식을 습득하도록 하는 것은?

① 직무분석 ② 교육훈련
③ 선발 ④ 보상

해설

개인의 발전은 곧 조직의 발전으로 이어짐. 조직 구성원에게 직장 내 교육(OJT, On the Job Training)과 직장 외 교육(Off-JT, Off the Job Training)을 통해 해당업무능력을 향상시키기 위한 교육훈련을 실시함. 스포츠시설 내 인적자원관리(채용, 인사관리, 교육훈련 등)에 대한 문제는 스포츠시설에서도 나올 수 있음

정답 ②

96

경로목표이론(path-goal theory)의 리더십 형태에 관한 설명으로 틀린 것은?

① 민주적 리더십: 도전적인 작업목표를 설정하고 성과개선을 강조하며 하급자들의 능력 발휘에 대해 높은 기대를 설정하는 형태이다.
② 참여적 리더십: 하급자들에게 자문을 구하고 그들의 제안을 끌어내어 이를 진지하게 고려하며 하급자들과 정보를 공유하는 형태이다.
③ 지원적 리더십: 하급자들의 복지와 안락에 관심을 가지며 구성원들 간에 상호 만족스러운 인간관계 발전을 강조하는 형태이다.
④ 지시적 리더십: 구체적 지침과 표준을 제공하고 규정을 마련하여 하급자들로 하여금 그들에게 요구되는 것을 알게 해주는 형태이다.

해설

하우스의 '지지참취' 기억나시나요? ①번은 성취지향적(achievement-oriented) 리더십에 해당되는 내용임

정답 ①

97

다음 중 리더십 이론에 관한 설명으로 옳은 것은?

① 특성이론(Trait Theory)에 의하면, 리더는 리더십 상황에서 영향을 받을 수 있음을 제시한다.
② 관리격자(Managerial Grid) 이론에 의하면, 중간관리자에게 가장 적절한 리더십 유형은 중간형(5.5)이다.
③ 피들러(Fiedler)의 상황이론에서는 리더십의 상황요인을 리더-구성원 관계, 과업구조, 리더의 직위권한으로 제시하고 있다.
④ 경로-목표 이론(Path-Goal Theory)에서는 의사결정상황에 따라 리더의 의사결정 유형을 달리하는 의사결정나무(Decision Tree)를 제시하고 있다.

해설

'상들더력업' 기억나시나요? 피들러의 상황이론으로 리더-구성원 관계, 직위 권력, 과업 구조의 세 가지 분류하여 제시했음. 참고로 ①번은 상황이론을 설명한 내용임

정답 ③

98

스포츠조직에서 변혁적 리더가 갖추어야 할 자질이 아닌 것은?

① 미션제시 능력
② 신뢰 확보
③ 설득력과 지도력
④ 조건적 보상

해설

리더가 구성원들의 생산성에 대해 조건적으로 보상하는 유형은 거래적 리더십임

정답 ④

99

스포츠조직의 인적자원에 대한 설명으로 틀린 것은?

① 인적자원은 자금이나 물자와 같은 물적자원과 함께 경영활동의 중요한 요소이며, 인적자원은 물적자원을 이용하여 경영활동을 이끌어가는 경영주체로서의 성격을 가지고 있다.
② 인적자원관리는 필요한 인력을 확보하고 이들의 능력을 최대한 개발하여 조직의 목표를 달성하고, 아울러 개인의 성장과 발전을 위한 관리 활동을 말한다.
③ 인적자원관리의 궁극적인 목표는 개인과 조직의 목표가 동시에 달성되는 방향으로 나아가는 이른바 목표의 통합에 있다고 할 수 있다.
④ 인적자원관리에서는 조직에 있어서 사람을 가치 있는 투자자산으로 보지 않고 반드시 관리하여야 할 비용요소로 인식한다.

해설

인적자원관리(HRM, Human Resource Management)의 목표는 필요한 인력을 확보하고, 개인의 목표를 달성, 개인의 성장과 발전을 통해 궁극적으로 조직의 성장을 이루는 것에 있음. 즉, 사람을 가치 있는 투자자산으로 여기고 인적자원개발(교육, 훈련)을 실시함

정답 ④

100

다음 사례에 해당하는 직무분석 방법은?

> 빙상용품을 제조하는 A 스포츠기업은 러시아에 파견된 주재원들에게 자신들이 현지에서 업무처리를 하던 중 생긴 인상 깊은 일들을 적게 하였다. 그 다음 이 기록들을 토대로 러시아 주재원의 직무특성을 정리하였다.

① 관찰법   ② 작업자 중심법
③ 작업일지법   ④ 결정적 사건법

해설

직무분석(Job Analysis)은 직무수행을 하기 위해 필요한 구성원의 적성에 대한 정보를 수집하고 분석하는 일로서 몇 가지 방법이 있음. 면접법은 면접을 통해 직무에 대한 정보를 습득하고 분석하는 방법, 관찰법은 관찰을 통해 직무에 대한 정보를 습득하고 분석하는 방법, 중요사건화법은 중요한 일을 사건화하여 정보를 습득하고 분석하는 방법, 워크샘플링법은 여러 번의 관찰을 통해 직무의 정보를 습득하고 분석하는 방법, 질문지법은 질문지를 통해 직무에 대한 정보를 습득하고 분석하는 방법임. 〈보기〉에 제시된 내용은 '결정적 사건법(CIT: critical incident technique)'에 대한 내용임. 즉, 산업장면에서 성공에 필요한 행동특성을 찾아내기 위해 사용되는 방법으로 인상 깊었던 사건, 희귀한 사건, 중요한 사건 등 다양한 결정적 일화(critical incident)를 수집, 분석하는 것임

정답 ④

PART 03

스포츠마케팅

M스포츠경영관리사 4주 완성 필기+실기

CHAPTER 01   핵심이론
CHAPTER 02   기출적중 100제

CHAPTER 01 스포츠마케팅

01 스포츠이벤트 마케팅

1 후원사 관리 프로그램 개발 및 관리

(1) 스포츠 마케팅의 구조

스포츠의 마케팅 (marketing of sports)	주체	스포츠기관, 단체, 센터 등(IOC, FIFA, 프로스포츠 연맹, 스포츠센터 등)
	의미	스포츠기관 및 단체가 스포츠 자체를 소비자와 교환하는 활동
	예시	올림픽 주최기관 IOC, 월드컵 주최기관 FIFA, 프로스포츠 주최기관(야구위원회, 한국프로축구연맹, 한국농구연맹, 한국배구연맹 등)은 올림픽, 월드컵, 프로스포츠 리그란 상품을 소비자와 거래함
	범위	입장권 판매, 경기관중 동원, 스포츠시설 회원 확보, 스포츠용품 판매활동 등
스포츠를 통한 마케팅 (marketing through sports)	주체	기업
	의미	기업이 고객과의 커뮤니케이션을 극대화하고자 하는 마케팅 활동
	예시	올림픽은 TOP(The Olympic Partner) 프로그램으로 10여 개의 세계 기업과 공식 스폰서를 운영한다. 올림픽의 공식 스폰서인 삼성전자, 월드컵의 공식 스폰서인 현대자동차는 스포츠를 통해 마케팅을 하고 있음
	범위	스폰서십, 선수보증광고, 라이선싱(licensing), 머천다이징(merchandising) 등

(2) 스포츠마케팅의 속성

필요	• 필요(needs)란 인간의 생존을 위해 기본적으로 충족돼야 하는 것 • 신체적 필요, 소속감 등 사회적 필요, 자기표현 등 개인적 필요
욕구	욕구(wants)란 소비자 개인의 생활체험에 기초한 특정되길 욕구 혹은 가지고 싶은 욕망
수요	수요(demand)는 소비자가 지불할 수 있는 제품과 서비스의 총량
제품	제품(product)은 소비자의 필요와 욕구를 충족시키는 시장에서 제공되는 모든 것
가치 및 만족	소비자가 제품을 소유하고 사용해서 얻는 가치와 만족
교환	교환(exchange)은 시장에서의 생산자는 좋은 상품(스포츠이벤트, 스포츠스타, 프로그램 등)을 만들고 가치가 있는 것(돈, 시간, 즐거움 등)을 유통
거래	거래(transaction)는 두 당사자 간에 가치의 매매로 형성되는 마케팅의 측정단위로 이해
시장	어떤 제품에 대한 구매자의 집합

(3) 국내 스포츠마케팅 시장의 SWOT 분석

내부	강점 (Strength)	• 국내 스포츠마케팅 시장에 영향을 미칠 수 있는 내부로부터의 강점 [예시] – 스포츠는 광고효과를 갖는다. – 스포츠는 소비자에게 어필할 수 있는 요소가 강하다. – 스포츠는 다른 홍보수단에 비해 대중에게 쉽게 다가간다. – 스포츠이벤트 협찬비용에 대해 세제혜택이 있다.
	약점 (Weakness)	• 국내 스포츠마케팅 시장에 영향을 미칠 수 있는 내부로부터의 약점 [예시] – 불황기 등 악재가 겹쳐 소비자의 지출이 줄어들고 있다. – 코로나19 등 신종바이러스 출현으로 경기장에 가려고 하지 않는다.
외부	기회 (Opportunity)	• 국내 스포츠마케팅 시장에 영향을 미칠 수 있는 외부로부터의 기회 요인 [예시] – 여가문화의 확산, 주 5일 근무 정착은 기회다. – 관람스포츠 경기의 질적 수준이 높아지고 있다. – 스포츠활동 인구가 늘어나고 있다. – 우호적인 스포츠 마케팅 정부정책이 있다.
	위협 (Threat)	• 국내 스포츠마케팅 시장에 영향을 미칠 수 있는 외부로부터의 위협 요인 [예시] – 세계 프로스포츠시장에 국내 소비자의 관심이 높아진다. – 글로벌 스포츠마케팅 시장이 치열해지고 있다.

(4) 스포츠 비즈니스

① 개념: 스포츠와 관련된 모든 경제활동으로 스포츠소비자를 유인하고 만족시키기 위한 제품 및 서비스를 의미함. 스포츠의 마케팅(marketing of sports)은 스포츠기관 및 단체가 스포츠 자체를 소비자와 교환하는 활동이고, 스포츠를 통한 마케팅(marketing through sports)은 기업이 고객과의 커뮤니케이션을 극대화하고자 하는 마케팅 활동을 의미함

② 주체

선수	• 유명선수가 될수록 인도스먼트(선수보증광고), 선수 스폰서 대상이 되고, 초상권, 퍼블리시티권과 같은 법적 문제에 노출될 가능성이 높음 • 법률적 지원, 이적·연봉 협상, 선수광고, 용품협찬 등의 스포츠 에이전트 역할이 부각됨 ◎ 프로리그 선수들 노동력의 수요독점이 가능한 이유 • 자유계약제도(FA)까지가 수요독점이 됨 • 프로리그에서만 선수 경기력이 상품성으로 인정됨 • 지역 내 종목당 1개의 리그만 존재할 때 가능함 • 프로연맹에 등록된 선수만이 프로선수 생활이 가능함
단체	• 스포츠조직으로 선수와 팀의 집합체로서 경기를 개최할 권한을 갖고 있음 • 대표적인 단체로 국제올림픽위원회(IOC), 국제축구연맹(FIFA), 경기연맹 및 협회가 있음 • '스포츠의 마케팅' 주체로서 스포츠 스폰서십, 방송중계권, 라이선싱, 머천다이징 등을 통해 수익을 창출함

구단	• 스포츠조직으로 최고 경영자층에 의해 최종 의사결정이 이루어짐 • 대표적으로 국내 4대 프로스포츠리그 구단으로 한국야구위원회(KBO), 한국프로축구연맹(K League), 한국농구연맹(KBL), 한국배구연맹(KOVO)이 있음 • '스포츠의 마케팅' 주체로서 스포츠스폰서십, 방송중계권, 라이선싱, 머천다이징 등을 통해 수익을 창출함 • 선수 초상권과 비슷하지만 양도가 가능한 퍼블리시티권은 소속 구단에 권한이 있음
기업	• 기업 및 자사 상품의 이미지를 높이고 판매량을 높이기 위한 촉진(promotion)의 방법으로 스포츠를 활용함 • '스포츠를 통한 마케팅' 주체로서 스포츠스폰서십에 공식 스폰서로 참여함
지자체	• 지자체가 보유하는 공공체육시설을 기업에게 명칭사용권한(명명권)을 제공하고 수익을 창출함 • 유지보수 및 관리비용을 절감함
방송사	• 통상 대형 방송사에서 스포츠이벤트 주최기관(단체)으로부터 방송중계권을 확보한 후, 스포츠 중계영상을 필요로 하는 지상파, 케이블 TV, 지역방송사 등과 협상과 계약을 함 • TV 광고시장을 선점함으로써 수익을 창출함

> **개념+**
>
> ❖ 경제효과 분석
>
> | | |
> |---|---|
> | 산업연관분석 | 산업 간의 생산 기술적 연결구조에 초점을 두고 분석 |
> | 승수분석 | 요인에 따른 파급효과 분석, 소요된 노력 비교 분석 |
> | 비용·편익분석 | 여러 안이 초래할 비용과 편익을 비교 분석 |
> | 상대적 매출평가 방법 | 매출의 변화 비율 분석 |
>
> ❖ 스포츠 비즈니스 모델
>
> | | |
> |---|---|
> | 이익극대화 모델 | • 구단별 보유선수 숫자 제한 규정
• 탄력적 가격책정을 통한 수익창출 방침 |
> | 효용극대화 모델 | • 샐러리 캡(salary cap) 무제한, 보유선수 무제한 등 수입원을 감안하지 않고 선수연봉 책정
• 평균규모 이상의 큰 경기장을 소유한 구단의 운영정책
※ 샐러리 캡: 각 구단이 당해 시즌에 각 구단 보유 선수에게 지급하기로 한 연봉 총상한제 |

③ 영역

스포츠이벤트	올림픽, 월드컵과 같은 대형 스포츠이벤트와 프로스포츠를 통해 수익을 창출함
스포츠스폰서십	기업이 재화나 서비스를 제공하는 대가로 로고, 엠블럼 등 마케팅에 이용할 수 있는 권리를 갖게 됨 예 선수유니폼 광고, 경기장 내 광고, 경기장 명칭 사용 등
방송중계권	여러 형태의 방송사가 스포츠단체에 일정 금액을 지불하고 경기영상을 촬영, 가공, 판매하는 독점적 권리를 얻음
스포츠라이선싱	• 제품, 제조 기술의 특허권 혹은 그것을 사용할 수 있도록 허가하는 일을 의미함 • 라이선시(licensee, 허가받는 자)는 라이선서(licensor, 허가하는 자)로부터 스포츠와 관련한 재산권을 행사할 수 있는 권리를 취득하고 비용을 냄
스포츠 머천다이징	특정 스포츠팀, 선수의 캐릭터, 로고, 엠블럼 등을 활용해 스포츠와 연관이 없는 새로운 제품을 상품화하는 것임

인도스먼트	일종의 선수 스폰서십(athlete sponsorship) 방식으로 유명선수를 활용해 기업의 특정 제품을 전략적으로 촉진하기 위한 방법으로 '선수보증광고'라고 불림
명명권	명명권(naming rights)은 일종의 경기장 스폰서십(stadium sponsorship)으로 기업이 장소의 이름을 짓는 권리를 획득하여 비용을 냄

(5) 스포츠프로퍼티

① 스포츠산업(용품업, 시설업, 서비스업)에는 스포츠용품업, 스포츠시설업과 같이 물질적 자본이 중요한 사업도 있지만, 무형자산에 의존하는 경우가 많다.
② 스포츠프로퍼티는 유형(동산, 부동산 등) 재산권도 포함하지만 지적 재산권처럼 무형자산에 가깝다.

(6) 스포츠스폰서십

① 스폰서십 유형

재화 제공 형태에 따른 분류	공식 후원사	지불하고 주최기관이 공식적으로 인정한 스폰서
	공식 공급업자	물품을 제공하여 권리를 갖는 스폰서
	공식 상품화권자	공식적으로 라이선싱 사업권한을 갖는 스폰서(국내 상품화권자, 공식기념품 상품화권자, 해외 상품화권자)
후원금 등급에 따른 분류	타이틀 스폰서	대회명칭에 스폰서 기업 혹은 상품명칭 사용권한을 갖는 스폰서
	프리젠팅 스폰서	타이틀스폰서 기준에 못 미치지만 현금 혹은 물품을 제공한 스폰서(타이틀스폰서의 약 4분의 1 수준)
	공식 스폰서	타이틀 스폰서의 10% 정보 비용 지불
	공식 공급업자	식음료업체, 신용카드 회사, 장비 공급업체 등
스포츠 대상에 따른 분류	선수 스폰서	선수에게 협찬하는 스폰서
	팀 스폰서	팀, 구단에게 협찬하는 스폰서

② 스포츠스폰서십 6P(그레이, D. P. Gray): 성공적인 스포츠 스폰서십을 위해 6P 즉, 플랫폼, 동업, 편재, 선호, 구매, 보호를 제시했다.
  ㉠ 플랫폼(Platform): 이해 당사자 간의 목적 달성을 위한 교환의 장을 잘 형성해야 한다.
  ㉡ 동업(Partnership): 스포츠단체와 기업 스폰서 간의 동반자적 관계형성을 잘 해야 한다.
  ㉢ 편재(Presence): 소비자가 제품을 선택하기 위해 접근이 쉽고, 구매하여 사용하기가 편리해야 한다.
  ㉣ 선호(Preference): 인지도를 높이기 위해 선호도를 강화할 수 있는 수단을 제공해야 한다.
  ㉤ 구매(Purchase): 스포츠이벤트 자산을 활용해 소비자의 구매를 유도해야 한다.
  ㉥ 보호(Protection): 스폰서 권리를 보호해야 한다.

③ 스포츠스폰서십의 계약구조

4주체	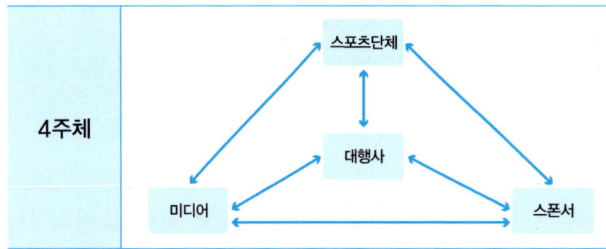	• 스포츠단체: IOC, FIFA, 연맹, 협회, 구단 등 주최 권한을 갖는 단체 • 미디어: 방송중계권 획득 • 스폰서: 스폰서 참여, 우선 광고 권한 • 대행사: 협상과 계약을 대행하는 중간자 역할

④ 스폰서십 혜택 및 효과

선수	용품협찬, 대회 참가비용 지원, 선수가치 제고
팀/구단	기업이미지와 동반 상승, 용품지원, 기업제품 및 서비스 지원
스포츠단체	경기력 향상, 복지 증진, 선수이탈 방지 등 체계적 관리, 선수안전, 조직 운영예산 등에 협찬비용을 지출·관리
스폰서 기업	기업인지도, 상품이미지, 판매촉진, 조직구성원 자긍심 고취
대행사	가교역할, 수수료 수익, 높은 인지도 구축
미디어	방송중계권 확보에 따른 권한, 스포츠 중계, 방송촬영, 편집, 송출, 재판매 등 부가수입
소비자	수준 높은 경기관람, 각종 팬 서비스, 부대이벤트, 좋아하는 선수 초상 및 구단로고 부착된 상품 구매

⑤ 스폰서십과 광고의 차이

스폰서십이 광고에 비해 우위사항	광고가 스폰서십에 비해 우위사항
• 기업과 상품 이미지 형성에 더 효과적 • 기업의 명성을 향상시키는 역할 • 내부구성원의 사기진작에 더 기여 • 판매기회와 권리를 우선적 확보 • 소비자들에게 접근할 수 있는 혜택 부여	• 소비자 설득 메시지가 더 강함 • 기업제품과 서비스 전달 메시지의 표준화 • 정해진 범위 내에서 노출효과 보장 • 평가하는 것이 쉬움 • 턴키체계(제대로, 즉시 작동가능 의미)

⑥ 스폰서십 유치 시 고려사항

스폰서십 유치 고려사항 (스포츠단체 입장)	후보기업에 대한 기본적인 조사	• 이벤트와 스폰서 이미지 연관성 • 마케팅 구조 • 동종업계와의 경쟁관계 • 스폰서 참여경험 유무 • 생산제품 및 서비스 • 새정 확보의 중요한 수단으로서의 가치
스폰서십 참여 고려사항 (기업 입장)	스포츠이벤트 자체의 가치 기준	• 스포츠이벤트 가치 • 전문성, 계절성 • 비용효과, 매체노출 효과 • 대중의 선호도, 장소의 근접성, 판매기회 • 지속성, 연속성, 확장성
	기업내부 기준	• 참여능력, 참여비용 • 시간적 여유, 기업 및 상품 이미지 제고 • 표적시장과 측정가능성

2 이벤트 홍보 및 광고

(1) 이벤트 홍보 및 촉진 전략 수립

① 홍보의 특징
- ㉠ 신뢰성의 원칙: 공중과의 관계에서 신뢰를 형성
- ㉡ 공공성의 원칙: 목표 공중의 이해와 이익을 도모하는 원칙
- ㉢ 쌍방향의 원칙: 지속적인 대화를 유지하는 원칙
- ㉣ 진실성의 원칙: 공개하는 커뮤니케이션의 진실한 내용

② 홍보 기획 수립: 홍보 준비 단계→홍보 성숙 단계→홍보 전개 단계→홍보 확산 단계→홍보 이미지 고착 단계→홍보 마무리 및 평가 단계

③ 스포츠이벤트 홍보물 종류
- ㉠ 미디어를 통한 홍보
  - TV: 광역적이고 접근이 용이함. 비용이 많이 듦
  - 라디오: 비교적 비용이 적게 듦. 노출 시간이 매우 짧음
  - 신문: 신축성과 적시성이 있음
  - 잡지: 선택적 독자에게 메시지의 효과적 전달
  - 우편: 목표 시장에만 메시지 전달, 목표 시장을 정확하게 파악하기 어려운 단점
- ㉡ 인터넷 매체를 통한 홍보
- ㉢ 인쇄 매체를 통한 홍보
- ㉣ 영상 매체를 통한 홍보
- ㉤ 옥외 매체를 통한 홍보

④ 스포츠이벤트 스토리텔링

오프라인 스토리텔링	㉠ 역사, 문화, 장소, 제품, 특정 콘텐츠 등 제품 중심으로 전통적인 스토리텔링 특징 ㉡ 직접 체험을 통해 소비자의 감성을 자극할 수 있음 ㉢ 시간과 장소상의 제약이 있음
온라인 스토리텔링	㉠ 인터넷 환경에서의 참여, 공유, 개방의 성격을 보여주는 형태 ㉡ 유연성, 탄력성, 보편성, 상호교환성, 재창조성, 신뢰성, 복합성, 파급성 ㉢ 사실만을 말하는 경우(에피소드, 경험담), 스토리를 약간 바꾸는 경우(패러디, 루머), 스토리를 새로 만드는 경우(기념일, 시리즈 광고), 특수채널로 유포하는 경우(장소, 영화, 게임)

⑤ 스포츠이벤트의 목표를 달성하기 위한 SMART 원칙

S(Specific)	목표가 명확할 것(이벤트의 분명한 목표)
M(Measurable)	측정이 가능할 것(이벤트 실행 후 평가 가능)
A(Achievable)	실현 가능할 것(이벤트의 현실적 목표)
R(Relevant)	관련성이 있을 것(이벤트 목표와 행사 목표와의 연관성)
T(Timely)	기한이 있을 것(이벤트 목표의 행사 기간 내 실현 가능성)

(2) 매복마케팅

매복마케팅(앰부시마케팅, ambush marketing)이란 대회 주최기관의 승인 없이 기업의 상표나 상품 로고 등을 노출시켜 소비자와의 커뮤니케이션 향상과 판매 촉진을 목적으로 하는 마케팅의 일종이다.

① 매복마케팅의 특징은 다음과 같다.
  ㉠ 사전에 철저하게 계획된 의도적인 활동으로 경쟁사인 공식 스폰서에게 피해를 입히고자 한다.
  ㉡ 스폰서 권리를 침해하지 않는 범주 내에서 활동을 해야 하기 때문에 공식 스폰서 못지않은 비용으로 짧은 기간 동안 진행된다. 매복마케팅의 유형은 중계방송의 중간방송, 경기장 주변의 별도의 프로모션 및 옥외광고판 활용, 선수와 단체 등을 교섭하면서 마케팅 활동 추진 등이 있다.

② 매복마케팅 방지방법은 다음과 같다.
  ㉠ 법과 제도적 규제를 강화한다(저작권법상의 검토, 상표법상의 검토, 부정경쟁방지법상의 검토).
  ㉡ 공식 스폰서의 광고·홍보기간을 충분히 확대할 수 있게 한다. 즉, 스폰서의 권리를 보장하는 기간을 행사기간에 국한시키지 않고, 대폭 확대하는 레버리징(leveraging) 프로그램을 활용할 수 있다.

(3) 스포츠경기장 광고 보드

① **A보드**: A자형 보드로 이동이 없고 고정된 광고를 경기장 사이드라인과 앤드라인에 설치함
② **롤링보드**: 고정적인 A보드와 달리 일정한 주기를 기준으로 광고의 롤링이 이루어짐으로써 눈에 잘 띄고, 여러 광고를 유치할 수 있음
③ **LED 보드**: 움직이는 효과와 디지털 방식의 동영상, 스토리텔링식의 광고를 통해 시각효과가 뛰어나고 시선을 유도할 수 있음, 설치비용이 비쌈

3 티켓 및 입장 관리

(1) 티켓 판매

① 티켓 사이트 관리: 경기장 좌석배치 정보 제공, 티켓 가격 정보 제공, 예매 할인 정보 제공, 티켓 예매 안내 정보 제공
② 티켓 판매 모바일 관리
③ 티켓 디자인 관리: 티켓의 콘셉트, 모양, 재질, 문구, 색상, 봉투 디자인 선정

(2) 입장관리

① 안전사고 발생원인: 1차 책임자인 행사 주최자의 책임의식 소홀, 자원봉사자에 의존하는 안전요원 고용, 밀집된 공간에서의 동선관리 소홀, 이원화된 안전점검 절차

② 협력 체계: 소방서, 경찰서, 병원, 통신업체, 보안업체
③ 응급 체계: 지역체계, 병원체계, 사설 출동체계, 자원봉사체계, 복합체계

02 스포츠시설 마케팅 관리

1 마케팅 전략 수립

(1) STP

> **암기 TIP** 마욕충쟁프
>
> 여러분, 마욕을 부리면 스머프가 아니라 충쟁프가 됩니다. 즉, 시장세분화의 필요성은 마케팅 기회 발굴, 고객욕구 충족, 브랜드 충성도 강화, 경쟁사보다 경쟁우위 확보, 마케팅 프로그램을 개발하기 위해서입니다. 이렇게 이해하고, 암기해봅시다.

> **Moon's Advice**
>
> 세분화(S)는 시장을 쪼갠다는 의미입니다. 모든 시장의 고객을 섭렵할 수 없기 때문입니다. 표적화(T)는 시장을 세분하다보면 자사의 제품과 서비스를 구매할 만한 표적집단이 생깁니다. 위치화(P)는 그 표적집단의 마음에 깃발을 꽂는 것입니다. 즉 다른 곳으로 가지 않도록 마음을 잡는 것입니다.

마케팅 경영관리의 단계는 조사, STP(세분화·표적화·위치화), 마케팅 믹스, 통제과정이다. 마케팅 프로세스로서 STP의 개념은 다음과 같다.

① 세분화(Segmentation): 표적 마케팅의 첫 단계로서 전체시장을 나누어 상품시장의 구조를 분석하여 현재의 시장을 이해하는 단계이다. 시장세분화의 필요성과 효과는 우선 마케팅 기회의 발견을 통한 유리한 전략을 전개할 수 있다. 또한 정확한 욕구충족에 따른 맞춤형 공략방식을 추진할 수 있다. 소비자의 다양한 욕구를 충족시켜 매출액을 높이고 브랜드의 충성도를 강화하게 된다. 더불어 마케팅 자원의 효율적 배분을 통한 경쟁우위를 확보하고, 적합한 마케팅 프로그램의 개발 및 소요예산을 수립할 수 있다.

② 표적화(Targeting): 세분시장들 중에서 기업이 표적으로 하여 마케팅 활동을 수행하기 위해 경쟁력 있는 세분시장별로 사업성을 검토하는 단계이다.

③ 위치화(Positioning): 각 세분시장에 대응하는 위치와 개념을 선정, 개발, 전달하기 위해 마케팅의 차별화 전략을 수행하고 목표설정을 위한 단계이다. 모든 시장은 경쟁자가 있는 한 시장 전체를 모두 점유하기는 어렵다. STP의 필요성은 정확한 표적대상을 선정하기 위해 작은 시장으로 나누어 경쟁상품과 차별화하기 위함이다.

(2) 시장세분화 5가지 조건

> **📘 암기 TIP** 측근행실차
> 여러분, 측근들의 행실이 나쁘면 차버려야겠지요. 이렇게 암기해봅시다.

정확한 시장세분화를 위한 조건은 측정가능성, 접근가능성, 실행가능성, 실체성, 차별화 가능성으로 구체적인 내용은 다음과 같다.

① 측정가능성(measurability): 시장의 규모와 소비자의 특성에 따른 구매력 등을 계량적으로 측정이 가능한지 파악하는 것이다.
② 접근가능성(accessibility): 시장에 내놓은 상품이 현행 법규와 제도의 범위 안에 있는지 파악하는 것이다.
③ 실행가능성(actionability): 제품을 시장에 내놓을 만한 조직의 능력이 되는지 파악하는 것이다.
④ 실체성(substantiality): 시장을 세분화할 만한 규모의 제품인지 혹은 투자해서 수익이 나는지 등을 파악하는 것이다.
⑤ 차별화 가능성(differentiability): 다른 세분화된 시장과 비교해서 마케팅 활동에 대한 반응에서 차이가 있어야 하는 것이다.

(3) 시장세분화 6가지 기준

> **📘 암기 TIP** 인지행심시다
> 여러분, 인지행심은 쓰지 않고 시다가 맞지요. 이렇게 암기해봅시다.

시장세분화의 기준은 다음과 같다.
① 인구통계학적 세분화: 연령, 성, 가족 수, 소득, 직업, 학력 등의 변수로서 객관적인 측정이 가능하다.
② 지리적 세분화: 지역에 따라 소비자 욕구가 다를 것이라는 가정에 따라 스포츠시장을 세분할 수 있고 경계 확인이 쉽다.
③ 행동적 세분화: 사용빈도와 여부, 사용에 따른 만족도 등 다양한 변수가 포함된다.
④ 심리묘사적 세분화: 세분시장 도달 가능성이 낮고, 정확한 측정이 어렵지만 스포츠 마케터들은 소비자의 라이프스타일에 대한 이해를 높이고자 노력한다.
⑤ 시간 세분화: 사람마다 행동하는 시간대가 다르다는 사실에서 출발한다.
⑥ 다속성 세분화: 시장을 세분화할 때 단일한 기준보다 여러 가지 기준을 활용한다.

(4) 표적화

> **암기 TIP** 차비집
>
> 여러분, 차비가 없으면 집에 못갑니다. 이렇게 암기해봅시다.

> **Moon's Advice**
>
> "차비집"은 스포츠경영에서 이미 설명을 했습니다. 즉, 마이클 포터의 본원적 경쟁전략도 차비집(차별화 전략, 비용우위 전략, 집중화 전략)입니다. 또한 스포츠시설의 경영전략 유형에도 차비집세(차별화 전략, 비용우위 전략, 집중화 전략, 세분화 전략)이 나옵니다. 단, 표적시장의 '차비집'의 '비'는 비차별화 전략입니다.

표적시장을 선정하기 위한 전략에는 차별화 전략, 비차별화 전략, 집중화 전략이 있다.
① 차별화 전략: 여러 세분시장을 목표로 삼고 각각의 시장에 독특한 제품을 공급하는 방법이다.
② 비차별화 전략: 세분시장의 차이를 무시하고 한 가지의 제품을 갖고 전체시장에 접근하는 방법이다. 규모의 경제를 실현함으로써 마케팅 비용절감의 효과가 있다.
③ 집중화 전략: 큰 시장에서 낮은 점유율을 차지하는 것보다 하나 혹은 몇 개의 세분시장에서 보다 높은 점유율을 확보하려는 방법이다.

(5) 위치화의 유형

> **암기 TIP** 속이상용경
>
> 여러분, 속이 상하면 용경이란 경전을 읽으세요. 이렇게 암기해봅시다.

속성에 의한 위치화	제품의 속성에 따라 위치화
이미지에 의한 위치화	제품의 편익을 강조하는 이미지를 위치화
사용상황이나 목적에 의한 위치화	제품이 사용될 수 있는 상황, 목적에 따라 위치화
이용자에 의한 위치화	이용자 계층을 이용한 위치화
경쟁상품에 의한 위치화	경쟁상품을 비교하여 위치화

2 스포츠마케팅 믹스

(1) 4P

마케팅 믹스 4P는 제품, 가격, 장소, 촉진이다.
① 제품(product): 스포츠시장에서 스포츠소비자가 필요로 하거나 요구하는 것을 만족시키기 위해 제공되는 유·무형의 모든 요소를 뜻한다.

② 가격(price): 고객이 제품의 효용가치를 인정하여 이를 얻기 위해 지불하는 금전적 가치를 말한다.
③ 장소(place): 고객이 상품이나 서비스를 구매하거나 이용하는 장소와 유통(distribution)과정을 말한다.
④ 촉진(promotion): 제품의 판매를 촉진시키기 위해 판매자와 고객과의 모든 커뮤니케이션의 수단을 의미한다.

(2) 스포츠제품의 5가지 차원

> **암기 TIP** 핵실기확잠
>
> 여러분, 핵을 실제로 기차게 확 쏘는 잠수함은 무섭지요? 이렇게 암기해봅시다.

스포츠제품을 핵심제품, 실제제품, 기대제품, 확장제품, 잠재제품으로 분류할 수 있다.
① 핵심제품(core product): 혜택이나 이점과 관련돼 있다. 소비자는 경기관람을 통해 다양한 이벤트 경험과 같은 혜택과 이익을 얻고자 한다.
② 실제제품(generic product): 유형화된 제품(tangible product)을 말한다. 스포츠경기 자체가 실제 제품으로서 소비자는 경기접근권을 구매한다.
③ 기대제품(expected product): 제품에 대한 기대심리와 관련돼 있다. 소비자는 스포츠경기를 보기 위해 지불한 입장권에 즐거움과 편익 등의 부수적인 기대를 갖고 있다.
④ 확장제품(augmented product): 애프터서비스(A/S)와 같이 다양하게 부가된 서비스의 의미가 내포돼 있다. 소비자는 스포츠경기를 보기 위해 입장권을 구매하고 관중석에 앉게 되지만, 관리 상태와 같은 관중석 시설 서비스, 주차장 및 편의시설 같은 경기장 시설 서비스, 경기시작 전의 이벤트, 경기 스태프의 친절도, 입장권의 가격 적정선 등까지 확장제품으로서 인식한다.
⑤ 잠재제품(potential product): 다른 경쟁자와 차별화하기 위해 경험할 수 있는 미래의 확장성과 연관돼 있다. 로고, 심벌, 엠블럼으로 상징되는 브랜드가 매우 중요해졌다.

개념 +

◇ 5차원 스포츠제품(운동화, 스포츠 경기 대입)

구분		운동화	스포츠 경기
1차원	핵심제품	발의 보호	• 선수, 팀, 경기장, 장비, 규칙, 기술, 경기력 같은 경기형태 등 이벤트 경험 • 관람, 참여, 건강, 오락, 성취
2차원	실제제품	실제 운동화	스포츠 경기 자체
3차원	기대제품	기능에 따른 기대심리	즐거움, 편익 등 부수적 기대치

4차원	확장제품	• 품질보증 처리 • 할부판매, 맞춤형 서비스, 애프터서비스(A/S)	경기장·관중석 시설 서비스, 경기 스태프 친절도, 입장권의 가격 적정선, 경기 전 공연, 치어리더, 응원전, 경품행사 등
5차원	잠재제품	로고, 엠블럼 등 브랜드	스포츠 경기의 브랜드

스포츠 서비스 제품의 특성(Mullin, Hardy, & Sutton, 1993): 무형 및 주관적 제품, 소모성 제품, 사회적 촉진에 의한 대중적 소비제품, 예측불허의 제품, 핵심제품은 통제 불가능한 제품, 확장제품은 통제 가능한 제품, 소비제품이면서 산업제품, 소구력 제품

(3) 스포츠제품의 수명주기

> **암기 TIP** 도성숙퇴
>
> 여러분, 도(道)는 성숙해야 퇴물이 안 됩니다. 이렇게 암기해보세요.

> **Moon's Advice**
>
> "도성숙퇴"와 똑같은 수명주기는 스포츠조직의 수명주기(스포츠경영)에서도 등장합니다. 여기서는 형성기, 성장기, 중년기, 장년기로서 "형성중장"으로 구분합니다. 공통단어는 '성장기'가 있군요. 병행해서 다시 공부하길 권장합니다.

도입기	• 스포츠제품이 처음 시장에 나오는 단계 • 초기비용이 많이 들게 돼 적자상태가 지속 • 인지도와 판매율을 높이기 위해 활발한 촉진활동을 해야 하는 시기
성장기	• 수요가 증가하고 이익이 발생하는 단계 • 경쟁사의 모방제품이 출현 • 시장규모가 커지면서 집중적인 유통전략이 필요한 시기
성숙기	• 수요의 신장이 둔화되거나 멈추는 단계 • 성장형, 안정형, 쇠퇴형으로 세분 • 새로운 고객창출보다는 경쟁사의 고객을 유인해야 하는 시기(가격할인 등 촉진전략 필요)
쇠퇴기	• 매출이 눈에 띄게 감소하는 단계 • 제품을 상기시키는 최소한의 광고만 필요한 시기

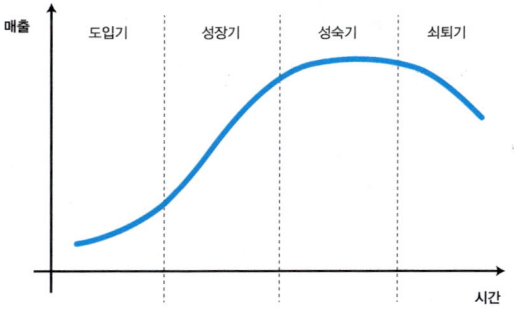

◇ 스포츠제품의 수명주기

(4) 스포츠제품 또는 프로그램 연장 전략

> **Moon's Advice**
> 스포츠경영에서 앤소프의 성장전략과 동일합니다. 기존제품(프로그램), 신규제품(프로그램), 기존시장, 신규시장 간의 관계에서 연장 전략을 도출할 수 있습니다. 병행하여 공부하길 권장합니다.

	기존제품	신규제품
신규시장	시장개척	다각화
기존시장	시장침투	제품개발

(시장 / 제품)

시장침투	시장개발 강화, 제품 재출시, 모방, 비용 절감, 개별적 가격 책정
제품개발	신제품, 신규 서비스, 문제 및 시스템 솔루션
시장개척	시장, 신규 고객층, 새로운 유통, 채널, 제품의 새로운 용도 개발
다각화	신규 시장을 위한 신제품

(5) 스포츠제품 가격의 특성

① 전통적 마케팅 믹스 중 가장 강력한 도구로써 소비자 인식변화에 큰 영향을 미침
② 수요가 탄력적인 시장상황에서 변경하기가 쉬워 경쟁사의 가격정책을 쉽게 모방할 수 있음
③ 일정한 체계를 갖추기 힘든 비정형성으로 가격은 변동 폭이 큼
④ 상대적 관계에 의해 가격이 결정됨

(6) 스포츠제품 가격결정 요인

> **암기 TIP** 경마조가, 경정쟁비
> 여러분, 경마(馬)의 조가 경정의 쟁비를 이깁니다. 이렇게 암기해봅시다.

구분	내적 요인	외적 요인
개념	기업이 스스로 통제할 수 있음	기업이 통제하기 어려운 요인임
요인	• 기업의 경영전략 • 마케팅 전략 • 조직의 특성 • 원가 구조	• 경제 환경 • 정부 규제 • 경쟁자 • 소비자

(7) 가격 책정 전략

> **암기 TIP** 가차심패상
> 여러분, 가차 없이 심하게 부패하면 상합니다. 이렇게 암기해봅시다.

원가기준 책정 전략	가격을 정하는 가장 객관적인 방법으로 생산원가에 일정비율의 이윤을 더해서 원가를 결정하는 방식
가격 차별화 책정 전략	똑같은 제품과 서비스에 대하여 지리적·시간적으로 다른 시장에서 각기 다른 가격을 매기는 방식
심리적 가격 책정 전략	소비자가 제품과 서비스를 구매할 때 심리적으로 만족을 느낄 수 있도록 가격을 책정하는 방식
패키지 가격 책정 전략	둘 이상의 제품과 서비스를 묶어 특별가격으로 소비자에게 제공하는 방식
신상품 가격 책정 전략	새로운 상품이 처음으로 시장에 출시될 때 가격을 책정하는 방식

개념 +

스포츠시설 가격전략
① 경쟁지향 가격 파악: 경쟁자 가격 조사 후 대응하는 가격 책정
② 수요지향 가격 파악: 참가자가 인정하는 가치 근거, 수요자 특성에 따라 가격 차별화
③ 비용계산 가격 파악: 실제 소요되는 비용을 계산하여 예상 참가자 수로 나눔, 기대수익을 더하여 가격 결정
④ 차별화 지향 가격 파악: 둘 이상의 대상을 수준 등의 차이를 두어 구별된 상태가 되도록 가격 결정

스포츠시설 가격정책
① 흡수가격 정책: 단기적 이익을 목적으로 처음에 높은 가격 책정, 고소득층을 공략하면서 점차 가격을 인하하는 정책
② 침투가격 정책: 처음에 낮은 가격을 책정하여 시장점유율을 높인 후 가격을 인상하는 정책

(8) 가격 탄력성

> **암기 TIP** 완탄단완비
> 여러분, 지금 완탄단완비(雨)가 내립니다. 이렇게 암기해봅시다.

Q. 프로야구장 입장료가 10,000원에서 12,000원으로 인상됐다. 이 경우 관람객 숫자가 8,000명에서 6,000명으로 줄어들었다면 수요의 가격 탄력성은?

완전 탄력적	$E = \infty$
탄력적	$E > 1$
단위 탄력적	$E = 1$
완전 비탄력적	$E = 0$
비탄력적	$0 < E < 1$

$$E = \frac{\text{수요량의 변화율}}{\text{가격의 변화율}} = \frac{\text{수요변동분/원래 수요}}{\text{가격변동분/원래 가격}}$$

$$= \frac{(8{,}000-6{,}000)/8{,}000}{(12{,}000-10{,}000)/10{,}000} = \frac{0.25}{0.2} = 1.25$$

- E > 1이므로 탄력적이다.
- * 수요변동분(관람객 숫자의 변동된 양), 가격변동분(프로야구장 입장료의 변동된 양)은 (+) 혹은 (-) 관계 없이 순수하게 변동된 양을 의미함

(9) 유통경로의 중요성

거래횟수 최소화, 생산자와 소비자의 조정, 거래 표준화, 구매자와 판매자들에게 정보 제공

3 스포츠 홍보

(1) 촉진·커뮤니케이션 방법 및 특성

구분	내용
광고	• 가장 많이 차지하는 유료 방식 　- 장점: 짧은 시간, 다수 소비자에게 전달, 대중성, 소비자와의 커뮤니케이션 강함, 1인당 소요비용 저렴 　- 단점: 목표 소비자 대상의 광고가 어렵고, 일방적인 정보전달, 고비용
홍보	• 광고와 비슷하게 생각할 수 있으나 비용을 지불하지 않거나 저렴하다는 차이점이 있음 　- 장점: 총 비용이 저렴하고 신뢰적임 　- 단점: 매체들이 비협조적일 가능성, 매체의 관심을 유발하는 경쟁이 심화
공중관계	• 줄여서 PR이라고 함. 홍보와 거의 유사한 개념이지만, PR이 보다 넓은 의미가 있음 • 홍보는 대언론 관계, PR은 긍정적인 이미지를 구축하기 위한 조직의 총체적인 모든 활동
인적판매	• 판매원이 소비자를 직접 대면해 정보를 제공하고 구매를 유도하는 방식(=대면판매, face to face) 　- 장점: 고객에게 주의가 집중, 고객과의 쌍방향 커뮤니케이션 가능, 복잡한 메시지의 정확한 전달, 신속한 반응을 유도하고 결정 　- 단점: 고비용, 판매원 모집의 어려움, 판매원 간의 제시기술의 차이
판매촉진	• 광고, 홍보, 인적판매에 포함되지 않은 다양한 촉진 활동으로, 짧은 기간 내에 소비자의 마음을 움직이기 위한 목적 　제품 전시, 박람회 참가 등의 행사와 가격 할인, 무료 샘플, 쿠폰 제공, 경품, 리베이트 등의 소비자 판촉 수단
스폰서십	• PR의 일부분. 스포츠 스폰서십은 전통적인 촉진방식에 속하진 않지만, 전 세계 스포츠산업의 괄목할 만한 성장에 힘입어 현재는 매우 중요한 소비자와의 커뮤니케이션 방식

(2) 광고, 홍보, 공중관계의 차이점

① 광고
  ㉠ 대가를 지불하고 방송, 인쇄물 등의 매체를 통해 정보를 전달하는 수단이다.
  ㉡ 광고의 특징은 다수 소비자에게 짧은 시간에 전달될 수 있어 대중성이 높고 1인당 소요비용이 저렴하다는 것이다.
  ㉢ 소비자와의 커뮤니케이션이 강한 반면, 목표 소비자 대상의 광고가 어렵고 일방적인 정보전달과 전체 비용이 비싸다는 단점이 있다.

② 홍보
  ㉠ 광고와 비슷하지만 비용을 지불하지 않거나 저렴하다는 차이점이 있다.
  ㉡ 홍보의 특징은 전체 비용이 저렴하고 신뢰적이다.
  ㉢ 매체들이 비협조적일 가능성이 있고 매체의 관심을 유발하는 경쟁이 심화될 수 있다.

③ 공중관계(Public Relation)
  ㉠ 줄여서 PR이라고 한다.
  ㉡ 홍보와 거의 유사한 개념이지만 PR이 보다 넓은 의미가 있다.
  ㉢ 홍보는 대언론 관계라고 할 수 있지만 PR은 긍정적인 이미지를 구축하기 위한 조직의 총체적인 모든 활동으로 대언론 관계 외에도 국회의원 대상 입법활동, 정부관료 대상 합법적 설득 활동, 사내외 커뮤니티 활동 등을 모두 포함한다.

(3) 인적판매의 특징

① 인적판매는 소비자를 직접 대면해 정보를 제공하고 구매를 유도하는 방식이다.
② 인적판매의 특징은 고객에게 주의를 집중시킬 수 있어 쌍방향 커뮤니케이션이 가능하다.
③ 복잡한 메시지의 정확한 전달이 가능하고, 신속한 반응을 유도하여 결정할 수 있다.
④ 고객과 1:1 대면방식이므로 소요비용이 많이 들고, 판매원 간의 제시기술이 차이가 날 수 있다.

(4) 명명권

> **Moon's Advice**
>
> 명명권은 경기장과 관련한 스폰서십 확장 영역으로 스포츠시설 분야에서도 나옵니다.
> - 국내 최초의 역명 부기권: 2007년부터 3년 동안 'SK와이번스 역'이란 역명을 인천 지하철 문학경기장 역명에 병기했다.
> - 국내 최초의 경기장 명칭 사례: 2014년 3월에 개장한 프로야구단 기아 타이거즈의 홈구장으로 '광주-기아 챔피언스 필드'라 명명했다.

① 명명권(naming rights)은 경기장 명칭사용권으로 장소의 이름을 짓는 권리로 일종의 경기장 스폰서십(stadium sponsorship)이다.
② 기업은 투자 대비 이윤을 창출하기 위해 다양한 촉진 전략으로 성수기뿐만 아니라 비수기 때도 고객을 유인하는 노력을 하게 된다. 보다 더 좋은 좌석과 시설을 제공함으로써 잠재적인 소비자를 유치할 수 있는 효과가 있다.
③ 반면 국민이 낸 세금으로 지어진 상징적 스포츠시설이 기업의 홍보수단으로 바뀐다는 측면에서 정서적 갈등을 일으킬 수 있다.

4 스포츠 브랜드

(1) 브랜드 가치의 5가지 구성요소(아커, D. Aarker)

브랜드 자산	• 브랜드의 자산적 가치를 의미 • 제품의 질보다 브랜드 차별화를 통해 경쟁우위 확보 • 고객들에게 브랜드 충성도를 유지하게 하기 위해 필요
↑	
브랜드 인지도	• 고객들이 친숙한 브랜드로 인식하기 위해 필요 • 브랜드 친숙, 애호, 브랜드 연상 강화
지각된 품질	• 고객들이 품질에 대해 상대적이고 주관적인 인식을 극복하기 위해 필요 • 브랜드 확장, 차별성, 유리한 위치
브랜드 연상	고객들에게 브랜드에 대한 신념과 느낌 등을 풍부하게 하기 위해 필요(브랜드 이미지, 브랜드 확장)
브랜드 충성도	• 고객들에게 장기간 동안 브랜드 선호를 유도하기 위해 필요 • 신규고객 인지도 구축과 재인지, 마케팅 비용 감소, 판매율 상승

(2) 브랜드 확장

계열 확장 (line extension)	• '라인 확장'이라고도 함 • 기존의 상표명을 기존 제품범주의 새로운 형태, 크기 등에 확대함(신상품 도입) • 수직적 확장: 같은 제품 범주에 다른 타깃 시장을 대상으로 가격, 품질의 차이가 있는 유사 브랜드를 출시함. 이를 또 다시 기존 브랜드를 대중시장에서 상급시장으로 확대하는 상향 확장과 기존 브랜드를 갖고 저가형 시장에 진출하는 하향 확장으로 분류함 • 수평적 확장: 도입하거나 유사한 제품 범주에서 완전히 새로운 제품에 계속 사용하고 있는 상표명을 적용하는 경우임
범주 확장 (category extension)	• '카테고리 확장'이라고도 함 • 새로운 범주에 어떤 신상품을 출시하기 위해 기존 브랜드명을 사용함

(3) 브랜드 확장의 장점과 단점

브랜드 확장의 장점	브랜드 확장의 단점
• 신제품 브랜드 관점 　- 신규 브랜드 인지도 제고 　- 신제품 브랜드의 긍정적 이미지 제고 　- 신규 브랜드 의미 전달 • 기업 관점 　- 신제품 촉진비용의 효율성 증가 　- 신제품에 대한 유통과 고객의 신제품 수용 가능성 　- 신제품 개발 및 마케팅 비용 절감 • 모브랜드 관점 　- 모브랜드 의미의 명료화, 재활성화 　- 모브랜드 이미지 강화 및 확장	• 소비자와 유통 관점 　- 소비자에게 혼란 초래 가능 　- 신규 제품에 대한 신선함 저하 　- 소매 유통 저항에 직면 • 브랜드 관점 　- 모브랜드와 확장 브랜드 간에 시장 잠식 가능 　- 브랜드 확장의 실패로 모브랜드의 이미지 저하 가능성

(4) 스포츠브랜드 커뮤니케이션 과정

> **암기 TIP** 상목표시미평
> 여러분, 상목을 표시해야 아름답다고(미) 평가됩니다. 이렇게 암기해봅시다.

상황분석	소비자와 잠재 소비자의 선호도, 조직의 장단점 파악
목표설정	매출증가, 신규 소비자 유도, 기존 고객 소비증대, 브랜드 인지도 제고, 스포츠 브랜드 강화 등 목표 설정
표적 시장 선정	유사한 소비성향을 가진 소비자 선정
메시지 작성	긍정적인 브랜드 연상을 유도하는 메시지 확정 예 나이키의 'Just do it'
미디어 선택	광고효과를 극대화하기 위해 표적시장에 잘 노출될 수 있는 미디어 선택
광고효과 평가	인지도 고취, 소비자 태도 변화 유도, 매출 증대, 이미지 개선 등 광고의 커뮤니케이션 효과와 판매 효과의 주기적 측정

> **개념+**
>
> 스포츠서비스의 특징 및 품질척도는 스포츠산업, 스포츠경영에서도 출제됩니다.
> 스포츠서비스의 특징
>
> > **암기TIP** 무비질소
> > 여러분, 무비를 보러 영화관에 갔는데 질소가 아니라 산소가 필요하겠지요. 이렇게 암기해봅시다.
>
> 스포츠서비스의 특징은 무형성, 비분리성, 이질성, 소멸성이다. 스포츠 경기의 서비스 특징을 분류·기술하면 다음과 같다.

① **무형성**: 스포츠경기는 정해진 형태가 없고, 미리 만져볼 수 있는 것이 아니기 때문에 무형적인 특징을 갖고 있다.
② **비분리성**: 스포츠경기는 정해진 장소와 시간에 생산을 하자마자 소비되기 때문에 분리를 할 수 없는 특징을 갖고 있다.
③ **이질성**: 스포츠경기는 모든 경기내용의 품질이 동일할 수 없고, 사람마다 서비스 품질에 대해 다르게 느끼기 때문에 이질적인 특징을 갖고 있다.
④ **소멸성**: 스포츠경기는 생산되고 소비되면 동일한 경기를 다시 실행할 수 없기 때문에 서비스가 사라지는 소멸적인 특징을 갖고 있다.

스포츠서비스의 품질척도
스포츠산업에서 등징한 개념으로 스포츠서비스의 특징과 함께 학습합시다.

> **암기TIP** 유신확답공
> 여러분, 유신체제에 대해 확답을 하라고 한다면 공감이 가야겠지요. 이렇게 암기해봅시다.

서비스 품질 척도 5개는 유형성, 신뢰성, 확신성, 응답성, 공감성이다. 고객에게 5개 모두의 질 높은 서비스를 제공해야 한다. 스포츠센터의 예를 들어 설명하면 다음과 같다.
① **유형성**: 스포츠센터의 외형과 시설의 우수함이다.
② **신뢰성**: 스포츠센터의 약속된 서비스의 이행이다.
③ **확신성**: 스포츠센터 구성원의 전문적인 지식과 태도에 관한 서비스 품질이다.
④ **응답성**: 고객에게 서비스를 즉각적으로 제공하려는 의지이다.
⑤ **공감성**: 고객별로 개별화된 주의와 관심을 제공하기 위한 노력이다.

5 이벤트 관리

(1) 스포츠이벤트 종류
① **관전형 스포츠**: 기업이나 특정 단체가 소비자, 관객에게 화제나 볼거리를 제공하기 위해 스포츠와 관련된 프로나 유명 선수들을 초청해 주최하는 여러 형태의 행사나 대회임
② **참가형 스포츠**: 지자체나 기업, 학교 등의 조직체가 참가자의 건강 증진과 공동체 의식의 강화를 목적으로 자발적인 참가를 유도해 개최하는 스포츠 행사임

(2) 리그전과 토너먼트
① **리그전**: 스포츠경기에서 각 팀이 다른 팀과 모두 최소 한 번씩 경기를 치르는 방식
② **토너먼트**: 경기 때마다 패자를 제외시켜서 최후에 남은 둘에서 우승을 결정하게 하는 방식
③ **리그+토너먼트**: 리그전과 토너먼트전의 장점을 결합

(3) 스포츠이벤트 목표
① 하나의 행사에 특화된 단기적으로 이루고자 하는 지향점을 의미함
② 개별 스포츠이벤트는 측정 가능한 하나 이상의 목표를 수립해야 함

(4) 스포츠이벤트 목적

① 홍보나 기업의 이미지를 고객에게 전달하여 매출의 극대화를 도출함
② 협회나 경기단체는 종목 발전과 스포츠행정의 일환으로 대회를 개최함으로써 수익창출을 기대함
③ 스포츠구단은 팬들에 대한 서비스 극대를 통해 고정 팬의 확보를 통한 입장수입 및 팀 인지도 상승에 따른 수입 증가를 유도함
④ 국가 행정적인 측면에서 국민의 정신적 욕구를 충족시키고 지역 활성화시키기 위함

03 스포츠이벤트 중계권 관리

1 스포츠와 미디어 관계

스포츠가 미디어에 미치는 영향	미디어가 스포츠에 미치는 영향
• 광고수익을 증대시킴 • 첨단기술이 도입됨 • 보도기술이 발전됨 • TV 중계권 가격이 상승함 • 방송 프로그램 다변화(일반프로그램보다 효율성, 효과성 측면에서 유리)	• 스포츠 룰(rule)을 변화시킴 • 경기스케줄 변경 • 스포츠조직의 안정적 재원 조달에 기여 • 스포츠 상업화, 대중화, 세계화를 촉진 • 스포츠 과학화 및 경기력 향상에 기여 • 뉴 스포츠 종목 변화

2 스포츠 방송 중계권 및 효과

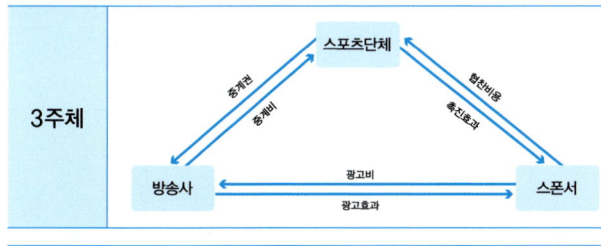

3주체	• 스포츠단체: 국제올림픽위원회(IOC)나 국제축구연맹(FIFA)은 대회 개최권한이 있음 • 방송사: 주관방송사, 중계권을 갖고 독점 운영 권한을 가짐 • 스폰서: 광고주
스포츠방송에 따른 광고환경	• TV 광고를 통한 시청자에 대한 노출 • 경기장 광고를 통한 관중에 대한 노출
스포츠단체의 기대효과	• 재정확보 • 스포츠스폰서십의 가치 증진 • 시청자에게 볼거리 제공

방송사의 기대효과	• 광고주 섭외환경 마련 • 광고수입 • 시청료 수입 • 방송사의 기술력 인정 • 효율적인 방송 프로그램 편성 환경 조성
광고주의 기대효과	광고효과

개념＋

◇ 하계 올림픽 광고/TV 방송 변천사

올림픽 개최지	연도	내용
파리	1924	최초로 광고 허용
암스테르담	1928	코카콜라가 공식 스폰서로 참여 시작
베를린	1936	최초로 TV 야외 실험방송
로마	1960	최초 TV방송중계권 판매
도쿄	1964	인공위성을 통한 TV 중계방송
멕시코시티	1968	IOC 방송위원회 설치, 컬러 콘텐츠 제작
뮌헨	1972	국제 TV방송 시스템 도입
몬트리올	1976	대회 엠블럼 제작 사용
서울	1988	TOP 프로그램 시작(기업 스폰서십)

04 스포츠이벤트 경기운영 지원

1 경기규정 및 데이터 활용

(1) 스포츠 경기분석

① 정의: 확률개념을 이용한 경기력 분석 방법
② 경기 기록: 스포츠 기록, 행정 기록, 운영 기록, 달성 기록, 달성 가능 기록
③ 경기력
　㉠ 경기 내적 요인: 기술요인, 체력요인, 심리요인, 전술요인
　㉡ 경기 외적 요인: 시설, 환경, 날씨 등
④ 정보자료 통계분석: 빈도분석, 교차분석, 요인분석, t-test, 기술통계분석, 상관관계분석, 회귀분석, 분산분석

(2) 경기분석자료
   ① 경기분석자료: 전술평가, 기술평가, 움직임 분석, 지도자 및 선수를 위한 교육
   ② 체력분석: 행동체력, 방위체력, 전문체력

(3) 경기분석내용 문서화
   게임의 기본정보, 팀 및 선수 기본정보, 데이터 통계 및 분석, 전술분석, 평가

(4) 스포츠경기 자료의 신뢰도와 타당도
   ① 경기 자료의 신뢰도
      ㉠ 해당경기의 데이터가 구체적인 대상을 가리키는 정도
      ㉡ 신뢰도는 타당도의 필요조건
      ㉢ 통상 신뢰도가 높고 타당도 낮은 데이터가 다수임(신뢰도가 낮고 타당도가 높은 자료는 거의 없음)
   ② 경기 자료의 타당도
      ㉠ 해당 경기의 데이터가 가리키는 대상이 조사자가 알고자 하던 것과 일치하는 정도
      ㉡ 타당도의 주요 독립변수는 문항별 내용, 피검사자들의 이해, 외적 준거와 비교

> **개념 +**
>
> **신뢰도와 타당도**
> - 신뢰도(reliability)
>   - 얼마나 일관성을 갖고 측정을 했는지에 대한 정도
>   - 동일한 검사 또는 동형의 검사를 반복 시행했을 때 측정하려는 것을 얼마나 안정적으로 일관성 있게 측정하였는지, 검사도구가 오차 없이 정확하게 측정한 안정성, 일관성, 예측가능성, 정확성을 알 수 있음
> - 타당도(validity)
>   - 올바른 측정도구와 방법을 사용했는지를 나타내는 개념
>   - 시험조사 또는 시험의 내용이 측정하고자 하는 요소를 정확하게 측정하는 정도

2 시스템 설계 및 실행계획

(1) 유용한 스포츠정보의 조건
   적시성, 완결성, 관련성, 검증가능성, 정확성, 정밀성, 표현양식의 적절성

(2) 스포츠정보 관리를 위한 PREP 기법
   ① POINT 부분 제시: 전달하고자 하는 요점 제시, 전체 윤곽 제시
   ② REASON 부분 제시: 주장 근거 제시, 자료 조사를 일목요연하게 정리 제시
   ③ EXAMPLE 부분 전달: 구체적인 예시 제시, 실현가능성 전달
   ④ POINT 부분 입증: 자신의 주장 요약, 주장의 타당성 입증

> **개념 +**
>
> 통계자료 수집방법
> ① 면접법: 대화 수단(언어)을 통한 필요한 자료 수집
>   ㉠ 장점: 면접자와 피면접자 간의 직접적인 상호과정을 거치기 때문에 응답률이 높음
>   ㉡ 단점: 비용과 시간 많이 소요, 면접자와 피면접자에 따라 면접결과가 달라질 수 있음
> ② 질문지법: 조사자가 사전에 작성한 질문지에 따라 응답자가 직접 기록(설문지법)
>   ㉠ 장점: 다른 방법에 비해 시간, 노력, 비용이 적게 소요됨
>   ㉡ 단점: 질문지의 작성과정에 상당한 노력과 주의가 요구됨

3 정보의 분석 기법

> **개념 +**
>
> - 1차 자료(primary data): 조사자가 당면한 의사결정 문제를 해결하기 위해 직접 수집한 자료, 2차 자료에 비해 비용이 많이 소요(대면면접, 전화면접, 질문 등)
> - 2차 자료(secondary data): 다른 조사자, 조사기관이 이미 만들어놓은 자료, 1차 자료보다 비교적 빨리 자료 수집

(1) 스포츠마케팅 조사방법

탐색조사	• 당면한 문제를 정확하게 파악하여 마케팅 프로젝트를 수행 – 문헌조사: 다른 사람이 만든 각종 자료를 분석 – 전문가조사: 해당분야의 전문가 지식과 경험을 분석 – 사례조사: 현재상황과 유사한 사례를 파악하고 분석 – 표적집단면접법: 특정한 주제를 응답자 집단 대상으로 자유로운 토론을 통해 정보 수집, 분석
기술조사	• 경쟁상황, 소비자 변화 등 시장상황을 분석하기 위해 수행 – 횡단조사: 현장조사, 표본조사 등 관심이 있는 모집단에서 단 1회에 걸쳐 선정, 조사 – 종단조사: 조사대상자들로부터 여러 차례의 응답자료 조사 – 코호트조사: 처음 조건이 주어진 집단(코호트)에 대해 미래의 경과와 결과를 알기 위해 조사하는 방법(cohort study) – 경향조사: 복수 시점에서 수집된 데이터를 분석
인과조사	• 마케팅 현상의 원인과 결과 간의 관계를 규명하는 조사 독립변수(원인변수)의 종속변수(결과변수)에 미치는 영향, 크기, 방향을 조사
패널조사	조사대상을 패널로 고정시켜 놓고 동일한 주제에 대해 반복적으로 진행하는 조사
포커스그룹 조사	한 명의 진행자가 소수의 응답자를 한 장소에 모아 놓고 조사주제와 관련해 대화, 토론을 통해 자료 수집

(2) 스포츠마케팅 조사 절차

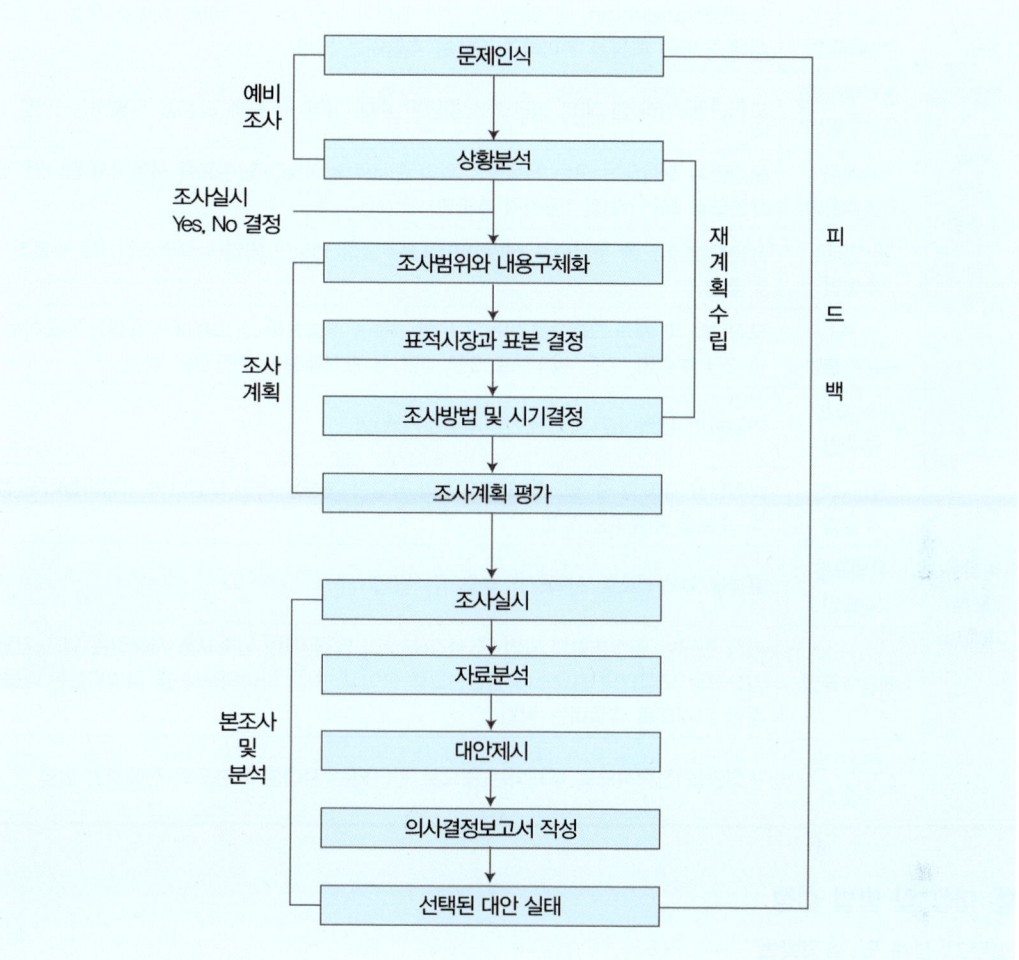

4 스포츠정보 분석결과 도출

> **[암기 TIP]** 단충체집다 편당유통판
>
> 여러분, 단층을 체(채)집했다가 편당 유통을 통해 판매하세요. 이렇게 암기해봅시다.

📘 **표본추출방법**

확률 표본 추출법	단순무작위 표본추출법	모집단(population, 통계적인 관찰의 대상이 되는 집단 전체)에 속하는 모든 구성요소에 대해 동등한 확률을 부여하여 표본을 추출하는 방법	
	층화무작위 표본추출법	모집단을 미리 몇 개의 집단으로 할당된 수에 따라 각 층에 표본을 추출하는 방법	
	체계적 표본추출법	모집단에 포함되는 모든 개체를 임의의 순서로 늘어놓고 난수표를 사용해서 뽑아낸 개체를 표본으로 하는 방법(=등간격 추출법)	
	군집표본 추출법	세분화한 집단을 무작위로 선별하여 표본추출을 행하는 방법(=클러스터 표본추출법, 집락 추출법)	
	다단 표본추출법	모집단을 몇 개의 그룹으로 나누고 우선 그룹을 추출하여 그 그룹에서 표본을 추출하는 방법을 2단 추출법, 같은 방식으로 3단, 4단 등 표본추출을 거듭하는 방법	
비확률 표본 추출법	편의표본 추출법	연구자의 편의대로 임의적으로 추출하는 방법	
	할당표본 추출법	모집단을 대표할 수 있도록 표본요소의 동일한 특성을 가진 모집단의 구성비율이 근접하도록 표본을 추출하는 방법	
	유의표본 추출법	표본을 주관적으로 선택하고 추출하는 방법	
	계통추출법	가장 간편한 임의추출의 방법. 조사 표본수가 많을 때는 난수표를 사용하는 일도 간단하지 않으므로 모집단의 전요소에 일련번호를 붙이고, 처음 하나의 표본을 임의추출한 다음은 일정한 간격으로 추출하는 방법	
	판단표본 추출법	모집단을 전형적으로 대표되는 것으로 판단되는 사례를 표본으로 선정하는 방법	

5 대상 및 방법 설정

(1) 설문지 설계 및 측정방법

설문지 설계	문항 구성	간단 명료, 자연스러운 질문과 논리적 순서 배열, 민감한 질문은 뒤로 배열, 시작하는 질문은 흥미 유발, 항목선택형 질문, 알고자 하는 문제만 질문, 설문지가 긴 경우 앞부분 위치				
척도	요약	구분	범주	순위	등간격	절대 영점	비고
		명목척도	O	X	X	X	비연속
		서열척도	O	O	X	X	비연속
		등간척도	O	O	O	X	연속
		비율척도	O	O	O	O	연속

척도		
척도	명목척도 (nominal scale)	• 집단을 명칭으로 분류하는 척도(=명명척도) 　-성별(남자, 여자), 주민등록번호, 선수 등번호, 프로야구팀의 명칭, 출신고등학교 지역 등 배열할 때 숫자 부여 • 성별이든 프로야구팀 명칭 배열이든 숫자(1, 2, 3...)로 구분함 　-성별, 종교, 날씨, 지역, 계절, 국적, 고향, 선수 등번호 등 　예) 귀하의 성별은? 1. 남자 2. 여자
	서열척도 (ordinal scale)	• 관찰대상이 아닌 속성의 순서적 특성만을 나타낼 때 사용, 계속되는 두 수치의 간격이 반드시 일치하지 않음(=순위 혹은 순서척도) 　-주 평균 운동횟수: 1=전혀, 2=가끔, 3=보통, 4=자주, 5=매일 　-운동을 자주하는 사람은 가끔하는 사람보다 두 배 더 한다고 볼 수 없음(대상들 간 크기나 차이 없음) 　-팀 간의 순위, 교육수준(중졸 이하, 고졸, 대졸 이상 등) 　-학력, 석차순위, 사회계층, 선호순위, 학점 등 　예) 귀하가 좋아하는 종목을 순으로 나열하시오. 　　1. 야구 2. 축구 3. 농구 4. 배구 5. 골프
	등간척도 (interval scale)	• 양적 차이를 측정하기 위해 균일한 간격으로 분할 측정(=간격척도) 　-비교된 대상물의 차이, 온도, 태도 　예) 귀하가 A 스포츠센터 서비스에 대해 만족하나요? 　　1. 매우 불만족 2. 불만족 3. 보통 4. 만족 5. 매우 만족
	비율척도 (ratio scale)	• 명목, 서열, 등간척도의 특성을 모두 포함 • 절대 영점(0)을 갖고 있어 모든 산술적 연산(가감승제)이 가능한 척도 　-교육연수, 연령, 수입, 길이, 무게, 거리, 점수 등 　예) 귀하의 시험점수는 어떻게 되나요? 　　1. 40점 이하 2. 50점 3. 60점 4. 70점 5. 80점 이상

(2) 설문지 작성 시 유의사항

① 용어 사용: 응답자가 이해하기 쉬운 용어 선택, 가치중립적인 용어 사용

② 내용 선택: 필요한 내용만 선별하여 질문량을 가능한 한 줄임

③ 표현방식

　㉠ 명료하게 질문 문항을 표현하여 의미를 정확하게 전달함

　㉡ 이중 질문을 피함

　㉢ 응답자의 능력을 고려함

　㉣ 응답자가 흔쾌히 대답할 수 있도록 동기 부여함

　㉤ 응답자 입장을 곤란하게 하거나 자존심 상하게 하는 표현을 자제함

　㉥ 가능한 짧은 문자를 사용함

　㉦ 다지선다형 응답에 있어서는 가능한 응답을 모두 제시함

　㉧ 부정 또는 이중 부정 문항을 피함

　㉨ 특정한 응답에 대한 유도질문을 피함

　㉩ 응답 항목의 중복을 피함

6 양적 및 질적 데이터 수집

(1) 양적 데이터 수집방법

① 질문지법

장점	다수 대상으로 대량의 자료를 수집하는 데 적합, 시간과 비용 측면에서 비교적 효율적, 수량화된 자료이므로 정확성과 객관성이 높음
단점	문자 언어를 통해 조사할 경우 문맹자에게 활용하기 어려움, 회수율과 응답률이 낮음, 무성의한 응답률과 악의적 응답 가능성, 표본의 대표성이 낮을 경우 조사결과를 일반화하기 어려움

② 실험법

장점	인과관계의 파악을 통해 법칙을 발견하는 데 유리함, 정확성·정밀성·객관성이 높은 결론을 도출, 집단 간 비교분석이 용이
단점	자연과학의 실험과 달리 사회과학에서는 엄격하게 통제된 실험이 어려움, 실험대상이 인간이라는 점에서 윤리적 문제 발생, 통제된 상황에서의 실험결과를 실제 사회에 적용하는 데 한계

(2) 질적 데이터 수집방법

① 면접법

절차	면접자 선정 → 면접자 훈련 실시 → 면접 장소와 시간 전달 → 면접 실시 → 면접 내용 기록
유형	구조에 따른 면접(구조화 면접, 비구조화 면접, 반구조화 면접), 방법에 따른 면접(인터뷰, 서적, 디지털 콘텐츠를 이용한 정보수집)

② 관찰법
  ㉠ 절차의 조직성에 따른 분류: 조직적 관찰, 비조직적 관찰
  ㉡ 참여정도에 따른 분류: 참여관찰, 비참여관찰, 준참여관찰
  ㉢ 관찰상황의 통제 여부에 따른 분류: 자연적 관찰, 통제적 관찰
  ㉣ 관찰시점에 따른 분류: 직접관찰, 간접관찰
  ㉤ 관찰사실 공개 여부에 따른 분류: 공개적 관찰, 비공개적 관찰

③ 표준화검사법: 최대수행검사, 전형적 수행검사, 검사매체에 의한 검사, 검사인원 수에 따른 분류
④ 델파이검사법: 전문가의 의견과 판단을 수렴하는 조사방법

장점	직접 내방하여 회의할 때보다 시간과 노력이 덜 소요, 익명성과 독립성, 개인이나 집단압력으로 부터 소수의 의견도 존중됨
단점	질문지처럼 회수율이 낮음, 피드백 절차로 인해 비교적 장기간 소요, 응답자의 불성실한 응답과 조작될 가능성, 상호작용을 할 수 없음

05 스포츠라이선싱 권리 및 계약

1 대상의 권리 파악

> **개념+**
>
> 권리침해
> 권리의 목적물을 훼손하거나 권리의 행사를 방해함으로써 권리의 일부나 전부를 누리지 못하게 하는 일
>
> 모니터링 정의와 중요성
> ① 라이선싱에 대한 권리침해 사례나 권리침해 피해 평가의 결과를 추적하는 활동
> ② 모니터링을 통해 책무성, 영향 평가, 평가 기준의 관점에서 중요
>
> 모니터링의 기능
> ① 순응 ② 감사 ③ 회계 ④ 설명
>
> 모니터링의 단계
> ① 자료 수집 → ② 자료 분석 → ③ 보고 → ④ 대응

(1) 라이선싱 관련 법률

① **초상권**: 자기의 초상이 허가 없이 촬영되거나 또는 공표되지 않을 권리
② **판권**: 저작권을 가진 사람과 계약하여 그 저작물의 이용, 복제, 판매 등에 따른 이익을 독점할 수 있는 권리
③ **퍼블리시티권**: 이름, 초상, 서명, 목소리 등의 개인의 인격적인 요소가 파생하는 일련의 재산적 가치를 권리자가 독점적으로 지배하고 허락없이 상업적으로 이용하지 못하도록 통제할 수 있는 권리

(2) 스포츠라이선싱 종합 매뉴얼 주요내용

① 라이선싱 권리에 대한 이해: 권리의 본질과 의의 파악
② 라이선싱 권리침해 사례의 이해: 프로스포츠별 권리침해 사례
③ 재산권의 종류와 법률지식: 재산권에 대한 법률

2 라이선싱 권리의 귀속관계 파악

(1) 스포츠조직과 라이선싱 관계

개념	• 라이선스(license)는 제품, 제조 기술의 특허권 혹은 그것을 사용할 수 있도록 허가하는 일 • 로열티 지급방법: 정액제(Fixed Royalty), 정률제(Running Royalty)	
종류	촉진 라이선싱	기업의 촉진 계획을 실현할 목적으로 스폰서십을 포함한 포괄적 개념
	판매 라이선싱	기존의 제품에 스포츠자산을 부착해 판매를 증진할 목적
기대효과 및 혜택	스포츠조직	• 수입 증대 • 기업과 파트너십 관계 형성 • 조직의 홍보효과 증진 • 구단 브랜드 이미지 제고
	기업	• 판매 증진 • 고객과의 커뮤니케이션 강화 • 기업 브랜드 이미지 제고 • 경쟁기업과의 차별성 제고

(2) 스포츠라이선싱 구조

개념	• 라이선싱(licensing) 계약의 주체는 라이선서(licensor, 허가하는 자)와 라이선시(licensee, 허가받은 자)로 구분 　- 라이선서: 경제적 가치(특허권, 상표권, 브랜드명 등)를 통해 재산권을 행사할 수 있는 권리를 갖고 있음 　- 라이선시: 라이선서의 권리를 이용해 이윤을 추구하는 주체
2주체	라이선서 ⇄ 라이선시 (지적재산권 부여 / 비용)　• 라이선서(licensor): IOC, FIFA, 프로스포츠단체(KBO 등) 　- 라이선싱 수수료 수입 　- 새로운 제품영역 확장에 따른 부가가치 창출 　- 기업과의 우호적 관계 • 라이선시(licensee): 기업, 업체 등 　- 상품판매 부가가치 창출 　- 기업 인지도 제고 　- 상품 이미지 제고
3주체	※ 라이선싱과 머천다이징 전문 에이전시를 통해 협상과 계약(중간자 역할)

3 스포츠라이선싱 계약 시 고려사항

(1) 상호 입장 파악

라이선서 사전검토 (스포츠단체 입장)	• 기업의 일반현황 • 상품에 관한 현황	• 기업의 재무현황 • 스포츠라이선싱 참여경험 등
라이선시 사전검토 (기업 입장)	• 스포츠조직(단체)의 일반현황 • 도안, 디자인 소유권 • 유통에 대한 제한 등	• 계약대상에 관한 현황 • 선금과 진행 로열티 대금

(2) 스포츠라이선싱 계약서 작성 전 유의사항

① 라이선서와 라이선시 간의 문제가 발생했을 때 효과적인 해결책 마련
② 상호의 법인명, 소재지, 대표자 성명, 주소와 법적인 계약 여부 확인
③ 라이선서와 라이선시의 계약 당사자들은 서로에게 가장 유리한 계약체결 노력

(3) 스포츠라이선싱 계약서

스포츠라이선싱 계약의 주요사항	라이선스 대상, 로열티 지급, 기술지도, 개량기술, 보증책임, 부쟁의무(다투지 않을 의무)
스포츠라이선싱 계약의 핵심조항	지역의 범위와 제품 독점성, 양도 가능성과 하위 라이선싱 권리, 자산과 라이선스 제품의 규정, 품질 관리와 인증, 도안과 디자인에 대한 소유권, 계약 갱신 및 관계의 종료, 선금과 진행 로열티 대금, 라이선시의 유통에 대한 제한, 라이선서의 재산권에 대한 표시와 보증, 라이선시를 위한 이행 기준, 책임 보험, 손해배상, 상표권 및 저작권 침해의 준수 의무, 라이선시의 회계 및 기록 체크, 라이선서의 회계 감사 권리, 캐릭터와 이미지의 확장과 변형에 대한 1차 거부권, 라이선서의 기술 및 촉진 자원의 유효성 스포츠라이선싱 권리침해 매뉴얼 및 모니터링

4 계약서 작성 및 체결

(1) 스포츠이벤트 계약 체결 시 유의사항

① 계약기간, 소요비용, 인격권을 제한하는 또는 믿음에 기초하지 않는 객관적인 스폰서십 참여에 관한 내용이 포함돼야 함
② 모든 합의 상황에 대해서는 법률적인 근거를 토대로 한 서면작성을 분명히 해야 함

(2) 라이선싱 계약의 종류

① 디자이너 브랜드 라이선싱: 의류, 패션 상품 브랜드 등의 저작권 계약
② 캐릭터 라이선싱: 만화, 영화, TV, 스포츠 등에 의해 창조된 주인공에 대한 저작권 계약
③ 인물 라이선싱: 연예인, 스포츠스타 등 이름, 사진을 제품 이미지에 활용할 수 있는 계약
④ 기업 라이선싱: 유명 기업체 이름, 회사 로고, 브랜드명, 슬로건 등 활용 계약

(3) 스포츠라이선싱 협상의 원칙

① 사람과 문제를 분리해야 함
② 상황이 아닌 이익 및 결과에 초점을 두어야 함
③ 상호 이익이 될 수 있는 대안을 개발해야 함
④ 내용 및 절차의 정당한 기준을 수립해야 함

> **개념 +**
>
> **협상전략의 5P**
> ① 계획(Plan)   ② 책략(Ploy)   ③ 행동 패턴(Pattern)
> ④ 위치 설정(Position)   ⑤ 관점(Perspective)

06 스포츠법률 지원

1 스포츠에이전트

(1) 스포츠에이전트의 사업구조

개념	• 스포츠에이전트: 운동선수 개인 혹은 스포츠구단을 대리하여 입단과 이적, 연봉협상, 협찬계약 등의 각종 계약을 처리하고 선수의 경력관리, 권익보호를 지원하는 일을 하는 자
	  - 선수 에이전트: 선수를 대신하여 업무를 처리해주는 법정 대리인
	  - 매치 에이전트: 세계 무대에서 경기 주선을 하는 에이전트
	• 선수대리 협상 및 계약의 주체는 선수, 에이전트(agent, 대리인)와 이해관계자(구단, 용품회사, 광고회사)로 구분

3주체	(선수 — 에이전트 — 이해관계자 관계도: 수수료, 계약, 협상·계약중재)
	• 에이전트(개인) 혹은 에이전시(조직)는 전문 대행 역할
	• 이해관계자
	  - 프로구단: 이적, 연봉
	  - 용품회사: 용품협찬
	  - 광고회사: 선수광고

수수료 방식	• 계약에 따른 수수료 지급 방법(에이전트의 몫)

수수료 방식	정률제	수입의 일정 비율을 산정하는 수수료 책정방식(러닝 로열티)
	정액제	서비스가 발생할 때마다 일정금액을 선수가 지급하는 책정방식
	시간급제	시간당 수수료를 책정하는 방식
	시간급제와 정률제의 혼합제	시간급제로 정한 수수료가 일정한 상한액을 넘어가게 되면 정률제로 바뀌게 되는 방식(시간급제 단점 보완)

(2) 스포츠에이전시의 유형

> **암기 TIP** 국천광선풀
>
> 여러분, 국가 개천에 가면 광선풀이 자란대요. 이렇게 암기해봅시다.

국제 스포츠마케팅 에이전시	대형스포츠이벤트 마케팅을 대행
라이선싱과 머천다이징 전문 에이전시	스포츠단체의 재산권 활용, 상품화 사업
광고 스포츠 에이전시	경기장 내의 광고를 매입, 재판매
선수관리 에이전시	선수 이익을 위해 대신 활동하는 법정 대리
풀 서비스 에이전시	모든 역할을 담당

(3) 스포츠에이전트의 관련 용어

> **Moon's Advice**
> 스포츠에이전트는 스포츠산업과 스포츠경영에서 주로 나옵니다. 팀 간의 전력평준화 제도(선수 연봉 급등 방지 등)는 드래프트, 트레이드, 샐러리 캡, 웨이버 공시 등이 있습니다.

전략 평준화 제도	드래프트 제도 (Draft System)	• 일정 자격요건을 갖춘 선수를 프로연맹 등 스포츠단체의 주관 아래 성적 역순 등의 다양한 방법으로 구단에게 지명권을 부여, 선수를 지명, 선발하는 제도 • 한 시즌의 최상위팀에게 계속 우수선수를 스카우트하지 못하게 하는 효과 • 최하위팀에게 우수선수를 먼저 스카우트할 수 있도록 배려하는 제도로서 의미가 있음
	트레이드 (Trade)	선수의 보유권을 가지고 있는 구단에서 선수의 보유권 및 기타 권리를 타 구단에 이전하는 것
	샐러리 캡 (Salary Cap)	• 각 구단이 당해 시즌에 각 구단 보유 선수에게 지급하기로 한 연봉 총상한제 • 소속선수 연봉합계가 일정액을 초과할 수 없도록 규정 • 한 선수에게만 연봉이 쏠리지 않게 하는 배분효과 • 재정이 부족한 팀의 무분별한 스카우트를 제지하는 효과 • 반대되는 제도로 '래리 버드 룰'이 있음
	웨이버 공시 (Waiver)	• 구단이 소속 선수와의 계약을 일방적으로 해제하는 방법(방출) • 프로스포츠 구단 등에서 선수에 대한 권리를 포기하는 것. 즉, 구단에 소속된 선수를 일방적으로 방출하면서 일정기간 동안 다른 팀들에게 그 선수를 데려갈 의향이 있는지 물음
구단 전속 계약		• 선수와 구단 사이에서 체결되는 계약 • 선수와 구단의 권리와 의무를 규정
자유계약제도 (Free Agent)		구단이 해당 선수의 보유권을 상실 혹은 포기했을 시 어떤 구단과도 자유롭게 계약을 맺을 수 있는 제도
래리 버드 룰 (Larry Bird Rule)		• 1984년 NBA의 래리 버드가 5년 계약을 끝내고 자유계약선수로 풀리자 소속팀 보스턴 셀틱스가 이 선수를 영구 보유하기로 함 • 기존 소속팀과 재계약하는 자유계약선수는 '샐러리 캡'에 적용받지 않는다는 예외 조항으로 래리 버드 예외조항(Exception)이라고도 함
임의탈퇴선수		• 구단이 복귀조건부로 선수계약을 해제할 수 있는 규정 • 계약 해제를 바라는 듯한 본인의 행동에 따라 구단이 계약을 해제한 선수 • 임의탈퇴선수는 원 소속 구단의 동의 없이는 다른 구단과 계약 교섭을 못함

선수보류조항 (Player Reserve Clause)	• 선수의 다음 시즌 계약 우선권을 갖도록 함 • 선수들에게 계약기간 보수를 보장해 주는 제도
포스팅 시스템 (Posting System)	• 프로야구에서 외국선수 선발 시 이적료를 최고로 많이 써낸 구단에 우선협상권을 부여하는 공개입찰제도 • 1개 구단만 협상이 가능하기 때문에 메이저 구단이 일단 많은 금액으로 낙찰받은 후 선수연봉에서 터무니없이 낮은 액수를 제시하는 경우가 생김. 선수에게 불리한 제도
보스만 판결 (Bosman Ruling)	• 스포츠 선수의 직업선택의 자유를 인정한 대표적 사례 • 벨기에 축구선수인 장마크 보스만은 1990년 FC 리에주로부터 프랑스의 덩케르크 클럽으로 이적하고자 했으나 소속 구단이 반대하여 유럽사법재판소에 소송 제기 • 자유로운 이적을 제한하는 현 제도는 직업선택의 자유를 보장한 유럽헌법에 위반된다고 판결
셔먼 법 (Sherman Act)	• 1890년에 제정된 독점금지법 • 미국 국가 노동관계법: 불법 제한 및 독점으로부터 거래를 보호하기 위한 법률 • 1922년 당시 구단에서 선수노동자 다수가 선택한 연합과 협상을 하는 계기를 마련함 • 1951년 메이저리그의 선수노조결성의 근간이 됨 ※ 프로스포츠 노사관계 　- 선수와 구단 간 갈등의 원인은 돈과 권력분배의 의견 차이 　- 1885년 미국 메이저리그 선수노동조합(MLBPA) 　- 1935년 미국 전국노동관계법(NLRA)
펠레법 (Pele Law)	• 주니어 선수들은 18세 이후 2년까지 클럽과 계약할 수 있음 • 누구나 한 클럽에서 3년간 뛰면 자유계약선수 신분이 됨 • 브라질 상원이 1998년에 통과시킨 축구개혁법률
팜 시스템 (Farm System)	• 유소년팀, 세미프로 등 하위리그를 통해 다양한 자체선수 선발시스템 • 독자적인 리그를 운영하여 유망주 육성, 발굴, 빅리그에 선수 공급 • 메이저리그 팜 제도(4단계, 전체 팀 수 200여 개): 트리플A, 더블A, 싱글A, 루키리그
바이아웃 (Buyout Clause)	• 주로 축구 선수가 계약이 남아 있을 때 활용하는 조건임 • 선수에게 일정 금액의 바이아웃을 정해 놓으면 다른 구단에서 그 이상의 금액을 제시하면 원구단 승인 여부와 관계없이 선수와 협상이 가능함 • 원구단이 계약 연장 포기를 결정할 때 선수에게 주는 일종의 보상금 혹은 계약해지금의 성격도 있음(스페인 프리메라리가)
옵트 아웃 (Opt Out)	• 선수와 구단 간 동의가 있는 경우 계약을 파기할 수 있는 권한 • 주로 장기계약하는 야구 선수들이 추가하기 시작한 조건으로 FA로 다른 팀의 이적을 다시 있너바뇨 선수 본인의 심직에 따라 높게 책성할 수도 있고, 계약 주체기 진류 대신 계약의 소멸을 결정할 수 있음

2   스포츠에이전트의 관련 계약

(1) 스포츠에이전트의 역할 및 관련 계약

> **Moon's Advice**
>
> 퍼블리시티권(right of publicity)은 경제적 가치를 보호하는 재산권으로 남에게 팔거나 상속할 수 있지만, 유사한 개념인 초상권은 인격적 가치를 보호하는 인격권으로 권리자로부터 권리를 떼어낼 수 없으므로 팔거나 상속할 수 없습니다.

스포츠법률 지원	• 퍼블리시티권 관리	선수의 성명·상호·초상이 갖는 경제적 가치 분석 및 평가, 계약체결, 침해 예방 및 구제
	• 기타 스포츠법률 지원	선수 권익을 위해 고용, 협찬, 기타 선수 계약 체결 및 이행 과정에서 선수에게 조언, 계약 분쟁 등이 발생할 때 지원
	• 선수생활·자산관리 지원	선수의 정신적·신체적 컨디션 관리, 선수의 자산관리
선수 마케팅 활동 관리	• 선수정보 파악	선수 경쟁력 파악, 선수 인구통계학적 자료, 경기력 자료, 선수 개인의 요구사항 수집, 가공, 분석
	• 미디어 관계 관리	선수의 가치 상승, 미디어와의 우호적 관계 설정, 선수 평판 관리
	• 사회공헌활동 관리	선수가 사회에 기여, 이미지 제고, 경기 외적인 공헌활동 지원
선수계약 대리	• 선수 이적 계약	선수 경쟁력의 객관적 평가, 이적 가능한 팀 탐색, 실제 이적 계약을 체결
	• 선수 연봉 계약	선수의 경쟁력의 수치화, 구단과의 연봉협상 및 계약체결, 선수 권리 보호를 위한 연봉계약 이행 여부 지속 관리
	• 선수 용품 협찬 계약	선수와 용품협찬업체 간의 상호 이익, 선수 가치 분석, 용품 협찬 대상 탐색, 협찬 대상 조직과 계약 체결
	• 선수 광고 계약	선수의 광고 가치 판단, 선수와 적합한 광고대상 선정, 계약 체결

(2) 선수보증광고(endorsement)

> **Moon's Advice**
>
> 스포츠스타처럼 유명한 선수를 활용해 특정 기업의 제품을 촉진하기 위한 일종의 선수 스폰서십입니다. 단, 인도스먼트는 유명 선수에 국한되나, 선수 스폰서십은 무명선수도 협찬받을 수 있는 개념입니다.

① 유명선수 선정기준 FRED 요인(Dyson & Turco)

Familiarity(친근함)	대중들이 유명 선수에게 느끼는 친근함
Relevance(관련성)	대중들이 인식하기에 유명 선수와 기업 제품과의 관련성
Esteem(존경심)	유명 선수에 대한 존경심 혹은 존중하는 마음
Differentiation(차별성)	유명 선수와 경쟁 선수 혹은 일반 선수들과의 차별성

② 선수보증광고와 선수스폰서십의 차이

인도스먼트	• 선수스폰서십에 비해 많은 비용, 유명 선수에 국한 • 즉각적인 효과 기대, 잠재적 위험부담 큼
선수스폰서십	• 기업의 가치와 이상을 실현하기 위해 무명 선수라도 협찬 • 즉각적인 효과를 기대하지 않음

CHAPTER 02 스포츠마케팅 기출적중 100제

01 스포츠이벤트 마케팅

01

공식 스폰서가 아님에도 마치 공식 스폰서인 것 같은 인상을 줘서 고객의 시선을 끌어 모으는 앰부시마케팅에 속하지 않는 유형은?

① 관련 대회 중계방송의 광고에 참여
② 대회에 참석하는 선수와 스폰서 계약 체결
③ 대회가 개최되는 경기장 내 광고에 참여
④ 대회와 연관시켜 경품, 복권, 캠페인 등의 이벤트 시행

해설

매복마케팅 기업은 공식 스폰서처럼 많은 촉진 비용을 감수하며 교묘하게 마케팅 활동을 함. 사전에 철저하게 계획된 의도적인 활동으로 법과 제도에 어긋나지 않는 범위 내에서 마케팅 활동을 함. 방송중계 전후 혹은 중간에 광고를 통해 알리는 행위, 경기장 주변의 도시 건물에 옥외광고판 활용, 경기장에서 수 킬로미터 떨어진 매장에서 해당 스포츠이벤트가 개최되는 것처럼 한시적 판촉행사 개최, 경기장 주변에서 별도의 프로모션, 선수와 단체 등과 교섭하면서 마케팅 활동을 하는 것 등이 있음

정답 ③

02

스포츠 자산(properties) 및 제품의 가치에 대한 설명으로 틀린 것은?

① 구단가치를 결정하는 요인으로는 팀 관련 요인, 조직 관련 요인, 시장 관련 요인 등이 있다.
② 리그에 참가하는 구단 숫자가 늘어나면 선수 평균연봉이 감소한다.
③ 수요관점 시장에서 방송 중계권의 가치는 종목의 인기도에 따라 가격결정 주도권이 달라진다.
④ 마케팅 기회나 권리를 통합할 경우 가치가 올라갈 수 있다.

해설

구단 숫자가 많아지면 선수입장에서는 구단을 선택할 수 있는 폭이 넓어지면서 우수한 선수를 확보하기 위한 경쟁과 맞물려 연봉이 상승할 수 있음

정답 ②

03

기업이 스포츠를 마케팅 도구로 활용하는 이유가 <u>아닌</u> 것은?

① 스포츠는 광고효과를 가진다.
② 스포츠는 기타 홍보수단에 비하여 대중과의 자연스런 밀착기회를 보다 많이 제공한다.
③ 스포츠는 종업원의 사기 진작 및 생산성 향상을 가져올 수 있다.
④ 스포츠는 행사 협찬비용에 대해 세제혜택을 받을 수 없다.

해설
'스포츠를 통한 마케팅(marketing through sports)'의 주체인 기업은 상품 판매와 함께 협찬비용에 대한 세제 혜택을 받기 위한 목적을 가짐

정답 ④

해설 + 스포츠마케팅의 구조

스포츠의 마케팅 (marketing of sports)	주체	스포츠기관, 단체, 센터 등(IOC, FIFA, 프로스포츠 연맹, 스포츠센터 등)
	의미	스포츠기관 및 단체가 스포츠 자체를 소비자와 교환하는 활동
	예시	올림픽 주최기관 IOC, 월드컵 주최기관 FIFA, 프로스포츠 주최기관(야구위원회, 한국프로축구연맹, 한국농구연맹, 한국배구연맹 등)은 올림픽, 월드컵, 프로스포츠 리그란 상품을 소비자와 거래함
	범위	입장권 판매, 경기관중 동원, 스포츠시설 회원 확보, 스포츠용품 판매활동 등
스포츠를 통한 마케팅 (marketing through sports)	주체	기업
	의미	기업이 고객과의 커뮤니케이션을 극대화하고 자 하는 마케팅 활동
	예시	올림픽은 TOP(The Olympic Partner) 프로그램으로 10여 개의 세계 기업과 공식 스폰서를 운영한다. 올림픽의 공식 스폰서인 삼성전자, 월드컵의 공식 스폰서인 현대 자동차는 스포츠를 통해 마케팅을 하고 있음
	범위	스폰서십, 선수보증광고, 라이선싱(licensing), 머천다이징(merchandising) 등

04

스폰서가 커뮤니케이션 효과를 높이기 위해 적용하는 원칙에 대한 설명으로 틀린 것은?

① 독점성의 원칙: 스포츠단체가 공식스폰서를 제외하고 다른 어떤 기업도 스포츠단체의 보유자산을 활용할 수 없도록 제한하는 것이다.
② 통일성의 원칙: 기업이미지 통합차원에서 브랜드와 로고, 슬로건 등을 통합하여 대중들에게 강한 인상을 주도록 하는 것이다.
③ 전문성의 원칙: 스폰서십 업무를 정확하게 수행하기 위해 전문가가 업무를 담당해야 한다는 원칙이다.
④ 보완성의 원칙: 정기적인 스포츠이벤트인 경우 최소 3년 이상 지속적인 참여를 해야 효과를 얻을 수 있다는 것이다.

해설
스포츠이벤트 스폰서십 참여 기업은 다음 대회 때도 우선협상의 지위가 주어짐. 이와 무관하게 기업입장에선 단기적 효과와 중·장기적 효과를 기대함

정답 ④

05

기업의 스폰서십 참여를 스포츠단체와의 관련성에 따라 직접참여와 간접참여 형태로 구분할 때 직접참여 형태와 가장 거리가 먼 것은?

① 스포츠이벤트 스폰서십
② 라이선싱/ 머천다이징
③ 스포츠단체 스폰서십
④ 스포츠 방송 스폰서십

해설
스포츠 방송 스폰서십은 '스포츠의 마케팅(marketing of sports)' 주체인 스포츠단체와 주관 방송사 간의 중계방송권 거래를 함. 이는 스포츠이벤트에 간접참여 형태로 참여하는 것임

정답 ④

06

스포츠단체가 스폰서 선택 시 고려해야 하는 요인과 가장 거리가 먼 것은?

① 스포츠이벤트와 기업(브랜드) 이미지와의 일치 여부를 고려한다.
② 기업(스폰서)이 대중매체에 노출되는 정도를 고려한다.
③ 스폰서십 비용이 많다면 다른 요인은 기업(스폰서)의 판단이므로 크게 고려하지 않는다.
④ 대중들의 기업(스폰서)에 대한 태도 변화를 고려한다.

해설
협찬비용에 따라 스폰서의 지위가 결정될 만큼 비용은 중요한 변수임

정답 ③

07

국내 프로야구 경기장 내 수입원과 가장 거리가 먼 것은?

① 입장수입
② 중계권 판매
③ 식음료 판매
④ 기념품 판매

해설
중계권 판매는 국내 프로야구 경기장 내의 직접적 수입원과는 거리가 멂. 즉, 스포츠단체와 주관 방송사와의 계약을 통해 이뤄짐

정답 ②

08

스포츠이벤트에서 생성되는 권리 중 성격이 다른 것은?

① 선수유니폼 공간 활용 권리
② 팀 로고 사용 권리
③ 경기장 내 광고 권리
④ 경기장 명칭 사용 권리

해설
선수유니폼, 경기장 내 광고, 경기장 명칭 사용 권리는 스포츠이벤트가 개최되는 장소에서 기업 로고가 노출될 수 있는 스포츠스폰서십 영역임. 반면, 팀 로고 사용권리는 스포츠라이선싱 분야로 일반 상품 매장을 통해서도 판매할 수 있는 영역임

정답 ②

09

소비자행동론의 입장에서 동기갈등의 유형인 접근 – 회피 갈등에 해당하는 스포츠 팬의 시간투자 예로 가장 적절한 것은?

① 열성 축구 및 야구 팬의 축구관람과 야구관람
② 학생신분 축구 팬의 대표팀 경기관람과 기말고사 시험 준비
③ 야구 팬의 류현진 등판경기 관람과 한국시리즈 관람
④ 학생신분 스포츠 팬의 기말고사 시험 준비와 과제제출

해설
학생입장에서의 긍정적 요인(경기관람)과 부정적 요인(기말고사) 간의 갈등은 접근–회피 갈등으로 볼 수 있음

정답 ②

해설 +

- 접근–접근 갈등: 긍정적 요인과 긍정적 요인 중에 하나를 선택해야 할 때 발생하는 갈등
- 접근–회피 갈등: 긍정적 요인과 부정적 요인 중에 하나를 선택해야 할 때 발생하는 갈등
- 회피–회피 갈등: 부정적 요인과 부정적 요인 중에 하나를 선택해야 할 때 발생하는 갈등

10

스포츠이벤트의 경제적 효과 평가를 위한 승수분석에 대한 설명으로 틀린 것은?

① 매출승수, 소득승수, 고용승수가 분야별로 다르게 나타난다.
② 고용승수는 외부지역에서 온 관광객들의 지출이 스포츠이벤트 개최지역의 고용에 얼마나 영향을 미치는지를 측정한다.
③ 분석과정에서 한계편익 대신 총편익을 사용한다.
④ 효과분석에 있어 지리적 경계가 분명해야 한다.

해설

승수분석이란 어떤 요인으로 인한 다른 요인의 변화를 유발함으로써 파급효과를 분석하는 것임. 생산유발, 소득유발, 고용유발, 부가가치유발, 간접세유발, 수입유발승수 등이 있음. 한계편익은 어떤 행위를 하나 더 할 경우 추가적으로 얻는 편익이고, 한계비용은 어떤 행위를 하나 더 할 경우 추가적으로 드는 비용임. 한계편익이 한계비용보다 크면 그 행위를 해야 하고, 작으면 하지 말아야 함. 즉, 분석과정에서 한계편익을 사용해야 함. 총비용은 평균비용과 총생산량을 곱한 값임

정답 ③

해설 + 경제효과 분석

산업연관분석	산업 간의 생산 기술적 연결구조에 초점을 두고 분석
승수분석	요인에 따른 파급효과 분석, 소요된 노력 비교 분석
비용·편익분석	여러 안이 초래할 비용과 편익을 비교 분석
상대적 매출 평가 방법	매출의 변화 비율 분석

11

스포츠이벤트의 주요 생산요소인 선수노동력의 가치변화에 영향을 주는 요인에 관한 설명과 가장 거리가 먼 것은?

① 프로구단의 숫자가 증가하면 선수 연봉이 올라가는 경향이 있다.
② 자유계약제도(free agency)의 도입은 구단재정에 압박 요인으로도 작용한다.
③ 보류시스템(reserve system)의 강화는 선수권익보호 효과 발생으로 인해 연봉 상승요인으로 작용한다.
④ 경쟁리그의 등장은 선수 연봉 상승요인으로 작용한다.

해설

스포츠에이전트 문제는 스포츠산업(스포츠비즈니스 측면), 스포츠경영(스포츠매니지먼트 측면) 및 스포츠마케팅(스포츠에이전트 역할 및 전력평준화 제도 측면)에서도 나올 수 있음. 보류(保留)선수란 시즌이 끝난 뒤, 구단이 그 선수에 대하여 우선적, 배타적으로 다음 해 선수 계약 교섭 권리를 보유하고 있음을 공시한 모든 선수를 뜻함. 선수가 재계약을 원하지 않을 경우 임의탈퇴 선수가 될 수도 있어 보류시스템이 연봉 상승요인에 영향을 준다고 보기 어려움. 임의탈퇴 선수란 계약 해제를 바라는 듯한 본인의 행동에 따라 구단이 계약을 해제한 선수를 말함

정답 ③

해설 +

자유계약제도 (Free Agent)	구단이 해당 선수의 보유권을 상실 혹은 포기했을 시 어떤 구단과도 자유롭게 계약을 맺을 수 있는 제도
선수보류조항 (Player Reserve Clause)	• 선수의 다음 시즌 계약 우선권을 갖도록 함 • 선수들에게 계약기간 보수를 보장해 주는 제도

12

스포츠이벤트에서 발생하는 수입을 직접수입과 간접수입으로 구분할 때 간접수입에 해당하는 것은?

① 입장수입
② 방송중계권 수입
③ 구단자산가치의 상승분
④ 경기장 광고수입

해설
'스포츠의 마케팅' 주체인 스포츠단체(연맹, 구단 등)는 입장수입(티켓), 방송중계권, 경기장 광고를 통해 직접적인 수입을 얻음. 이를 통해 구단가치상승분과 같은 간접수익으로 연결됨

정답 ③

13

경기장 입장 지연 분석을 위한 인과관계나 경기관람 과정 중 잘못된 결과가 발생될 경우 그 문제의 원인을 찾아서 해결방안을 모색하는 인과관계 도표를 무엇이라 하는가?

① 피쉬본 다이어그램
② MOT 관리
③ 청사진 기법
④ 대기관리 시스템

해설
피쉬본 다이어그램은 요인/효과 다이어그램(Cause & Effect diagram) 또는 이시가와(Ishikawa) 다이어그램이라고도 함. 어떠한 결과를 유발시키는 여러 가지 요인(cause)이 있다면, 요인들을 시각화해서 물고기 뼈를 닮은 그림으로 표현함

정답 ①

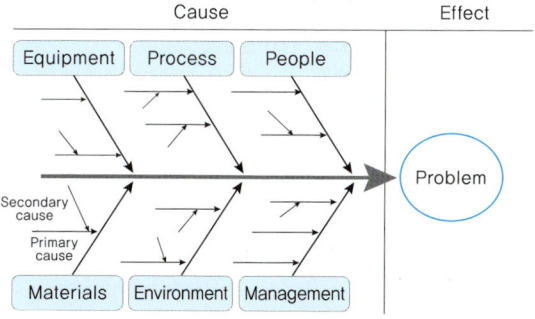

14

다음 중 스포츠마케팅의 특성에 관한 설명으로 가장 적합한 것은?

① 스포츠마케팅은 대규모 스포츠이벤트를 하는 기업에게만 필요하다.
② 스포츠마케팅은 스포츠소비자들의 욕구충족을 그 목적으로 한다.
③ 스포츠마케팅은 스포츠상품의 생산과 동시에 시작된다.
④ 스포츠마케팅은 광고활동만 하는 특별활동이다.

해설
스포츠마케팅의 속성은 필요, 욕구, 수요, 제품, 가치 및 만족, 교환, 거래, 시장임. 소비자의 욕구충족을 그 목적으로 함

정답 ②

해설 + 스포츠마케팅의 속성

필요	필요(needs)란 인간의 생존을 위해 기본적으로 충족돼야 하는 것, 신체적 필요, 소속감 등 사회적 필요, 자기표현 등 개인적 필요
욕구	욕구(wants)란 소비자 개인의 생활체험에 기초한 특정화된 욕구 혹은 가지고 싶은 욕망
수요	수요(demand)는 소비자가 지불할 수 있는 제품과 서비스의 총량
제품	제품(product)은 소비자의 필요와 욕구를 충족시키는 시장에서 제공되는 모든 것
가치 및 만족	소비자가 제품을 소유하고 사용해서 얻는 가치와 만족
교환	교환(exchange)은 시장에서의 생산자는 좋은 상품(스포츠이벤트, 스포츠 스타, 프로그램 등)을 만들고 가치가 있는 것(돈, 시간, 즐거움 등)을 유통
거래	거래(transaction)는 두 당사자 간에 가치의 매매로 형성되는 마케팅의 측정단위로 이해
시장	어떤 제품에 대한 구매자의 집합

15

SWOT분석을 통한 마케팅전략 수립을 위해 수집한 다음 요인 중 동일한 범주에 포함시킬 수 없는 것은?

```
ㄱ. 스포츠산업정책의 변화
ㄴ. 여가활동비의 증감
ㄷ. 조직 내 마케팅 예산의 변화
ㄹ. 경기제도의 변화
```

① ㄱ
② ㄴ
③ ㄷ
④ ㄹ

해설

SWOT 분석의 개념은 시장을 분석하는 기본적인 기법이므로 스포츠산업, 스포츠경영, 스포츠시설에서도 나올 수 있음. ③번은 내부환경에 속함

정답 ③

해설 + 국내 스포츠마케팅 시장의 SWOT 분석

내부	강점 (Strength)	• 국내 스포츠마케팅 시장에 영향을 미칠 수 있는 내부로부터의 강점 [예시] - 스포츠는 광고효과를 갖는다. - 스포츠는 소비자에게 어필할 수 있는 요소가 강하다. - 스포츠는 다른 홍보수단에 비해 대중에게 쉽게 다가간다. - 스포츠이벤트 협찬비용에 대해 세제혜택이 있다.
	약점 (Weakness)	• 국내 스포츠마케팅 시장에 영향을 미칠 수 있는 내부로부터의 약점 [예시] - 불황기 등 악재가 겹쳐 소비자의 지출이 줄어들고 있다. - 메르스 등 신종바이러스 출현으로 경기장에 가려고 하지 않는다.
외부	기회 (Opportunity)	• 국내 스포츠마케팅 시장에 영향을 미칠 수 있는 외부로부터의 기회 요인 [예시] - 여가문화의 확산, 주 5일 근무 정착은 기회다. - 관람스포츠 경기의 질적 수준이 높아지고 있다. - 스포츠활동 인구가 늘어나고 있다. - 우호적인 스포츠 마케팅 정부정책이 있다.
	위협 (Threat)	• 국내 스포츠마케팅 시장에 영향을 미칠 수 있는 외부로부터의 위협 요인 [예시] - 세계 프로스포츠시장에 국내 소비자의 관심이 높아진다. - 글로벌 스포츠마케팅 시장이 치열해지고 있다.

16

기업의 스포츠스폰서십 참여기준을 스포츠이벤트 자체의 가치 관련 기준과 기업 내부 기준으로 구분할 때 기업 내부 기준에 해당하는 것은?

① 매체노출 효과
② 계절성
③ 대중의 선호도
④ 스폰서십 참여 비용

해설

기업의 스폰서십 참여 시 고려사항에서 기업 내부 기준은 참여 능력, 참여 비용, 시간적 여유, 기업 및 상품이미지 제고, 표적시장과 측정가능성 등임

정답 ④

해설 + 스폰서십 유치 시 고려사항

스폰서십 유치 고려사항 (스포츠단체 입장)	후보기업에 대한 기본적인 조사	• 이벤트와 스폰서 이미지 연관성 • 마케팅 구조 • 동종업계와의 경쟁관계 • 스폰서 참여경험 유무 • 생산제품 및 서비스 • 재정 확보의 중요한 수단으로서의 가치
스폰서십 참여 고려사항 (기업 입장)	스포츠 이벤트 자체의 가치 기준	• 스포츠이벤트 가치 • 전문성, 계절성 • 비용효과, 매체노출 효과 • 대중의 선호도, 장소의 근접성, 판매기회 • 지속성, 연속성, 확장성
	기업내부 기준	• 참여능력, 참여비용 • 시간적 여유, 기업 및 상품 이미지 제고 • 표적시장과 측정가능성

17

다음에서 설명하고 있는 것은?

> 각종 대회 등의 공식 명칭에 기업명 또는 브랜드명을 넣는 권한 획득

① 공식스폰서
② 공식상품화권자
③ 타이틀스폰서
④ 이벤트스폰서십

해설
스포츠스폰서십 유형의 명칭사용에 따른 분류로 타이틀스폰서는 대회명칭에 스폰서 기업 혹은 상품명칭 사용권한을 갖는 스폰서임

정답 ③

18

경기장 내 A보드 광고에 대한 설명으로 <u>틀린</u> 것은?

① 경기장 입장관객뿐만 아니라 TV중계 시청자들에게 광고효과를 기대할 수 있다.
② 경기장 외측 면을 따라 설치되는 것이 일반적이다.
③ 광고효과 제고를 위해 LED 등을 활용하기도 한다.
④ 설치위치에 따른 광고비용의 차이가 없는 장점을 가진다.

해설
TV 중계를 통해 시청자가 잘 볼 수 있는 지역과 경기장 관객이 가장 볼 수 있는 지역에 위치한 보드광고의 단가가 비쌈

정답 ④

19

스포츠이벤트에서 파생되는 각종 권리와 소유 주체에 관한 일반적인 설명으로 <u>틀린</u> 것은?

① 매점사업, 주차산업 등을 포함한 경기장사업의 권리는 시설소유자와 이벤트 주최측이 공동으로 행사하는 것이 일반적이다.
② 프로리그의 선수 유니폼 광고 권리는 선수가 행사한다.
③ 경기장 명칭사용권은 자치단체와 입주구단이 공동으로 행사할 수 있다.
④ 스포츠이벤트의 방송중계권은 구단이나 연맹이 행사한다.

해설
구단은 '스포츠의 마케팅' 주체로서 스포츠스폰서십, 방송중계권, 라이선싱, 머천다이징 등을 통해 수익을 창출할 수 있는 권리를 가짐

정답 ②

20

스포츠스폰서십은 단독으로 실행될 때보다 다른 프로모션 수단과 병행될 때 투자효과가 커지는 이유로 <u>틀린</u> 것은?

① 스폰서십을 통해 얻는 인지도는 후원한 종목의 이미지와 연결되는 것으로 끝나기 때문이다.
② 스폰서십은 기업이 광고나 홍보에서 전하고자 하는 메시지를 통합할 수 있는 주제를 제공하기 때문이다.
③ 기존의 스폰서십 투자와 병행할 때 비용절감의 효과가 발생하기 때문이다.
④ 광고를 통한 직접적인 메시지와 스폰서십의 메시지가 명확한 정보를 전해주기 때문이다.

해설
다른 프로모션 수단과 병행한다고 해서 스폰서십의 단독 실행 때보다 비용이 절감된다고 단정할 근거는 없음

정답 ③

21

앰부시마케팅의 예방을 위한 방법과 가장 거리가 먼 것은?

① 최소한의 홍보를 통한 소비자들의 혼란 방지
② 주최측과의 연계를 통한 사전 봉쇄
③ 소비자 인지능력 향상을 위한 노력
④ 스폰서의 권리 명확화

해설
공식스폰서의 홍보를 더욱 강화하여 소비자가 인식하게끔 해야 함

정답 ①

22

스포츠마케팅을 '스포츠의 마케팅'과 '스포츠를 이용한 마케팅'으로 분류할 때, '스포츠의 마케팅'에 관한 설명으로 틀린 것은?

① 스포츠 자체를 제품화하여 스포츠소비자와 제품을 직접 교환하는 활동이다.
② 선수, 팀, 구단 그리고 스포츠이벤트에 대한 권한을 가지고 있는 스포츠조직과 같은 스포츠주관자가 주체이다.
③ 스포츠는 재정확보를 위한 핵심제품이다.
④ 스포츠마케팅 분야 안에서 '스포츠를 이용한 마케팅'과 독립적인 마케팅 과정이다.

해설
스포츠마케팅은 스포츠의 마케팅과 스포츠를 통한 마케팅이 복합적으로 이루어지는 영역임

정답 ④

23

그레이(Gray)가 설명한 스포츠스폰서십의 6P's가 아닌 것은?

① 공동협력   ② 대중
③ 플랫폼   ④ 선호

해설
그레이의 스포츠스폰서십 6P는 Platform(플랫폼), Partnership(동업, 협력), Presence(편재), Preference(선호), Purchase(구매), Protection(보호)를 제시함

정답 ②

24

마케팅 거시환경 분석 중 소득수준, 경기변동, 경상수지 등은 어떤 요인에 해당하는가?

① 인구통계적 요인
② 기술적 요인
③ 정치사회적 요인
④ 경제적 요인

해설
'제구사치술경 경비공유관' 기억나시나요? 거시환경(일반환경)과 미시환경(과업환경)은 스포츠마케팅과도 관련이 있는 환경임. 경제적 요인은 경제성장률, 환율, 이자율, 경상수지 등을 얘기함. 시장환경의 개념은 스포츠산업, 스포츠경영, 스포츠시설에서도 나올 수 있음

정답 ④

해설+ 스포츠비즈니스 환경

내부환경			공유된 가치, 원칙, 전통, 일처리 방식 등
외부환경	일반환경	경제	경제 성장률, 환율, 이자율, 인플레이션, 주식시장 변동, 경기순환, 통화량 등
		인구	연령, 성, 인종, 교육 수준, 지리적 위치, 소득, 가족 구성 등
		사회문화	사회적 가치, 태도, 철학, 경향, 전통, 관습, 생활방식, 신념, 기호, 행동 패턴 등
		정치법률	정부 시책, 방침, 법률, 규제, 제도 등
		기술	기술 개발과 혁신 등
		국제환경	환율 변동, 석유값 변동, 주변국 정치상황, 주요 거래국의 경제상황 등
	과업환경	경쟁사	한정된 자원을 놓고 서로 경쟁하는 조직
		소비자	조직이 생산하는 제품과 서비스를 받고 돈을 지불하는 주체
		공급자	경영활동을 위해 필요한 자원을 공급하는 조직
		유통업자	생산된 제품과 서비스를 소비자에게 전달하는 역할을 하는 중간상
		규제기관	경영활동을 통제하거나 규제하는 기관 예 연맹, 협회, NGO, 언론기관 등

25

다음 중 스폰서로서 참여하는 기업입장에서 스포츠스폰서십의 중요성과 가장 거리가 먼 것은?

① 세계 시장으로의 진출을 용이하게 한다.
② 타 매체에 비해 커뮤니케이션의 효과를 높일 수 있다.
③ 스포츠조직의 존속, 유지, 확대를 위한 재정 확보의 중요한 수단이다.
④ 기업의 이미지 개선을 통한 제품판매 증진을 기대할 수 있다.

해설
③번은 스포츠단체 입장으로 후보기업에 대한 기본적인 조사(마케팅 구조, 스폰서 참여경험, 재정확보의 중요한 수단으로서의 가치 등)에 관련된 내용임

정답 ③

26

경기장 광고 형태 중 시설 중심 광고가 아닌 것은?

① 전광판 광고
② A보드 광고
③ 경기 스태프 의복 광고
④ 경기장 바닥 광고

해설
경기장 광고 유형은 사람 활용, 시설 활용, 매체 활용 광고가 있음. 경기 스태프 의복 광고는 사람을 활용한 광고임. 스포츠시설에서도 등장하는 개념임

정답 ③

해설 + 경기장 광고의 유형

사람을 활용한 광고	• 선수 유니폼 광고: 선수 유니폼 전면을 활용한 광고 • 진행자 의복 광고: 경기 진행자 유니폼을 활용한 광고
시설을 활용한 광고	• 펜스(A보드) 광고: 경기장과 관중석 간의 경계벽을 활용한 광고 • 전광판 광고: 전광판, 스크린 등을 활용한 광고 • 경기장 바닥면 광고: 경기 중 방송노출이 잘 되는 바닥면 광고 • 팸플릿, 입장권 광고: 지면 여백, 뒷면 등을 활용한 광고 • 배경막(Backdrop) 광고: 선수 인터뷰 장소 뒷면 배경막 광고 • 기타 광고: 애드벌룬 및 비행선을 활용한 광고
매체를 활용한 광고	• 자막광고: 방송 도중에 자막을 삽입하는 광고 • 중간광고: 중계방송 휴식시간(전·후반 사이)을 활용한 광고 • 가상광고: 컴퓨터 그래픽을 활용한 광고로서 현장에 있는 관객에겐 보이지 않고, 매체를 통한 시청자만 보임 ※ 간접광고: PPL(product placement)처럼 영화, 드라마의 소품으로 등장하는 상품 마케팅 일환으로 선수, 관객 등 경기장 내에서 사용되는 상품이 우연히 방송을 타면서 간접광고 효과를 냄

27

IOC가 대행사를 통해서 주요 사업 영역별로 세계적 대표기업과 계약을 체결하고 올림픽에 대한 재정적·기술적 지원을 받는 대신, 그 대가로 해당 기업에게 올림픽을 전 세계적인 홍보, 광고, 마케팅 수단으로 활용할 수 있는 권한을 부여하는 제도는?

① TMP(The Marketing Program)
② TSP(The Sponsorship Partner)
③ TOP(The Olympic Partner)
④ TTP(The Title Program)

해설
TOP(The Olympic Partners) 프로그램은 국제올림픽위원회(IOC)의 올림픽 마케팅 프로그램임. 기업 스폰서 참여를 통한 IOC의 수익구조로서 개최도시와 IOC의 재정적 난국을 타개하기 위해 1985년에 개발됨. 1988년 서울 하계올림픽 때부터 처음으로 적용돼 지금까지 이어져 오고 있음

정답 ③

28

올림픽이나 월드컵 등 빅 이벤트에서 성행하는 앰부시(ambush) 마케팅에 대한 설명으로 가장 적합한 것은?

① 표적집단을 대상으로 하는 맞춤형 스폰서십을 의미한다.
② 낮은 등급의 스폰서로 참여하는 마케팅을 의미한다.
③ 공식스폰서가 아니면서 그렇게 보이게끔 하는 활동을 의미한다.
④ 스폰서 지위를 보호하는 활동을 의미한다.

해설

매복마케팅(앰부시마케팅 ambush marketing)이란 대회 주최기관의 승인 없이 기업의 상표나 상품 로고 등을 노출시켜 소비자와의 커뮤니케이션 향상과 판매 촉진을 목적으로 하는 마케팅의 일종임. 매복마케팅은 사전에 철저하게 계획된 의도적인 활동으로 경쟁사인 공식 스폰서에게 피해를 입히고자 하고, 스폰서 권리를 침해하지 않는 범주 내에서 활동을 해야 하기 때문에 공식 스폰서 못지않은 비용으로 짧은 기간 동안 진행됨. 매복마케팅의 유형은 중계방송의 중간방송, 경기장 주변의 별도의 프로모션 및 옥외광고판 활용, 선수와 단체 등을 교섭하면서 마케팅 활동 추진 등이 있음

정답 ③

29

국내외 기업들이 올림픽, 월드컵 등의 스포츠이벤트에 적극적으로 투자하는 이유와 가장 거리가 먼 것은?

① 기업의 주요 목적은 사회공헌활동을 통해 이미지를 높이는 것이기 때문이다.
② 올림픽 및 월드컵 중계방송의 시청자에게 접근하기 위해서이다.
③ 스포츠가 지닌 긍정적인 이미지를 활용하기 위해서이다.
④ 짧은 기간 동안 기업과 상품 인지도를 높일 수 있는 수단이기 때문이다.

해설

기업은 자사 이미지를 홍보하기 위해 사회공헌활동을 하지만, 스포츠이벤트에 스폰서십으로 참여하는 이유는 단기간 내에 상품과 자사 이미지를 높여 궁극적으로 매출을 증대시키기 위함임

정답 ①

30

스포츠마케팅의 주체와 추구하는 내용이 틀리게 연결된 것은?

① 기업-스폰서십 참여를 통한 기업 이미지 향상
② 미디어-광고 수익
③ 관객 또는 팬-스포츠제품 및 콘텐츠 구매를 통한 만족
④ 경기장-입장권 수익

해설

입장권 수익은 '스포츠의 마케팅(marketing of sports)' 주체인 스포츠단체의 마케팅 영역임. 즉, 경기장 자체가 주체가 아님

정답 ④

02 스포츠시설 마케팅 관리

31

스포츠 브랜드가치를 형성하는 요인에 대한 설명으로 틀린 것은?

① 팀 성적 및 선수 등의 팀 관련 요인은 프로구단의 브랜드가치 형성에 영향을 미친다.
② 프로구단의 연고도시 및 팬 지지도는 프로구단의 브랜드가치 형성에 영향을 미친다.
③ 리그의 수준은 구단 및 이벤트의 브랜드가치에 영향을 미치지 않는다.
④ 스포츠이벤트가 열리는 시설은 브랜드가치에 영향을 미친다.

해설

리그 수준이 높을수록 구단과 이벤트의 브랜드 가치도 높아짐

정답 ③

32

Kotler가 제시한 5가지 제품 차원과 스포츠제품의 예가 바르게 짝지어진 것은?

① 기대제품(expected product) – 쾌적한 관람시설
② 확장제품(augmented product) – 스포츠용품 판매
③ 잠재제품(potential product) – 편리한 주차 시설
④ 기본제품(basic product) – 경기 관람을 통한 대리 경험

해설
기대제품(expected product)은 제품에 대한 기대심리와 관련돼 있음. 소비자는 스포츠경기를 보기 위해 지불한 입장권에 즐거움과 편익(쾌적한 관람시설, 기타 편의시설 등)의 부수적인 기대를 갖고 있음

정답 ①

해설 + 제품의 5가지 차원(필립 코틀러)

- ⓐ **핵심제품**(core product): 혜택이나 이점과 관련돼 있다. 소비자는 경기관람을 통해 다양한 이벤트 경험과 같은 혜택과 이익을 얻고자 한다.
- ⓑ **실제제품**(generic product): 유형화된 제품(tangible product)을 말한다. 스포츠경기 자체가 실제 제품으로서 소비자는 경기접근권을 구매한다.
- ⓒ **기대제품**(expected product): 제품에 대한 기대심리와 관련돼 있다. 소비자는 스포츠경기를 보기 위해 지불한 입장권에 즐거움과 편익 등의 부수적인 기대를 갖고 있다.
- ⓓ **확장제품**(augmented product): 애프터서비스(A/S)와 같이 다양하게 부가된 서비스의 의미가 내포돼 있다. 소비자는 스포츠경기를 보기 위해 입장권을 구매하고 관중석에 앉게 되지만, 관리상태와 같은 관중석 시설 서비스, 주차장 및 편의시설 같은 경기장 시설 서비스, 경기시작 전의 이벤트, 경기 스태프의 친절도, 입장권의 가격 적정선 등까지 확장제품으로서 인식한다.
- ⓔ **잠재제품**(potential product): 다른 경쟁자와 차별화하기 위해 경험할 수 있는 미래의 확장성과 연관돼 있다. 로고, 심벌, 엠블럼으로 상징되는 브랜드가 매우 중요해졌다.

33

다음 전략은 스포츠제품의 어떤 서비스적 특성을 반영한 것인가?

- 서비스 표준이 감시됨을 확신시킴
- 사전패키지 서비스
- 품질관리를 위한 기계화 및 산업화
- 주문적인 특징의 강조
- 서비스의 고객적응

① 무형성   ② 비분리성
③ 이질성   ④ 소멸성

해설
'무비질소' 기억나시나요? 서비스의 특징은 무형성, 비분리성, 이질성, 소멸성임. 이질성은 서비스 품질이 동일할 수 없고 사람마다 다르게 느끼는 것을 의미함

정답 ③

34

다음 ( )에 들어갈 내용으로 알맞은 것은?

가격 결정 정책을 수립할 때 판매자는 반드시 활용·가능한 가격책정의 조건들을 모두 고려해야만 한다. 고객의 수요에 대한 고려는 ( )가(이) 된다.

① 변동비   ② 원가경쟁
③ 가격의 범위 ④ 가격상한선

해설
가격상한(price ceiling)이란 정부가 특정 재화나 서비스의 가격이 일정수준 이상으로 오르지 못하도록 인위적으로 규제하는 것을 의미함

정답 ④

35

라이프스타일, 성격 등은 시장세분화 기준 중 무엇에 해당하는가?

① 구매행동적 기준　② 인구동태적 기준
③ 지리적 기준　　　④ 심리형태별 기준

해설
심리묘사적(심리형태별) 세분화는 세분시장 도달 가능성이 낮고, 정확한 측정이 어렵지만 스포츠 마케터들은 소비자의 라이프스타일에 대한 이해를 높이고자 노력함

정답 ④

36

스포츠 입장권 수익의 일정비율을 비영리적 단체에게 기부하여 스포츠 구단의 이미지 제고를 통한 가치창출을 도모하는 활동으로 가장 적합한 것은?

① 사회지향적 마케팅　② 사회적 마케팅
③ 자선기부활동　　　④ 공익연계 마케팅

해설
공익 연계 마케팅(Cause Related Marketing)은 기업의 사회적 책임 활동의 하나로 소비자의 구매를 통해 얻은 수익 일부를 자선 활동이나 공익에 기부하는 마케팅임

정답 ④

37

입장권의 가격을 3,000원에서 2,000원으로 인하할 경우 관람자 수가 3,000명에서 4,000명으로 증가한다면 수요의 가격탄력성은?

① 0　　　　　② 1
③ 0.66　　　④ 0.50

해설
'완탄단완비' 기억나시나요? 완전탄력적(E=∞), 탄력적(E > 1), 단위탄력적(E=1), 완전비탄력적(E=0), 비탄력적(0 < E < 1) 중에 단위탄력적에 속함

정답 ②

$$E = \frac{\text{수요량의 변화율}}{\text{가격의 변화율}} = \frac{\text{수요변동분/원래 수요}}{\text{가격변동분/원래 가격}}$$

$$= \frac{(4{,}000-3{,}000)/3{,}000}{(3{,}000-2{,}000)/3{,}000} = \frac{0.33}{0.33} = 1$$

38

제품수명주기에서 성장기의 특성에 관한 설명으로 옳지 않은 것은?

① 수요가 급증하기 시작한다.
② 새로운 경쟁자들이 증가한다.
③ 유통경로가 확대되고 시장규모가 커진다.
④ 제품인지도를 높여 새로운 구매수요를 발굴한다.

해설
'도성숙퇴' 기억나시나요? 스포츠제품의 수명주기는 도입기, 성장기, 성숙기, 쇠퇴기임. 성장기 때에는 수요가 증가하고 이익이 발생하는 단계이고 경쟁사의 모방제품이 출현하는 시기이므로 집중적인 유통전략이 필요한 시기임

정답 ④

해설＋ 스포츠제품의 수명주기

도입기	• 스포츠제품이 처음 시장에 나오는 단계 • 초기비용이 많이 들게 돼 적자상태가 지속 • 인지도와 판매율을 높이기 위해 활발한 촉진활동을 해야 하는 시기
성장기	• 수요가 증가하고 이익이 발생하는 단계 • 경쟁사의 모방제품이 출현 • 시장규모가 커지면서 집중적인 유통전략이 필요한 시기
성숙기	• 수요의 신장이 둔화되거나 멈추는 단계 • 성장형, 안정형, 쇠퇴형으로 세분 • 새로운 고객창출보다는 경쟁사의 고객을 유인해야 하는 시기(가격할인 등 촉진전략 필요)
쇠퇴기	• 매출이 눈에 띄게 감소하는 단계 • 제품을 상기시키는 최소한의 광고만 필요한 시기

39

제품 개발 시 기존의 브랜드자산이 크다고 판단되는 경우, 기존 제품범주에 속하는 신제품에 그 브랜드명을 그대로 사용하는 전략은?

① 라인 확장(line extension)
② 복수 상표(multi-brand)
③ 상향 확장(upward stretch)
④ 채널 확장(channel extension)

해설

브랜드 확장은 계열 확장(line extension, 라인 확장)과 범주 확장(category extension, 카테고리 확장)으로 구분함. 특히 계열 확장은 수직적 확장(상향·하향 확장)과 수평적 확장으로 다시 분류할 수 있음. 상향 확장은 기존 브랜드를 대중시장에서 상향시장으로 확대하는 개념이고, 하향 확장은 기존 브랜드를 갖고 저가형 시장에 진출하는 개념임

정답 ①

40

PR의 기본적 방법과 가장 거리가 먼 것은?

① 신문발표
② 기자회견
③ 무료여행상품
④ 리셉션

해설

공중관계(PR, Public Relations)는 기업의 긍정적인 이미지를 개발·확산시키고, 부정적인 이미지를 비롯한 소문, 사건, 이야기 등을 희석시키고자 하는 것을 포함함. 조직의 총체적인 모든 활동을 통해 긍정적인 이미지를 구축하는 개념으로 연간보고서, 브로슈어, 사보, 잡지, 신상품 전시회, 기자회견, 기념회, 보도자료, 제품홍보 발표행사, 사회공헌활동을 비롯해 대언론 관계 외에도 국회의원 입법 활동, 정부관료에 대한 합법적 설득 활동, 사내외 커뮤니티 등을 포함시킬 수 있음

정답 ③

해설 + 촉진(커뮤니케이션) 방법

구분	내용
광고	• 가장 많이 차지하는 유료 방식 - 장점: 짧은 시간, 다수 소비자에게 전달, 대중성, 소비자와의 커뮤니케이션 강함, 1인당 소요비용 저렴 - 단점: 목표 소비자 대상의 광고가 어렵고, 일방적인 정보전달, 고비용
홍보	• 광고와 비슷하게 생각할 수 있으나 비용을 지불하지 않는다는 점이 다름 - 장점: 총 비용이 저렴하고 신뢰적임 - 단점: 매체들이 비협조적일 가능성, 매체의 관심을 유발하는 경쟁이 심화
공중관계	• 줄여서 PR이라고 함. 홍보와 거의 유사한 개념이지만, PR이 보다 넓은 의미가 있음 • 홍보는 대언론 관계, PR은 긍정적인 이미지를 구축하기 위한 조직의 총체적인 모든 활동
인적판매	• 판매원이 소비자를 직접 대면해 정보를 제공하고 구매를 유도하는 방식(=대면판매, face to face) - 장점: 고객에게 주의가 집중, 고객과의 쌍방향 커뮤니케이션 가능, 복잡한 메시지의 정확한 전달, 신속한 반응을 유도하고 결정 - 단점: 고비용, 판매원 모집의 어려움, 판매원 간의 제시기술의 차이
판매촉진	• 광고, 홍보, 인적판매에 포함되지 않은 다양한 촉진 활동으로, 짧은 기간 내에 소비자의 마음을 움직이기 위한 목적 - 제품 전시, 박람회 참가 등의 행사와 가격 할인, 무료 샘플, 쿠폰 제공, 경품, 리베이트 등의 소비자 판촉 수단
스폰서십	• PR의 일부분. 스포츠 스폰서십은 전통적인 촉진방식에 속하진 않지만, 전 세계 스포츠산업의 괄목할 만한 성장에 힘입어 현재는 매우 중요한 소비자와의 커뮤니케이션 방식

41

브랜드 자산을 구성하는 핵심 요소와 거리가 먼 것은?

① 브랜드 인지도 ② 브랜드 충성도
③ 브랜드 가격   ④ 브랜드 연상

해설

아커(D. Aaker)는 브랜드 자산의 구성요소를 브랜드 인지도, 지각된 품질, 브랜드 연상, 브랜드 충성도로 제시함

정답 ③

◆ 브랜드 가치의 구성요소

브랜드 자산	• 브랜드의 자산적 가치를 의미 • 제품의 질보다 브랜드 차별화를 통해 경쟁우위 확보 • 고객들에게 브랜드 충성도를 유지하게 하기 위해 필요

↑

브랜드 인지도	• 고객들이 친숙한 브랜드로 인식하기 위해 필요 • 브랜드 친숙, 애호, 브랜드 연상 강화
지각된 품질	• 고객들이 품질에 대해 상대이고 주관적인 인식을 극복하기 위해 필요 • 브랜드 확장, 차별성, 유리한 위치
브랜드 연상	고객들에게 브랜드에 대한 신념과 느낌 등을 풍부하게 하기 위해 필요(브랜드 이미지, 브랜드 확장)
브랜드 충성도	• 고객들에게 장기간 동안 브랜드 선호를 유도하기 위해 필요 • 신규고객 인지도 구축과 재인지, 마케팅 비용 감소, 판매율 상승

42

광고매체 유형별 특성에 관한 설명으로 틀린 것은?

① TV: 노출시간이 짧다.
② 라디오: 청각에 의존한다.
③ 옥외광고: 광고대상 집단 선별성이 높다.
④ 회전식 A보드 광고: 위치에 따른 노출편차를 줄일 수 있다.

해설

옥외광고는 불특정 다수에게 노출시키는 방식으로 광고대상의 집단 선별성이 낮음

정답 ③

43

스포츠제품 중 핵심제품과 가장 거리가 먼 것은?

① 스타플레이어 및 감독
② 월드컵 및 올림픽 경기
③ 요가 또는 에어로빅
④ 프로스포츠 라이선싱 제품

해설

핵심제품은 혜택, 이점과 관련돼 있는 제품으로 스포츠 경기에 임하는 선수, 감독, 경기를 수행하는 경기장 및 장비, 해당 종목의 규칙과 기술 같은 경기형태 등의 이벤트 경험을 소비자에게 제공하는 것의 개념을 판매하는 것임

정답 ④

해설 + 다섯가치 차원의 스포츠제품(운동화, 스포츠 경기 대입)

구분		운동화	스포츠 경기
1차원	핵심 제품	발의 보호	• 선수, 팀, 경기장, 장비, 규칙, 기술, 경기력 같은 경기형태 등 이벤트 경험 • 관람, 참여, 건강, 오락, 성취
2차원	실제 제품	실제 운동화	스포츠 경기 자체
3차원	기대 제품	기능에 따른 기대심리	즐거움, 편익 등 부수적 기대치
4차원	확장 제품	• 품질보증 처리 • 할부판매, 맞춤형 서비스, 애프터서비스(A/S)	경기장·관중석 시설 서비스, 경기 스태프 친절도, 입장권의 가격 적정선, 경기 전 공연, 치어리더, 응원전, 경품행사 등
5차원	잠재 제품	로고, 엠블럼 등 브랜드	스포츠 경기의 브랜드

44

마케팅 활동과 관련된 푸시(push) 및 풀(pull) 전략에 관한 설명으로 틀린 것은?

① 푸시 전략은 생산자가 유통경로를 통하여 소비자에게 제품을 밀어 넣는 방식이다.
② 풀 전략은 생산자가 소비자를 대상으로 마케팅 활동을 펼쳐 이들이 제품을 구매하도록 유도하는 방식이다.
③ 풀 전략이 효과적으로 작용하게 되면, 소비자들은 중간상에 가서 자발적으로 제품을 구매하게 된다.
④ A 기업이 소비자들을 대상으로 광고를 하여 소비자들이 점포에서 A 기업 제품을 주문하도록 유인한다면 이는 푸시 전략의 사례에 해당된다.

해설

프로모션 전략의 기법으로 푸시(push) 전략과 풀(pull) 전략을 구분해서 설명하면 다음과 같음. ④는 풀 전략에 해당됨
- 푸시 전략: 인적판매를 중심으로 메이커 → 도매업자 → 소매업자 → 소비자에게 권유하거나 지원함으로써 제품을 판매하는 전략
- 풀 전략: 메이커가 소비자에 대해 직접 광고나 홍보를 통해 구매를 환기

정답 ④

45

단일 세분시장전략(single-segment strategy)이라고도 하며, 전체시장에서 낮은 점유율을 추구하기 보다는 특정한 단일 세분시장에 주력하는 마케팅 전략은?

① 집중적 마케팅 전략
② 차별적 마케팅 전략
③ 무차별 마케팅 전략
④ 편익세분화 전략

해설

집중화 전략은 큰 시장에서 낮은 점유율을 차지하는 것보다 하나 혹은 몇 개의 세분시장에서 보다 높은 점유율을 확보하려는 방법임

정답 ①

해설+ 표적시장을 선정하기 위한 전략

㉠ 차별화 전략: 여러 세분시장을 목표로 삼고 각각의 시장에 독특한 제품을 공급하는 방법이다.
㉡ 비차별화 전략: 세분시장의 차이를 무시하고 한 가지의 제품을 갖고 전체시장에 접근하는 방법이다. 규모의 경제를 실현함으로써 마케팅 비용절감의 효과가 있다.
㉢ 집중화 전략: 큰 시장에서 낮은 점유율을 차지하는 것보다 하나 혹은 몇 개의 세분시장에서 보다 높은 점유율을 확보하려는 방법이다.

46

뉴스 가치가 있는 사항을 무료 형식으로 TV나 신문 등의 매체 측의 계획하에 소개하면서 자연스럽게 기업이미지나 상품을 알리는 효과를 얻는 홍보의 수단은?

① 퍼블리시티(publicity)
② 스폰서십(sponsorship)
③ PPL(product placement)
④ PSL(personal seat license)

해설

PPL은 영화, 드라마 속에 소품으로 등장하는 상품 마케팅의 일종. PSL은 특정한 기간 동안 개인좌석을 임대하는 제도로서 특별권 형태의 경기장 입장권을 발전시킨 개인좌석인증제임. 퍼블리시티는 사람들의 관심을 끄는 것을 뜻함

정답 ①

47

다음 사례에 해당하는 가격 결정 방법은?

> 스포츠용품 제조회사 A는 특별한 규격의 양궁 활을 제작하여 저렴한 가격을 책정하고, 그 양궁 규격에 맞는 활을 비싼 가격으로 결정하여 판매한다.

① 종속제품 가격결정(captive product pricing)
② 묶음 가격결정(bundle pricing)
③ 침투 가격결정(penetration pricing)
④ 스키밍 가격결정(skimming pricing)

해설
종속제품 가격결정(captive product pricing)이란 본체와 부속품 모두가 갖추어져야 제품의 기능을 사용할 수 있을 때 본체의 가격은 낮게 책정하여 소비자의 구매를 유도한 후, 부속품의 가격은 높게 책정해 이윤을 창출하는 가격전략임

정답 ①

48

시장세분화에 관한 설명으로 옳은 것은?

① 인구통계적 세분화는 나이, 성별, 가족규모, 소득, 직업, 종교, 교육수준 등을 바탕으로 시장을 나누는 것이다.
② 사회심리적 세분화는 추구하는 편익, 사용량, 상표 애호도 사용 여부 등을 바탕으로 시장을 나누는 것이다.
③ 행동적 세분화는 구매자의 사회적 위치, 생활습관, 개인성격 등을 바탕으로 시장을 나누는 것이다.
④ 시장포지셔닝은 세분화된 시장의 좋은 점을 분석한 후 진입할 세분시장을 선택하는 것이다.

해설
시장세분화 기준인 '인지행심시다' 기억나시나요? 인구통계학적, 지리적, 행동적, 심리묘사적, 시간, 다속성 세분화임. ②번 설명은 시장세분화 기준 중에서 사용빈도와 여부, 사용에 따른 만족도 등과 같은 행동적 세분화이고, ③번 설명은 해당되는 기준이 없음. ④번의 시장 포지셔닝(positioning, 위치화)은 세분화, 표적화가 진행되고 난 후의 마케팅 차별화 전략을 수행하고 목표를 설정하는 단계임. 즉, 세분시장을 검토하고 선택하는 단계인 ④번의 설명은 표적화(targeting)에 해당됨

정답 ①

49

국내 프로스포츠 구단 중 구장명칭권(Stadium Naming Rights) 활용의 일환으로 역명부기권을 계약하여 사용한 최초의 구단은?

① 롯데 자이언츠   ② LG 트윈스
③ SK 와이번스   ④ FC 서울

해설
국내 최초의 역명부기권을 계약한 구단은 SK 와이번스로 2007년부터 3년 동안 'SK 와이번스역'이라는 역명을 문학경기장 역명과 병기함. 참고로 국내 최초의 경기장 명칭 사용권 사례는 2014년 3월에 개장한 '광주-기아 챔피언스 필드'임

정답 ③

50

수직적 마케팅 시스템(Vertical Marketing System; VMS)에 관한 설명으로 틀린 것은?

① 수직적 마케팅 시스템은 유통조직의 생산시점과 소비시점을 하나의 고려 형태로 유통 계열화하는 것이다.
② 유통경로 구성원의 행동은 시스템 전체보다는 각자의 이익을 극대화하는 방향으로 조정된다.
③ 수직적 마케팅 시스템의 유형에는 기업적 VMS, 관리적 VMS, 계약적 VMS 등이 있다.
④ 프랜차이즈 시스템은 계약에 의해 통합된 수직적 마케팅 시스템이다.

해설
수직적 마케팅 시스템은 제품이 제조업자로부터 소비자로 전달되는 과정이 수직적 유통단계를 거쳐 전문적으로 이루어짐. 이를 통해 시장 영향력을 최대로 발휘할 수 있도록 수직적 경로 내의 유통기관에 대한 통제력을 강화하게 됨

정답 ②

51

브랜드 가치를 높이기 위한 방안과 가장 거리가 먼 것은?

① 소비자 욕구 파악
② 새로운 상품 개발
③ 다양한 하위 브랜드 보유
④ 최신유행에 따른 빈번한 변화

해설

브랜드 가치를 창출하기 위해서는 소비자 욕구 파악, 새로운 상품 개발, 다양한 하위 브랜드 보유, 브랜드 확장 및 강화를 해야 함

정답 ④

52

광고효과 측정 및 경기장광고 가격 산정에 활용되는 NTIV(Net TV Impact Value)란 무엇인가?

① TV중계프로그램의 도달범위를 감안한 광고가치
② 시청률을 감안한 광고가치
③ 시청인구를 감안한 광고가치
④ TV노출을 광고료로 환산한 가치

해설

NTIV는 총 광고노출시간에 광고단가를 곱한 값이므로 TV노출을 광고료로 환산한 가치임

일반광고 효과분석	노출시간×광고단가
스폰서십 효과분석	CPT를 통한 산출방식(Cost per Thousand) 스폰서 가치 =노출량×광고단가×시청자 수 *노출량: 시간, 형태

정답 ④

53

경기장 광고에 대한 설명으로 틀린 것은?

① 경기장 광고의 주요 노출대상은 경기장의 관중과 중계 시 노출될 TV 시청자들이다.
② 경기장 광고는 관중들보다 시청자들에게 노출효과가 큰 것으로 보고되고 있다.
③ 경기장 광고는 방송 광고에 비해 상대적으로 가격이 저렴하고 표현방식이 다양하다.
④ 광고주 입장에서는 실정에 맞게 경기장 광고와 방송 광고를 적절히 활용할 수 있어야 한다.

해설

경기장 광고는 장소의 한계로 인해 표현방식이 제한적임

정답 ③

54

경기장 입장권 판매 및 프로모션에 대한 설명으로 가장 거리가 먼 것은?

① PSL이란 일정기간 동안 지정좌석을 제공하는 형태의 특별 입장권을 말한다.
② 유통대행사를 활용하면 판매 소요비용이 경감되며, 입장료 원가 상승을 막을 수 있다.
③ 유통대행사를 통한 입장권 판매 시 관련 구단의 통제력이 약화될 가능성이 있다.
④ 입장권 프로모션의 유형에는 가격할인, 경품제공, 콘테스트, 쿠폰제공 등이 있다.

해설

유통대행사의 수익은 판매 수수료를 통해 얻기 때문에 입장권 가격이 상승할 가능성 큼

정답 ②

55

스포츠제품을 핵심제품과 확장제품으로 구분할 때 핵심제품에 해당하는 것은?

① 스폰서십
② 스포츠시설
③ 응원
④ 경품권

해설

스포츠마케팅 영역의 '핵실기확잠' 기억나시나요? 스포츠제품의 5가지 차원은 핵심제품, 실제제품, 기대제품, 확장제품, 잠재제품임. 스포츠시설은 핵심제품임. 선수, 팀, 경기장, 장비, 규칙 등은 핵심제품에 해당되고, 경기 자체는 실제제품임

정답 ②

56

마케팅 근시안(marketing myopia)에 관한 설명으로 가장 적합한 것은?

① 소비자들이 원하는 것을 찾아 해결해 주는 것이다.
② 소비자들의 세분화된 욕구를 구분하여 마케팅을 실행하는 것을 말한다.
③ 소비자들의 일반적인 욕구를 충족시키지 못하는 것이다.
④ 소비자들의 본원적인 욕구를 간파해 내지 못하는 것이다.

해설

마케팅 마이오피아(marketing myopia)란 근시안적 마케팅을 일컫는 용어임. 미국의 경제학자이자 하버드대 교수였던 시오도어 레빗(Theodore Levitt)이 발표한 논문(1975) 제목으로 근시안적 시각을 가진 조직은 오래 갈 수 없다고 주장함

정답 ④

57

팀이나 구단의 스포츠브랜드 고급화 전략의 요소를 모두 고른 것은?

| ㄱ. 스포츠 팀의 이름 | ㄴ. 선수나 팀의 복장 |
| ㄷ. 구단의 자선사업 | ㄹ. 구단의 웹사이트 |

① ㄱ
② ㄱ, ㄷ, ㄹ
③ ㄴ, ㄹ
④ ㄱ, ㄴ, ㄷ, ㄹ

해설

팀, 구단의 모든 스포츠자산을 갖고 전략을 구사해야 함

정답 ④

58

창업 스포츠센터 등에서 이용이 적거나 비수기에 해당 시설이나 서비스를 이용하는 소비자에게 할인된 가격을 적용하거나 나이 또는 성별에 따라 다양한 가격을 제시하는 가격전략은?

① 묶음가격전략
② 신상품가격전략
③ 가격차별화전략
④ 원가기준가격전략

해설

'가차심패상' 기억나시나요? 가격책정 전략은 원가기준, 가격 차별화, 심리적 가격, 패키지, 신상품 가격 전략이 있음. 가격차별화책정 전략은 똑같은 제품과 서비스에 대하여 지리적·시간적으로 다른 시장에서 각기 다른 가격을 매기는 방식임

정답 ③

59

다음에 해당하는 시장 커버리지 전략은?

> 2개 또는 그 이상의 세분시장을 표적시장으로 선정하고 각각의 세분시장에 적합한 제품과 마케팅 프로그램을 개발하여 공급하는 전략

① 비차별화 전략 ② 차별화 전략
③ 집중화 전략 ④ 확장 전략

해설

'차비집' 기억나시나요?
- 차별화 전략 - 제품품질, 성능, 서비스 등 타사와의 경쟁우위를 확보하는 전략
- 비용우위 전략 - 투입비용, 제품설계 등에 소요되는 비용우위를 확보하는 전략
- 집중화 전략 - 고객집단이 독특한 욕구를 갖고 틈새시장(niche market)을 공략하는 전략

정답 ②

60

스포츠 전체 시장을 세분화하고, 특정 목표시장을 선정하고, 차별화를 통해 자사의 브랜드 이미지, 제품, 서비스를 포지셔닝하는 마케팅 전략은?

① SWOT ② STP
③ FCB 그리드 전략 ④ 포트폴리오 전략

해설

세분화는 세세하게 분류한다는 의미로 시장을 나누는 것임. 표적화는 세분화된 고객을 공략하는 단계라 볼 수 있음. 위치화는 STP의 마지막 단계로 세분화, 표적화를 거쳐 선별된 소비자들을 완벽하게 유인해야 하는 과정으로 소비자 마음을 붙잡을 수 있는 좋은 자리를 선점하면 경쟁이 치열해도 유리한 입지에서 경쟁할 수 있음

정답 ②

해설 + STP

S	Segmentation (세분화)	• 시장세분화 • 현재의 시장을 이해하는 단계
T	Targeting (표적화)	• 목표시장 선정 • 경쟁력 있는 세분시장별로 사업성을 검토하는 단계
P	Positioning (위치화)	• 포지셔닝 • 마케팅의 차별화 전략을 수행하고 목표설정을 위한 단계

03 스포츠이벤트 중계권 관리

61

스포츠단체, 미디어, 광고주의 관계에 대한 설명으로 틀린 것은?

① 미디어는 스포츠단체에 중계권료를 지불한다.
② 스포츠단체는 미디어에 광고비를 지불한다.
③ 광고주는 미디어로부터 광고효과를 기대한다.
④ 스폰서로서의 광고주는 스포츠단체로부터 촉진효과를 기대한다.

해설

기업은 방송중계권을 확보한 미디어에 광고비를 지불하여 자사의 제품을 홍보함

정답 ②

62

고객입장에서 미디어의 관계에 대한 설명과 가장 거리가 먼 것은?

① 미디어는 스포츠에 대한 정보를 대중들에게 제공한다.
② 미디어는 스포츠와 기업을 연결하는 교량역할을 한다.
③ 스포츠와 미디어는 공생관계이다.
④ 미디어는 스포츠에 더 의존적이며 재정적인 도움을 제공한다.

해설

스포츠와 미디어는 상호 영향을 미치는 관계임. 스포츠는 미디어에 광고료와 방송중계권 가격을 높이는 데 영향을 미쳤고, 미디어는 스포츠의 규칙과 스케줄을 변경하는 데 영향을 미침

정답 ④

해설 + 스포츠와 미디어의 관계

스포츠가 미디어에 미치는 영향	미디어가 스포츠에 미치는 영향
• 광고수익을 증대시킴 • 첨단기술이 도입됨 • 보도기술이 발전됨 • TV 중계권 가격이 상승함 • 방송 프로그램 다변화(일반프로그램보다 효율성, 효과성 측면에서 유리)	• 스포츠 룰(rule)을 변화시킴 • 경기스케줄 변경 • 스포츠조직의 안정적 재원 조달에 기여 • 스포츠 상업화, 대중화, 세계화를 촉진 • 스포츠 과학화 및 경기력 향상에 기여 • 뉴 스포츠 종목 변화

63

방송사의 스포츠이벤트 TV중계권 구매 및 중계에 따른 기대효과와 가장 거리가 먼 것은?

① 해당 스포츠이벤트 방송에 따른 광고수입의 증대
② 이벤트의 성공적 운영을 위한 자금 확보
③ 유료 시청 수입의 증대
④ 방송사의 중계방송 기술력에 대한 입증

해설
방송중계권을 통해 광고환경 마련, 스포츠단체(재정확보, 스폰서십 가치 증진 등), 방송사(광고주 섭외환경, 광고수입, 시청료 수입, 기술력 인정, 효율적 방송 프로그램 편성), 광고주(광고효과)에게 다양한 효과가 있음

정답 ②

64

월드컵 TV방송 프로그램의 구조에 관한 설명으로 틀린 것은?

① FIFA는 방송중계권료를 받는 대신 중계권을 제공한다.
② 방송사는 스폰서로부터 광고비를 받고 광고효과를 제공한다.
③ 공식스폰서는 FIFA에 비용을 지불하고 FIFA는 방송사에 공식스폰서의 광고계약을 한다.
④ 기업은 촉진효과를 기대하고 FIFA에 스폰서십 비용을 지불한다.

해설
FIFA에 비용을 주는 대가로 중계권을 확보한 방송사는 공식스폰서(기업)로부터 비용을 받고, 기업광고를 함

정답 ③

65

매스미디어와 스포츠의 관계에 대한 설명으로 틀린 것은?

① 스포츠경기의 경기시간 변경 등은 미디어의 방송 편성 스케줄에 적합하도록 변화되어 왔다.
② 매스미디어는 스포츠조직의 안정적 재원조달의 기초를 제공하였다.
③ 매스미디어는 선수들의 복장이나 용품 등에서 단순하게 디자인된 것에서 탈피하여 시청자나 관중의 눈에 보다 더 잘 띄도록 화려하게 제작하는 데 큰 영향을 미쳤다.
④ 매스미디어는 스포츠의 상업화에 지대한 영향을 미쳤으나 대중화에는 큰 영향을 미치지 못하였다.

해설
미디어가 스포츠에 미치는 영향은 스포츠 룰 변화, 경기 스케줄 변경, 스포츠상업화와 대중화, 경기력 향상 등이 있음

정답 ④

66

올림픽과 TV방송에 관한 설명으로 틀린 것은?

① 1936년 베를린 올림픽에서 처음으로 TV 야외중계 방송을 시도하였다.
② IOC는 1960년 로마 올림픽에서 처음으로 TV 방송 중계권을 판매하였다.
③ 1972년 뮌헨 올림픽에서 처음으로 컬러로 방송되었다.
④ 1988년 서울 하계 올림픽에서 기업 스폰서십 참여 프로그램(TOP)이 개시됐다.

해설
1968년 멕시코 올림픽 때 IOC 방송위원회가 설치되고 컬러 콘텐츠가 제작됐음. 1972년 뮌헨 올림픽은 검은 구월단에 의한 테러가 발생했던 대회로 국제 TV 방송 시스템이 도입됐음

정답 ③

해설 + 하계 올림픽 광고/ TV 방송 변천사

올림픽 개최지	연도	내용
파리	1924	최초로 광고 허용
암스테르담	1928	코카콜라가 공식 스폰서로 참여 시작
베를린	1936	최초로 TV 야외 실험방송
로마	1960	최초 TV방송중계권 판매
도쿄	1964	인공위성을 통한 TV 중계방송
멕시코시티	1968	IOC 방송위원회 설치, 컬러 콘텐츠 제작
뮌헨	1972	국제 TV방송 시스템 도입
몬트리올	1976	대회 엠블럼 제작 사용
서울	1988	TOP 프로그램 시작(기업 스폰서십)

67

미디어에 의한 스포츠 경기환경 변화와 가장 거리가 먼 것은?

① 경기 스폰서의 변경
② 경기 규칙의 변경
③ 경기 일정의 변경
④ 경기용품 및 경기복의 변경

해설
미디어로 인해 시청자와 광고주를 의식하게 됨으로써 경기 규칙, 일정 및 용품 등의 변경을 가져옴. 반면, 스포츠가 미디어에 미치는 영향으로는 미디어 기술 발달, 중계권료 상승 등이 있음

정답 ①

68

스포츠 방송 중계권에 따른 이해 관계자의 기대효과로 거리가 먼 것은?

① 방송사는 중계권한을 획득함으로써 기업 광고 수입의 기대를 할 수 있다.
② 광고주는 흥행하는 스포츠이벤트에 자사의 상품 이미지가 노출되면서 매출 증대를 기대할 수 있다.
③ 스포츠단체는 기업으로부터 광고비를 수주함으로써 예산 절감과 재정 확보에 도움을 받을 수 있다.
④ 스포츠이벤트 주관기관은 방송중계권을 판매하는 대가로 수익을 기대한다.

해설
스포츠단체는 방송중계권을 방송사에 판매하고 방송사는 그 권한을 활용해 스포츠이벤트의 독점중계와 편집, 판매를 하게 됨. 이로써 기업은 방송사에 광고를 노출하기 위해 참여함에 따라 기업으로부터 광고비를 수주하는 주체는 방송사가 됨

정답 ③

69

올림픽의 미디어와 관계와 기업 스폰서십 프로그램에 대해 설명한 내용 중 거리가 먼 것은?

① 1960년 로마 하계올림픽 때 올림픽 헌장에 방송권(Broadcasting Rights)을 명문화하고 최초의 TV 중계권을 판매했다.
② 1968년 멕시코시티 하계올림픽 때 IOC 방송위원회가 설립·운영됐고, 국제신호라는 표현이 처음으로 등장했다.
③ 1988년 서울 하계올림픽 때 TOP(The Olympic Partners) 프로그램을 처음으로 시행했다.
④ 2022년에 IOC는 규정 40(Rule 40)을 만들어 매복마케팅 기업을 방지하기 위한 제도를 도입했다.

해설

TOP(The Olympic Partners) 프로그램은 국제올림픽위원회(IOC)의 올림픽 마케팅 프로그램임. 기업 스폰서 참여를 통한 IOC의 수익구조로서 개최도시와 IOC의 재정적 난국을 타계하기 위해 1985년에 개발됨. 1988년 서울 하계올림픽 때부터 처음으로 적용돼 지금까지 이어져 오고 있음. 올림픽의 공식 스폰서로서 최고 지위를 제공하고, 보호하기 위해 분야별 10개 내외의 기업을 선정하고, 동종업계 혹은 유사한 기업 참여를 배제시킴. IOC는 2012년에 '규정 40(Rule 40)'을 만들어 공식 스폰서가 아닌 기업에게 대회 기간 중 활동금지 조치를 취하는 노력을 지속하고 있으나, 효과는 뚜렷하게 나타나고 있지 않음

정답 ④

70

맥루한(M. McLuhan)이 제시한 매체이론과 스포츠와의 관계에 대한 설명으로 옳은 것은?

① 야구경기는 정적이고 기록스포츠이면서 낮은 감각의 몰입을 요구하므로 쿨미디어 스포츠에 속한다.
② 축구경기는 동적이고 득점스포츠이면서 높은 감각의 몰입을 요구하므로 핫미디어 스포츠라 할 수 있다.
③ 여러 감각의 활용을 이끌어내는 매체로서 TV, 영화 등은 핫미디어 스포츠에 속한다.
④ 고참여성, 저정의성의 농구경기는 미디어의 영향력으로 전·후반 경기에서 4쿼터제로 변경된 사례라 할 수 있다.

해설

① 야구는 핫미디어 스포츠, ② 축구는 쿨미디어 스포츠, ③은 쿨미디어 스포츠에 대한 내용임

정답 ④

해설 + 맥루한의 매체이론에 근거한 스포츠 분류

핫(HOT) 매체 스포츠	쿨(COOL) 매체 스포츠
핫미디어: 한 가지 감각에만 의존하는 매체(신문, 잡지, 책)	쿨미디어: 여러 감각의 활용을 이끌어내는 매체(전화, TV, 영화, 비디오, 만화)
• 미디어 자체가 정밀하므로 수용자가 신경을 덜 쓰더라도 정보의 뜻이 전달됨 • 고정의성(high definition), 저참여성(low participation), 낮은 감각 몰입 • 정적 스포츠, 개인 스포츠, 기록 스포츠(야구, 사격, 테니스 등)	• 미디어 자체가 정밀하지 못하므로 수용자의 더 큰 참여를 유도함 • 수용자의 참여가 지나치게 높아지면 역효과가 날 수 있음(축구 훌리건) • 저정의성(low definition), 고참여성(high participation), 높은 감각 몰입 • 동적 스포츠, 팀 스포츠, 득점 스포츠(축구, 농구, 핸드볼 등)

04 스포츠이벤트 중계권 관리

71

스포츠마케팅 조사를 실시할 때 설문지 작성방법으로 옳지 않은 것은?

① 어렵거나 민감한 질문은 앞에 위치시킨다.
② 가급적 쉽게 질문한다.
③ 응답항목들이 상호 배타적이어야 한다.
④ 유도성 질문은 피해야 한다.

해설
시작하는 질문은 흥미를 유발하게 하고, 민감한 질문은 뒤로 배열함

정답 ①

해설 + 설문지 문항설계

- 명료하게 질문 문항을 표현하여 의미를 정확하게 전달함
- 이중 질문을 피함
- 응답자의 능력을 고려함
- 응답자가 흔쾌히 대답할 수 있도록 동기 부여함
- 응답자 입장을 곤란하게 하거나 자존심 상하게 하는 표현을 삼감
- 가능한 짧은 문자를 사용함
- 다지선다형 응답에 있어서는 가능한 응답을 모두 제시함
- 부정 또는 이중 부정 문항을 피함
- 특정한 응답에 대한 유도질문을 피함
- 응답 항목의 중복을 피함
- 시작하는 질문은 흥미를 유발하게 함
- 민감한 질문은 뒤로 배열함
- 부득이하게 설문지가 긴 경우 앞부분에 위치하게 함

72

프로스포츠 구단에서 실시하는 마케팅조사 및 활용 분야와 가장 거리가 먼 것은?

① 촉진전략
② 스포츠이벤트 스폰서십 참여효과 분석
③ 라이선싱/머천다이징 전략 수립
④ 선수활용 효과

해설
스포츠이벤트에 협찬기업으로 참여한 '스포츠를 통한 마케팅(marketing through sports)' 주체(기업)는 스폰서십 참여효과 분석에 관심이 높음

정답 ②

73

다음은 척도의 유형 중 무엇에 관한 설명인가?

> • 관찰대상을 상호 배타적인 범주로 구분하기 위하여 사용하는 척도
> • 축구선수의 등번호는 선수들을 구분하기 위한 것이지 우열을 표시한 것이 아니다.

① 명목척도 ② 서열척도
③ 비율척도 ④ 등간척도

해설
명목(명명)척도는 집단을 명칭으로 분류하는 척도를 의미함

정답 ①

해설 + 설문지 척도

명목척도 (nominal scale)	• 집단을 명칭으로 분류하는 척도(=명명척도)
	  − 성별(남자, 여자), 주민등록번호, 선수 등번호, 프로야구팀의 명칭, 출신 고등학교 지역 등 배열할 때 숫자 부여
	• 성별이든 프로야구팀 명칭 배열이든 숫자(1, 2, 3…)로 구분함
	  − 성별, 종교, 날씨, 지역, 계절, 국적, 고향, 선수 등번호 등
	예시: 귀하의 성별은? 1. 남자 2. 여자

서열척도 (ordinal scale)	• 관찰대상이 아닌 속성의 순서적 특성만을 나타낼 때 사용, 계속되는 두 수치의 간격이 반드시 일치하지 않음(=순위 혹은 순서척도)
	  − 주 평균 운동횟수: 1=전혀, 2=가끔, 3=보통, 4=자주, 5=매일
	  − 운동을 자주하는 사람은 가끔하는 사람보다 두 배 더 한다고 볼 수 없음(대상들 간 크기나 차이 없음)
	  − 팀 간의 순위, 교육수준(중졸 이하, 고졸, 대졸 이상 등)
	  − 학력, 석차순위, 사회계층, 선호순위, 학점 등
	예시: 귀하가 좋아하는 종목을 순으로 나열하시오.
	1. 야구 2. 축구 3. 농구 4. 배구 5. 골프

등간척도 (interval scale)	• 양적 차이를 측정하기 위해 균일한 간격으로 분할 측정(=간격척도) − 비교된 대상물의 차이, 온도, 태도 예시: 귀하가 A 스포츠센터 서비스에 대해 만족하나요? 1. 매우 불만족 2. 불만족 3. 보통 4. 만족 5. 매우 만족
비율척도 (ratio scale)	• 명목, 서열, 등간척도의 특성을 모두 포함 • 절대 영점(0)을 갖고 있어 모든 산술적 연산(가감승제)이 가능한 척도 − 교육연수, 연령, 수입, 길이, 무게, 거리, 점수 등 예시: 귀하의 시험점수는 어떻게 되나요? 1. 40점 이하 2. 50점 3. 60점 4. 70점 5. 80점 이상

74

스포츠마케팅 조사연구단계에 관한 설명으로 가장 적합한 것은?

① 예비조사단계 – 문제인식, 상황분석, 조사계획 평가
② 조사계획단계 – 조사범위 및 내용의 구체화, 조사대상 결정, 조사방법 및 시기 결정, 조사계획 평가
③ 본 조사 및 분석 단계 – 조사실시, 자료분석, 대안제시, 보고서 작성, 조사계획 평가, 선택된 대안 실행
④ 피드백 단계 – 피드백, 선택된 대안 실행, 재계획 수립

> 해설
>
> 조사계획단계에선 조사범위 및 내용의 구체화, 조사대상 결정, 조사방법 및 시기 결정, 조사계획 평가 등 전반적으로 거쳐야 하는 범위를 포함함

> 정답 ②

> 해설 +

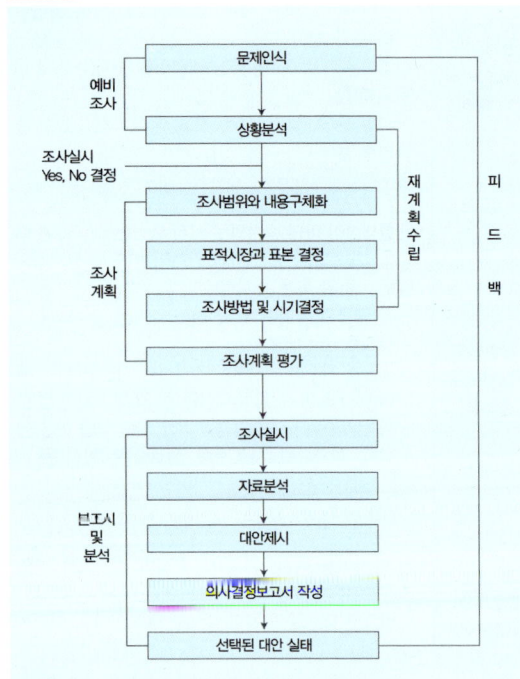

75

스포츠마케팅 조사내용에 해당하는 것을 모두 고른 것은?

> ㄱ. 시장의 잠재력 측정
> ㄴ. 시장의 수요예측
> ㄷ. 광고의 효과평가
> ㄹ. 가격변화의 효과평가
> ㅁ. 소비자의 욕구파악

① ㄱ, ㄴ
② ㄴ, ㄷ, ㄹ, ㅁ
③ ㄱ, ㄷ, ㄹ, ㅁ
④ ㄱ, ㄴ, ㄷ, ㄹ, ㅁ

> 해설
>
> 스포츠마케팅 조사는 스포츠제품과 서비스를 효과적으로 마케팅하기 위해 정확하고 객관적인 방법으로 자료를 수집, 기록, 분석하는 일로 보기의 모든 사항을 조사하기 위함임

> 정답 ④

> 해설 + 스포츠마케팅 조사 개념과 영역

개념		스포츠제품과 서비스를 효과적으로 마케팅하기 위해 정확하고 객관적인 방법으로 자료를 수집·기록·분석하는 일
조사내용		시장의 잠재력 측정, 시장의 수요예측, 광고의 효과평가, 가격변화의 효과평가, 소비자의 욕구파악 등
영역	스포츠 단체	• '스포츠의 마케팅' 주체 • 관중 유치, 스폰서십, 방송중계권 판매 전략 수립
	스포츠 구단	• '스포츠의 마케팅' 주체 • 관중 유치, 고객 서비스 전략, 선수 선발 및 활용, 라이선싱, 머천다이징 전략 수립
	스포츠 산업체	• 스포츠용품업, 스포츠시설업, 스포츠서비스업 • 고객 유치 및 관리, 사업타당선 분석, 경영자료 확보
	일반 기업	• '스포츠를 통한 마케팅' 주체 • 촉진 전략, 소비자 인식자료 확보

76

스포츠마케팅조사를 위한 확률표본추출 방법에 해당하는 것은?

① 할당표집(quota sampling)
② 판단표집(judgement sampling)
③ 편의표집(convenience sampling)
④ 군집표집(cluster sampling)

해설

'단층체집다 편당유통판' 기억나시나요? 확률표본추출법은 단순, 층화, 체계적, 군집, 다단표본추출법임

정답 ④

해설 + 표본추출방법

확률 표본 추출법	단순무작위 표본추출법	모집단(population, 통계적인 관찰의 대상이 되는 집단 전체)에 속하는 모든 구성요소에 대해 동등한 확률을 부여하여 표본을 추출하는 방법
	층화무작위 표본추출법	모집단을 미리 몇 개의 집단으로 할당된 수에 따라 각 층에 표본을 추출하는 방법
	체계적 표본추출법	모집단에 포함되는 모든 개체를 임의의 순서로 늘어놓고 난수표를 사용해서 뽑아낸 개체를 표본으로 하는 방법(=등간격 추출법)
	군집표본 추출법	세분화한 집단을 무작위로 선별하여 표본추출을 행하는 방법(=클러스터 표본추출법, 집락추출법)
	다단 표본추출법	모집단을 몇 개의 그룹으로 나누고 우선 그룹을 추출하여 그 그룹에서 표본을 추출하는 방법을 2단 추출법, 같은 방식으로 3단, 4단 등 표본추출을 거듭하는 방법
비확률 표본 추출법	편의표본 추출법	연구자의 편의대로 임의적으로 추출하는 방법
	할당표본 추출법	모집단을 대표할 수 있도록 표본요소의 동일한 특성을 가진 모집단의 구성비율이 근접하도록 표본을 추출하는 방법
	유의표본 추출법	표본을 주관적으로 선택하고 추출하는 방법
	계통추출법	가장 간편한 임의추출의 방법. 조사 표본수가 많을 때는 난수표를 사용하는 일도 간단하지 않으므로 모집단의 전요소에 일련번호를 붙이고, 처음 하나의 표본을 임의추출한 다음은 일정한 간격으로 추출하는 방법
	판단표본 추출법	모집단을 전형적으로 대표되는 것으로 판단되는 사례를 표본으로 선정하는 방법

77

표본추출법에 대한 설명으로 틀린 것은?

① 일반적으로 확률표본추출방법은 비확률본추출방법에 비해 모집단에 대한 대표성이 높다.
② 비확률표본추출법은 각 표본추출단위가 표본으로 추출될 확률이 사전에 알려져 있지 않다.
③ 층화표본추출법은 모집단을 다수의 상호 독립된 동질적 소그룹으로 구분하여 각각의 소그룹에서 무작위로 표본을 추출한다.
④ 군집표본추출법은 모집단이 여러 개의 소그룹으로 구성되어 있을 때, 각각의 그룹에서 편의적으로 표본을 추출한다.

해설

군집표본추출법은 세분화한 집단을 무작위로 선별하여 표본추출을 행하는 방법임

정답 ④

78

2차 자료 분석에 관한 옳은 설명을 모두 고른 것은?

> ㉠ 비관여적 방법이다.
> ㉡ 관찰대상에 대한 연구자의 방향이 크다.
> ㉢ 통계적 기법으로 자료의 결측값을 대체할 수 없다.
> ㉣ 신뢰도와 타당도에 관한 문제는 발생하지 않는다.

① ㉠
② ㉠, ㉡
③ ㉡, ㉢, ㉣
④ ㉢, ㉣

해설

1차 자료(primary data)는 조사자가 당면한 의사결정 문제를 해결하기 위해 직접 수집한 자료, 2차 자료에 비해 비용이 많이 소요(대면면접, 전화면접, 질문 등)됨. 2차 자료(secondary data)는 다른 조사자, 조사기관이 이미 만들어놓은 자료, 1차 자료보다 비교적 빨리 자료를 수집할 수 있음. 즉, 이미 만들어진 자료이므로 비관여적 방법이고 연구자의 영향이 적음. 또한 결측값(missing value)을 추적하고 찾기가 어려우며, 신뢰도와 타당도가 높은 연구자료인지 확신할 수 없음

정답 ①

79
설문지 구성에 있어서 신뢰도에 영향을 미치는 요인이 아닌 것은?

① 문항 수
② 문항의 난이도
③ 문항 형태
④ 측정내용의 범위

해설
신뢰도(reliability)란 얼마나 일관성을 갖고 측정을 했는지에 대한 정도로서 측정하고자 하는 것에 대해 안정성, 일관성, 예측가능성, 정확성 등을 알 수 있음. 문항 수, 난이도, 측정범위 등은 측정하려는 것을 얼마나 안정적으로 일관성 있게 측정하였는지를 검토할 수 있으나, 문항 형태는 이와 무관함

정답 ③

80
다음 사례의 표본추출방법은?

> 스포츠이벤트 입장권 예약 구매자를 대상으로 스포츠마케팅 조사를 하기 위해 학력과 연령, 성별에 따라 분류하고 각 집단의 크기에 비례하는 수만큼 무작위로 추출하였다.

① 판단표본추출법
② 할당표본추출법
③ 층화표본추출법
④ 계통표본추출법

해설
층화표본추출법은 모집단을 미리 몇 개의 집단으로 할당된 수에 따라 각 층에서 표본을 추출하는 방법임

정답 ③

05 스포츠라이선싱 권리 및 계약

81
스포츠 라이센스 상품 생산업체가 월드컵 공식공급업체 자격을 취득한 후 추진할 일련의 과정을 바르게 나열한 것은?

> ㄱ. 수요예측
> ㄴ. 소비자 및 시장 환경 분석
> ㄷ. 스포츠상품 배치
> ㄹ. 스포츠상품 설계
> ㅁ. 스포츠상품 운영
> ㅂ. 품질 관리

① ㄱ → ㄴ → ㄷ → ㄹ → ㅁ → ㅂ
② ㄱ → ㄴ → ㄹ → ㄷ → ㅁ → ㅂ
③ ㄴ → ㄱ → ㄹ → ㄷ → ㅁ → ㅂ
④ ㄴ → ㄱ → ㄷ → ㄹ → ㅁ → ㅂ

해설
환경 분석 → 수요 예측 → 상품 설계 → 상품 배치 → 상품 운영 → 품질 관리

정답 ③

82
스포츠단체가 라이선싱 프로그램을 통해서 기대할 수 있는 효과와 가장 거리가 먼 것은?

① 방송 중계시간의 확대
② 라이선싱 수수료 수입의 증대
③ 새로운 제품영역 확장 및 관련 상품판매 증진을 통한 부가가치 창출
④ 기업과의 우호적 관계 형성을 통한 스포츠이벤트에 대한 관심 유도

해설
라이선스란 경제적 가치를 지닌 지적 재산권을 사용할 수 있도록 허가하는 일을 뜻함. 방송 중계시간의 확대는 스포츠 중계 방송중계권에 관련한 사항임

정답 ①

83

라이선서와 라이선시 간에 체결하는 계약방식 중 러닝 로열티(running loyalty) 지불방식에 대한 설명으로 옳은 것은?

① 트레이드마크의 독점적인 사용에 관한 계약을 의미한다.
② 예상되는 매출액의 일부를 미리 지불하는 방식을 의미한다.
③ 매출액에 따라 일정비율을 지불하는 방식을 의미한다.
④ 앞으로 출시될 제품의 판권을 미리 확보하는 계약을 의미한다.

해설
라이선서(licensor, 허가하는 자)와 라이선시(licensee, 허가받는 자)와의 계약은 수입의 일정한 퍼센트를 미리 정해놓고 지급하는 정률제도 있고, 매출액에 따라 일정비율로 지불하는 러닝로열티 방식 등이 있음

정답 ③

84

기업의 관점에서 스포츠단체와 라이선싱(Licensing) 계약을 할 때 포함되어야 하는 핵심조항과 가장 거리가 먼 것은?

① 선금과 진행 로열티 대금
② 도안과 디자인에 대한 소유권
③ 스포츠라이선싱 참여경험
④ 라이선시(Licensee)의 유통에 대한 제한

해설
스포츠라이선싱의 참여경험은 스포츠단체(라이선서, Licensor) 입장의 고려사항임

정답 ③

해설 + 라이선싱 계약 시 고려사항

라이선서(Licensor) 사전검토 −스포츠단체 입장	• 기업의 일반현황 • 상품에 관한 현황 • 스포츠라이선싱 참여경험 등
라이선시(Licensee) 사전검토 −기업 입장	• 스포츠조직(단체)의 일반현황 • 계약대상에 관한 현황 • 도안, 디자인 소유권 • 선금과 진행 로열티 대금 • 유통에 대한 제한 등

85

다음 사례에 업체가 연맹에 지불해야 하는 금액 및 시기에 관한 설명으로 옳은 것은?

> 한 프로연맹의 라이선스 상품 독점유통 권리를 취득한 용품유통업체가 연맹과 체결한 계약조건은 '독점권 행사의 대가는 총 매출의 5%를 러닝 로열티로 지불하며, 예상 매출액의 5%를 미리 보장'하는 조건이다. 그런데 연맹과 유통업체가 동의한 예상 매출은 100억원이었고, 실제 발생한 매출은 60억원이었다.

① 3억원을 계약과 동시에 지불한다.
② 5억원을 계약과 동시에 지불하고 계약기간 종료 후 3억원을 지불한다.
③ 계약 종료 후 3억원을 지급한다.
④ 5억원을 계약과 동시에 지불하고, 계약기간 종료 후 지불할 금액은 없다.

해설

예상매출액 100억원에 대한 5% 미리 보장 조건	5억원을 계약과 동시에 지불
실체매출액 60억원에 대한 5% 러닝 로열티	3억원을 지불해야 하나 예상매출액 5%인 5억원을 미리 지불했으므로 추가로 지불할 필요가 없음

정답 ④

86

스포츠라이선싱에 관한 조치행동에 대한 설명으로 틀린 것은?

① 스포츠단체에서 한정된 기간 동안 제품과 관련한 재산권을 타인에게 사용할 권리를 부여하고 비용을 받았다.
② 라이선시(licensee)는 대가를 받고 경제적 가치가 있는 특허권, 노하우 및 상표권 등의 사용을 원하는 라이선서(licensor)와 법률적 계약을 하였다.
③ 스포츠단체에서 타인에게 재산권을 사용할 수 있도록 권리를 부여하기 위해 상표를 등록하였다.
④ 권리를 대여 받은 기업이 소비자가 구매할 것으로 판단되는 제품에 선수, 팀, 이벤트명 또는 로고를 부착하였다.

해설
라이선서(licensor, 허가하는 자, 체육단체)가 라이선시(licensee, 허가받은 자, 기업, 업체 등)로부터 비용을 받고 지적재산권을 부여하는 구조임

정답 ②

87

국내 프로스포츠 라이선싱 프로그램에 관한 설명으로 가장 거리가 먼 것은?

① 제품판매를 목적으로 하지 않는 라이선싱 제품이 있다.
② 구단은 구단제품의 판매량에 비례하는 수입을 얻는다.
③ 구단이 라이선싱 프로그램을 직접 관리할 수 있다.
④ 라이선싱 제품을 연고지역에서만 판매할 수 있다.

해설
프로스포츠 파생상품은 특정지역에서만 판매하는 것이 아님. 또한 라이선싱 업체(라이선시 licensee)가 선정되는 기준에서 상품생산능력 외에 상품유통능력도 중요한 요인으로 전국 단위의 판매망을 갖춰야 함

정답 ④

88

A기업과 B프로야구단이 관객용 응원용품에 대한 라이선싱 계약을 하려고 한다. 법률적으로 보호받기 위해 필요한 일반적 계약조항들과 가장 거리가 먼 것은?

① A기업의 사업영역과 독점권에 관한 권리양도 가능성
② A기업이 제조한 응원용품에 대한 품질관리와 품질 인증 절차
③ 한국야구위원회(KBO)의 응원용품 라이선싱에 대한 권리
④ 소비자 및 제3차에 대한 책임보험과 손해배상

해설
라이선싱(licensing) 계약은 라이선서(licensor, 허가하는 자, KBO와 같은 단체, 경제적 가치가 있는 재산권 보유)와 라이선시(licensee, 허가받은 자, 기업, 업체) 간에 이루어지는 것으로 응원용품은 KBO의 재산권과는 거리가 멂

정답 ③

89

다음 중 라이선싱의 기대효과에 대한 설명으로 틀린 것은?

① 기업이 라이선싱 프로그램에 참여하는 가장 큰 이유는 라이선싱 수수료(Licensing commission) 수입을 증대시키는 것이다.
② 스포츠단체는 라이선싱 프로그램을 통해 더 많은 기업과 파트너 관계를 형성할 수 있다.
③ 기업이 라이선싱 프로그램에 참여하면, 자사의 브랜드 가치가 낮더라도 라이선서가 가진 높은 명성이나 신용에 편승하여 상업적 신용혜택을 얻을 수 있다.
④ 기업은 IOC나 FIFA와 같은 스포츠단체가 구축한 마케팅 채널을 이용할 수 있다.

해설
라이선싱 수수료는 경제적 가치가 있는 재산권을 빌려준 대가로 스포츠단체가 얻는 것임

정답 ①

90

올림픽 스포츠 라이센싱을 통해서 기업이 기대하는 효과에 관한 설명과 가장 거리가 먼 것은?

① 판매증진: IOC와 관련을 맺으며 제품 판매 증진효과를 얻을 수 있다.
② 신뢰획득: IOC가 가지고 있는 높은 명성이나 신뢰에 편승하여 신용 혜택을 얻을 수 있다.
③ 광고권리 획득: IOC와 라이센싱 계약을 하였기 때문에 월드컵 중계 시 TV 광고 우선권을 획득할 수 있다.
④ 마케팅 채널 이용: IOC가 구축한 마케팅 채널을 활용하여 기업의 이미지를 제고시킬 수 있다.

해설
스포츠 라이센싱은 라이센시(licensee, 기업)가 라이센서(licensor, 스포츠단체)의 지적 재산을 활용해서 기존에 존재하는 제품의 촉진 혹은 판매를 위한 마케팅 활동임. 광고권리 획득은 공식 스폰서에게 주어지는 권한으로 공식 라이센싱 업체에게 주어지는 직접적인 권한과는 거리가 멂

정답 ③

---

06 스포츠법률 지원

91

스포츠 선수가 특정 구단과 계약을 맺고 나면 그 선수가 은퇴할 때까지 선수에 대한 모든 권리를 구단이 독점적으로 행사할 수 있다는 내용을 포함한 것은?

① 보류조항　　② 자유계약제
③ 연봉상한제　④ 드래프트

해설
선수보류조항(Player Reserve Clause)은 선수의 다음 시즌 계약 우선권을 갖도록 하고, 선수들에게 계약기간 보수를 보장해 주는 제도임. 자유계약제도는 구단이 해당 선수의 보유권을 상실 혹은 포기했을 시 어떤 구단과도 자유롭게 계약을 맺을 수 있는 제도, 연봉상한제는 각 구단이 당해 시즌에 각 구단 보유 선수에게 지급하기로 한 연봉 총상한제(샐러리 캡)로 이해할 수 있음. 드래프트는 일정 자격요건을 갖춘 선수를 프로연맹 등 스포츠단체의 주관 아래 성적 역순 등의 다양한 방법으로 구단에게 지명권을 부여하고 선수를 지명·선발하는 제도임

정답 ①

92

다음은 어떤 스포츠 에이전시의 유형에 관한 설명인가?

> 스포츠단체, 특정 대회의 조직위원회 또는 주최측, 스폰서, 세무 담당 관청을 포함한 각종 기관 등에 대해 주 고객인 운동선수의 이익을 위해 선수를 대신해서 활동하는 에이전시

① 선수관리 에이전시
② 광고 스포츠 에이전시
③ 국제 스포츠 마케팅 에이전시
④ 라이센싱과 머천다이징 전문 에이전시

해설
'국천광선풀' 기억나시나요? 스포츠 에이전시는 국제 스포츠 마케팅 에이전시, 라이센싱과 머천다이징 에이전시, 광고 스포츠 에이전시, 선수관리 에이전시, 풀 서비스 에이전시가 있음. 〈보기〉 설명은 선수의 법정 대리인의 집합체(조직)에 관한 설명으로 선수관리 에이전시임

정답 ①

93

연봉상한제로서 소속선수 연봉합계가 일정액을 초과할 수 없도록 되어 있는 제도는?

① 팜 시스템(parm system)
② 샐러리 캡(salary cap)
③ 드래프트제도(draft system)
④ 자유계약제도(free agent)

해설

샐러리 캡(salary cap)은 각 구단이 당해 시즌에 각 구단 보유 선수에게 지급하기로 한 연봉 총상한제로서 소속선수 연봉합계가 일정액을 초과할 수 없도록 규정한 것임. 반대되는 제도로 '래리 버드 룰'이 있음

정답 ②

해설 +

팜 시스템 (Farm System)	• 유소년팀, 세미프로 등 하위리그를 통해 다양한 자체선수 선발시스템 • 독자적인 리그를 운영하여 유망주 육성, 발굴, 빅리그에 선수 공급 • 메이저리그 팜 제도(4단계, 전체 팀 수 200여 개): 트리플A, 더블A, 싱글A, 루키리그
드래프트 제도 (Draft System)	• 일정 자격요건을 갖춘 선수를 프로연맹 등 스포츠단체의 주관 아래 성적 역순 등의 다양한 방법으로 구단에게 지명권을 부여, 선수를 지명, 선발하는 제도 • 한 시즌의 최상위팀에게 계속 우수선수를 스카우트하지 못하게 하는 효과 • 최하위팀에게 우수선수를 먼저 스카우트할 수 있도록 배려하는 제도로서 의미가 있음
자유계약제도 (Free Agent)	구단이 해당 선수의 보유권을 상실 혹은 포기했을 시 어떤 구단과도 자유롭게 계약을 맺을 수 있는 제도

94

다음 설명에 해당하는 것은?

> 국가와 국가, 클럽과 클럽, 대륙과 대륙 사이의 축구 클럽이나 축구대표팀이 경기를 치루고자 할 때 서로 간의 가교역할을 하는 에이전트

① 선수 에이전트(Player's Agent)
② 매치 에이전트(Match Agent)
③ 인도스먼트 에이전트(Endorseement Agent)
④ 드래프트 에이전트(Draft Agent)

해설

스포츠에이전트란 운동선수 개인 혹은 스포츠 구단을 대리하여 입단과 이적, 연봉협상, 협찬계약 등의 각종 계약을 처리하고 선수의 경력관리, 권익보호를 지원하는 일을 하는 법적 대리인을 말함. 즉, ①번의 선수 에이전트 역할이 ③, ④번 역할을 포함한 개념이고, 〈보기〉 설명은 숫자가 많지 않은 매치 에이전트의 설명임

정답 ②

95

다음에서 설명하는 것은?

> 기업·상품·상표의 이미지를 증진시키기 위해 유명선수가 특정 상품과 브랜드를 사용함으로써 그 상품을 보증하고, 기업은 유명선수의 명성을 활용해서 커뮤니케이션 효과를 극대화하려고 하는 것을 말한다.

① 라이센싱
② 프로모션
③ 인도스먼트
④ 머천다이징

해설

기업이 유명선수의 명성을 활용해서 커뮤니케이션 효과를 극대화하기 위한 마케팅으로 인도스먼트(endorsement, 선수보증광고)가 있음. 유명인사 스폰서십(personality sponsorship)이라고도 함

정답 ③

96

에이전트가 계약내용에 따라 대행업무를 할 때마다 선수가 일정 금액을 지급하는 수수료지급방식은?

① 정액 수수료제
② 정률 수수료제
③ 시간급 수수료제
④ 혼합형

해설
서비스가 발생할 때마다 일정금액을 선수가 지급하는 책정방식은 정액제임

정답 ①

해설 + 수수료 지급방식

정률제	수입의 일정 비율을 산정하는 수수료 책정방식 (러닝 로열티)
정액제	서비스가 발생할 때마다 일정금액을 선수가 지급하는 책정방식
시간급제	시간당 수수료를 책정하는 방식
시간급제와 정률제의 혼합제	시간급제로 정한 수수가 일정한 상한액을 넘어가게 되면 정률제로 바뀌게 되는 방식(시간급제 단점 보완)

97

스포츠 용품 제조회사인 N사는 A선수와 5년간 전속계약을 맺었다. 이 계약으로 인해 N사가 얻을 수 있는 효과와 가장 거리가 먼 것은?

① A선수의 이름을 딴 브랜드 상품을 출시할 수 있다.
② 브랜드 이미지가 하락하는 역효과를 얻을 수 있다.
③ N사의 리스트럭처링(Restructuring)이 용이할 수 있다.
④ 인도스먼트(Endorsement)를 통해 N사의 기업브랜드와 연계시킬 수 있다.

해설
리스트럭처링(Restructuring)은 조직의 목표를 달성하기 위해 사업구조를 개선하는 방법임. 인원을 감축하는 구조조정도 리스트럭처링의 일종으로 선수와의 전속계약에 따라 영향을 미치는 영역과는 거리가 멂

정답 ③

98

스포츠에이전트의 역할 중 소속선수의 초상권을 활용하여 원하는 기업에 보다 많은 정보를 제공하여 보다 유리한 혜택을 받을 수 있게 체계적으로 노력하는 역할은?

① 계약협상 역할
② 마케팅 역할
③ 인도스먼트 역할
④ 재무관리 역할

해설
선수 초상권을 활용하기 위해 광고 시장을 타진하여 실질적 협상과 계약체결 과정은 선수의 부수입, 사회적 신분 상승뿐만 아니라 에이전트의 추가 수수료 수입에도 큰 영향을 미침. 이 분야를 선수보증광고(인도스먼트, endorsement)라고 함

정답 ③

99

미국 메이저리그와 같이 트리플A, 더블A, 싱글A, 루키리그 등의 단계를 두고 유망주를 발굴하여 빅리그에 우수선수를 공급하는 자체선수선발 시스템은?

① 팜 시스템
② 보스만 시스템
③ 메이저 시스템
④ 시장개발 시스템

해설
스포츠마케팅 분야에서도 나오는 주제임. 팜 시스템은 유소년팀, 세미프로 등 하위리그를 통한 다양한 자체 선수 선발 시스템임

정답 ①

100

스포츠스타의 몸값에 관한 설명으로 가장 적합한 것은?

① 스포츠스타의 몸값은 스포츠종목뿐 아니라 선수의 활용 가치와 관련이 있다.
② 스포츠스타의 총수입은 연봉을 제외한 수입의 총액이다.
③ 단체종목 선수는 개인종목 선수보다 몸값이 높은 경향이 있다.
④ 스포츠스타의 선수보증광고 가격 결정은 선수가 직접 하는 것이 유리하다.

해설

선수의 총수입은 연봉 포함함. 일반적으로 개인종목 선수가 단체종목 선수보다 몸값이 높음. 선수가 직접 선수보증광고 결정하는 것이 유리할 수도 있고 불리할 수도 있음. 즉, 선수보증광고 결정은 이해당사자(선수, 광고주, 에이전트 등) 간이 협의로 합리적 가격에서 출발하면서 광고효과, 신분상승, 이미지 제고 등의 과정을 통해 보다 넓은 선수보증광고 시장을 확보하는 것이 궁극적으로 유리할 수 있음

정답 ①

MEMO

PART 04

스포츠시설

M스포츠경영관리사 4주 완성 필기+실기

CHAPTER 01　핵심이론
CHAPTER 02　기출적중 100제

CHAPTER 01 스포츠시설 핵심이론

> 고용노동부 한국산업인력공단의 개정된 출제기준('24.~'26.)에는 「체육시설의 설치·이용에 관한 법률」을 '스포츠산업'에 포함시켰습니다. 하지만 '스포츠시설'의 근간이 되는 법으로서 관련 내용과 연관이 되기 때문에 기존과 같이 '스포츠시설'에 법 조항을 넣었고, '스포츠산업'에는 스포츠산업과 관련한 내용만을 넣었습니다. 즉, 필기시험에서는 「체육시설의 설치·이용에 관한 법률」에 관한 문제는 '스포츠산업'과 '스포츠시설'에서 모두 출제될 수 있음을 염두에 두고 학습하길 바랍니다.

01 스포츠시설 사업 타당성

1 사업 필요성 및 실행 가능성 검토

(1) 스포츠시설 경영환경 파악

① 외부 능력 분석
   ㉠ 스포츠 외부 능력 분석: 거시적 환경(정치, 경제, 사회, 문화, 과학기술, 환경), 산업 환경(고객, 경쟁사, 공급자 등)
   ㉡ 사회경제적 환경: 경제적 요인(GDP 성장률, 인플레이션, 통화정책), 인구통계학적 요인(인구변화, 연령변화, 소득분위), 지리학적 요인, 사회적 요인(여성의 사회진출, 사회적 변화 추세, 가치관과 태도변화), 기술적 환경, 공급자 환경, 경쟁자 환경, 정책적 환경

② 내부 능력 분석
   ㉠ 스포츠 내부 능력 분석: 장점과 단점(외부의 기회와 위협요인과 함께 SWOT 분석)
   ㉡ 경영자원: 유형자원(물적자원, 금융자원), 무형자원(기업 이미지, 명성, 브랜드)

(2) 관련 법령 검토(체육시설의 설치·이용에 관한 법률)

① 공공체육시설과 영리목적의 체육시설업

> **Moon's Advice**
>
> 스포츠시설 분야는 앞서 학습한 스포츠산업과 같이 관련 법령이 등장합니다. 동시에 학습하면 효과가 좋습니다. '체육시설의 설치·이용에 관한 법률'을 주제에 따라 분류하면서 제시하고 있으니 문장이 길더라도 법에 명시된 조항을 차분히 읽고 키워드(진한 색) 위주로 이해하면 좋습니다. 우선 체육시설의 종류는 4종으로 운동장, 체육관, 종합 체육시설, 가상체험 체육시설입니다.

㉠ 공공체육시설(법 제5, 6, 7조)

전문체육시설	**(법 제5조)** 국가와 지방자치단체는 국내·외 경기대회의 개최와 선수 훈련 등에 필요한 운동장이나 체육관 등 체육시설을 대통령령으로 정하는 바에 따라 설치·운영하여야 한다. **(시행령 제3조)** 국가와 지방자치단체가 설치·운영하여야 하는 전문체육시설은 다음 각 호와 같다. 1. 시·도: 국제경기대회 및 전국 규모의 종합경기대회를 개최할 수 있는 체육시설 2. 시·군: 시·군 규모의 종합경기대회를 개최할 수 있는 체육시설 ◇ 특별시·광역시·도 및 특별자치도 설치기준 | 종합운동장 | 대한육상경기연맹의 시설관계공인규정에 따른 1종 공인경기장 | |---|---| | 체육관 | 바닥면적이 1,056제곱미터(길이 44미터, 폭 24미터) 이상이고, 바닥에서 천장까지의 높이가 12.5미터 이상인 관람석을 갖춘 체육관 | | 수영장 | 대한수영연맹의 시설관계공인규정에 따른 1급 공인수영장 | ◇ 시·군 설치기준 | 적용기준 | | 혼합형 군지역 또는 인구 10만 명 미만인 시 | 소도시형 인구 10~15만 명인 시 | 중도시형 인구 15만 명 이상인 시 | |---|---|---|---|---| | 관람 석 수 | 운동장 | 5,000석 | 10,000석 | 15,000석 | | | 체육관 | 500석 | 1,000석 | 1,420석 | | | 수영장 | – | – | 300석 |	
생활체육시설	**(법 제6조)** ① 국가와 지방자치단체는 국민이 거주지와 가까운 곳에서 쉽게 이용할 수 있는 생활체육시설을 대통령령으로 정하는 바에 따라 설치·운영하여야 한다. ② 생활체육시설을 운영하는 국가와 지방자치단체는 노인과 장애인이 생활체육시설을 쉽고 안전하게 이용할 수 있도록 시설이나 기구를 마련하는 등의 필요한 시책을 강구하여야 한다. **(시행령 제4조)** 법 제6조에 따라 국가와 지방자치단체가 설치·운영하여야 하는 생활체육시설은 다음 각 호와 같다. 1. 특별자치도·특별자치시·시·군·구: 지역 주민이 고루 이용할 수 있는 실내·외 체육시설 2. 읍·면·동: 지역 주민이 고루 이용할 수 있는 실외체육시설	
직장체육시설	**(법 제7조)** 직장의 장은 직장인의 체육 활동에 필요한 체육시설을 설치·운영하여야 한다. **(시행령 제5조)** 법 제7조제1항에 따라 직장체육시설을 설치·운영하여야 하는 직장은 상시 근무하는 직장인이 500명 이상인 직장으로 한다. ※ 설치기준: 체육시설의 종류 중 두 종류 이상의 체육시설	

ⓒ 영리목적의 체육시설업(법 제10조)

> **암기 TIP** 골키차
>
> 여러분, 골프차보다 골키차가 더 좋답니다. 비교적 규모가 큰 3종 외에는 신고체육시설업입니다. 이렇게 암기해봅시다.

Moon's Advice

법령에 표기된 영리목적의 체육시설업은 민간체육시설업을 의미합니다. 18개의 신고체육시설업에서 야구장업, 가상체험 체육시설업, 체육교습업, 인공암벽장업은 2018년, 2020년, 2021년 일부개정을 통해 추가됐습니다.
* 아래 제시된 민간체육시설업(등록체육시설업, 신고체육시설업) 외에 볼링장업, 탁구장업, 테니스장업, 에어로빅장업은 「소방시설 설치 및 관리에 관한 법률」이 적용됩니다.

등록체육시설업 (3종)	골프장업, 스키장업, 자동차경주장업
신고체육시설업 (18종)	요트장업, 조정장업, 카누장업, 빙상장업, 승마장업, 종합 체육시설업, 수영장업, 체육도장업, 골프 연습장업, 체력단련장업, 당구장업, 썰매장업, 무도학원업, 무도장업, 야구장업, 가상체험 체육시설업, 체육교습업, 인공암벽장업

↓

회원제 체육시설업	회원을 모집해 운영하는 체육시설업
대중체육시설업	회원을 모집하지 않고 경영하는 체육시설업

ⓒ 영리목적의 체육시설업 영업의 범위(법6조 관련)

업종	영업의 범위
스키장업	눈, 잔디, 그 밖에 천연 또는 인공 재료로 된 슬로프를 갖춘 스키장을 경영하는 업
썰매장업	눈, 잔디, 그 밖에 천연 또는 인공 재료로 된 슬로프를 갖춘 썰매장(「산림문화·휴양에 관한 법률」에 따라 조성된 자연휴양림 안의 썰매장을 제외한다)을 경영하는 업
요트장업	바람의 힘으로 추진되는 선박(보조추진장치로서 엔진을 부착한 선박을 포함한다)으로서 체육활동을 위한 선박을 갖춘 요트장을 경영하는 업
빙상장업	제빙시설을 갖춘 빙상장을 경영하는 업
종합 체육시설업	신고 체육시설업의 시설 중 실내수영장을 포함한 두 종류 이상의 체육시설을 같은 사람이 한 장소에 설치하여 하나의 단위 체육시설로 경영하는 업
체육도장업	문화체육관광부령으로 정하는 종목의 운동을 하는 체육도장을 경영하는 업 ※ 체육도장업의 운동종목(7종): 권투, 레슬링, 태권도, 유도, 검도, 우슈, 합기도
무도학원업	수강료 등을 받고 국제표준무도(볼룸댄스) 과정을 교습하는 업
무도장업	입장료 등을 받고 국제표준무도(볼룸댄스)를 할 수 있는 장소를 제공하는 업
가상체험 체육시설업	정보처리 기술이나 기계장치를 이용한 가상의 운동경기 환경에서 실제 운동경기를 하는 것처럼 체험하는 시설 중 골프 또는 야구 종목의 운동이 가능한 시설을 경영하는 업

체육교습업	체육시설을 이용하는 자로부터 직접 이용료를 받고 다음 종목 중 하나에 해당하는 운동에 대해 13세 미만의 어린이 대상으로 30일 이상 교습행위를 제공하는 업 ※ 종목(8종): 농구, 롤러스케이트(인라인롤러, 인라인스케이트 포함), 배드민턴, 빙상, 수영, 야구, 줄넘기, 축구
인공암벽장업	인공적으로 구조물을 설치하여 등반을 할 수 있는 인공암벽장을 경영하는 업

② 참여스포츠 시설

법 제1조	목적	이 법은 체육시설의 설치·이용을 장려하고, 체육시설업을 건전하게 발전시켜 국민의 건강 증진과 여가 선용(善用)에 이바지하는 것을 목적으로 한다.
법 제2조	정의	1. "체육시설"이란 체육 활동에 지속적으로 이용되는 시설(정보처리 기술이나 기계장치를 이용한 가상의 운동경기 환경에서 실제 운동경기를 하는 것처럼 체험하는 시설 포함)과 그 부대시설을 말한다. 2. "체육시설업"이란 영리를 목적으로 체육시설을 설치·경영하거나 체육시설을 이용한 교습행위를 제공하는 업(業)을 말한다. 3. "체육시설업자"란 체육시설업을 등록하거나 신고한 자를 말한다. 4. "회원"이란 1년 이상의 기간을 정하여 체육시설업의 시설 또는 그 시설을 활용한 교습행위를 일반이용자보다 유리한 조건으로 우선적으로 이용하기로 체육시설업자와 약정한 자를 말한다. 5. "일반이용자"란 1년 미만의 일정 기간을 정하여 체육시설의 이용 또는 그 시설을 활용한 교습행위의 대가를 내고 체육시설을 이용하거나 그 시설을 활용한 교습을 받기로 체육시설업자와 약정한 사람을 말한다.
시행령 제2의 6	체육시설 안전점검 실시결과의 공개 및 통보 등	① 문화체육관광부장관은 체육시설정보관리시스템을 통하여 공개하여야 한다. 　1. 체육시설의 명칭 및 소재지 　2. 체육시설 안전점검의 실시기간 및 실시자 　3. 체육시설 안전점검의 결과 　4. 체육시설 소유자(위탁받아 운영·관리하는 자 포함)와 체육시설업자가 조치해야 할 사항 ② 안전점검 결과를 통보받은 체육시설의 소유자와 체육시설업자는 해당 체육시설에 제3항에 따른 결함이 있는 경우에는 통보를 받은 날부터 1년 이내에 보수·보강 등 필요한 조치에 착수하여야 하며, 특별한 사유가 없으면 착수한 날부터 2년 이내에 그 조치를 완료하여야 한다.
법 제4조	국가와 지방자치단체 등의 의무	① 국가와 지방자치단체는 국민의 체육 활동에 필요한 체육시설의 적정한 설치·운영과 체육시설업의 건전한 육성을 위하여 필요한 시책을 강구하고 적절한 지도와 지원을 하여야 한다. ② 국가와 지방자치단체는 체육시설에 대한 「감염병의 예방 및 관리에 관한 법률」상 방역 및 예방조치와 관련하여 체육시설의 종류, 이용자의 연령 등 체육시설의 특성을 합리적으로 고려하여 원활하게 체육시설이 이용될 수 있도록 노력하여야 한다. ③ 국가와 지방자치단체는 체육시설의 안전을 위하여 필요한 제도적 장치를 마련하고 이에 필요한 재원을 확보하도록 노력하여야 한다. ④ 체육시설을 설치·운영하는 자 및 체육시설을 위탁받아 운영·관리하는 자는 해당 체육시설의 기능 및 안전성이 지속적으로 유지되도록 체육시설에 대한 유지·관리를 하여야 한다.

법
제4조2
	체육시설안전
	관리에 관한
	기본계획 등
	수립
		① 문화체육관광부장관은 체육시설(공공체육시설 및 등록·신고체육시설에 한정)의 안전한 이용 및 체계적인 관리를 위하여 5년마다 체육시설 안전관리에 관한 기본계획을 수립·시행해야 한다.
		② 기본계획에는 다음 각 호의 사항이 포함되어야 한다.
		  1. 체육시설에 대한 중기·장기 안전관리 정책에 관한 사항
		  2. 체육시설 안전관리 제도 및 업무의 개선에 관한 사항
		  3. 체육시설과 관련된 사고를 예방하기 위한 교육·홍보 및 안전점검에 관한 사항
		  3의2. 체육시설 이용 관련 어린이(13세 미만의 사람을 말한다. 이하 같다) 안전사고 예방 및 안전관리에 관한 사항
		  4. 체육시설 안전관리와 관련된 전산시스템의 구축 및 관리
		  5. 체육시설의 감염병 등에 대한 위생·방역 관리에 관한 사항
		  6. 그 밖에 대통령령으로 정하는 사항
		③ 문화체육관광부장관은 기본계획에 따라 매년 안전관리계획을 수립·시행하여야 한다.
		④ 문화체육관광부장관은 기본계획 및 관리계획을 수립 또는 변경한 경우에는 관계 중앙행정기관의 장, 시·도지사 및 공공기관(체육시설 안전에 관한 업무를 수행하는 공공기관에 한정한다)의 장에게 통보하고, 인터넷 홈페이지 등을 통하여 공고하여야 한다.

법 제9조	체육시설의 위탁 운영	국가나 지방자치단체는 전문체육시설, 생활체육시설, 직장체육시설 중 국가나 지방자치단체가 설치한 체육시설의 전문적 관리와 이용을 촉진하기 위하여 필요하면 그 체육시설의 운영과 관리를 개인이나 단체에 위탁할 수 있다.
법 제16조	등록체육 시설업의 시설 설치 기간	사업계획의 승인을 받은 날부터 4년 이내에 그 사업시설 설치 공사를 착수하여야 하며, 그 사업계획의 승인을 받은 날부터 6년 이내에 그 사업시설 설치 공사를 준공하여야 한다.
법 제17조	회원모집	체육시설업자 또는 사업계획의 승인을 받은 자는 회원을 모집할 수 있으며, 회원을 모집하려면 회원 모집을 시작하는 날 15일 전까지 시·도지사, 시장·군수 또는 구청장에게 회원모집계획서를 작성·제출하여야 한다.

시행령
제17조
	회원모집
	시기 등
		• 회원모집 시기
		  −등록체육시설업: 해당 체육시설업의 시설설치공사의 공정이 30% 이상 진행된 이후
		  −신고체육시설업: 신고를 한 이후

법 제19조	체육시설업의 등록	시·도지사에게 체육시설업의 등록
법 제21조의2	체육시설 이용권 등의 부정판매 금지 등	① 문화체육관광부장관은 체육시설의 이용권 또는 할인권·교환권 등(이하 "이용권등"이라 한다)의 부정판매(상습 또는 영업으로 자신이 예약한 체육시설 이용권등을 웃돈을 받고 다른 사람에게 판매하거나 알선하는 행위를 말한다. 이하 같다)를 방지하기 위하여 노력하여야 한다. ② 누구든지 「정보통신망 이용촉진 및 정보보호 등에 관한 법률」에 따른 정보통신망에 지정된 명령을 자동으로 반복·입력하는 프로그램을 이용하여 예약한 체육시설 이용권등을 부정판매하여서는 아니 된다.

시행령 제21조의3	이용료나 교습비의 반환	반환사유가 발생한 경우 반환사유가 발생한 날부터 3영업일 이내에 반환해야 한다. ◇ 과태료의 부과기준			
		구분	반환 사유 발생일	반환금액	
		일반 이용자가 본인의 사정상 체육시설을 이용할 수 없게된 경우	이용 개시일 전	반환금액 = 이용료 − 위약금(이용료의 1/10에 해당하는 금액)	
			이용 개시일 이후	1) 계약내용이 이용 기간으로 정해진 경우: 반환금액 = $\left[\text{이용료} - \left(\text{이용료} \times \dfrac{\text{이미 경과한 기간(일수)}}{\text{계약상 이용 기간(일수)}}\right)\right] - \text{위약금}$ 2) 계약내용이 이용 횟수로 정해진 경우: 반환금액 = $\left[\text{이용료} - \left(\text{이용료} \times \dfrac{\text{이미 이용한 횟수}}{\text{계약상 이용 횟수}}\right)\right] - \text{위약금}$	
		체육시설업자가 체육시설업의 폐업, 휴업 등으로 영업을 계속할 수 없는 경우	이용 개시일 전	반환금액 = 이용료 + 위약금	
			이용 개시일 이후	1) 계약내용이 이용 기간으로 정해진 경우: 반환금액 = $\left[\text{이용료} - \left(\text{이용료} \times \dfrac{\text{이미 경과한 기간(일수)}}{\text{계약상 이용 기간(일수)}}\right)\right] + \text{위약금}$ 2) 계약내용이 이용 횟수로 정해진 경우: 반환금액 = $\left[\text{이용료} - \left(\text{이용료} \times \dfrac{\text{이미 이용한 횟수}}{\text{계약상 이용 횟수}}\right)\right] + \text{위약금}$	
법 제30조	시정명령	시·도지사, 시장·군수 또는 구청장은 체육시설업자 또는 사업계획의 승인을 받은 자가 다음 각 호의 어느 하나에 해당하면 기간을 정하여 그 시정을 명할 수 있다. 1. 시설 기준을 위반한 때 2. 사업계획의 변경승인을 받지 아니하고 사업계획을 변경하여 시설을 설치한 때 3. 회원 모집에 관한 사항을 위반한 때 4. 회원 보호에 관한 사항을 위반한 때 5. 체육시설의 이용 질서를 위반한 때 6. 체육시설업자의 준수 사항을 위반한 때 7. 안전·위생 기준을 위반한 때 8. 보험에 가입하지 아니한 때			
법 제31조	사업계획 승인의 취소	① 시·도지사는 사업계획의 승인을 받은 자가 다음 각 호의 어느 하나에 해당할 때에는 그 체육시설업에 대한 사업계획의 승인을 취소할 수 있다. 1. 거짓이나 그 밖의 부정한 방법으로 사업계획의 승인 또는 변경승인을 받은 경우 2. 제16조에 따라 4년 이내에 그 사업시설 설치 공사를 착수를 하거나 6년 이내에 그 사업시설 설치 공사를 준공하지 아니한 경우 3. 제19조에 따라 등록을 하지 아니하고 영업을 시작한 경우			

법 제31조	사업계획 승인의 취소	② 시·도지사는 사업계획을 승인 취소한 때 관계 행정기관의 장에게 지체 없이 이를 통보해야 한다.
법 제38조	벌칙	① 다음 각 호의 어느 하나에 해당하는 자는 3년 이하의 징역 또는 3천만원 이하의 벌금에 처한다. 　1. 사업계획의 승인을 받지 아니하고 등록 체육시설업의 시설을 설치한 자 　2. 등록을 하지 아니하고 체육시설업의 영업을 한 자 ② 다음 각 호의 어느 하나에 해당하는 자는 1년 이하의 징역 또는 1천만원 이하의 벌금에 처한다. 　1. 신고를 하지 아니하고 체육시설업의 영업을 한 자 　1의2. 예약한 체육시설 이용권등을 부정판매한 자 　2. 안전·위생 기준을 위반한 자 　3. 영업 폐쇄명령 또는 정지명령을 받고 그 체육시설업의 영업을 한 자 ③ 징역과 벌금은 병과(倂科, 동시에 둘 이상의 형벌에 처하는 일)할 수 있다.
법 제40조	과태료	다음 각 호의 어느 하나에 해당하는 자에게는 100만원 이하의 과태료를 부과한다. 1. 시설물의 보수·보강 등 필요한 조치에 대한 이행 및 시정 명령을 준수하지 아니한 체육시설의 소유자와 체육시설업자 2. 변경등록을 하지 아니하고 영업을 한 자 3. 체육지도자를 배치하지 아니하거나 체육지도자 자격이 없는 자를 배치한 자 4. 보험에 가입하지 아니한 자 5. 휴업 또는 폐업 사실을 휴업 또는 폐업 예정일 14일 전까지 같은 항 각 호의 이용자에게 통지하지 아니한 자 6. 신고를 하지 아니하고 문화체육관광부령으로 정하는 소규모 업종의 체육시설업의 영업을 한 자 7. 영업 폐쇄명령 또는 정지명령을 받고 문화체육관광부령으로 정하는 소규모 업종의 체육시설업의 영업을 한 자 ※ 과태료의 부과기준 　• 키워드와 숫자로 묶어 암기해보세요. 　• 미변경등록 영업, 체육지도자 미배치, 보험 미가입, 영업 폐쇄명령 후 소규모 영업: 25/ 50/ 100

위반행위	과태료 금액		
	1차 위반	2차 위반	3차 이상 위반
신고를 하지 않고 소규모 업종의 체육시설업의 영업을 한 경우	13만원	25만원	50만원
변경등록을 하지 않고 영업을 한 경우	25만원	50만원	100만원
체육지도자를 배치하지 않거나 체육지도자 자격이 없는 자를 배치한 경우	25만원	50만원	100만원
보험에 가입하지 않은 경우	25만원	50만원	100만원
영업 폐쇄명령 또는 정지명령을 받고 소규모 업종의 체육시설업의 영업을 한 경우	25만원	50만원	100만원
시설물의 보수·보강 등 필요한 조치에 대한 이행 및 시정 명령을 준수하지 아니한 경우 (결함이 있는 경우)	25만원	35만원	50만원

법 제40조	과태료	시설물의 보수·보강 등 필요한 조치에 대한 이행 및 시정 명령을 준수하지 아니한 경우 (중대한 결함이 있는 경우)	50만원	75만원	100만원
		휴업 사실을 휴업 예정일 14일 전까지 이용자에게 통지하지 않은 경우	50만원	75만원	100만원
		폐업 사실을 폐업 예정일 14일 전까지 이용자에게 통지하지 않은 경우	100만원		

(3) 직접경영과 간접경영

스포츠시설 경영방법은 직접경영과 간접경영이 있다. 첫째, 직접경영은 스포츠시설의 소유자와 관리자가 동일한 경우이다. 둘째, 간접경영은 위탁경영과 임대경영으로 구분한다. 위탁경영은 스포츠시설의 소유자와 관리자가 다른 간접경영 방식이다. 국가나 지방자치단체는 공공체육시설을 전문적 관리와 이용을 촉진하기 위해 개인이나 단체에 위탁 운영할 수 있다.

① 위탁경영의 장점
  ㉠ 전문가를 활용하여 유지관리비용 절감, 시설활용도 제고에 따라 경영의 효율성을 높일 수 있다.
  ㉡ 행정 간소화, 개장시간의 탄력적 운영이 가능하여 서비스 품질을 제고할 수 있다. 또한 지역 주민과의 소통을 강화하여 지속적인 연대 분위기를 조성할 수 있다.

② 위탁경영의 단점
  ㉠ 사고 발생 시 책임소재가 불명확할 수 있다.
  ㉡ 소유자와 관리자가 다르다 보니 이권개입 등의 부정이 발생할 가능성이 있다.
  ㉢ 회원제 강화를 통해 특정 주민들에게 서비스가 편중돼 이용의 차별화 현상이 있을 수 있다.

③ 위탁경영 시 유의할 사항
  ㉠ 책임과 권한의 범위를 명확하게 한다.
  ㉡ 공공체육시설의 설립취지에 어긋나지 않게 목적을 달성하게 한다.
  ㉢ 시설이용의 공평성을 유지하게 하고 인력확충을 통해 서비스 품질을 높이도록 한다.

(4) 스포츠시설의 제3섹터 개발

스포츠시설의 제3섹터는 공공부문(정부, 지자체, 체육단체 등)에서 민간부문(기업)의 우수한 정보와 기술을 도입하는 개발방식이다.

① 제3섹터의 장점
  ㉠ 민간자본 유치를 통해 공공부문의 예산부담을 덜 수 있다.
  ㉡ 민간부문의 우수한 기술과 정보를 통해 효과적인 개발이 가능하다.

② 제3섹터의 단점
  ㉠ 수익성을 우선시하기 때문에 공공성이 낮아질 수 있다.
  ㉡ 지역에 필요한 시설이라 할지라도 수익성이 낮다고 판단되면 민간부문의 참여가 어려워질 수 있다.

③ 제3섹터 개발의 전제조건
  ㉠ 관련 법령과 제도가 확립돼야 한다.
  ㉡ 개발 대상 사업에 대한 엄격한 심사와 명확한 선별이 진행돼야 한다.
  ㉢ 사업타당성에 대한 철저한 분석과 검증을 해야 한다.

(5) 스포츠시설의 경영전략 유형

> **암기 TIP** 차비집세
> 여러분, 차비도 없는데 어떻게 집세를 냅니까? 이렇게 암기해봅시다. 즉, 차별화 전략, 비용우위 전략, 집중화 전략, 세분화 전략입니다.

> **Moon's Advice**
> "차비집"은 스포츠경영의 경쟁전략(차비집-차별화 전략, 비용우위 전략, 집중화 전략), 스포츠마케팅의 표적시장 선정 전략(차비집-차별적 마케팅 전략, 비차별적 마케팅 전략, 집중적 마케팅 전략)에도 등장합니다. 동시에 학습하길 권장합니다.

스포츠시설의 경영전략 유형은 차별화 전략, 비용우위 전략, 집중화 전략, 세분화 전략이 있다.
① 차별화 전략: 프로그램, 서비스, 가격 등에 대해 경쟁자와 차이를 두는 전략이다.
② 비용우위 전략: 경쟁자에 비해 낮은 가격을 통해 비용을 절감하고자 하는 전략이다.
③ 집중화 전략: 차별화 또는 비용우위를 집중하고자 하는 전략이다.
④ 세분화 전략: 유사한 특징을 갖는 집단을 구분하여 전개하는 마케팅 전략이다.

(6) 스포츠시설 가격 결정전략

초기 고가전략 (skimming pricing strategy)	• 스키밍 전략, 흡수가격정책 • 가격민감도가 낮은 고소득 소비자층을 대상으로 출시 초기에 고가격 책정 • 구매감소가 시작되면 가격민감도가 높은 일반소비자층 대상으로 가격 인하
초기 저가전략 (penetration pricing strategy)	• 페네트레이션 전략, 시장침투가격전략 • 가격민감도가 높은 고객들 대상으로 초기에 낮은 가격 책정 • 신제품 가격을 낮게 책정하여 빠른 속도로 시장 침투

(7) 스포츠시설 가격 결정방법

수요지향가격	• 소비자의 이미지나 수요 강도를 기준으로 가격을 결정하는 방법 • 지각 가치 가격 결정, 수요 차별 가격 결정
원가지향가격	• 제조 원가를 기준으로 가격을 결정하는 방법 • 원가 플러스 가격 설정, 마크업(markup) 가격 설정, 표적 가격 설정
경쟁지향가격	• 경쟁회사의 가격을 지표로 삼는 방법 • 실세 가격 결정, 입찰 가격 결정

(8) 가중치 이용법과 중력모델법

> **Moon's Advice**
>
> 스포츠시설의 입지와 규모는 스포츠경영에서도 나옵니다. 스포츠시설의 입지는 시설을 짓거나 기존시설을 활용하고자 할 때 어느 위치가 좋은지 따져보는 겁니다. 입지(가중치이용법, 중력모델법), 규모(의사결정나무분석법), 배치(대기행렬이론)가 있습니다. 계산을 통한 문제는 가중치이용법, 중력모델법, 대기행렬이론이 있습니다. 직접 문제를 통해 학습하길 바랍니다.

가중치이용법	• (각 안의 요인 값×가중치) 값 중 가장 큰 값을 결정 - A입지: (가중치1×요인1)+(가중치2×요인2)+(가중치3×요인3)… - B입지: (가중치1×요인1)+(가중치2×요인2)+(가중치3×요인3)… - C입지: (가중치1×요인1)+(가중치2×요인2)+(가중치3×요인3)…
중력모델법	• 공식 $A = \dfrac{S}{T^\lambda} = \dfrac{규모}{시간_{영향정도}}$ - A: 매력도 - T: 이동시간 - S: 규모 - λ: 이동시간이 소비자 참여에 미치는 영향 정도(보통 값은 2)

Q. 어느 지자체가 시민들이 이용할 수 있는 스포츠센터를 건설하고자 한다. 이 공공체육시설의 입지를 고려해보니 4가지 대안(가~라)이 나왔다. 가장 적합한 스포츠센터의 입지는?

입지요인	가중치	가 입지	나 입지	다 입지	라 입지
교통환경	0.3	80	80	70	80
경쟁자	0.2	70	90	80	70
상권형성	0.3	80	80	90	90
유동, 거주인구	0.2	90	80	80	70

가 입지=(0.3×80)+(0.2×70)+(0.3×80)+(0.2×90)=24+14+24+18=80
나 입지=(0.3×80)+(0.2×90)+(0.3×80)+(0.2×80)=24+18+24+16=82
다 입지=(0.3×70)+(0.2×80)+(0.3×90)+(0.2×80)=21+16+27+16=80
라 입지=(0.3×80)+(0.2×70)+(0.3×90)+(0.2×70)=24+14+27+14=79

• 지자체가 선택할 수 있는 입지는 가장 높은 점수가 나온 나 입지입니다.

Q. 어느 기업이 도심지에 체력센터를 짓고자 한다. 가장 상권이 발달한 지점을 기준으로 민간체육시설의 입지를 고려해보니 4가지 대안(A~D)이 나왔다. 가장 매력도가 높은 체력센터는?

A입지: 200평 규모, 15분 거리	B입지: 250평 규모, 20분 거리
C입지: 180평 규모, 12분 거리	D입지: 300평 규모, 25분 거리

A입지 = $200/15^2$ = 200/225 = 0.89
B입지 = $250/20^2$ = 250/400 = 0.63
C입지 = $180/12^2$ = 180/144 = 1.25
D입지 = $300/25^2$ = 300/625 = 0.48
• 기업이 선택할 수 있는 입지는 매력도가 가장 높은 점수가 나온 C입지입니다.

(9) 의사결정나무분석법
① 스포츠시설 입지 선정(가중치이용법, 중력모델법 등) → 스포츠시설의 규모와 배치(의사결정나무분석법 Decision Tree)
② 단계: 문제 정의 → 의사결정 노드(node)와 상황발생 노드를 이용하여 의사결정나무를 그림 → 각 상황의 발생 확률을 기록 → 가지의 마지막에 성과(payoff)를 기록 → 의사결정 노드를 만나면 현 상태를 유지하고, 상황발생 노드를 만나면 기대화폐가치(EMV, Expected Monetary Value)를 계산하여 기록 → 이 과정을 통해 최적 대안을 찾음

2 사업계획서 작성

(1) 시장변화 예측에 따른 스포츠시설 입지선정방법
① 시설 접근성: 입지선정 단계에서부터 주변 시가지와의 연계 고려
② 전략적 도시설계: 대규모 시설이 지역 활성화의 촉매 역할 고려
③ 예산 최소화: 기존 유사시설을 최대한 연계·활용한 인프라 시설 고려

(2) 스포츠시설 편성 예산 종류
① 민간자금: 저당 자금, 개인 투자가, 회사채, 공동경영, 공개모집
② 공공자금: 채권, 채무상황지원
③ 기타 자금조달 방법: 기증, 보조금, 사용자 제공 자금

02 스포츠시설 내부 디자인

1 시설물 배치

(1) 스포츠시설의 부지·장소 선정 기준
① <u>스포츠시설의 다양화</u>: 다양한 스포츠프로그램이 가능한 장소 파악
② <u>인구학적 부지 선정</u>: 인구 수가 많고 이용객들의 연령을 파악

③ 이용객들의 지리적 접근성: 접근이 용이한 위치 파악
④ 스포츠 활동 공간을 창출: 부족한 스포츠시설 위치 파악

(2) 스포츠시설 배치의 기본 원칙
① 이용하는 고객이 편리해야 함
② 이용하는 고객의 안전을 고려해야 함
③ 효과적인 투자를 통한 경제성이 있어야 함
④ 업무처리를 하는 데 있어서 효율적이어야 함
⑤ 다양한 배치가 가능한 탄력성이 있어야 함
⑥ 전체적으로 미관이 조화를 이루어야 함

2 공간 관리 및 활용

(1) 집기·비품 구매 및 관리
① MRO(Maintenance Repair Operation): Maintenance(유지), Repair(보수), Operation(운영)
② 표준규격 조건: 기능성, 경제성, 시장성, 경쟁성, 최신성
③ 표준화 한계
  ㉠ 집기·비품의 최소 부분만을 표준화, 기타 부분은 보편성 있는 규격 조건을 채택
  ㉡ 표준화는 기술의 안전 단계에 있는 집기·비품 대상, 발전 과정에 있는 집기·비품은 가능한 한 제외
  ㉢ 표준화에 의한 제약과 부담보다 능률성과 경제성을 중시
  ㉣ 표준화로 인해 시장성 또는 경쟁성이 저해되지 않아야 함

(2) 실내 동선
① 동선 구성요소: 길이, 빈도, 속도, 두께
② 동선 고려사항
  ㉠ 사람·물건의 통행량, 동선의 방향, 교차, 사람의 행위, 물건의 흐름 등 고려
  ㉡ 사람들이 자연스럽게 돌아가도록 동선의 흐름 고려, 휴식공간 마련, 시각적인 즐거움
  ㉢ 각기 공간의 성격, 용도 등 조건에 따라 동선의 흐름은 다르게 구성
  ㉣ 동선은 위계적 질서를 갖도록 하되 복잡하지 않게 동선을 처리

(3) 대기행렬이론

대기행렬이론	시스템에 도착하여 서비스를 받기 위한 평균 대기시간	$T = \dfrac{\lambda}{\mu(\mu-\lambda)} = \dfrac{고객 수}{처리능력(처리능력-고객 수)}$
	시스템에 도착하여 떠날 때까지 평균 소요시간	$T = \dfrac{1}{\mu-\lambda} = \dfrac{1}{처리능력-고객 수}$
	시설이용률	$\rho = \dfrac{\lambda}{\mu} = \dfrac{고객 수}{처리능력}$
	시스템 내에 있는 평균 고객 수	$N = \dfrac{\lambda^2}{\mu-\lambda} = \dfrac{고객 수^2}{처리능력-고객 수}$
	시스템 내에서 기다리는 평균 대기 고객 수	$N = \dfrac{\lambda^2}{\mu(\mu-\lambda)} = \dfrac{고객 수^2}{처리능력(처리능력-고객 수)}$

- λ: 단위시간당 도착하는 평균 고객 수
- μ: 단위시간당 평균 서비스 처리능력

> Q. 도착률과 서비스율은 포아송 분포, 도착간격과 서비스 시간은 지수분포를 이룬다는 가정하에 A 수영장의 어느 샤워부스에 시간당 평균 고객 수는 12명이고, 이 샤워부스의 시간당 평균 서비스 처리능력은 16명이다. 다음 다섯 가지를 모두 계산하시오.
> ① 고객이 샤워부스에 도착하여 샤워를 하기 위한 평균 대기시간은?
> ② 고객이 샤워부스에 도착하여 샤워를 하고 떠날 때까지의 평균 소요시간은?
> ③ 샤워부스의 이용률은?
> ④ 샤워부스에 있는 평균 고객 수는?
> ⑤ 샤워부스에서 기다리는 평균 대기 고객 수는?
>
> 정답 ① 12/16(16−12)=12/64=1/5.3시간
> ② 1/(16−12)=1/4시간=15분
> ③ 12/16=0.75(75%)
> ④ 12^2/(16−12)=144/4=36명
> ⑤ 12^2/16(16−12)=144/64=2.25명

03 스포츠시설 고객요구 파악

1 시장조사 및 트렌드 파악

(1) 시장조사의 종류

① **탐색조사**: 시설 개발을 의뢰하는 고객과 시설을 사용하는 이용 고객요구를 파악하는 과정에서 발생할 문제를 규명

- ⊙ 문헌조사: 학계, 업계에서 발간된 2차 자료 수집·분석
- ⓒ 경험: 전문가 면접을 통해 고객 선호 시설형태 및 선호패턴 파악(전문가 조사)
- ⓒ 사례조사: 고객평가나 실적 좋은 시설물 사례 조사
- ② 기술조사: 경제상황, 소비자 변화 등 시장상황과 소비자 행태를 분석하기 위해 수행하는 조사 방법
  - ⊙ 관련 시장조사: 시장 크기, 소비자 구매력, 기존 스포츠시설업자의 이용가능성 조사
  - ⓒ 시장점유율 조사: 스포츠시설의 시장점유율 조사
  - ⓒ 매출액 분석: 지역별, 시설의 종류별, 고객 규모별 매출액 조사
  - ② 구매 관련 자료 분석: 스포츠시설 인지도, 선호시설 평가, 회원권 구매의사 조사
  - ⓜ 인구통계학적 변수 분석: 시간 변화에 따른 스포츠시설의 시장변수에 대한 소비자 반응
- ③ 인과조사: 스포츠시설 개발에서 발생하는 특정 현상의 원인과 결과 간 관계 규명

(2) 시장조사의 방법

- ① 1차 조사: 연구조사자가 현재 수행 중인 연구 목적 달성을 위해 직접 자료 수집
  - ⊙ 장점: 연구목적에 적합, 필요한 시기에 적절히 이용 가능
  - ⓒ 단점: 비용, 인력, 시간 등 소모
- ② 2차 조사: 다른 사람, 정부기관, 언론매체, 기업, 연구기관 등에 의해 이미 만들어진 자료
  - ⊙ 장점: 지속적인 정보 획득 용이, 비용과 시간 측면에서 경제적
  - ⓒ 단점: 타당성과 신뢰성 문제, 연구목적에 맞도록 적절히 활용할 수 있도록 변형

2 소비자 분석

(1) 소비자 조사 방법

- ① 정량조사: 일정한 기준으로 수집한 동질적 특성을 지닌 표본집단을 대상으로 통일된 유형의 설문지와 질문을 통해 규격화된 응답을 구하는 방식(규격화된 설문 문항 사용)
- ② 정성조사: 고객 믿음, 감정, 동기요인 등 소비자의 심리적인 부분에 대한 정보를 얻는 것, 정량조사에서 밝혀내기 힘든 개인 동기와 태도

(2) 수요예측의 정의

- ① 수요분석은 상품과 항목별 수요량, 가격 등의 관계를 분석하여 그 결정요인과의 관계를 규명하는 일
- ② 이러한 수요분석을 기초로 하여 각종 예측조사와 시장조사 결과를 토대로 미래 수요를 예측하는 일을 수요예측이라고 함

(3) 고객 선호도 조사 방법

직접 설문 조사	• 장점: 응답률이 높음 • 단점: 시간과 비용의 부담으로 응답자 수가 적음
우편 설문 조사	• 장점: 상대적으로 적은 비용 소요, 고객의 프라이버시 보호 • 단점: 고객주소가 변경되거나 불필요한 우편물로 간주되어 응답률이 비교적 낮음
전화 설문 조사	• 장점: 직접 설문 조사에 비해 인건비, 교통비 등의 비용부담이 없고, 우편 설문 조사에 비해 높은 응답률을 보장함 • 단점: 문항 수가 많을수록 정보습득이 어려움
인터넷 설문 조사	• 장점: 전통적인 설문 조사에 비해 신속하고 저렴한 비용으로 실시할 수 있음 • 단점: 종종 스팸 처리가 되거나 고객 호응 부족으로 응답률이 낮을 수 있음

3 스포츠시설 사업

(1) 참여스포츠 시설

도심형 스포츠시설	특성	• 다양한 계층의 고객확보 용이(30~40대 전업주부 주고객층) • 시간대별 고객 쏠림 현상(오전 9시~12시대가 가장 많음) 예 오전, 오후, 직장인 퇴근 후 저녁시간대 등 • 운동복 등 용품 지급 선호
	관리방안	• 접근성(장소) 고려, 가격 경쟁력, 프로그램(제품) 차별화, 다양한 촉진 방법, 시설의 우수성 등 • 지역 특성에 맞는 프로그램 개발 및 부대시설 등 확충 필요 • 사회적 소외계층(아동, 여성, 장애인, 노인 등)에 맞는 맞춤형 프로그램 적용 • 시간대별 차별 프로그램 예 오전(전업주부), 오후(일반인), 저녁(직장인) 등
농어촌형 스포츠시설	특성	• 스포츠소비시장 규모가 작기 때문에 고객확보 어려움 • 참여자의 육체노동이 많아 스포츠 활동 호응도가 낮음 • 소득이 높지 않아 스포츠소비로 이어지기 어려움
	관리방안	• 지역특성에 맞는 특화 프로그램 개발 예 노인건강 운동 프로그램 등 • 지역행사와 접목한 체육활동 유도 • 생활주변에 다양한 생활체육시설 설치 • 유능에 따른 건강증진 필요성 인식증진

> **개념 +**
>
> ❖ **최근 뉴 스포츠에 대한 관심 급증**
> - 기존 스포츠가 갖고 있는 특성을 살려 유연한 규칙, 간편한 경기방식을 적용, 참가자에 맞는 맞춤형 종목 개발
> - 수입형, 개량형, 개발형
>
> ❖ **뉴 스포츠의 특성**
> - 최근 뉴 스포츠에 대한 관심 급증
> - 올림픽 등 국제 경기에서 공식 채택하지 않은 종목
> - 대중적인 스포츠 종목을 결합하거나 변형해 만든 새로운 스포츠
> - 기존 스포츠가 갖고 있는 특성을 살려 유연한 규칙, 간편한 경기방식을 적용
> - 운영자 중심이 아닌 참가자 중심의 스포츠를 의미

(2) 관람스포츠 경기장 광고의 유형

구분	내용
사람을 활용한 광고	• 선수 유니폼 광고: 선수 유니폼 전면을 활용한 광고 • 진행자 의복 광고: 경기 진행자 유니폼을 활용한 광고
시설을 활용한 광고	• 펜스(A보드) 광고: 경기장과 관중석 간의 경계벽을 활용한 광고 • 전광판 광고: 전광판, 스크린 등을 활용한 광고 • 경기장 바닥면 광고: 경기 중 방송노출이 잘 되는 바닥면 광고 • 팸플릿, 입장권 광고: 지면 여백, 뒷면 등을 활용한 광고 • 배경막(Backdrop) 광고: 선수 인터뷰 장소 뒷면 배경막 광고 • 기타 광고: 애드벌룬 및 비행선을 활용한 광고
매체를 활용한 광고	• 자막광고: 방송 도중에 자막을 삽입하는 광고 • 중간광고: 중계방송 휴식시간(전·후반 사이)을 활용한 광고 • 가상광고: 컴퓨터 그래픽을 활용한 광고로서 현장에 있는 관객에겐 보이지 않고, 매체를 통한 시청자만 보임 ※ 간접광고: PPL(product placement)처럼 영화, 드라마의 소품으로 등장하는 상품 마케팅 일환으로 선수, 관객 등 경기장 내에서 사용되는 상품이 우연히 방송을 타면서 간접광고 효과를 냄

(3) 스포츠이벤트 개발 및 유치

스포츠이벤트 개발	스포츠이벤트 설계	스포츠이벤트 유치
• 지역 특성 • 이벤트와 지역 간 적합성 • 지역경제 • 고객에 대한 조사 • 공감, 감동, 관심유발 요인	• 운동선수 • 경기장 • 소비자 선호도 • 스폰서 참여 여부	• 계획의 적합성 • 재무적 건전성 • 사회적 공감성

(4) 스포츠시설별 특성 차이

관람스포츠시설	• 고객의 서비스 관여도가 낮음 • 고객과의 접촉이 적음 • 선수, 팀의 경기력과 능력이 고객만족에 영향을 줌 • 다양한 부대 서비스가 고객만족에 영향을 줌
참여스포츠시설	• 고객의 서비스 관여도가 높음 • 고객과의 접촉이 많음 • 다양한 프로그램이 고객만족에 영향을 줌 • 서비스 품질 척도의 준수 여부가 중요 ◎ 서비스 품질척도 '유신확답공'(스포츠산업에 등장) 유형성, 신뢰성, 확신성, 응답성, 공감성

(5) 체육시설의 설치기준(체육시설의 설치·이용에 관한 법률 시행규칙 제8조)

① 공통기준

필수시설	(1) 편의시설 – 주차장, 화장실, 탈의실, 급수시설 　• 수용인원에 적합한 주차장(등록체육시설업만 해당 – '골키차'), 화장실 설치 　• 수용인원에 적합한 탈의실 설치. 단, 신고체육시설업(수영장업 제외), 자동차경주장업에는 탈의실 대신 세면실 설치 가능 　• 수용인원에 적합한 급수시설 설치 (2) 안전시설 – 응급실, 환기시설, 어린이통학버스 　• 체육시설 내 조도기준(산업표준화법)에 맞게 설치(단, 무도학원업, 무도장업은 제외) 　• 응급실 및 구급약품 단, 신고체육시설업(수영장업 제외), 골프장업은 응급실이 없어도 됨 　• 높이 3미터 이상 장소에는 높이 1.2미터 이상의 안전난간 설치 (3) 관리시설 – 매표소, 사무실, 휴게실 ※ 관람석은 필수시설이 아니고, 임의시설임
임의시설	(1) 편의시설 　• 관람석, 용품 판매·수선·대여점 설치할 수 있음 　• 식당, 목욕시설, 매점 등 편의시설 설치할 수 있음(무도학원업과 무도장업 제외) (2) 운동시설 – 등록체육시설업

② 체육시설업의 종류별 기준

골프장업	운동시설	• 골프코스 – 회원제 골프장업은 3홀 이상, 비회원제 골프장업은 3홀 이상을 갖추어야 함 ◎ 법 제10조2(골프장업의 세부 종류) 등과 병행하여 공부 바람 1. 회원제 골프장업: 회원을 모집하여 경영하는 골프장업 2. 비회원제 골프장업: 회원을 모집하지 아니하고 경영하는 골프장업(대중형골프장) / 대중형골프장의 지정을 받으려는 비회원제 골프장업자는 문화체육관광부장관에 신청서 제출, 30일 이내 신청인에 알려야 함(시행령 제7조의3)

골프장업	안전시설	타구에 의한 안전사고 발생 최소화할 수 있도록 안전시설(비구방지망 등)	
	관리시설	골프코스 주변, 러프지역, 절토지, 성토지의 경사면 등 조경	
스키장업	운동시설	• 슬로프 길이 300미터 이상, 폭 30미터 이상 • 평균 경사도 7도 이하인 초보자용 슬로프 1면 이상 • 리프트 설치	
	안전시설	• 안전망 또는 안전매트(두께 50밀리미터 이상) 설치 • 안전망은 지면에서 1.8미터 이상, 설면은 1.5미터 이상 • 구급차 1대 이상, 설상차 1대 이상, 정전대비 전력공급장치	
	관리시설	절토지(땅깎기 지역), 성토지(흙쌓기 지역) 경사면 조경	
요트장업	운동시설	• 3척 이상 요트 • 계류장 또는 요트보관소를 갖추어야 함	
	안전시설	• 긴급해난구조용 선박 1척 이상 • 감시탑 • 요트 내 승선인원 수에 적정한 구명대 구비	
조정장업 및 카누장업	운동시설	• 5척 이상 조정(카누) • 수면은 폭 50미터 이상, 길이 200미터 이상 • 수심은 1미터 이상, 유속은 시간당 5킬로미터 이하	
	안전시설	• 적정한 구명대, 1척 이상 구조용 선박(모터보트) • 감시탑	
빙상장업	안전시설	• 빙판 외곽에 높이 1미터 이상 울타리 • 제빙시설, 가스누설경보기	
자동차 경주장업 (2륜)	운동시설	• 트랙은 길이 400미터 이상, 폭 5미터 이상 • 바닥면은 포장과 비포장 병행	
	안전시설	• 트랙 양편 폭 3미터 이상 안전지대 • 통제소	
	관리시설	2륜 자동차 수리시설	
자동차 경주장업 (4륜)	운동시설	• 트랙은 길이 2킬로미터 이상 출발지점과 도착지점이 연결되는 순환형태, 폭 11미터 이상 15미터 이하, 출발지점부터 첫 곡선부분 시작지점까지 250미터 이상 직선구간 • 바닥면은 포장과 비포장 병행 • 종단 기울기(경사)는 오르막 20% 이하, 내리막 10% 이하 • 횡단 기울기(경사)는 직선구간 1.5% 이상 3% 이하, 곡선구간 10% 이하 • 트랙 양편 가장자리는 폭 15센티미터 흰색 표시	
	안전시설	• 트랙 좌우 흰색선 바깥쪽으로 3미터 이상 5미터 이하 안전지대 • 무단접근 방지 수직 보호벽 바깥쪽 3미터 내외 간격, 높이 1.8미터 견고한 철망, 울타리 설치 • 종합통제소, 검차장, 표지판, 신호기 설치 • 감시탑 간의 간격 500미터 이하 • 견인차, 구급차, 소화기 탑재차, 통제차 각 1대 이상, 비상도로	

승마장업	운동시설	• 실내 또는 실외 마장면적 500제곱미터 이상, 실외마장 0.8미터 이상 울타리 설치 • 3마리 이상 승마용 말 배치, 마사(馬舍) 설치
종합체육 시설업	임의시설	수영조 바닥면적과 체력단련장 및 에어로빅장의 운동전용면적을 합한 면적의 15퍼센트 이하의 규모로 체온관리실[온수조·냉수조·발한실(發汗室: 땀 내는 방)]을 설치할 수 있다. 다만, 체온관리실은 종합 체육시설업의 시설이용자만 이용하게 하여야 한다.
수영장업	운동시설	• 물의 깊이 0.9미터 이상 2.7미터 이하, 벽면에 거리 및 수심 표시 • 도약대 설치 경우 3미터 이내 수영조 수심은 2.5미터 이상
체육도장업	운동시설	• 운동전용면적 3.3제곱미터당 수용인원 1명 이하 • 바닥면은 충격흡수 가능 • 해당종목의 운동에 필요한 기구, 설비 배치 ※ [시행규칙 제6조] 체육도장업의 운동종목(7종): 권투, 레슬링, 태권도, 유도, 검도, 우슈, 합기도
골프연습장업	필수시설 (운동시설)	• 실외 연습에 필요한 2홀 이하 골프코스 또는 18홀 이하 피칭연습용 코스 • 타석 간 간격 2.5미터 이상 • 타석과 타석 뒤 보행통로 거리 1.5미터 이상
	임의시설 (운동시설)	• 연습, 교습에 필요한 기기 설치 가능 • 2홀 이하의 퍼팅연습용 그린 설치 가능(단, 퍼팅원리 게임, 오락은 안 됨)
체력단련장업	운동시설	• 바닥면은 충격흡수 가능 • 체중기 등 필요한 기구 배치
당구장업	운동시설	당구대 1대당 16제곱미터 이상 면적
썰매장업	운동시설	슬로프 규모에 적절한 썰매, 제설기, 눈살포기 배치
	안전시설	슬로프 가장자리 – 안전망, 안전매트 설치

무도학원업
및
무도장업
	운동시설	• 무도학원업
		  – 바닥면적 66제곱미터 이상
		  – 조도 100럭스 이상
		• 무도장업
		  – 특별시, 광역시 330제곱미터 이상
		  – 그 외 지역 231제곱미터 이상
		  – 조도 30럭스 이상
		• 방음시설, 목재마루(탄력성)

야구장업	운동시설	• 투수석(투수 마운드), 타자석(타자 박스), 코치석(코치 박스), 충돌 경고 트랙, 포수 뒤 그물망, 선수대기석(더그아웃), 타자 시선 보호벽, 파울 기둥(파울 폴), 대기타자 공간(서클) 및 베이스를 설치 • 관람석이 있는 경우, 의자와 계단을 결함 없이 안전하게 설치 • 경기장은 평탄하게 유지
	안전시설	• 1루, 3루, 홈플레이트 뒤 안전장치(그물망 등) 설치
가상체험 체육시설업 (골프 종목)	운동시설	• 3미터 이상(타석~스크린 거리), 2.8미터 이상(타석~천장 높이) 1.5미터 이상(타석~대기석 거리)
	안전시설	• 충격 흡수 재질(타석, 스크린 사이 벽면, 천장, 바닥) • 미끄럽지 않은 재질(바닥)

가상체험 체육시설업 (야구 종목)	운동시설	• 6미터 이상(타석~스크린 거리), 2.4미터 이상(타석~천장 높이), 1.5미터 이상(타석~후면 벽체 거리) • 칸막이(타석, 대기석 구분/철망, 강화유리 등 내구성 강한 재질)
	안전시설	• 내구성 강한 재료 • 모든 벽은 충격흡수 재질(타석실 내 스크린 제외) • 미끄럽지 않은 재질(바닥)
체육교습업	운동시설	• 해당 종목의 운동에 필요한 기구와 보조 장비를 갖추어야 함
	안전시설	• 이용자 안전을 위해 필요한 경우 운동 공간에 적절한 안전장치 필요
인공암벽장업	운동시설	등반벽 마감재 및 홀더 등은 구조부재와 튼튼하게 연결해야 함
	안전시설	볼더링 인공암벽의 경우 매트리스를 추락면에 설치, 안내문 게시
	관리시설	실외 인공암벽장을 설치할 경우 누수, 지반침하가 발생하지 않도록 해야 함

개념+

◇ 체육시설업 부지면적 제한사항

자동차경주장업	자동차경주장의 부지면적은 트랙면적과 안전지대면적을 합한 면적의 6배를 초과할 수 없다.
골프연습장업 (실외 골프연습장업만 해당)	골프연습장의 부지면적은 타석면적과 보호망을 설치한 토지면적을 합한 면적의 2배의 면적을 초과할 수 없다. 다만, 골프코스를 설치하는 경우에는 골프코스 1홀마다 1만3천 제곱미터를 추가할 수 있고, 피칭 및 퍼팅 연습용 코스를 설치하는 경우에는 이에 해당하는 면적을 추가할 수 있다.
썰매장업	썰매장의 부지면적은 슬로프면적의 3배를 초과할 수 없다.

◇ 스포츠시설 안전 운영 규정
① 시설 내에서의 질서 유지
② 이용자 사용 또는 안전시설 등은 정상 이용이 가능한 상태를 유지하며, 재난 피해가 발생하지 않도록 노력해야 하며, 재난의 우려가 예상될 경우 시설의 사용 제한 조치
③ 종목의 특성을 참작하여 음주 등 정상적 이용이 곤란할 경우 이용 제한
④ 정원 초과 금지

04 스포츠시설물 운영 지원 관리

1 인사 교육관리

Moon's Advice

'스포츠경영'의 스포츠조직 자원 부분과 병행 학습하길 바랍니다.

(1) 인사채용 및 관리
   ① 인사채용 절차: 원서접수 → 서류전형 → 면접 → 채용(수습) → 임용
   ② 인사관리: 인사평가(적정한 배치, 능력 개발, 공정한 처우) → 면담과정 파악 → 인력 수급 및 재배치 계획 → 임금수준 계획 및 급여체계 편성 → 근로계약서 작성 및 관리 → 근무편성 및 근무계획표 작성

(2) 직원교육계획
   ① 학습: 개인들이 조직생활을 통하여 새로운 경험을 하면서 얻는 지식
      ㉠ OJT: 직장 내 교육훈련(On the Job Training)
         • 장점: 업무의 중단 없이 업무수행능력 향상(시간 낭비 최소화), 지도자와 교육자 사이의 친밀감 형성, 기업에 도움이 되는 교육
         • 단점: 지도자의 높은 자질 요구, 교육훈련 내용 체계화의 어려움
      ㉡ OFF-JT: 직장 외 교육훈련(Off the Job Training)
   ② 자기개발: 외부적 도움에 의지하지 않고 스스로 책임과 권리를 갖고 과제를 부여하면서 필요한 과정을 찾아서 개발하는 것
   ③ 중요성: 학습과 자기개발은 자아실현 욕구와 자기성장 욕구를 충족시켜 주는 중요한 수단
   ④ 목적
      ㉠ 자신의 직무를 완전하게 수행하는 능력 함양
      ㉡ 환경변화에 따라 업무를 수행할 잠재적인 능력 개발
      ㉢ 급변하는 사회경제적 상황에서 적응할 수 있는 능력 개발

(3) 체육지도자의 배치(체육시설의 설치·이용에 관한 법률 시행규칙 제22조)

> **Moon's Advice**
>
> 체육시설업자가 해당 종목의 체육지도자 자격을 가지고 직접 지도하는 경우에는 그 체육시설업자에 해당하는 인원의 체육지도자를 배치하지 아니할 수 있습니다.
> • 키워드와 숫자를 묶어 암기해보세요. 요트, 조정, 카누, 승마 → 20
> • 체육도장, 체력단련장 → 300

체육시설업의 종류	규모	배치인원
스키장업	• 슬로프 10면 이하 • 슬로프 10면 초과	1명 이상 2명 이상
요트장업	• 요트 20척 이하 • 요트 20척 초과	1명 이상 2명 이상
조정장업	• 조정 20척 이하 • 조정 20척 초과	1명 이상 2명 이상
카누장업	• 카누 20척 이하 • 카누 20척 초과	1명 이상 2명 이상
승마장업	• 말 20마리 이하 • 말 20마리 초과	1명 이상 2명 이상
빙상장업	• 빙판면적 1,500제곱미터 이상 3,000제곱미터 이하 • 빙판면적 3,000제곱미터 초과	1명 이상 2명 이상
수영장업	• 수영조 바닥면적이 400제곱미터 이하인 실내 수영장 • 수영조 바닥면적이 400제곱미터를 초과하는 실내 수영장	1명 이상 2명 이상
골프연습장업	• 20타석 이상 50타석 이하 • 50타석 초과	1명 이상 2명 이상
체육도장업	• 운동전용면적 300제곱미터 이하 • 운동전용면적 300제곱미터 초과	1명 이상 2명 이상
체력단련장업	• 운동전용면적 300제곱미터 이하 • 운동전용면적 300제곱미터 초과	1명 이상 2명 이상
체육교습업	• 동시 최대 교습인원 30명 이하 • 동시 최대 교습인원 30명 초과	1명 이상 2명 이상
인공암벽장업	• 실내 인공암벽장 • 실외 인공암벽장 운동전용면적 600제곱미터 이하 • 실외 인공암벽장 운동전용면적 600제곱미터 초과	1명 이상 1명 이상 2명 이상

2 자산관리

(1) 유형고정자산

   건축, 구축물, 기계장치, 차량 및 운반구, 공구, 기구, 비품, 토지 미확정자산

(2) 무형고정자산

   영업권, 특허권, 상표권, 실용신안권, 의장권, 수도공급시설 이용권 및 전화시설이용권 등

> **개념 +**
>
> ❖ 대외협력 지원
> ① 단점 보완 방식: 협력 당사자 간의 단점 보완, 상호 강점 결합, 경쟁시장의 후발주자가 필요한 방식
> ② 장점 강화 방식: 협력 당사자들의 강점 결합 및 극대화, 경쟁시장에서 주도성을 가질 때 사용
>
> ❖ 협력업체 및 용역업체를 이용한 시설물 관리 이점
> ① 대량 구매, 비용절감 전문가를 통해 경영의 효율성 제고
> ② 수익의 안정성을 보장
> ③ 시설의 효율성을 높이고, 문제 해결 비용 저하
> ④ 시설에 투자하는 능력 축적

(3) 스포츠시설 이용 안전·위생 기준(체육시설의 설치·이용에 관한 법률 시행규칙 제23조 관련)

공통기준	(1) 체육시설 내에서는 이용자가 항상 이용질서를 유지하게 하여야 한다. (2) 이용자의 체육활동에 제공되거나 이용자의 안전을 위한 각종 시설·설비·장비·기구 등은 안전하게 정상적으로 이용될 수 있는 상태를 유지하도록 하여야 한다. (3) 이용자의 안전을 해칠 우려가 있다고 판단될 때에는 그 체육시설의 이용을 제한하여야 한다. (4) 체육시설업의 해당 종목의 특성을 고려하여 음주 등으로 정상적인 이용이 곤란하다고 판단될 때에는 음주자 등의 이용을 제한하여야 한다. (5) 체육시설의 정원을 초과하여 이용하게 해서는 안 된다. (6) 화재발생에 대비하여 소화기를 설치하고, 이용자가 쉽게 알아볼 수 있는 곳에 피난안내도를 부착하거나 피난방법에 대하여 고지하여야 한다. (7) 체육시설업자는 체육시설 내에서 사망사고가 발생한 경우에는 해당 체육시설업을 등록 또는 신고한 지방자치단체의 장에게 즉시 보고하여야 한다. (8) 등록 체육시설업자는 자동심장충격기 등 심폐소생술을 할 수 있는 응급장비를 갖추어야 한다. (9) 체육시설업자는 체육시설의 안전·위생에 관한 매뉴얼을 작성하고, 전 직원을 대상으로 매뉴얼에 관한 교육을 반기별로 1회 이상 실시해야 한다. (10) 체육시설업자는 체육시설의 이용에 관한 안전수칙을 작성하여 이용자가 쉽게 알아볼 수 있는 장소에 게시하며, 어린이가 체육시설을 이용하는 경우에는 어린이 또는 보호자에게 어린이 안전사고 예방수칙을 안내해야 한다. (11) 체육시설에 설치된 조명타워 또는 광고판 등의 부착물은 해당 부착물의 고정하중과 풍하중의 영향에 대하여 안전하도록 설치되어야 하며, 조명등의 변경 시 변경된 무게에 대한 안전성을 확인해야 한다.

(4) 체육시설업 종류별 기준(체육시설의 설치·이용에 관한 법률 시행규칙 제23조 관련)

골프장업	• 코스관리요원 배치	
	18홀 이하	1명 이상
	18홀 초과	2명 이상
	※ 골프장엔 응급실이 필요 없음	

스키장업	(1) 스키지도요원 및 스키구조요원을 배치	
	스키지도요원	5만제곱미터당 1명 이상
	스키구조요원	• 슬로프별로 2명 이상 • 슬로프 길이가 1.5킬로미터 이상인 슬로프는 3명 이상
	(2) 리프트 승·하차장 보조요원 배치	
	각 리프트의 승차장	2명 이상의 승차보조요원
	각 리프트의 하차장	1명 이상의 하차보조요원
	(3) 간호사 또는 응급구조사 배치	
	간호사 또는 응급구조사	1명 이상 배치
	※ 스키장업에는 응급실 필요 (4) 스키장 시설이용에 관한 안전수칙을 3곳 이상 장소 게시 (5) 이용자가 안전모를 착용하도록 지도, 이용자가 안전모의 대여를 요청할 때 대여할 수 있는 충분한 수량 구비	

요트장업·조정장업 및 카누장업	(1) 이용자가 항상 구명대를 착용하고 이용하게 하여야 한다. (2) 수상안전요원 및 감시요원 배치	
	구조용 선박	수상안전요원 1명 이상
	감시탑	감시요원 1명 이상
	(3) 요트장업의 경우에는 특별자치도지사·시장·군수 또는 구청장이 요트장의 지형 여건 등을 고려하여 안전수칙을 정한 경우에는 이를 지켜야 한다.	

자동차 경주장업	(1) 경주참가차량이나 일반주행차량 등 트랙을 이용하는 차량에 대하여는 사전에 점검을 한 후 경주나 일반주행에 참가 (2) 경주참가자나 일반주행자 등 트랙이용자에 대하여는 사전에 주행능력을 평가하여 부적격자는 트랙의 이용을 제한시킴 (3) 경주진행 및 안전 등에 관한 규칙을 자체적으로 제정하여 경주참가자나 일반주행자 등 트랙이용자에게 사전에 교육 (4) 경주의 안전한 진행에 필요한 통제소요원, 감시탑요원 및 진행요원 등 각종 요원은 각각 해당 분야의 지식과 기술을 보유한 자로서 시설의 규모에 따라 적절하게 배치 (5) 관람자에게 사전에 안전에 관한 안내 방송을 하여야 함 (6) 인력배치	
	경주 기간	의사 및 간호사 또는 응급구조사 각 1명 이상
	그 외의 운영 기간	간호사 또는 응급구조사 1명 이상
	※ 자동차경주장업에는 응급실 필요	

자동차 경주장업	(7) 이용자가 안전모, 목보호대, 불연(不然) 의복·장갑 등 안전장구를 착용하도록 지도, 이용자가 이들의 대여를 요청할 때 대여할 수 있는 충분한 수량을 갖추어야 함
승마장업	(1) 이용자가 항상 승마용 신발을 착용하고 승마를 하도록 함 (2) 장애물 통과에 관한 승마를 하는 자는 안전모를 착용하도록 함 (3) 말이 놀라서 낙마사고가 발생하지 않도록 마장 주변에서 큰 소리를 내거나 자동차 경적 등을 금지
수영장업	(1) 수영조, 주변공간 및 부대시설 등의 규모를 고려하여 안전과 위생에 지장이 없다고 인정하는 범위에서 특별자치도지사·시장·군수 또는 구청장이 정하는 입장자의 정원을 초과하여 입장시켜서는 아니 됨 (2) 수영조에서 동시에 수영할 수 있는 인원은 도약대의 높이, 수심, 수영조의 면적 및 수상안전시설의 구비 정도 등을 고려

(수영장업 계속)

도약대의 전면 돌출부의 최단 부분에서 반지름 3미터 이내의 수면	5명 이상이 동시에 수영 금지

(3) 간호사 또는 응급구조사 배치

개장 중인 실외 수영장	간호조무사 또는 응급구조사 1명 이상을 배치

※ 수영장업에는 응급실 필요

(4) 수영조의 욕수(浴水)는 1일 3회 이상 여과기를 통과
(5) 수상안전요원

감시탑	수상안전요원 2명 이상 배치

단, 교습행위만 진행되고 교습자 중 수상안전요원이 있으면 감시탑에는 1명만 배치 가능)
(6) 욕수의 조절, 침전물의 유무 및 사고의 유무를 확인하기 위하여 1시간마다 수영조 안의 수영자를 밖으로 나오도록 함
(7) 수질기준

유리잔류염소	0.4mg/L ~1.0mg/L
수소이온농도	5.8~8.6
탁도	1.5 NTU 이하
과망간산칼륨의 소비량	12mg/L 이하
대장균군	10밀리리터들이 시험대상 욕수 5개, 양성이 2개 이하
비소	0.05mg/L 이하
수은	0.007mg/L 이하
알루미늄	0.5mg/L 이하
결합잔류염소	최대 0.5mg/L 이하

(8) 수영조 주위의 적당한 곳에 수영장의 정원, 욕수의 순환 횟수, 잔류염소량, 수소이온농도 및 수영자의 준수사항을 게시
(9) 수영조 안에 미끄럼틀을 설치하는 경우 관리요원을 배치
(10) 수질검사: 반기별 1회 이상 실시

썰매장업	(1) 안전요원 배치		
		출발지점	1명 이상 안전요원 배치
		도착지점	1명 이상 안전요원 배치
	(2) 슬로프 내에 장애물이 없도록 함. 슬로프 내의 바닥면을 평탄하게 유지·관리		
	(3) 눈썰매장인 경우에는 슬로프의 가장자리(안전매트 안쪽)를 모두 폭 1미터 이상, 높이 50센티미터 이상의 눈을 쌓거나 공기매트 등 보호시설을 설치		
	(4) 슬로프의 바닥면이 잔디나 그 밖의 인공재료인 경우에는 바닥면의 물리적·화학적 특성에 따라 이용자의 안전에 필요한 조치를 하여야 함		
무도 학원업 및 무도장업	(1) 동시수용인원 기준		
		무도학원업	3.3제곱미터당 동시수용인원 1명 초과 금지
		무도장업	3.3제곱미터당 동시수용인원 2명 초과 금지
	(2) 냉·난방시설은 보건위생상 적절한 것이어야 함		
빙상장업	이용자가 안전모, 보호장갑 등 안전장구를 착용하도록 지도, 이용자가 안전모 등의 대여를 요청할 때 대여할 수 있는 충분한 수량을 갖추어야 함		
체력 단련장업	이용자의 운동에 방해되지 않도록 운동기구 간 충분한 공간 확보		
야구장업	이용자가 안전모, 안전보호대 등 안전장비 착용하도록 지도		
가상체험 체육시설업 (골프)	이용자에게 대여하는 골프채, 골프화 등의 장비는 안전하고 위생적으로 관리해야 함		
가상체험 체육시설업 (야구)	• 이용자가 안전모 등의 안전장비 착용하도록 지도, 이용자 대여 안전모, 야구장갑 등의 장비는 안전하고 위생적으로 관리해야 함 • 타석에는 1명만 입장하도록 지도		
체육교습업	• 이용자가 해당 운동 종목에 필요한 안전장비를 착용하도록 지도해야 함 • 이용자에게 대여하는 운동 장비는 안전하고 위생적으로 관리해야 함 • 운동시설 및 부대시설은 이용자의 사용에 불편함이 없도록 해야 함		
인공 암벽장업	• 안전관리요원을 1명 이상 배치해야 함 • 이용자에게 사전교육, 장비는 반기마다 점검, 수시로 홀드의 고정상태 확인해야 함		

개념+

상식적으로 모든 체육시설에 설치해야 할 것 같은 응급실 설치 여부도 숙지하길 바랍니다. 규모가 큰 등록체육시설업('골키차') 중에서 골프장업은 설치하지 않아도 됩니다.

응급실 설치 여부
- 응급실을 설치해야 하는 체육시설: 스키장, 자동차경주장업, 수영장업
- 응급실을 설치하지 않아도 되는 체육시설: 골프장업, 신고체육시설업(수영장업은 제외)

> **안전점검 평가기준**
> 체육시설에 대한 안전점검을 실시하는 자는 점검 항목에 대하여 안전점검을 하고, 체육시설의 안전점검 결과를 평가한 후 체육시설정보관리종합시스템에 그 결과를 입력해야 함
> - **양호**: 체육시설의 이용자에게 위해(危害)·위험을 발생시킬 요소가 없는 상태
> - **주의**: 체육시설의 이용자에게 위해·위험을 발생시킬 수는 있으나 경미한 사안으로 즉시 수리가 가능한 상태
> - **사용중지**: 체육시설의 이용자에게 위해가 발생한 경우 또는 중대한 결함으로 인하여 체육시설의 안전에 위험이 있어 즉각 사용을 중지하고 보수·보강 또는 개축을 해야 하는 상태

(5) 스포츠시설 이용자 보험(체육시설의 설치·이용에 관한 법률 시행규칙 제25조)

개념	• 체육시설업자는 체육시설업을 등록하거나 신고한 날부터 10일 이내에 손해보험에 가입 • 단체 가입 가능	
기준	• 손해보험에 가입한 체육시설업자는 증명서류를 제출	
	등록체육시설업자	시·도지사
	신고체육시설업자	특별자치시장, 특별자치도지사, 시장, 군수, 구청장
	※ 단, 소규모 체육시설업자(6종: 체육도장업, 골프연습장업, 체력단련장업, 당구장업, 가상체험 체육시설업, 체육교습업)는 보험 가입 면제	

05 스포츠시설 고객관리

1 고객만족 교육 및 민원 대처

(1) 신규고객의 유치관리
① 기존고객보다 시간이 많이 소요, 비용이 많이 들어감
② 높은 수준의 서비스 교육, 다양한 운동프로그램 진행, 지속적이고 재미있는 이벤트, 고객들의 불만에 대한 빠른 대치

(2) 기존고객 유지의 장점
① 기존고객의 홍보효과로 신규고객 유치 가능
② 기존고객의 유지로 일정한 매출액 유지 및 증대
③ 기존고객의 장기화로 할인된 가격 적용
④ 반복구매 가능, 고정 고객화시켜 장기고객으로 유도 가능
⑤ 마케팅 비용 절감
⑥ 지역별 모임의 적당한 결속으로 충성도 높임

2 고객정보관리

(1) 고객관계관리(CRM, Customer Relationship Management)

개념	• 기업이 고객과 관련된 내·외부 자료를 분석·통합해 고객 특성에 맞는 마케팅 활동을 계획, 지원, 평가하는 활동 　- 대중마케팅은 표준화된 대량마케팅을 실시했으나, CRM은 고객데이터베이스를 구축, 유지 • 고객과의 지속적인 관계를 유지하면서 '평생고객화'를 통해 고객의 가치를 극대화하는 것 　- 대중마케팅은 판매에 목적을 두지만, CRM은 판매가 아닌 '고객유지'를 목표를 둠 　- 단기적 이익보다 장기적인 이익을 목적으로 함 • 데이터베이스 마케팅(DB Marketing), 일대일 마케팅(One-to-One marketing), 관계마케팅(Relationship Marketing)에서 발전됨
고객유치 및 유지전략	• 고객유치 → 유지 → 성장 • 고객유치에 영향을 주는 요인 　- 인구통계학 요인, 상황요인, 동기요인 • 경쟁이 치열할수록 고객유치보다 기존 고객유지가 더욱 중요 • 기존고객 이탈 최소화 • 반복구매 촉진 • 고객과의 거래관계 심화 ◎ 기존고객 유지에 따른 효과 　- 고객유치를 위한 광고 및 홍보비 절감 　- 신규 이벤트 개발과 같은 스포츠시설 이용 매력도 향상에 지속적 역량 투입 　- 매출액의 지속적 유지 및 증가 기대 　- 고객관계 관리비용 절감
효과	• 재무적 관점의 효과 　- 기존고객 유지와 가치 증대 　- 잠재고객 유치를 통한 수익 증대 　- 효과적 마케팅 수행에 따른 비용 절감 • 고객관점의 효과 　- 고객니즈를 바탕으로 한 차별적 고객관리 만족도 제고 　- 목표 고객군의 정교한 타켓팅 • 학습·성장 관점의 효과 　- 목표고객군의 선정 　- 개인화, 차별화 실행

(2) FCB 모델

> **Moon's Advice**
>
> 스포츠마케팅의 관여도와 병행해서 공부하길 바랍니다.

① 미국 광고대행사 FCB가 만든 광고 전략 모델
② 전통적 소비자 행동 이론, 소비자 관여 이론 등을 통합한 개념

③ 2가지 차원을 이용해 4가지 유형의 소비자 반응 모형을 제시[고관여-저관여/이성(사고)-감성]

구분	이성	감성
고관여	〈제1공간〉 • 정보적(informative) • 소비자 반응 모형: 인지-감정(느낌)-행동(구매) • 구체적 정보 제시, 사고(思考)를 유발하는 매체에 따라 소비 　-매체: 긴 카피 등장(고가의 골프장 회원권, 고가의 다기능 피트니스 기구 등 판매)	〈제2공간〉 • 감성적(affective) • 소비자 반응 모형: 감정(느낌)-인지-행동(구매) • 강한 임팩트가 발생, 감성적 광고를 제시하는 매체에 따라 소비 　-매체: 큰 지면에 제시
저관여	〈제3공간〉 • 습관적(habit formation) • 소비자 반응 모형: 행동(구매)-인지-감정(느낌) • 브랜드를 떠올리게 하는 습관 형성적 광고를 제시하는 매체에 따라 소비 　-매체: 작은 광고 지면	〈제4공간〉 • 자아만족(self-satisfaction) • 소비자 반응 모형: 행동(구매)-감정(느낌)-인지 • 주의를 환기하고 자아만족적 광고를 제시하는 매체에 따라 소비 　-매체: 입간판, 신문 등

CHAPTER 02 스포츠시설 기출적중 100제

01 스포츠시설 사업 타당성

01
스포츠센터를 중력모델법을 이용하여 평가했을 때, 매력도가 가장 높은 것은?

① A스포츠센터: 200평의 규모, 20분 거리
② B스포츠센터: 180평의 규모, 15분 거리
③ C스포츠센터: 300평의 규모, 30분 거리
④ D스포츠센터: 250평의 규모, 25분 거리

해설

매력도 = $\dfrac{규모}{시간^2}$

A입지 = $200/20^2 = 200/400 = 0.5$
B입지 = $180/15^2 = 180/225 = 0.8$
C입지 = $300/30^2 = 300/900 = 0.33$
D입지 = $250/25^2 = 250/625 = 0.4$
기업이 선택할 수 있는 입지는 매력도가 가장 높은 점수가 나온 B입지임

정답 ②

02
스포츠시설의 매력성 관리에 대한 설명과 가장 거리가 먼 것은?

① 스포츠시설은 이용하는 데 불편함이 없도록 관리되어야 한다.
② 스포츠시설은 적정 수준 이상의 많은 사람이 이용하도록 관리해야 한다.
③ 스포츠시설은 보기 좋고 아름답게 관리되어야 한다.
④ 스포츠시설은 접근이 용이하도록 관리되어야 한다.

해설

스포츠시설의 배치에 신경을 써야 함. 즉, 시설 규모에 따라 적정 수준의 사람이 이용하여 편의성을 높여야 함

정답 ②

03
스포츠시설의 경영 중 위탁경영 시 예상되는 문제점이 아닌 것은?

① 서비스의 질적 저하를 초래한다.
② 위탁을 명분으로 이권개입 등의 부정 발생 소지가 있다.
③ 특정인에게 편중되어 이용될 가능성이 있다.
④ 책임소재가 명확하여 문제 발생 시 해결이 손쉽다.

해설

위탁경영의 단점으로 사고 발생 시 소유자와 관리자가 다르기 때문에 책임소재가 불명확할 수 있음

정답 ④

04

체육시설의 설치·이용에 관한 법령상 ( )에 각각 들어갈 숫자가 옳은 것은?

> 등록체육시설업에 대한 사업계획의 승인을 받은 자는 그 사업계획의 승인을 받은 날부터 (ㄱ)년 이내에 그 사업시설 설치 공사를 착수하여야 하며, 그 사업계획의 승인을 받은 날부터 (ㄴ)년 이내에 그 사업시설을 준공하여야 한다.

① ㄱ: 3, ㄴ: 5 ② ㄱ: 4, ㄴ: 6
③ ㄱ: 5, ㄴ: 3 ④ ㄱ: 6, ㄴ: 4

해설
체육시설 설치·이용에 관한 법률 제16조(등록체육시설업의 시설 설치 기간)에 따르면 사업계획의 승인을 받은 날부터 4년 이내에 그 사업시설 설치 공사를 착수하여야 하며, 그 사업계획의 승인을 받은 날부터 6년 이내에 그 사업시설 설치 공사를 준공하여야 함

정답 ②

해설 + 체육시설의 설치·이용에 관한 법률(법 제16조, 제31조)

법 제16조	등록체육시설업의 시설 설치 기간	사업계획의 승인을 받은 날부터 **4년 이내에 그 사업시설 설치 공사를 착수**하여야 하며, 그 사업계획의 승인을 받은 날부터 **6년 이내에 그 사업시설 설치 공사를 준공**하여야 한다.
법 제31조	사업계획 승인의 취소	시·도지사는 사업계획의 승인을 받은 자가 다음 각 호의 어느 하나에 해당할 때에는 그 체육시설업에 대한 사업계획의 승인을 취소할 수 있다. 1. 거짓이나 그 밖의 부정한 방법으로 사업계획의 승인 또는 변경승인을 받은 경우 2. 제16조에 따라 **4년 이내에** 그 사업시설 설치 공사를 착수를 하거나 **6년 이내에** 그 사업시설 설치 공사를 준공하지 아니한 경우 3. 제19조에 따라 **등록을** 하지 아니하고 영업을 시작한 경우

05

스포츠시설 가격정책 중 초기에 매우 낮은 가격을 책정하고 시간이 흐름에 따라 점차 가격을 높여 단기적 이익을 희생하여도 장기적으로는 이를 상쇄하고도 남을 정도의 이익을 얻기 위해 사용하는 것은?

① 침투가격정책   ② 고소득 흡수가격정책
③ 원가기준가격정책   ④ 지각된 가치기준 가격정책

해설
초기에 낮은 가격을 책정하는 초기 저가전략을 페네트레이션 전략 혹은 시장침투가격전략이고도 함

정답 ①

해설 + 스포츠시설 가격 결정전략

초기 고가전략 (skimming pricing strategy)	• 스키밍 전략, 흡수가격정책 • 가격민감도가 낮은 고소득 소비자층 대상으로 출시 초기에 고가격 책정 • 구매감소가 시작되면 가격민감도가 높은 일반 소비자층 대상으로 가격인하
초기 저가전략 (penetration pricing strategy)	• 페네트레이션 전략, 시장침투가격전략 • 가격민감도가 높은 고객들 대상으로 초기에 낮은 가격 책정 • 신제품 가격을 낮게 책정하여 빠른 속도로 시장 침투

06

체육시설의 설치·이용에 관한 법령상 회원모집에 관한 설명이다. ( ) 안에 들어갈 숫자가 옳은 것은?

> 사업계획의 승인을 받은 자는 회원을 모집할 수 있으며, 회원을 모집하려면 회원 모집을 시작하는 날 ( )일 전까지 시·도지사 등에게 회원모집계획서를 작성·제출하여야 한다.

① 7   ② 10
③ 15   ④ 30

해설
체육시설의 설치·이용에 관한 법률 제17조(회원모집)에 따르면 15일 전까지 시·도지사, 시장·군수 또는 구청장에게 회원모집계획서를 작성하고 제출해야 함

정답 ③

07

체육시설의 설치·이용에 관한 법령상 체육시설업의 신고에 관한 설명으로 틀린 것은?

① 가상체험 체육시설업을 하려는 자는 시설을 갖추어 특별자치시장·특별자치도지사·시장·군수 또는 구청장에게 신고하여야 한다.
② 특별자치시장·특별자치도지사·시장·군수 또는 구청장은 신고를 받은 경우에는 신고를 받은 날부터 7일 이내에 신고수리 여부를 신고인에게 통지하여야 한다.
③ 체육시설업의 변경신고를 할 때에는 변경내용을 증명할 수 있는 서류만을 첨부한다.
④ 특별자치시장·특별자치도지사·시장·군수 또는 구청장이 정한 기간 내에 신고수리 여부를 신고인에게 통지하지 아니하면 그 기간이 끝날 날에 신고를 수리한 것으로 본다.

해설

체육시설의 설치·이용에 관한 법률 제20조(체육시설업의 신고)에 따르면 특별자치시장·특별자치도지사·시장·군수 또는 구청장은 신고를 받은 경우에는 신고를 받은 날부터 7일 이내에, 변경신고를 받은 경우에는 변경신고를 받은 날부터 5일 이내에 신고수리 여부를 신고인에게 통지해야 함. 또한 특별자치시장·특별자치도지사·시장·군수 또는 구청장이 기간 내에 신고수리 여부나 민원 처리 관련 법령에 따른 처리기간의 연장 여부를 신고인에게 통지하지 아니하면 그 기간이 끝난 날의 다음 날에 신고를 수리한 것으로 간주함

정답 ④

08

다음 중 가중치 이용법으로 평가했을 때 가장 적합한 스포츠센터 시설의 입지는?

입지요인	가중치	A입지	B입지	C입지	D입지
시설물 지대	0.3	90	80	70	90
유동, 거주 인구	0.4	70	80	80	70
교통환경	0.3	80	90	60	90

① A입지
② B입지
③ C입지
④ D입지

해설

A입지=(0.3×90)+(0.4×70)+(0.3×80)=27+28+21=76
B입지=(0.3×80)+(0.4×80)+(0.3×90)=24+32+27=83
C입지=(0.3×70)+(0.4×80)+(0.3×60)=21+32+18=71
D입지=(0.3×90)+(0.4×70)+(0.3×90)=27+28+27=82
적합한 스포츠센터 시설의 입지는 가장 높은 점수가 나온 B입지임

정답 ②

09

체육시설의 설치·이용에 관한 법령상 직장체육시설에 관한 설명으로 틀린 것은?

① 군부대의 직장체육시설의 설치·이용에 관하여는 국방부장관이 지도·감독한다.
② 인구과밀지역인 도심지에 위치하여 직장체육시설의 부지를 확보하기 어려운 직장은 직장체육시설의 전부 또는 일부를 설치·운영하지 않을 수 있다.
③ 직장체육시설을 설치·운영하여야 하는 직장은 상시 근무하는 인원이 500명 이상인 직장으로 한다.
④ 「초·중등교육법」에 따른 학교는 반드시 직장체육시설을 설치·운영해야 한다.

해설

체육시설의 설치·이용에 관한 법률 시행령 제5조(직장체육시설의 설치·운영)에는 ①, ②, ③ 항목만 명시돼 있음

정답 ④

10

사회체육시설과 같은 도시공공시설의 일반적인 공급 및 수요 분석방법 중 이용자와 시설 간 거리에 따른 이용률 분석을 통한 이용권역 분석방법과 가장 거리가 먼 것은?

① 곡선거리에 의한 방법
② 직선거리에 의한 방법
③ 중력모형에 의한 방법
④ 시간개념에 의한 방법

해설

중력모델법에 따르면 이용자와 시설 간의 거리에 따른 이용률은 반비례 관계임. 즉, 여러 곳의 시설 입지가 확정됐다고 가정하면 다음과 같이 기본 가정을 두고 매력도를 측정할 수 있음

$$A = \frac{S}{T^\lambda} = \frac{규모}{시간^2}$$

- 시설의 매력도는 거리, 규모, 시간과 관련되어 있음
- 거리가 늘어나면 이동하는 데 필요한 비용도 증가함
- 규모가 클수록 소비자를 더 많이 유인할 가능성이 커짐
- 규모가 작고 거리가 멀수록 매력도가 떨어짐

정답 ①

11

체육시설의 설치·이용에 관한 법령상 신고체육시설에 해당하는 것을 모두 고른 것은?

a. 스키장업	b. 요트장업
c. 골프 연습장업	d. 조정장업
e. 자동차경주장업	

① a, e
② c, e
③ a, b, d
④ b, c, d

해설

'골키차' 기억나시나요? 등록체육시설업 3종 외에 나머지는 신고체육시설업임

정답 ④

해설+ 등록체육시설업과 신고체육시설업(2023. 12. 기준)

등록체육시설업 (3종)	골프장업, 스키장업, 자동차경주장업
신고체육시설업 (18종)	요트장업, 조정장업, 카누장업, 빙상장업, 승마장업, 종합 체육시설업, 수영장업, 체육도장업, 골프 연습장업, 체력단련장업, 당구장업, 썰매장업, 무도학원업, 무도장업, 야구장업, 가상체험 체육시설업, 체육교습법, 인공암벽장업

※ 신고체육시설업은 추가될 수 있으니 시험 응시 전 법제처(www.moleg.go.kr)에서 최종적으로 확인해볼 필요가 있음

12

체육시설의 설치·이용에 관한 법령상 체육도장업의 영업 범위에 해당하지 <u>않는</u> 운동종목은? (단, 통합체육회 가맹 경기 단체에서 행하는 운동임)

① 검도
② 레슬링
③ 가라테
④ 우슈

해설

체육도장업이란 문화체육관광부령으로 정하는 종목의 운동을 하는 체육도장을 경영하는 업을 말하고, 체육도장업의 운동종목(7종, 2023. 12. 기준)은 권투, 레슬링, 태권도, 유도, 검도, 우슈, 합기도임

정답 ③

13

다음은 A, B, C, D 스포츠센터의 제품속성을 나타낸 것이다. 44세 이 씨는 시설의 편의성에 30%, 지도자의 친절성에 40%, 프로그램의 다양성에 20%, 가격에 10%의 가중치를 부여하였다. 기대가치 모델(Expectancy-Value Model)에 따른 이 씨의 선택은?

스포츠 센터	속성			
	시설의 편의성	지도자의 친절성	프로그램의 다양성	가격
A	10	8	6	4
B	9	8	6	5
C	7	7	7	7
D	4	6	8	10

① A
② B
③ C
④ D

해설

기대가치 모델은 대상제품이 실제 특정한 속성을 지니고 있는가에 대한 신념(기대)과 구매동기(평가기준)를 실현시키는 데 적합한가에 대한 지각된 도구성, 즉 신념의 중요성이라고 할 수 있는 상대적 가치를 기준으로 태도를 측정. 가장 높은 점수를 선택함
A: $(10 \times 0.3) + (8 \times 0.4) + (6 \times 0.2) + (4 \times 0.1) = 7.8$
B: $(9 \times 0.3) + (8 \times 0.4) + (6 \times 0.2) + (5 \times 0.1) = 7.6$
C: $(7 \times 0.3) + (7 \times 0.4) + (7 \times 0.2) + (7 \times 0.1) = 7$
D: $(4 \times 0.3) + (6 \times 0.4) + (8 \times 0.2) + (10 \times 0.1) = 6.2$

정답 ①

14

다음 ( )에 알맞은 것은?

> 직장체육시설은 직장인의 건강 및 체력을 증진시키기 위해 체육 활동에 필요한 체육시설로, 체육시설의 설치-이용에 관한 법령상 근로자 (ㄱ)명 이상이 상시 근무하는 직장에는 원칙적으로 (ㄴ)종류 이상의 체육시설을 설치-운영하여야 한다.

① ㄱ: 300, ㄴ: 1
② ㄱ: 300, ㄴ: 2
③ ㄱ: 500, ㄴ: 1
④ ㄱ: 500, ㄴ: 2

해설

공공체육시설에서 직장체육시설의 설치기준은 체육시설의 종류 중에서 2가지 종류 이상의 체육시설을 직원이 500명 이상의 직장에서는 설치해야 함

정답 ④

해설 + 체육시설의 종류

구분	체육시설 종류
운동 종목	골프장, 골프연습장, 궁도장, 게이트볼장, 농구장, 당구장, 라켓볼장, 럭비풋볼장, 롤러스케이트장, 배구장, 배드민턴장, 벨로드롬, 볼링장, 봅슬레이장, 빙상장, 사격장, 세팍타크로장, 수상스키장, 수영장, 무도학원, 무도장, 스쿼시장, 스키장, 승마장, 썰매장, 씨름장, 아이스하키장, 야구장, 양궁장, 역도장, 에어로빅장, 요트장, 육상장, 자동차경주장, 조정장, 체력단련장, 체육도장, 체조장, 축구장, 카누장, 탁구장, 테니스장, 펜싱장, 하키장, 핸드볼장, 그 밖에 국내 또는 국제적으로 치러지는 운동 종목의 시설로서 문화체육관광부장관이 정하는 것
시설 형태	운동장, 체육관, 종합 체육시설, 가상체험 체육시설

15

체육시설의 설치·이용에 관한 법률상 사업계획의 승인을 받지 아니하고 등록체육시설업의 시설을 설치한 자의 벌칙 기준으로 옳은 것은?

① 1년 이하의 징역 또는 500만원 이하의 벌금
② 2년 이하의 징역 또는 500만원 이하의 벌금
③ 2년 이하의 징역 또는 1천만원 이하의 벌금
④ 3년 이하의 징역 또는 3천만원 이하의 벌금

해설
체육시설의 설치·이용에 관한 법률 제38조(벌칙)에 명시

정답 ④

해설 + 체육시설의 설치·이용에 관한 법률

벌칙	• 다음 각 호의 어느 하나에 해당하는 자는 3년 이하의 징역 또는 3천만원 이하의 벌금에 처한다. 　1. 사업계획의 승인을 받지 아니하고 등록 체육시설업의 시설을 설치한 자 　2. 등록을 하지 아니하고 체육시설업의 영업을 한 자 • 다음 각 호의 어느 하나에 해당하는 자는 1년 이하의 징역 또는 1천만원 이하의 벌금에 처한다. 　1. 신고를 하지 아니하고 체육시설업의 영업을 한 자 　2. 안전·위생 기준을 위반한 자 　3. 영업 폐쇄명령 또는 정지명령을 받고 그 체육시설업의 영업을 한 자

16

스포츠시설 위탁 경영의 장점과 가장 거리가 먼 것은?

① 사고발생 시 책임소재가 명확하다.
② 전문가의 노하우를 활용하여 운영될 수 있다.
③ 인건비, 유지관리비 등 비용절감이 가능하다.
④ 공휴일 등 개장시간의 탄력적인 운영이 가능하다.

해설
위탁경영의 장점은 탄력적 운영 가능, 유지관리비용 절감, 시설활용도 제고, 경영 효율성 제고 등이 있고, 단점은 사고발생 시 책임소재 불명확, 이권개입과 같은 부정 발생 가능성이 있음

정답 ①

17

다음 중 등록체육시설업이 아닌 것은?

① 스키장업
② 골프장업
③ 자동차경주장업
④ 체력단련장업

해설
'골키차' 기억나시나요? 규모가 큰 대표적인 스포츠시설인 골프장, 스키장, 자동차경주장업은 등록체육시설업임

정답 ④

18

체육시설의 설치, 이용에 관한 법령상 다음 사례에 대한 이용료 반환금액은?

> 일반이용자 A씨가 30만원의 이용료를 지불하고, 이용개시일 전 본인의 사정상 체육시설을 이용할 수 없게 되었다. (단, 이용료 반환사유 및 반환금액에 관하여 별도 약정은 없음)

① 0원
② 24만원
③ 27만원
④ 30만원

해설

체육시설의 설치·이용에 관한 법률 시행령 제21조의3(이용료나 교습비의 반환)와 관련하여 일반이용자가 본인의 사정상 체육시설을 이용할 수 없게 된 경우, 이용개시일 전의 반환금액은 '이용료－위약금(이용료의 1/10에 해당하는 금액)' 금액임. 즉, 30만원－3만원＝27만원

정답 ③

해설 + 체육시설의 설치·이용에 관한 법률

구분	반환사유 발생일	반환금액
일반 이용자가 본인의 사정상 체육시설을 이용할 수 없게 된 경우	이용개시일 전	반환금액＝이용료－위약금(이용료의 1/10에 해당하는 금액)
	이용개시일 이후	1) 계약내용이 이용기간으로 정해진 경우: 반환금액 $= \left[\text{이용료} - \left(\text{이용료} \times \dfrac{\text{이미 경과한 기간(일수)}}{\text{계약상 이용기간(일수)}} \right) \right] - \text{위약금}$ 2) 계약내용이 이용 횟수로 정해진 경우: 반환금액 $= \left[\text{이용료} - \left(\text{이용료} \times \dfrac{\text{이미 이용한 횟수}}{\text{계약상 이용횟수}} \right) \right] - \text{위약금}$
체육시설업자가 체육시설업의 폐업, 휴업 등으로 영업을 계속할 수 없는 경우	이용개시일 전	반환금액＝이용료＋위약금
	이용개시일 이후	1) 계약내용이 이용기간으로 정해진 경우: 반환금액 $= \left[\text{이용료} - \left(\text{이용료} \times \dfrac{\text{이미 경과한 기간(일수)}}{\text{계약상 이용기간(일수)}} \right) \right] + \text{위약금}$ 2) 계약내용이 이용 횟수로 정해진 경우: 반환금액 $= \left[\text{이용료} - \left(\text{이용료} \times \dfrac{\text{이미 이용한 횟수}}{\text{계약상 이용횟수}} \right) \right] + \text{위약금}$

19

체육시설의 설치·이용에 관한 법률에서 사용하는 용어의 정의로 틀린 것은?

① "체육시설"이란 체육 활동에 지속적으로 이용되는 시설과 그 부대시설을 말한다.
② "체육시설업자"란 체육시설업을 등록하거나 신고한 자를 말한다.
③ "체육시설업"이란 영리를 목적으로 체육시설을 설치·경영하거나 체육시설을 이용한 교습행위를 제공하는 업을 말한다.
④ "회원"이란 1년 미만의 일정 기간을 정하여 체육시설의 이용 또는 그 시설을 활용한 교습행위의 대가를 내고 체육시설을 이용하거나 그 시설을 활용한 교습을 받기로 체육시설업자와 약정한 사람을 말한다.

해설

1년 미만의 일정 기간을 정하여 체육시설의 이용 또는 그 시설을 활용한 교습행위의 대가를 내고 체육시설을 이용하거나 그 시설을 활용한 교습을 받기로 체육시설업자와 약정한 사람은 "일반이용자"로 명시됨

정답 ④

20

경기장 임대조건을 설정할 때 반영해야 하는 사항과 가장 거리가 먼 것은?

① 사업가치의 원천이 이벤트 개최에 있기 때문에 이벤트 생산업체의 생산원가가 임대조건에 반영되어야 한다.
② 경기장 소유주인 자치단체는 지역주민이 얻는 심리적 소득 중 무형의 이익이 발생한다는 것을 감안할 필요가 있다.
③ 경기장 사업에서 발생하는 수입을 어떻게 분배할 것인지를 경기장 소유주, 프로구단 등 가치사슬에 입각해 설정할 필요가 있다.
④ 경기장사업의 가치가 형성되는 기반은 경기장을 찾는 관중이므로 관중 비율이 임대조건에 반영되어야 한다.

해설
관중비율은 임대조건을 반영한 후 가져야 할 목표치임

정답 ④

21

최적의 스포츠시설 입지 선정을 위한 고려사항과 가장 거리가 먼 것은?

① 시설물의 유연성
② 소비자의 접근 용이성
③ 주변시역에서 경쟁자의 위치
④ 주변지역 주민들의 인구통계학적 특성

해설
시설물의 유연성은 입지 선정보다는 시설 설계 및 운영 시 고려해야 할 요소이다. 스포츠시설의 입지 고려요인으로 소비자 접근성, 경쟁자 위치, 소비수준, 인구통계학적 특성(인력수급 방법, 인구분포)을 분석함

정답 ①

22

체육시설의 설치·이용에 관한 법령상 종합체육시설업에 대한 설명으로 옳은 것은?

① 두 종류 이상의 단위체육시설을 같은 사람이 한 장소에 설치하여 하나의 단위체육시설로 경영하는 업
② 3종류 이상의 단위체육시설을 같은 사람이 한 장소에 설치하여 하나의 단위체육시설로 경영하는 업
③ 신고체육시설업의 시설 중 실내수영장을 포함한 두 종류 이상의 체육시설을 같은 사람이 한 장소에 설치하여 하나의 단위 체육시설로 경영하는 업
④ 트랙을 포함한 두 종류 이상의 단위체육시설을 같은 사람이 한 장소에 설치하여 하나의 단위체육시설로 경영하는 업

해설
등록체육시설업의 3종(골프장업, 스키장업, 자동차경주업) 외의 18종(요트장업, 조정장업, 카누장업, 빙상장업, 승마장업, 종합체육시설업, 수영장업, 체육도장업, 골프 연습장업, 체력단련장업, 당구장업, 썰매장업, 무도학원업, 무도장업, 야구장업, 가상체험 체육시설업, 체육교습업, 인공암벽장업)은 신고체육시설업임

정답 ③

해설 + 종합체육시설업

종합 체육 시설업	신고체육시설업의 시설 중 실내수영장을 포함한 두 종류 이상의 체육시설을 같은 사람이 한 장소에 설치하여 하나의 단위 체육시설로 경영하는 업

23
신고체육시설업의 회원모집 시기에 대한 설명으로 옳은 것은?

① 해당 체육시설업의 시설설치공사를 시작할 때 회원모집이 가능하다.
② 해당 체육시설업의 시설설치공사의 공정이 30% 이상 진행된 이후 회원모집이 가능하다.
③ 해당 체육시설업의 시설설치공사의 공정이 완료된 이후 회원모집이 가능하다.
④ 해당 체육시설업의 신고를 한 후 회원모집이 가능하다.

해설

회원모집	체육시설업자 또는 사업계획의 승인을 받은 자는 회원을 모집할 수 있으며, 회원을 모집하려면 회원 모집을 시작하는 날 15일 전까지 시·도지사, 시장·군수 또는 구청장에게 회원모집계획서를 작성·제출
회원모집 시기 등	회원모집 시기 • 등록체육시설업: 해당 체육시설업의 시설설치공사의 공정이 30% 이상 진행된 이후 • 신고체육시설업: 신고를 한 이후

정답 ④

24
다음 체육시설 이용금액 표에서 적용된 가격전략은?

프로그램	요일	시간	사용료(1시간 기준)	
			회원	비회원
수영	월~토	12:00~13:00	성인: 2,000원 청소년: 1,300원 어린이: 1,000원	성인: 2,500원 청소년: 1,700원 어린이: 1,300원
	일요일 공휴일	10:00~13:00 14:00~17:00	성인: 2,500원 청소년: 1,700원 어린이: 1,200원	성인: 3,200원 청소년: 2,200원 어린이: 1,600원
요가	일요일 공휴일	10:00~13:00 14:00~17:00	성인: 1,800원 청소년: 1,200원 어린이: 1,100원	성인: 2,300원 청소년: 1,600원 어린이: 1,400원

① 원가기준 가격전략
② 가격차별화 전략
③ 신상품 가격전략
④ 묶음 가격전략

해설
고객대상별로 가격의 차이를 보여주는 차별화 전략이 적용됨

정답 ②

25
체육시설의 설치·이용에 관한 법령상 전문체육시설에 대한 설명으로 틀린 것은?

① 국가와 지방자치단체는 국내·외 경기대회의 개최와 선수 훈련 등에 필요한 전문체육시설을 설치·운영하여야 한다.
② 전문체육시설 중 체육관은 체육, 문화 및 청소년 활동 등 필요한 용도로 활용될 수 있도록 설치되어야 한다.
③ 지방자치단체는 전문체육시설의 사용 촉진을 위해 사용료의 전부나 일부를 감면할 수 있다.
④ 경기대회 개최나 시설의 유지관리에 우선하여 지역주민이 이용할 수 있도록 개방하여야 한다.

해설
①, ②, ③은 법 제5조(전문체육시설)에 명시된 내용임. 법제처 홈페이지에서 법령 전반을 일독하면서 중요한 부분을 다시 확인하기를 권함

정답 ④

26

체육시설의 설치·이용에 관한 법률상 과태료에 관한 내용으로 옳지 않은 것은?

① 과태료는 시·도지사, 시장·군수 또는 구청장이 부과·징수한다.
② 과태료 금액은 위반행위가 사소한 부주의나 오류로 인한 것으로 인정되는 경우 해당 금액의 2분의 1의 범위에서 이를 감경할 수 있다.
③ 체육시설의 안전점검 결과 시설물의 보수·보강 등 필요한 조치에 대한 시정 명령을 준수하지 않은 체육시설업자에게는 300만원 이하의 과태료가 부과된다.
④ 문화체육관광부령으로 정하는 일정 규모 이상의 체육시설에 체육지도자를 배치하지 않은 경우 100만원 이하의 과태료를 부과한다.

해설
법40조에 따라 체육시설의 안전점검 결과 시설물의 보수·보강 등 필요한 조치에 대한 시정 명령을 준수하지 않은 체육시설업자에게는 100만원 이하의 과태료가 부과됨

정답 ③

27

스포츠시설 가격 정책의 유형 중 참가자가 인정하는 가치를 근거로 하는 가격 책정은?

① 경쟁지향 가격
② 비용계산 가격
③ 수요지향 가격
④ 원가우위 가격

해설
소비자의 이미지나 수요 강도를 기준으로 가격을 결정하는 방법으로 참가자가 인정하는 가치에 근거를 둔다면 수요지향 가격을 책정하는 것임

정답 ③

28

다음 중 체육시설업 운영 시 고려할 사항과 가장 거리가 먼 것은?

① 대중이용의 효율성을 제공한다.
② 기본 이용시설에 대한 무료시설과 사용자 부담 유료시설을 운영한다.
③ 회원시설과 비회원시설을 통합하여 운영하는 것이 바람직하다.
④ 이용자를 세분화하여 형평성을 유지하고 차별화를 시도한다.

해설
회원, 비회원시설을 분류하여 시설 특성에 맞게 효율적·효과적으로 운영해야 함

정답 ③

29

스포츠시설 관리 운영에 있어 지켜야 할 원칙과 가장 거리가 먼 것은?

① 우수한 시설관리자의 확보
② 시설의 투자 확대
③ 각 담당자 간의 긴밀한 협조체계 구축
④ 시설관리기술에 대한 지속적인 능력 배양 및 투자

해설
시설의 투자 확대는 입지, 규모, 배치 등을 충분히 고려해 결정해야 할 사안으로, 꼭 지켜야 할 원칙과는 거리가 있음

정답 ②

30

S대학교 인근에는 A트레이닝센터, B헬스, C피트니스 등 다양한 스포츠센터가 있으며 모두 유사한 시설과 개인 트레이너들을 보유하고 있다. 이러한 상황에서 각 스포츠센터가 고려해야 할 가격결정방법으로 가장 적합한 것은?

① 수요를 토대로 한 가격결정
② 수익을 토대로 한 가격결정
③ 경쟁을 토대로 한 가격결정
④ 비용을 토대로 한 가격결정

해설
가격결정은 가격민감도가 높은 고객들 대상으로 초기에 낮은 가격책정(초기 저가전략, 시장침투가격전략, 페네트레이션 전략)과 가격민감도가 낮은 고소득 소비자층을 대상으로 출시 초기 고가격 책정(초기 고가전략, 흡수가격전략, 스키밍 전략)이 있음. 유사한 시설과 인적 자산을 통해 가격결정을 하기 위해선 경쟁(차별화)을 통해 전략을 찾아야 함

정답 ③

02 스포츠시설 내부 디자인

31

도착율과 서비스율은 포아송 분포, 도착간격과 서비스 시간은 지수분포를 이룬다는 가정하에 A 수영장의 어느 샤워부스에 시간당 평균 고객 수는 12명이고, 이 샤워부스의 시간당 평균 서비스 처리능력은 16명이다. 고객이 샤워부스에 도착하여 샤워를 하고 떠날 때까지의 평균 소요 시간은?

① 15분　② 20분
③ 25분　④ 30분

해설
시스템에 도착하여 떠날 때까지 평균소요시간(T) = 1/(처리능력 − 고객 수) = 1/(16−12) = 1/4시간 = 15분
*1시간이 60분이므로 15분임

정답 ①

32

스포츠시설 설계 디자인 시 고려해야 하는 사항으로 가장 거리가 먼 것은?

① 이동자들이 편리하게 움직일 수 있는 동선
② 방음 설계 및 음향시스템
③ 시설의 화장실 위치, 설비 등의 계획
④ 건물의 외부 환경과 위치 및 크기 등의 계획

해설
④번은 스포츠시설의 입지와 규모에 관한 것이고, 나머지는 내부 시설의 배치에 관한 영역임

정답 ④

33

제품의 디자인에서 생산에 이르기까지 각 과정의 설계 작업을 동시에 수행함으로써 생산리드타임을 획기적으로 단축시키는 기법은?

① 리엔지니어링(reengineering)
② 다운사이징(downsizing)
③ 리스트럭처링(restructuring)
④ 컨커런트 엔지니어링(concurrent engineering)

해설
①은 생산공정이나 업무 프로세스에 대해 새로운 개념으로 재설계해 성과를 창출하는 것이고, ②는 경영상태가 좋지 않거나 능률적인 경영의 활성화를 위해 구조조정 등과 같이 의도적으로 축소하는 것이고, ③은 기업의 경쟁력 강화와 비전 달성을 위해 사업단위를 통폐합 및 축소 등급진적으로 실행하는 사업 구조조정을 의미함

정답 ④

34

A씨가 자신이 다니는 헬스장에 도착하여 개인 레슨 서비스를 받기 위한 평균 대기시간은? (도착 후 확인했을 시점에 개인 레슨 고객 수는 시간당 10명, 서비스 처리능력은 시간당 15명임)

① 약 5분 ② 약 8분
③ 약 10분 ④ 약 15분

해설
시스템에 도착하여 서비스를 받기 위한 평균 대기시간(T) = 고객 수/처리능력(처리능력 − 고객 수) = 10/15(15−10) = 10/75 = 0.13시간 = 7.8분 (대략 8분)

정답 ②

35

어떤 지자체가 운영하는 공공체육시설의 평균 고객 수는 평일 80명, 주말 110명으로 집계됐다. 고객들이 이용하는 서비스의 시간당 평균 서비스 처리능력은 90명이다. 주말은 평일에 비해 이용률이 몇 % 증가했는가?

① 약 10.5% 증가 ② 약 15.7% 증가
③ 약 22.5% 증가 ④ 약 27.3% 증가

해설
시설이용율(%) = 고객 수/처리능력
- 평일: 80/90 = 88.9%
- 주말: 110/90 = 122.2%
- 차이: [(122.2−88.9)/122.2]×100 = 27.3% 증가

정답 ④

36

스포츠시설의 부지를 선정하기 위한 기준으로 적절하지 않은 것은?

① 스포츠시설의 다양화
② 인구학적 부지 선정
③ 이용객들의 지리적 접근성
④ 경쟁 스포츠시설 인접성

해설
경쟁 시설과 인접하면 이용자 분산, 과도한 경쟁 등의 문제로 인해 부지 선정 기준으로 적합하지 않다.

정답 ④

37

최근 개업한 체력단련시설에서 남성 탈의실을 이용하는 시간당 평균 고객 수는 10명, 시간당 평균 처리능력은 12명이고, 여성 탈의실을 이용하는 시간당 평균 고객 수는 9명, 시간당 평균 처리능력은 10명으로 집계됐다. 이 경우 남자와 여자 각각 탈의실을 이용하는 고객 수는?

① 남자 20명, 여자 51명
② 남자 35명, 여자 68명
③ 남자 50명, 여자 81명
④ 남자 71명, 여자 99명

해설
시스템 내에 있는 평균 고객 수(명) = 고객 수²/(처리능력 − 고객 수)
- 남성: $10^2/(12−10) = 50$명
- 여성: $9^2/(10−9) = 81$명

정답 ③

38

등록체육시설업 중의 하나인 스키장에서 초보 강습을 배우기 위해 기다리는 평균 대기 고객 수는? (단, 초보강습 평균 고객 수는 40명, 초보강습의 시간당 평균 서비스 처리 능력은 50명임)

① 3.2명 ② 5.7명
③ 8.1명 ④ 9.3명

해설
시스템 내에서 기다리는 평균 대기 고객 수(명)
=고객 수²/처리능력(처리능력-고객 수)=40²/50(50-40)
=1600/500=3.2명

정답 ①

39

스포츠시설 내부의 공간 관리를 위한 동선을 구상할 때 유의해야 할 점으로 거리가 먼 것은?

① 사람과 물건의 통행량과 동선의 방향을 고려해야 한다.
② 길이, 빈도, 속도, 두께 등 동선의 구성요소를 파악해야 한다.
③ 동선은 복잡한 위계적 질서를 갖게 함으로써 각각의 공간적 특성을 강조한다.
④ 사람들이 자연스럽게 돌아가도록 동선의 흐름을 고려하고 시각적인 즐거움을 삽입한다.

해설
동선 고려사항으로 사람·물건의 통행량, 동선의 방향, 교차, 사람의 행위, 물건의 흐름 등 고려, 사람들이 자연스럽게 돌아가도록 동선의 흐름 고려, 휴식공간 마련, 시각적 즐거움, 각기 공간의 성격, 용도 등 조건에 따라 동선의 흐름은 다르게 구성, 동선은 위계적 질서를 갖도록 하되 복잡하지 않게 동선을 처리함

정답 ③

40

스포츠시설 내부의 집기 비품 관리의 표준규격에 대한 설명으로 옳지 않은 것은?

① 표준화는 기술의 안전 단계에 있는 집기·비품 대상으로 하고 발전 과정에 있는 집기·비품은 가능한 한 제외한다.
② 시장성 또는 경쟁성이 저해되더라도 효율성을 위해 표준화를 강조한다.
③ 표준화에 의한 제약과 부담보다 능률성과 경제성을 중시한다.
④ 집기·비품의 최소 부분만을 표준화하고 기타 부분은 보편성 있는 규격 조건을 채택한다.

해설
표준규격 조건으로 기능성, 경제성, 시장성, 경쟁성, 최신성이 있고, 표준화로 인해 시장성 또는 경쟁성이 저해되지 않아야 함

정답 ②

03 스포츠시설 고객요구 파악

41

참여스포츠시설에 대한 설명과 거리가 먼 것은?

① 고객이 스포츠를 직접 체험·참여하도록 만들어진 시설이다.
② 다양함보다는 단순한 종류의 프로그램을 제공하는 것이 필요하다.
③ 고객의 서비스 관여도가 높다.
④ 고객과의 접촉이 상대적으로 많다.

해설
시대 트렌드와 수요를 반영하여 다양한 프로그램을 반영해야 함

정답 ②

42

관람스포츠시설의 특징과 가장 거리가 먼 것은?

① 제공되는 부대시설이 다양하다.
② 시설 자체가 고객유인에 미치는 영향이 크다.
③ 고객이 전체 서비스의 일정 역할을 담당한다.
④ 스타 선수가 중요한 고객 유인의 동기가 된다.

해설

관람스포츠는 '경기 자체'가 최대의 고객 유인 요인임

정답 ②

43

체육시설의 설치·이용에 관한 법령상 체육시설업의 종류별 기준으로 틀린 것은?

① 골프연습장업: 타석 간의 간격이 2.5미터 이상이어야 한다.
② 당구장업: 당구대 1대당 16제곱미터 이상의 면적을 확보하여야 한다.
③ 스키장업: 평균 경사도가 6도 이하인 초보자용 슬로프를 3면 이상 설치하여야 한다.
④ 체육도장업: 운동전용면적 3.3제곱미터당 수용인원은 1명 이하가 되도록 하여야 한다.

해설

스키장업은 평균 경사도 7도 이하인 초보자용 슬로프 1면 이상을 설치해야 함

정답 ③

해설+ 등록체육시설업의 설치기준

골프장업	운동시설	• 회원제 골프장업 3홀 이상, 비회원제 골프장업 3홀 이상을 갖추어야 함 • 골프코스 ◎ 법 제10조의2(골프장업의 세부 종류) 등과 병행하여 공부 바람 1. 회원제 골프장업: 회원을 모집하여 경영하는 골프장업 2. 비회원제 골프장업: 회원을 모집하지 아니하고 경영하는 골프장업 (대중형골프장)/ 대중형골프장의 지정을 받으려는 비회원제 골프장업자는 문화체육관
		광부장관에 신청서 제출, 30일 이내 신청인에 알려야 함(시행령 제7조의3) • 안전사고를 당할 위험 있는 곳은 20미터 이상 간격 • 티그라운드, 페어웨이, 그린, 러프, 장애물, 홀컵 등 시설 설치
	관리시설	골프코스 주변, 러프지역, 절토지, 성토지의 경사면 등 조경
스키장업	운동시설	• 슬로프 길이 300미터 이상, 폭 30미터 이상 • 평균 경사도 7도 이하인 초보자용 슬로프 1면 이상 • 리프트 설치
	안전시설	• 안전망은 지면에서 1.8미터 이상, 설면은 1.5미터 이상 • 구급차 1대 이상, 설상차 1대 이상
	관리시설	절토지, 성토지 경사면 조경
자동차 경주장업 (2륜)	운동시설	• 트랙은 길이 400미터 이상, 폭 5미터 이상 • 바닥면은 포장과 비포장 병행
	안전시설	• 트랙 양편 폭 3미터 이상 안전지대 • 통제소
	관리시설	수리시설
자동차 경주장업 (4륜)	운동시설	• 트랙은 길이 2킬로미터 이상, 폭 11미터 이상 15미터 이하, 출발지점부터 첫 곡선부분 시작지점까지 250미터 이상 직선구간 • 바닥면은 포장과 비포장 병행 • 종단 기울기(경사)는 오르막 20% 이하, 내리막 10% 이하 • 횡단 기울기(경사)는 직선구간 1.5% 이상 3% 이하, 곡선구간 10% 이하 • 트랙 양 편 가장자리는 폭 15센티미터 흰색 표시
	안전시설	• 트랙 좌우 흰색선 바깥쪽으로 3미터 이상 5미터 이하 안전지대 • 무단접근 방지 수직 보호벽 바깥쪽 3미터 내외 간격, 높이 1.8미터 견고한 철망, 울타리 설치 • 속합동체시, 깃자장, 표시판, 신호기 설치 • 감시탑 간의 간격 500미터 이하 • 견인차, 구급차, 소화기 탑재차, 통제차 각 1대 이상, 비상도로

44
체육시설의 설치·이용에 관한 법령상 체육시설업의 시설기준 중 임의시설에 관한 설명으로 틀린 것은?

① 편의시설에 관람석을 설치할 수 있다.
② 등록 체육시설업에는 그 체육시설을 이용하는 데에 지장이 없는 범위에서 그 체육시설 외에 다른 종류의 체육시설을 설치할 수 있다.
③ 무도학원업에는 매점 등 편의시설을 설치할 수 있다.
④ 편의시설에 체육용품의 판매·수선 또는 대여점을 설치할 수 있다.

해설
체육시설업의 설치기준은 필수시설과 임의시설로 구분함. 임의시설로는 관람석, 용품판매·수선·대여점을 설치할 수 있고, 식당, 목욕시설, 매점 등의 편의시설(무도학원업과 무도장업 제외)을 설치할 수 있으며, 운동시설은 등록체육시설업에서 설치할 수 있음

정답 ③

45
체육시설의 설치·이용에 관한 법령상 4륜 자동차경주장업의 시설기준으로 틀린 것은?

① 트랙은 길이 2킬로미터 이상으로서 출발지점과 도착지점이 연결되는 순환형태여야 한다.
② 트랙의 폭은 11미터 이상 15미터 이하이어야 한다.
③ 출발지점에서 첫 번째 곡선 부분 시작지점까지는 250미터 이상의 직선구간이어야 한다.
④ 트랙의 바닥면은 반드시 포장이어야 한다.

해설
자동차경주장업(2륜·4륜)의 바닥면은 포장과 비포장을 병행해야 함

정답 ④

46
다음 중 농촌지역 스포츠시설 설치를 위한 고려사항과 가장 거리가 먼 것은?

① 노동시간과 여가시간이 구분되어 있지 않다.
② 소득이 낮아 경제적 안정성이 낮다.
③ 청년층의 도시진출로 활기를 잃고 있다.
④ 육체적 노동이 많아서 스포츠 활동에 호응도가 높은 편이다.

해설
농어촌형 스포츠시설의 경우 육체노동이 많아 스포츠 활동의 호응도가 낮아 고객 확보의 어려움이 있음

정답 ④

47
스포츠 시설 경영과정별 기능으로 틀린 것은?

① 계획기능: 조직의 목표를 설정하고 이 목표를 어떻게 달성할 것인지를 규정한다.
② 조직화 기능: 조직의 목표를 효과적으로 달성하기 위해 조직의 구조를 설계하고 저장한다.
③ 지휘기능: 조직의 목표달성에 필요한 과업을 효율·효과적으로 수행할 수 있도록 구성원을 이끌어 나가고 의욕을 증진시키며 개인 간의 업무활동을 조정한다.
④ 통제기능: 경영자의 이익극대화를 실현하기 위해 특정조직을 구성하는 의사결정을 수행한다.

해설
통제기능은 계획대로 잘 진행됐는지 확인하고 피드백을 통해 수정·보완하는 과정임

정답 ④

48

도심 주거지형 스포츠시설의 관리상 고려할 점과 가장 거리가 먼 것은?

① 시설위치에 따른 주고객층을 설정하여 맞춤형 서비스 제공이 필요하다.
② 고객 몰림현상으로 인해 충분한 서비스 제공이 어렵다.
③ 단체수강이 많으므로 이를 위한 다양한 프로그램의 개발이 필요하다.
④ 대화나 휴식을 위한 부대시설의 공간확보 및 확충이 필요하다.

해설
도심형 스포츠시설은 농어촌형 스포츠시설에 비해 시간대별 고객 쏠림 현상이 있으므로 다양한 계층의 고객 확보와 유지를 위해 충분한 서비스를 제공해야 함

정답 ②

49

참가자 지향형 뉴 스포츠에 대한 설명으로 틀린 것은?

① 새로 신설되는 국제 규칙에 의한 스포츠이다.
② 뉴 스포츠는 수입형, 개량형, 개발형으로 구분할 수 있다.
③ 고령자의 참가가 용이하고 누구나 간단하고 쉽게 즐길 수 있도록 개발하다.
④ 관광 상품화가 가능하도록 하려는 목적으로 뉴 스포츠 프로그램을 개발한다.

해설
뉴 스포츠의 특성은 기존 스포츠가 갖고 있는 특성을 살려 유연한 규칙, 간편한 경기방식을 적용하지만, 올림픽 등 국제 경기에서 공식 채택하지 않은 종목이라는 것임. 종류로는 수입형, 개량형, 개발형이 있음

정답 ①

50

체육시설의 설치·이용에 관한 법령상 체육시설업 부지면적의 제한 사항으로 옳지 않은 것은?

① 썰매장업: 썰매장의 부지면적은 슬로프 면적의 3배를 초과할 수 없다.
② 골프연습장업(실내골프연습장업): 골프연습장의 부지면적은 타석면적과 보호망을 설치한 토지면적을 합한 면적의 1.5배의 면적을 초과할 수 없다.
③ 골프연습장업(실외골프연습장업): 골프연습장의 부지면적은 타석면적과 보호망을 설치한 토지면적을 합한 면적의 2배의 면적을 초과할 수 없다.
④ 자동차경주장업: 자동차경주장의 부지면적은 트랙면적과 안전지대면적을 합한 면적의 6배를 초과할 수 없다.

해설
체육시설업의 부지면적 제한사항의 대상은 세 가지로 명시됨. 즉, 자동차경주장업, 골프연습장업(실외 골프연습장업만 해당), 썰매장업임

정답 ②

51

체육시설의 설치·이용에 관한 법규상 체육시설업의 시설기준으로 틀린 것은?

① 수용인원에 적합한 주차장(등록 체육시설업만 해당) 및 화장실을 갖추어야 한다.
② 수용인원에 적정한 탈의실, 샤워실 및 급수시설을 갖추어야 하는데 수영장과 빙상장업 및 자동차 경주장업에는 탈의실, 샤워실을 대신하여 세면실을 설치할 수 있다.
③ 체육시설(무도학원업과 무도장업은 제외) 내의 조도는 '산업표준화법'에 따른 조도기준에 맞아야 한다.
④ 적정한 환기시설을 갖추어야 한다.

해설
필수시설은 편의시설(주차장, 탈의실, 급수시설), 안전시설(응급실, 환기시설, 어린이통학버스), 관리시설(매표소, 사무실, 휴게실)이고, 수용인원에 적합한 탈의실, 급수시설을 설치해야 하나, 신고체육시설업(수영장업 제외)과 자동차경주장업에만 탈의실 대신 세면실 설치가 가능함

정답 ②

52

체육시설의 설치·이용에 관한 법령상 체육시설업의 시설기준에서 공통기준에 포함되는 필수시설에 대한 설명으로 틀린 것은?

① 자동차경주장업에는 탈의실을 대신하여 세면실을 설치할 수 있다.
② 적정한 환기시설을 갖추어야 한다.
③ 무도학원업 체육시설의 조도(照度)는 「산업표준화법」에 따른 조도기준에 맞아야 한다.
④ 골프장업에는 응급실을 갖추지 아니할 수 있다.

해설
안전시설에는 응급실, 환기시설, 어린이통학버스가 있음. 체육시설 내 조도기준(산업표준화법)에 맞게 설치(단, 무도학원업, 무도장업은 제외)해야 함

정답 ③

해설 + 체육시설업의 설치기준(공통)

필수시설	(1) 편의시설 – 주차장, 탈의실, 급수시설 • 수용인원에 적합한 주차장(등록체육시설업만 해당 – 골프장업, 스키장업, 자동차경주장업) • 수용인원에 적합한 탈의실, 급수시설 단, 신고체육시설업(수영장업 제외), 자동차경주장업에는 탈의실 대신 세면실 설치 가능 (2) 안전시설 – 응급실, 환기시설, 어린이통학버스 • 체육시설 내 조도기준에 맞게 설치(단, 무도학원업, 무도장업은 제외) • 응급실 및 구급약품 단, 신고체육시설업(수영장업 제외), 골프장업은 응급실이 없어도 됨 (3) 관리시설 – 매표소, 사무실, 휴게실 ※ 관람석은 필수시설이 아니고, 임의시설임
임의시설	(1) 편의시설 • 관람석, 용품 판매·수선·대여점 설치 • 식당, 목욕시설, 매점 등 편의시설(무도학원업과 무도장업 제외) (2) 운동시설 – 등록체육시설업

53

체육시설의 설치·이용에 관한 법령상 체육시설업의 시설기준에서 임의시설에 대한 설명으로 거리가 먼 것은?

① 체육시설의 관람석은 임의시설에 해당된다.
② 골프장업에서 운동시설은 임의시설이다.
③ 등록체육시설업의 주차장은 임의시설이다.
④ 무도학원업과 무도장업을 제외한 체육시설업에서 식당과 매점은 임의시설이다.

해설
등록체육시설업(골프장업, 스키장업, 자동차경주장업)에서 수용인원에 적합한 주차장은 필수시설임

정답 ③

54

체육시설의 설치·이용에 관한 법령상 2륜자동차경주장업의 시설기준으로 틀린 것은?

① 트랙은 길이 400미터 이상, 폭 5미터 이상이어야 한다.
② 트랙의 바닥면은 포장한 곳과 포장하지 아니한 곳이 있어야 한다.
③ 트랙의 양편에는 폭 5미터 이상의 안전지대를 설치해야 한다.
④ 경주장 전체를 조망할 수 있는 통제소를 설치해야 한다.

해설
2륜자동차경주장업은 안전시설로서 트랙 양편에 폭 3미터 이상의 안전지대를 두어야 하고, 4륜자동차경주장업은 트랙 좌우 흰색선 바깥쪽으로 3미터 이상 5미터 이하 안전지대를 두어야 함

정답 ③

55

체육시설의 설치·이용에 관한 법령상 가상체험 체육시설업(골프종목)의 시설기준으로 틀린 것은?

① 타석과 스크린(화면)과의 거리는 3미터 이상이어야 한다.
② 타석으로부터 천장까지의 높이는 2.4미터 이상이어야 한다.
③ 타석과 대기석과의 거리는 1.5미터 이상이어야 한다.
④ 바닥은 미끄럽지 않은 재질로 설치해야 한다.

해설
가상체험 체육시설업 중 골프는 타석으로부터 천장까지 높이가 2.8m 이상이 돼야 함

정답 ②

해설+ 가상체험 체육시설업 기준

가상체험 체육 시설업 (골프 종목)	운동 시설	3미터 이상(타석~스크린 거리), 2.8미터 이상(타석~천장 높이) 1.5미터 이상(타석~대기석 거리)
	안전 시설	• 충격 흡수 재질(타석, 스크린 사이 벽면, 천장, 바닥) • 미끄럽지 않은 재질(바닥)
가상체험 체육 시설업 (야구 종목)	운동 시설	• 6미터 이상(타석~스크린 거리), 2.4미터 이상(타석~천장 높이), 1.5미터 이상(타석~후면 벽체 거리) • 칸막이(타석, 대기석 구분/철망, 강화유리 등 내구성)
	안전 시설	• 내구성 강한 재료 • 모든 벽은 충격흡수 재질(타석실 내 스크린 제외) • 미끄럽지 않은 재질(바닥)

56

체육시설의 설치·이용에 관한 법령상 체육시설업의 공통기준으로서 제시된 등록 체육시설업의 필수시설로 설치되어야 하는 것이 아닌 것은?

① 적정한 환기시설
② 매표소·사무실·휴게실
③ 수용인원에 적합한 주차장
④ 수용인원에 적합한 관람석 및 응급실

해설
관람시설은 필수시설이 아니고 임의시설임

정답 ④

57

스포츠시설의 안전 운영 규정으로서 적절하지 못한 설명은?

① 종목의 특성을 참작하여 음주 등 정상적 이용이 곤란할 경우 이용 제한시킨다.
② 시설 내에서의 질서 유지를 하게 한다.
③ 시설 내에서 정원을 초과하는 대신 인접시설 이용에 각별하게 주지를 시킨다.
④ 재난의 우려가 예상될 경우 시설의 사용 제한 조치를 내린다.

해설
정원 초과를 금지시켜야 함. 이 외에도 이용자 사용 또는 안전시설 등은 정상 이용이 가능한 상태를 유지하며, 재난 피해가 발생하지 않도록 노력해야 함

정답 ③

58

야구종목의 가상체험 체육시설업에 대한 설치기준을 잘못 설명한 것은?

① 타석과 스크린 간의 거리는 5미터 이상 이격이 돼야 한다.
② 타석과 천장 높이는 2.4미터 이상 공간이 있어야 한다.
③ 모든 벽은 충격흡수 재질로 돼 있어야 하나, 타석실 내 스크린은 제외한다.
④ 타석과 후면 벽체 사이의 거리는 1.5미터 이상이다.

해설
체육시설의 설치·이용에 관한 법률에 따르면 타석과 스크린 간의 거리는 6미터 이상임. 이 외에도 칸막이(타석, 대기석 구분/철망, 강화유리 등 내구성), 미끄럽지 않은 재질의 바닥을 요구함

정답 ①

해설+ 체육시설업의 설치기준

체육도장업	운동시설	• 운동전용면적 3.3제곱미터당 수용인원 1명 이하 • 바닥면은 충격흡수 가능 • 해당종목의 운동에 필요한 기구, 설비 배치 ※ [시행규칙 제6조] 체육도장업의 운동종목(7종): 권투, 레슬링, 태권도, 유도, 검도, 우슈, 합기도
체력단련장업	운동시설	• 바닥면은 충격흡수 가능 • 체중기 등 필요한 기구 배치
체육교습업	운동시설	해당 종목의 운동에 필요한 기구와 보조 장비를 갖추어야 함
	안전시설	이용자 안전을 위해 필요한 경우 운동 공간에 적절한 안전장치 필요
인공암벽장업	운동시설	등반벽 마감재 및 홀더 등은 구조부재와 튼튼하게 연결해야 함
	안전시설	볼더링 인공암벽의 경우 매트리스를 추락면에 설치, 안내문 게시
	관리시설	실외 인공암벽장을 설치할 경우 누수, 지반침하가 발생하지 않도록 해야 함

59

체육시설업의 종류별 설치기준에 대한 설명으로 옳지 않은 것은?

① 골프장업에서 안전사고를 당할 위험 있는 곳은 20미터 이상 간격을 띄어야 한다.
② 체육도장업은 권투, 레슬링, 태권도, 씨름, 검도, 우슈, 합기도 7종으로 구성돼 있다.
③ 인공암벽장업에서 실외 인공암벽장을 설치할 경우 누수와 지반침하가 발생하지 않도록 해야 한다.
④ 체육교습업인 경우 해당 종목의 운동에 필요한 기구와 보조 장비를 갖추어야 한다.

해설
체육도장업은 권투, 레슬링, 태권도, 유도, 검도, 우슈, 합기도 7종임. 참고로 체육도장업은 운동전용면적 3.3제곱미터당 수용인원 1명 이하이고 바닥면은 충격흡수가 가능해야 함. 반면, 체력단련장업은 충격흡수가 가능한 바닥면과 함께 체중기 등 필요한 기구를 배치해야 함

정답 ②

60

관람스포츠시설과 참여스포츠시설에 대한 설명 중 거리가 먼 것은?

① 관람스포츠시설은 고객과의 접촉이 상대적으로 적다.
② 참여스포츠시설은 고객의 서비스 관여도가 높은 편이다.
③ 관람스포츠시설은 고객의 서비스 관여도가 참여스포츠시설에 비해 높다.
④ 참여스포츠시설은 서비스 품질척도의 준수 여부가 중요하다.

해설
관람스포츠시설은 고객과의 접촉이 상대적으로 적기 때문에 고객의 서비스 관여도가 참여스포츠시설에 비해 낮음. 참고로 서비스 품질척도는 유형성, 신뢰성, 확신성, 응답성, 공감성('유신확답공')임

정답 ③

61

스포츠시설이 필수적인 스포츠이벤트 개발과 유치과정에 필요한 설명으로 옳지 않은 것은?

① 지역특성과 경제적 효과 등을 고려하여 스포츠이벤트를 개발해야 한다.
② 스포츠이벤트와 지역 간의 적합성이 낮다 하더라도 투자가치가 높다면 유치에 적극 나서야 한다.
③ 소비자 선호도와 기업 스폰서의 참여 여부를 고려하여 스포츠이벤트를 설계해야 한다.
④ 국제스포츠이벤트 유치를 위해 재무적 건전성 못지않게 사회적 공감성을 이루어야 한다.

해설
②번에서 설명한 이벤트와 지역 간의 적합성은 스포츠이벤트를 개발하는 데 있어 중요한 요인임

정답 ②

62

관람스포츠 경기장의 광고 유형에 대한 설명으로 거리가 먼 것은?

① 선수 유니폼과 진행자 의복을 통해 광고를 할 수 있다.
② 선수 인터뷰 시 배경막 광고를 통해 스폰서 기업, 주관단체 등의 로고를 노출시킨다.
③ 방송 도중에 자막을 삽입하는 광고를 통해 현장에 있는 소비자 외에 매체 소비자를 겨냥해 광고를 한다.
④ 컴퓨터 그래픽을 활용한 광고는 경기의 방해요인으로 작용하므로 허용하지 않는다.

해설
국내 방송법 시행령(제59조2)에 따라 운동경기를 중계하는 방송프로그램, 스포츠 분야의 보도에 관한 프로그램, 운동경기를 중계하는 방송프로그램의 가상광고의 경우 경기장에 설치돼 있는 광고판을 대체하는 방식, 우천으로 인한 운동경기 중단 등 불가피한 사유로 해당 방송프로그램 시간이 변경되는 경우를 제외하고 가상 광고시간에 제한을 두지 않음. 또한 가상광고 크기는 화면의 4분의 1을 초과하지 못하고, 경기 장소, 관중석 등에 있는 선수, 심판 또는 관중 위에 가상광고는 하지 아니할 것으로 명시함. 단, 개인 얼굴을 식별하기 어렵고 경기흐름 또는 시청자의 시청흐름에 방해되지 않을 경우 관중 위에 가상광고가 가능함. 광고 영역이므로 스포츠마케팅에서도 나올 수 있음

정답 ④

해설+ 관람스포츠 경기장 광고유형

구분	내용
사람을 활용한 광고	• 선수 유니폼 광고: 선수 유니폼 전면을 활용한 광고 • 진행자 의복 광고: 경기 진행자 유니폼을 활용한 광고
시설을 활용한 광고	• 펜스(A보드) 광고: 경기장과 관중석 간의 경계벽을 활용한 광고 • 전광판광고: 전광판, 스크린 등을 활용한 광고 • 경기장 바닥면 광고: 경기 중 방송노출이 잘 되는 바닥면 광고 • 팸플릿, 입장권 광고: 지면 여백, 뒷면 등을 활용한 광고 • 배경막(Backdrop) 광고: 선수 인터뷰 장소 뒷면 배경막 광고 • 기타 광고: 애드벌룬 및 비행선을 활용한 광고
매체를 활용한 광고	• 자막광고: 방송 도중에 자막을 삽입하는 광고 • 중간광고: 중계방송 휴식시간(전·후반 사이)을 활용한 광고 • 가상광고: 컴퓨터 그래픽을 활용한 광고로서 현장에 있는 관객에겐 보이지 않고, 매체를 통한 시청자만 보임(국내 방송법에 따라 허용) ※ 간접광고: PPL(product placement)처럼 영화, 드라마의 소품으로 등장하는 상품 마케팅 일환으로 선수, 관객 등 경기장 내에서 사용되는 상품이 우연히 방송을 타면서 간접광고 효과를 냄

63

스포츠시설에 대한 고객요구 사항을 분석하기 위한 시장조사 중에서 탐색조사에 해당되지 않는 것은?

① 시간 변화에 따른 스포츠시설의 시장변수에 대한 소비자 반응
② 학계와 업계에서 발간된 2차 자료 수집 및 분석
③ 전문가 면접을 통해 고객 선호 시설형태 및 선호 패턴 파악
④ 고객평가나 실적 좋은 시설물 사례 조사

해설
①번은 기술조사로서 경제상황, 소비자 변화 등 시장상황과 소비자 행태를 분석하기 위해 수행하는 조사 방법임

정답 ①

해설 + 기술조사

> ㉠ 관련 시장조사: 시장 크기, 소비자 구매력, 기존 스포츠시설업자의 이용가능성 조사
> ㉡ 시장점유율 조사: 스포츠시설의 시장점유율 조사
> ㉢ 매출액 분석: 지역별, 시설의 종류별, 고객 규모별 매출액 조사
> ㉣ 구매 관련 자료 분석: 스포츠시설 인지도, 선호시설 평가, 회원권 구매의사 조사
> ㉤ 인구통계학적 변수 분석: 시간 변화에 따른 스포츠시설의 시장변수에 대한 소비자 반응

64

스포츠시설을 이용하는 소비자를 분석하기 위한 설명으로 옳지 않은 것은?

① 일정한 기준으로 수집한 동질적 특성을 지닌 표본집단을 대상으로 통일된 유형의 설문지와 질문을 통해 규격화된 응답을 구하는 방식을 정량조사라고 한다.
② 고객 믿음, 감정, 동기요인 등 소비자의 심리적인 부분에 대한 정보를 얻는 것을 정성조사라고 한다.
③ 정성조사는 규격화된 설문 문항을 사용함으로써 정량조사에서 밝혀내기 힘든 개인 동기와 태도를 분석할 수 있다.
④ 수요분석은 상품과 항목별 수요량, 가격 등의 관계를 분석하여 그 결정요인과의 관계를 규명하는 일이다.

해설
③번의 규격화된 설문 문항을 사용하는 것은 정량조사임. 정성조사를 통해 정량조사에서 밝혀내기 힘든 개인 동기와 태도를 분석할 수 있음

정답 ③

65

최근 모 지방자치단체에서 공공체육시설에 대한 선호도를 조사하기 위한 계획을 수립했다. 고객 선호도 조사 방법에 대한 설명으로 틀린 것은?

① 직접 설문 조사는 응답률이 높으나 응답자 수가 적을 수 있다.
② 우편 설문 조사는 상대적으로 소요비용이 적으나 응답률이 비교적 낮다.
③ 전화 설문 조사는 인건비, 교통비 등의 비용부담이 없으나 문항 수가 많으면 부실한 답변으로 이어질 수 있다.
④ 인터넷 설문 조사는 응답률이 높지만 통신비 등의 소요비용이 많이 든다.

해설
④번 인터넷 설문조사는 신속하고 저렴하지만 응답률이 낮음

정답 ④

해설 고객 선호도 조사 방법

직접 설문 조사	• 장점: 응답률이 높음 • 단점: 시간과 비용의 부담으로 응답자 수가 적음
우편 설문 조사	• 장점: 상대적으로 적은 비용 소요, 고객의 프라이버시 보호 • 단점: 고객주소가 변경되거나 불필요한 우편물로 간주되어 응답률이 비교적 낮음
전화 설문 조사	• 장점: 직접 설문 조사에 비해 인건비, 교통비 등의 비용부담이 없고, 우편 설문 조사에 비해 높은 응답률을 보장함 • 단점: 문항 수가 많을수록 정보습득이 어려움
인터넷 설문 조사	• 장점: 전통적인 설문 조사에 비해 신속하고 저렴한 비용으로 실시할 수 있음 • 단점: 종종 스팸 처리가 되거나 고객 호응 부족으로 응답률이 낮을 수 있음

66

체육시설의 설치·이용에 관한 법률에 따른 체육시설의 설치기준으로 <u>잘못</u> 설명한 것은?

① 필수시설에서 편의시설은 주차장, 화장실, 탈의실, 급수시설에 해당된다.
② 체육시설 내의 조도기준은 무도학원업과 무도장업을 제외하고 산업표준화법의 조도기준을 준수해야 한다.
③ 필수시설의 주차장은 등록·신고체육시설업에 필수적으로 설치해야 한다.
④ 임의시설의 편의시설로서 관람석, 식당, 매점 등이 있다.

해설
③번의 수용인원에 적합한 주차장은 등록체육시설업(골프장업, 스키장업, 자동차경주장업)에만 설치함

정답 ③

67

수상스포츠와 관련한 체육시설의 설치기준으로 <u>틀린</u> 것은?

① 수상스포츠 운동시설에는 감시탑이 있어야 한다.
② 요트장업은 5척 이상의 요트가 비치돼 있어야 한다.
③ 조정장업의 수면은 폭 50미터 이상, 길이 200미터 이상이어야 한다.
④ 카누장업에는 1척 이상의 모터보트 구조용 선박이 있어야 한다.

해설
요트장업은 3척 이상, 조정장업과 카누장업은 5척 이상의 운동시설이 비치돼 있어야 함

정답 ②

해설 ➕ 체육시설 설치기준(수상스포츠)

요트장업	운동시설	• 3척 이상 요트 • 계류장 또는 요트보관소를 갖추어야 함
	안전시설	• 긴급해난구조용 선박 1척 이상 • 감시탑 • 요트 내 승선인원 수에 적정한 구명대 구비
조정장업 및 카누장업	운동시설	• 5척 이상 조정(카누) • 수면은 폭 50미터 이상, 길이 200미터 이상 • 수심은 1미터 이상, 유속은 시간당 5킬로미터 이하
	안전시설	• 적정한 구명대, 1척 이상 구조용 선박(모터보트) • 감시탑

68

체육시설의 설치기준에 대한 설명으로 거리가 <u>먼</u> 것은?

① 수영장업은 물의 깊이 0.9미터 이상 2.7미터 이하로 설치해야 한다.
② 당구장업에서 당구대는 1대당 16제곱미터 이상의 면적으로 돼 있어야 한다.
③ 무도학원업의 조도는 100럭스 이상, 무도장업의 조도는 30럭스 이상이어야 한다.
④ 종합체육시설업에는 수영조 바닥면적과 체력단련장 및 에어로빅장의 운동전용면적을 합한 면적의 15퍼센트 이하의 규모로 체온관리실을 설치하여 누구나 이용할 수 있도록 개방해야 한다.

해설
종합체육시설업의 임의시설로서 수영조 바닥면적과 체력단련장 및 에어로빅장의 운동전용면적을 합한 면적의 15퍼센트 이하의 규모로 체온관리실[온수조·냉수조·발한실(發汗室: 땀 내는 방)]을 설치할 수 있음. 다만, 체온관리실은 종합 체육시설업의 시설 이용자만 이용하게 하여야 함

정답 ④

69

야구장업과 가상체험 체육시설업(야구종목)에 대한 설명으로 틀린 것은?

① 야구장업에는 투수석(투수 마운드), 타자석(타자 박스), 코치석(코치 박스)이 구분돼야 한다.
② 가상체험 체육시설업(야구종목)은 타석~후면 벽체 거리가 1.5미터 이상이어야 한다.
③ 야구장업에는 홈플레이트 뒤에만 안전장치(그물망 등)를 설치하면 된다.
④ 가상체험 체육시설업(야구종목)의 안전시설은 내구성 강한 재료를 쓰고 바닥이 미끄럽지 않게 한다.

해설
야구장업에는 1루, 3루, 홈플레이트 뒤에 안전장치(그물망 등)를 설치해야 함

정답 ③

해설 +

야구장업	운동시설	• 투수석(투수 마운드), 타자석(타자 박스), 코치석(코치 박스), 충돌 경고 트랙, 포수 뒤 그물망, 선수대기석(더그아웃), 타자 시선 보호벽, 파울 기둥(파울 폴), 대기타자 공간(서클) 및 베이스를 설치 • 관람석이 있는 경우, 의자와 계단은 결합없이 안전하게 설치 • 경기장은 평탄하게 유지
	안전시설	• 1루, 3루, 홈플레이트 뒤 안전장치(그물망 등) 설치
가상체험 체육시설업 (야구종목)	운동시설	• 6미터 이상(타석~스크린 거리), 2.4미터 이상(타석~천장 높이), 1.5미터 이상(타석~후면 벽체 거리) • 칸막이(타석, 대기석 구분/철망, 강화유리 등 내구성)
	안전시설	• 내구성 강한 재료 • 모든 벽은 충격흡수 재질(타석실 내 스크린 제외) • 미끄럽지 않은 재질(바닥)

70

새로운 스포츠의 개발 및 보급을 위해 고려해야 할 사항과 가장 거리가 먼 것은?

① 프로모션 수단의 다각화 가능성
② 쉽고 간단한 장비로 즐길 수 있는 프로그램
③ 비용 절감을 위한 운영자 중심의 규칙
④ 참가대상이나 지역특성에 맞는 규칙

해설
소비자 중심의 규칙을 만들어야 함

정답 ③

04 스포츠시설물 운영 지원 관리

71

체육시설의 설치·이용에 관한 법률상 문화체육관광부장관이 수립·시행하는 체육시설 안전관리에 관한 기본계획에 포함되는 사항을 모두 고른 것은?

㉠ 체육시설에 대한 중기·장기 안전관리 정책에 관한 사항
㉡ 체육시설 안전관리 제도 및 업무의 개선에 관한 사항
㉢ 체육시설과 관련된 사고를 예방하기 위한 교육·홍보 및 안전점검에 관한 사항
㉣ 체육시설 안전관리와 관련된 전산시스템의 구축 및 관리

① ㉠, ㉡, ㉢
② ㉠, ㉡, ㉣
③ ㉢, ㉣
④ ㉠, ㉡, ㉢, ㉣

해설
체육시설의 설치·이용에 관한 법률 제4조의2(체육시설 안전관리에 관한 기본계획 등 수립)에 따라 〈보기〉의 모든 사항에 대해 기본계획을 5년마다 수립해야 함. 또한 기본계획에 따라 매년 안전관리계획을 수립 시행해야 함

정답 ④

72

체육시설의 설치·이용에 관한 법령상 수영장업 수영조의 욕수 수질기준으로 틀린 것은?

① 유리잔류염소는 0.4mg/l부터 1.0mg/l까지의 범위 내이어야 한다.
② 수소이온농도는 5.8부터 8.6까지 되도록 하여야 한다.
③ 탁도는 2.5 NTU 이하이어야 한다.
④ 과망간산칼륨의 소비량은 12mg/l 이하로 하여야 한다.

해설
수영장업의 탁도는 1.5 NTU 이하임

정답 ③

해설 + 수영장업

(1) 수영조, 주변공간 및 부대시설 등의 규모를 고려하여 안전과 위생에 지장이 없다고 인정하는 범위에서 특별자치도지사·시장·군수 또는 구청장이 정하는 입장자의 정원을 초과하여 입장시켜서는 아니 됨
(2) 수영조에서 동시에 수영할 수 있는 인원은 도약대의 높이, 수심, 수영조의 면적 및 수상안전시설의 구비 정도 등을 고려

도약대의 전면 돌출부의 최단 부분에서 반지름 3미터 이내의 수면	5명 이상이 동시에 수영 금지

(3) 간호사 또는 응급구조사 배치

개장 중인 실외 수영장	간호조무사 또는 응급구조사 1명 이상을 배치

※ 수영장업에는 응급실 필요
(4) 수영조의 욕수(浴水)는 1일 3회 이상 여과기를 통과
(5) 수상안전요원

감시탑	수상안전요원 2명 이상 배치

단, 교습행위만 진행되고 교습자 중 수상안전요원이 있으면 감시탑에는 1명만 배치 가능)
(6) 욕수의 조절, 침전물의 유무 및 사고의 유무를 확인하기 위하여 1시간마다 수영조 안의 수영자를 밖으로 나오도록 함

(7) 수질기준

수영장업	유리잔류염소	0.4mg/L~1.0mg/L
	수소이온농도	5.8~8.6
	탁도	1.5 NTU 이하
	과망간산칼륨의 소비량	12mg/L 이하
	대장균군	10밀리리터들이 시험대상 욕수 5개, 양성이 2개 이하
	비소	0.05mg/L 이하
	수은	0.007mg/L 이하
	알루미늄	0.5mg/L 이하
	결합잔류염소	최대 0.5mg/L 이하

(8) 수영조 주위의 적당한 곳에 수영장의 정원, 욕수의 순환 횟수, 잔류염소량, 수소이온농도 및 수영자의 준수사항을 게시
(9) 수영조 안에 미끄럼틀을 설치하는 경우 관리요원을 배치
(10) 수질검사: 반기별 1회 이상 실시

73

체육시설의 설치·이용에 관한 법령상 보험가입을 해야 하는 체육시설업자는? (단, 소규모임을 전제로 함)

① 체육도장업
② 무도장업
③ 골프 연습장업
④ 가상체험 체육시설업

해설
체육시설업자는 체육시설업을 등록 혹은 신고한 날로부터 10일 이내에 손해보험에 가입하고 제출해야 함. 등록체육시설업자는 시·도지사에게 제출, 신고체육시설업자는 특별자치도지사, 시장, 군수, 구청장에게 제출함. 단, 소규모 체육시설업자(체육도장업, 골프연습장업, 체력단련장업, 당구장업, 가상체험 체육시설업)는 보험 가입 면제가 됨

정답 ②

74

체육시설의 설치·이용에 관한 법령상 체육시설의 체육지도자 배치기준으로 틀린 것은?

체육시설업 종류	규모	배치인원
조정장업	조정 20척 이하 조정 20척 초과	1명 이상 2명 이상
스키장업	슬로프 10면 이하 슬로프 10면 초과	1명 이상 2명 이상
요트장업	요트 10척 이하 요트 10척 초과	1명 이상 2명 이상
승마장업	말 20마리 이하 말 20마리 초과	1명 이상 2명 이상

① 조정장업 ② 스키장업
③ 요트장업 ④ 승마장업

해설

요트장업, 조정장업, 카누장업은 동일하게 20척 이하는 체육지도자를 1명 이상 배치하고, 20척 초과는 2명 이상을 배치해야 함

정답 ③

해설 + 체육지도자 배치

스키장업	• 슬로프 10면 이하 • 슬로프 10면 초과	1명 이상 2명 이상
요트장업	• 요트 20척 이하 • 요트 20척 초과	1명 이상 2명 이상
조정장업	• 조정 20척 이하 • 조정 20척 초과	1명 이상 2명 이상
카누장업	• 카누 20척 이하 • 카누 20척 초과	1명 이상 2명 이상
승마장업	• 말 20마리 이하 • 말 20마리 초과	1명 이상 2명 이상
빙상장업	• 빙판면적 1,500제곱미터 이상 3,000제곱미터 이하 • 빙판면적 3,000제곱미터 초과	1명 이상 2명 이상
수영장업	• 수영조 바닥면적이 400제곱미터 이하인 실내 수영장 • 수영조 바닥면적이 400제곱미터를 초과하는 실내 수영장	1명 이상 2명 이상
골프연습장업	• 20타석 이상 50타석 이하 • 50타석 초과	1명 이상 2명 이상
체육도장업	• 운동전용면적 300제곱미터 이하 • 운동전용면적 300제곱미터 초과	1명 이상 2명 이상
체력단련장업	• 운동전용면적 300제곱미터 이하 • 운동전용면적 300제곱미터 초과	1명 이상 2명 이상
체육교습업	• 동시 최대 교습인원 30명 이하 • 동시 최대 교습인원 30명 초과	1명 이상 2명 이상
인공암벽장업	• 실내 인공암벽장 • 실외 인공암벽장 운동전용면적 600제곱미터 이하 • 실외 인공암벽장 운동전용면적 600제곱미터 초과	1명 이상 1명 이상 2명 이상

75

체육시설의 설치·이용에 관한 법령상 안전시설로 응급실을 갖추지 아니할 수 있는 체육시설업은?

① 스키장업 ② 수영장업
③ 골프장업 ④ 자동차 경주장업

해설

체육시설의 설치·이용에 관한 법률에 따르면 신고체육시설업(수영장업 제외), 골프장업은 응급실이 없어도 됨
• 스키장업: 간호사 또는 응급구조사 1명 이상 배치
• 수영장업: 간호조무사 또는 응급구조사 1명 이상 배치(개장 중인 실외 수영장)
• 자동차 경주장업: 의사 및 간호사 또는 응급구조사 각 1명 이상 배치(경주시간)

정답 ③

76

체육시설의 설치·이용에 관한 법령상 스포츠시설업자의 보험 가입에 대한 설명으로 틀린 것은?

① 체육시설업자는 체육시설업을 등록 또는 신고한 날로부터 10일 이내에 손해보험에 가입하여야 한다.
② 체육도장업, 골프연습장업 등 소규모 체육시설업자는 보험가입의무가 면제된다.
③ 체육시설업자가 손해보험에 가입할 때는 단체로 할 수 있다.
④ 신고체육시설업자는 손해보험에 가입한 사실을 증명하는 서류를 시·도지사에게 제출하여야 한다.

해설
손해보험에 가입한 체육시설업자는 증명서류를 제출해야 함. 등록체육시설업자는 시·도지사에 제출해야 하고, 신고체육시설업자는 특별자치도지사, 시장, 군수, 구청장에게 제출해야 함

정답 ④

77

체육시설의 설치·이용에 관한 법규상 체육시설업의 시설기준에서 공통기준에 포함되는 필수시설에 대한 설명으로 틀린 것은?

① 수용인원에 적합한 탈의실과 급수시설을 갖추어야 한다. 다만, 신고체육시설업(수영장업은 제외한다)과 자동차경주장업에는 탈의실을 대신하여 세면실을 설치할 수 있다.
② 적정한 환기시설을 갖추어야 한다.
③ 체육시설(무도학원업과 무도장업은 제외한다) 내의 조도(照度)는 산업표준화법에 따른 조도기준에 맞아야 한다.
④ 관람석을 설치할 수 있다.

해설
관람석은 필수시설이 아니고, 임의시설임

정답 ④

78

체육시설의 설치·이용에 관한 법령상 체육시설 안전관리에 관한 기본계획의 수립 시기는?

① 1년   ② 3년
③ 5년   ④ 10년

해설
체육시설 안전관리에 관한 기본계획 등 수립(법 제4조2)에 따라 5년마다 체육시설 안전관리에 관한 기본계획을 수립해야 함. 또한 문체부장관은 기본계획을 토대로 매년 안전관리계획을 수립·시행해야 함

정답 ③

해설 + 체육시설 안전관리에 관한 기본계획

1. 체육시설에 대한 중기·장기 안전관리 정책에 관한 사항
2. 체육시설 안전관리 제도 및 업무의 개선에 관한 사항
3. 체육시설과 관련된 사고를 예방하기 위한 교육·홍보 및 안전점검에 관한 사항
4. 체육시설 안전관리와 관련된 전산시스템의 구축 및 관리
5. 체육시설의 감염병 등에 대한 위생·방역 관리에 관한 사항
6. 그 밖에 대통령령으로 정하는 사항

79

다음에서 설명하는 기구는?

> - 1990년대 중반 이후 빠르게 성장
> - Precor사의 EFX, Life fitness사의 Elevation 시리즈 등의 모델이 있음
> - 신체가 걷거나 달릴 때 받는 힘과 비슷한 에너지가 소모되지만 무릎에 전달되는 부하를 줄여 관절에 무리가 있는 사람에게 유리
> - 상/하체 동시 단련 가능(상체 운동 부분이 있는 것과 없는 것 2가지 형태)
> - 심장 박동 측정 기술, 물병이나 잡지를 위한 홀더 및 LCD모니터 구비

① 트레드밀(Treadmill)
② 스테어 클라이머(Stair climbers)
③ 리컴벤트 바이크(Recumbent bike)
④ 일립티컬 머신(Elliptical machine)

해설

트레드밀 (Treadmill)	실내 러닝머신
스테어 클라이머 (Stair climbers)	계단 오르기 운동기구
리컴벤트 바이크 (Recumbent bike)	누워서 타는 자전거 운동기구
일립티컬 머신 (Elliptical machine)	양팔, 양다리가 교차로 걷는 방식의 운동기구

정답 ④

80

체육시설의 설치·이용에 관한 법령상 수영장업에 대한 시설기준으로 틀린 것은?

① 도약대를 설치한 경우에는 도약대 돌출부의 하단 부분으로부터 3미터 이내의 수영조의 수심은 2.5미터 이상으로 하여야 한다.
② 도약대로부터 천장까지의 간격이 스프링보드 도약대와 높이 7.5미터 이상의 플랫폼 도약대인 경우에는 5미터 이상, 높이 7.5미터 이하의 플랫폼 도약대인 경우에는 3.4미터 이상이어야 한다.
③ 물의 정화설비는 순환여과방식으로 하여야 한다.
④ 수영조 주변 통로의 폭은 1.8미터 이상(핸드레일을 설치하는 경우에는 1.8미터 미만으로 할 수 있다)으로 하고, 수영조로부터 외부로 경사지도록 하거나 그 밖의 방법을 마련하여 오수 등이 수영조로 새어 들 수 없도록 하여야 한다.

해설

수영조 주변 통로의 폭은 1.2미터 이상(핸드레일을 설치하는 경우 1.2미터 미만)으로 명시함

정답 ④

81

손해보험에 가입한 등록체육시설업자는 손해보험 가입 사실을 증명하는 서류를 누구에게 제출해야 하는가?

① 특별자치도지사·시장·군수 또는 구청장
② 문화체육관광부장관
③ 대한체육회장
④ 시·도지사

해설

등록체육시설업자는 시·도지사에게 제출, 신고체육시설업자는 특별자치도지사, 시장, 군수, 구청장에게 제출함

정답 ④

82

체육시설의 설치·이용에 관한 법령상 자동차경주장업의 안전·위생 기준으로 틀린 것은?

① 경주참가차량이나 일반주행차량 등 트랙을 이용하는 차량은 경주나 일반주행에 참가한 이후 점검을 하여야 한다.
② 경주참가자나 일반주행자 등 트랙이용자에 대하여는 사전에 주행능력을 평가하여 부적격자는 트랙의 이용을 제한하여야 한다.
③ 관람자에게 사전에 안전에 관한 안내 방송을 하여야 한다.
④ 경주의 안전한 진행에 필요한 통제소요원, 감시탑요원 및 진행요원 등 각종 요원은 각각 해당 분야의 지식과 기술을 보유한 자로서 시설의 규모에 따라 적절하게 배치하여야 한다.

해설
경주참가차량이나 일반주행차량 등 트랙을 이용하는 차량에 대하여는 사전에 점검을 한 후 경주나 일반주행에 참가해야 함

정답 ①

83

스키장의 안전, 위생기준으로 틀린 것은?

① 간호사 또는 응급구조사를 2명 이상 배치하여야 한다.
② 각 리프트의 승차장에는 2명 이상의 승차보조요원을, 하차장에는 1명 이상의 하차보조요원을 배치하여야 한다.
③ 스키장 시설이용에 관한 안전수칙을 이용자가 쉽게 알아볼 수 있도록 셋 이상의 장소에 게시하여야 한다.
④ 이용자가 안전모를 착용하도록 지도하여야 하며, 이용자가 안전모의 대여를 요청할 때 대여할 수 있는 충분한 수량을 갖추어야 한다.

해설
체육시설의 설치·운영에 관한 법률 제24조(안전·위생 기준)에 따른 동법 시행규칙 제23조(안전·위생 기준)에 나옴. 간호사 또는 응급구조사는 1명 이상 배치해야 함

정답 ①

84

스포츠시설의 안전관리 사항으로 옳지 않은 것은?

① 시설의 넓이 대비 이용인원의 오버밸런스를 유지한다.
② 안전 관련 주의사항을 게시하고 이용자에게 주지시킨다.
③ 시설 및 기구의 점검을 실행하고 점검일자에 기록, 확인한다.
④ 이용인원의 활동상황을 주시하고 사고를 미연에 방지할 수 있도록 주의한다.

해설
스포츠시설을 이용하는 고객 수를 포화하게 되면 사고의 원인이 됨

정답 ①

85

참여스포츠 필수시설에 관한 설명으로 틀린 것은?

① 스키장업: 평균 경사도가 7도 이하인 초보자용 슬로프를 1면 이상 설치하여야 한다.
② 요트장업: 10척 이상의 요트를 갖추어야 한다.
③ 조정장업 및 카누장업: 5척 이상의 조정(카누)을 갖추어야 한다.
④ 빙상장업: 빙판 외곽에 높이 1미터 이상의 울타리를 견고하게 설치해야 한다.

해설
요트장업은 3척 이상의 요트를 갖춰야 함

정답 ②

86

체육시설의 설치·이용에 관한 법률상 체육지도자 배치기준으로 옳은 것은?

① 골프장업은 골프코스 18홀 이상 36홀 이하는 1인 이상, 골프코스 36홀 초과는 3인 이상 배치해야 한다.
② 수영장업은 수영조 바닥면적이 400제곱미터 이하인 실내수영장은 2인 이상, 수영조 바닥면적이 400제곱미터를 초과하는 실내수영장은 3인 이상 배치해야 한다.
③ 조정장업은 조정 20척 이하는 1명 이상, 조정 20척 초과는 2명 이상 배치해야 한다.
④ 스키장업은 스키 슬로프 10면 이하는 2인 이상, 슬로프 10면 초과는 3인 이상 배치해야 한다.

해설
골프장업은 18홀 이상 36홀 이하(1인 이상), 36홀 초과(2인 이상), 수영장업은 수영조 바닥면적 400제곱미터 이하인 실내 수영장(1명 이상), 400제곱미터 초과(2명 이상), 스키장업은 슬로프 10면 이하(1명 이상), 슬로프 10면 초과(2명 이상)에 관해 구분하여 체육지도자를 배치하는 조항이 있음

정답 ③

87

체육시설의 설치·운영과 관련되거나 체육시설 안에서 발생한 피해를 보상하기 위해 손해보험에 반드시 가입해야 하는 자는?

① 체육도장업을 설치·경영하는 자
② 승마장업을 설치·경영하는 자
③ 골프연습장업을 설치·경영하는 자
④ 당구장업을 설치·경영하는 자

해설
소규모 체육시설업자(체육도장업, 골프연습장업, 체력단련장업, 당구장업, 가상체험체육시설업)만 보험 가입 면제에 해당됨

정답 ②

88

다음에 해당하는 체육시설 안전점검의 평가기준은?

> 체육시설의 이용자에게 위해가 발생한 경우 또는 중대한 결함으로 인하여 체육시설의 안전에 위험이 있어 즉각 사용을 중지하고 보수·보강 또는 개축을 해야 하는 상태

① 양호
② 수리
③ 이용제한
④ 사용중지

해설
양호, 주의, 사용중지의 세 가지 평가기준에서 사용중지에 해당됨

정답 ④

해설+ 안전점검 평가기준

> 체육시설에 대한 안전점검을 실시하는 자는 점검 항목에 대하여 안전점검을 하고, 체육시설의 안전점검 결과를 평가한 후 체육시설정보관리종합시스템에 그 결과를 입력해야 함
> - 양호: 체육시설의 이용자에게 위해(危害)·위험을 발생시킬 요소가 없는 상태
> - 주의: 체육시설의 이용자에게 위해·위험을 발생시킬 수는 있으나 경미한 사안으로 즉시 수리가 가능한 상태
> - 사용중지: 체육시설의 이용자에게 위해가 발생한 경우 또는 중대한 결함으로 인하여 체육시설의 안전에 위험이 있어 즉각 사용을 중지하고 보수·보강 또는 개축을 해야 하는 상태

89

스포츠시설 내에서 운영지원을 담당할 직원교육계획에 대한 설명으로 틀린 것은?

① 학습이란 개인들이 조직생활을 통하여 새로운 경험을 하면서 얻는 지식을 말한다.
② OFF-JT는 업무의 중단 없이 업무수행능력을 향상할 수 있지만 교육훈련 내용을 체계화하는 데 어려움이 있다.
③ 자기개발은 외부적 도움에 의지하지 않고 스스로 책임과 권리를 갖고 과제를 부여하면서 필요한 과정을 찾아서 개발하는 것을 의미한다.
④ 직원교육계획의 목적은 환경변화에 따라 업무를 수행할 잠재적인 능력 개발과 급변하는 사회경제적 상황에서 적응할 수 있는 능력을 개발하는 데 있다.

해설
②번은 OJT 즉, 직장 내 교육훈련(On the Job Training)에 대한 설명임. 스포츠경영에서도 나올 수 있음

정답 ②

90

스포츠시설의 자산관리와 대외협력 지원에 관한 설명으로 옳지 않은 것은?

① 스포츠시설에는 건축, 구축물, 기계장치와 같은 유형고정자산과 영업권, 특허권, 상표권과 같은 무형고정자산이 있다.
② 대외협력지원의 유일한 방식으로 협력 당사자 간의 단점을 보완하고 상호 강점을 결합해서 경쟁시장의 후발주자가 되는 것이다.
③ 협력업체 및 용역업체를 이용한 시설물 관리를 통해 경영의 효율성을 높일 수 있다.
④ 시설에 투자하는 능력을 축적하고 수익의 안정성을 보장받기 위해선 용역업체를 적극 활용할 수 있다.

해설
대외협력지원은 단점 보완 방식과 장점 강화 방식이 있음

정답 ②

해설 + 대회협력지원 방식

○ 단점 보완 방식: 협력 당사자 간의 단점 보완, 상호 강점 결합, 경쟁시장의 후발주자가 필요한 방식
○ 장점 강화 방식: 협력 당사자들의 강점 결합 및 극대화, 경쟁시장에서 주도성을 가질 때 사용

05 스포츠시설 고객관리

91

스포츠시설에서 기존고객 유지를 통한 기대효과와 가장 거리가 먼 것은?

① 시설에 대한 전반적인 관리보수 비용이 적게 든다.
② 신규고객 유치를 위한 광고 및 홍보비를 절감할 수 있다.
③ 새로운 이벤트 개발 등 스포츠시설 이용 매력도 향상에 꾸준한 역량을 투입할 수 있다.
④ 매출액의 지속적인 유지 및 증가를 기대할 수 있다.

해설
시설의 관리보수 비용은 기존고객 유지와 신규고객 유치의 구분 없이 고정비용(fixed cost)과 변동비(variable cost)가 소요됨

정답 ①

92

다음 중 스포츠시설 소비자의 욕구와 해당 시설 이용 고객의 만족을 위해 고려해야 할 요소가 아닌 것은?

① 공급자 위주의 가격 책정과 적용
② 이용 공간의 충분한 확보
③ 이용 고객의 목적에 따른 프로그램 및 지도자 배치
④ 다양한 운동 시설의 구비

해설
스포츠시설은 소비자(사용자)의 니즈를 반영한 가격 책정이 이루어져야 함

정답 ①

93

스포츠시설 홍보 전략을 수립하기 위한 FCB(Foote, Cone & Belding) Grid 모델에 대한 설명과 가장 거리가 먼 것은?

① FCB Grid 모델은 4개의 공간으로 구성된다.
② 제1공간은 고관여-이성 공간으로 이 곳에 속하는 제품은 소비자들이 구매 시 많은 정보를 탐색하는 특징을 보여준다.
③ 제2공간은 고관여-감성 공간으로 담배, 술, 청량음료, 영화 등이 해당된다.
④ 제3공간은 저관여-이성 공간으로 브랜드 충성도가 습관을 형성하게 된다.

해설
제2공간(감성적, affective) 유형은 느낌, 강력한 브랜드 이미지 전략을 통해 이미지를 강조하는 마케팅 전략임. 소비자 반응 모형은 느낌(감정) → 인지 → 구매(행동)로 의류, 화장품, 보석 등으로 소비자는 제품 이미지로 인해 구매하게 됨. 즉, 소비자의 라이프 스타일을 강조하는 광고를 통해 소비자를 유혹하게 하고, 강한 임팩트가 발생할 수 있도록 큰 지면을 활용해 감성적 광고를 제시하는 경우가 있음

정답 ③

해설+ FCB 모델(Foote Cone & Belding)

구분	이성	감성
고관여	〈제1공간〉 • 정보적(informative) • 소비자 반응 모형: 인지-감정(느낌)-행동(구매) • 구체적 정보 제시, 사고(思考)를 유발하는 매체에 따라 소비 　-매체: 긴 카피 등장(고가의 골프장 회원권, 고가의 다기능 피트니스 기구 등 판매)	〈제2공간〉 • 감성적(affective) • 소비자 반응 모형: 감정(느낌)-인지-행동(구매) • 강한 임팩트가 발생, 감성적 광고를 제시하는 매체에 따라 소비 　-매체: 큰 지면에 제시
저관여	〈제3공간〉 • 습관적(habit formation) • 소비자 반응 모형: 행동(구매)-인지-감정(느낌) • 브랜드를 떠올리게 하는 습관 형성적 광고를 제시하는 매체에 따라 소비 　-매체: 작은 광고 지면	〈제4공간〉 • 자아만족(self-satisfaction) • 소비자 반응 모형: 행동(구매)-감정(느낌)-인지 • 주의를 환기하고 자아만족적 광고를 제시하는 매체에 따라 소비 　-매체: 입간판, 신문 등

94

CRM(Customer relationship management)의 특성과 가장 거리가 먼 것은?

① 기존고객 보다는 신규고객 창출을 통한 구매를 중시한다.
② 개별 마케팅보다는 관계유지의 관점으로 시너지 효과를 지향한다.
③ 핵심고객에 대한 관리를 더욱 중시한다.
④ 단기성보다는 장기적이고 지속적인 관계를 중시한다.

해설
CRM은 단기적 이익보다 장기적인 이익을 목적으로 함. 고객과의 지속적인 관계를 유지하면서 '평생고객화'를 통해 고객 가치를 극대화 함

정답 ①

95

스포츠경기장 시설을 활용하는 방법으로 적합하지 않은 것은?

① 적극적인 스포츠이벤트를 활용하여 관중동원을 활성화한다.
② 각종 콘서트 등을 개최하여 복합문화공간으로서 수익을 높여 나간다.
③ 식·음료 등 여러 가지 부가 임대사업을 추진한다.
④ 시민의 편익증진보다는 수익극대화에 우선순위를 둔 복합체육문화공간으로 적극 활용한다.

해설
스포츠경기장 시설은 시민의 편익증진과 복지와 같은 공공성에 우선해야 함

정답 ④

96

스포츠시설의 고객관리에 대한 설명으로 틀린 것은?

① 다양한 고객의 욕구를 파악하고 경영에 반영해야 한다.
② 기존고객의 유지보다 신규고객 유치를 통한 확장을 시도해야 한다.
③ 고객관계강화를 위해서 데이터베이스를 활용한다.
④ 기존고객의 유지 → 잠재고객의 신규고객 유치 → 고객만족의 관계발전 단계로 유도한다.

해설
신규고객 창출뿐만 아니라 기존고객 관리에도 힘써야 함
정답 ②

97

참여스포츠산업의 환경변화에 대응하기 위해서 스포츠시설업체가 이미지 제고 및 변모를 시도하려고 할 때 우선적으로 중점을 두어야 할 활동으로 가장 적합한 것은?

① PR(Public Relations) 활동
② SP(Sales Promotion) 활동
③ 내부 프로모션(Inter Promotion) 활동
④ 스폰서십 유치 활동

해설
공중관계(Public Relation)로 줄여서 PR이라고 함. 홍보와 거의 유사한 개념이지만 PR이 보다 넓은 의미가 있음. 즉, 홍보는 대언론 관계라고 할 수 있지만 PR은 긍정적인 이미지를 구축하기 위한 조직의 총체적인 모든 활동임
정답 ①

98

스포츠시설에서 높은 고객만족도 유지로 기대할 수 있는 효과가 아닌 것은?

① 가격민감도를 높인다.
② 미래 거래비용을 낮춘다.
③ 기존 고객의 충성도를 높인다.
④ 경쟁적 노력으로부터 기존 고객을 보호한다.

해설
가격민감도란 가격 변화에 대한 소비자 반응의 정도를 나타낸 것으로서 가격의 변동 폭을 결정하는 요인으로 작용함. 즉 대체품의 존재 여부, 시장형성가격에 대한 소비자 인지 여부, 소비자 구매 패턴의 변화 가능성 등을 염두에 두지 않고 가격민감도를 높이면 고객만족도가 하락할 수 있음
정답 ①

99

스포츠시설의 고객관리에 대한 설명과 가장 거리가 먼 것은?

① 스포츠시설업의 주 수입원은 고객이 납부한 시설 이용료이기 때문에 확보된 고객의 수는 경영에 직접적인 영향을 미친다.
② 스포츠시설업의 고객이 되었다고 할지라도 시설관리 및 제반 서비스 등의 만족도에 따라 향후 등록에 대한 변동이 일어날 수 있으므로, 고객이탈을 사전에 방지할 수 있는 관리가 필요하다.
③ 고객의 수에 따라 수입의 증감이 좌우되므로 경영의 안정을 위해서는 다수의 고객을 확보해야만 한다.
④ 스포츠시설 이용자 특성상 한 번 확보된 고객은 이탈 가능성이 많으나, 비용적인 측면에서 신규 고객의 창출에만 노력해야 한다.

해설
고객관계관리(CRM)를 통해 기존 고객과의 지속적인 관계를 유지하여 평생 고객화를 위한 노력을 해야 함. 신규 고객 창출에만 노력하는 것은 문제가 있음
정답 ④

100

다음 중 FCB Grid 모델에서 엄격히 회원관리가 이루어지는 고가의 골프장 회원권, 고가의 다기능 피트니스 기구 등이 해당하는 공간은?

① 고관여/이성 공간　② 고관여/감성 공간
③ 저관여/이성 공간　④ 저관여/감성 공간

해설

고가의 골프장 회원권은 정보적인 제1공간에서 이루어질 수 있는 광고 전략이 필요함. 원 소비자에게 인지를 하게 하고 감정을 전달하여 구매로 이어질 수 있는 구체적인 정보를 제시하는 것이 필요함

정답 ①

PART 05

스포츠마케팅 및 스포츠시설경영 실무

CHAPTER 01　**스포츠용품 개발**
CHAPTER 02　**스포츠시설 사업 타당성**
CHAPTER 03　**스포츠시설 내부 디자인**
CHAPTER 04　**스포츠시설 경영기획**
CHAPTER 05　**스포츠시설 마케팅**
CHAPTER 06　**스포츠시설 재무관리**
CHAPTER 07　**스포츠시설 서비스 및 안전관리**
CHAPTER 08　**스포츠시설 법률지원**
CHAPTER 09　**스포츠이벤트 전략기획**
CHAPTER 10　**스포츠이벤트 마케팅**
CHAPTER 11　**스포츠이벤트 중계권 관리**
CHAPTER 12　**스포츠정보 분석**
CHAPTER 13　**스포츠라이선싱 계약**
CHAPTER 14　**실기 답안 작성 연습**

M스포츠경영관리사 4주 완성 필기+실기

실기편을 학습하기 전에 꼭 읽어야 할 내용

01

본서의 실기 예상문제는 고용노동부 산하 한국산업인력공단에서 제시한 '스포츠경영관리사 실기 출제기준(적용기간 2024.1.1.~2026.12.31.)'를 따랐습니다. 이 기준은 NCS(국가직무능력표준)를 토대로 한 것으로 본서에도 자료를 직접 혹은 간접인용을 했습니다. 수험서의 특성상 일일이 출처를 표기하지 않은 점에 대해 양해 부탁드립니다. 또한 필기 영역으로부터 서술형과 단답형으로 출제를 해 왔던 주제를 보강하여 만반의 준비를 다할 수 있도록 구성했습니다. 필답형은 총 20여 문제로 3시간이 주어집니다.

02

답안 쓰는 요령은 조사 하나 고치지 말고 암기하라는 뜻이 아닙니다. 즉, 정답이 아니라 모범답안을 쓴다는 표현이 맞습니다. 우선 '정의 → 분류 → 특성'으로 기술할 수 있는 문제라면 이 순서대로 기술하기 바라며 전체적 맥락을 이해하고, 본서에서 제시한 암기비법(45개)을 활용하여 키워드를 제시하면서 기술하면 됩니다. 눈을 감고 직접 암송한 후 기술을 해보세요. 4지 선다형 필기는 얼떨결에 합격하기도 하지만, 실기는 단답형과 기술형으로 구성돼 확실하게 이해하고, 자신감을 갖고 답안을 작성해야 합니다.

03

박영사 PY Learning Mate 인터넷 녹음강의 혹은 종종 개설하는 저자직강 ZOOM 강의에 대한 문의 중 무엇을 어떻게 가르칠 것이냐에 대한 대답으로 '모든 것을 가르친다.'라고 답을 합니다. 흔히 족집게 형식이 아니라, 압도적으로 학습을 해야 좋은 결과가 반드시 따라온다는 취지로서 수험서 내용과 강의로 이어갑니다. 즉, 기출문제와 새롭게 제시된 출제기준을 분석하여 전반적으로 모든 내용을 넣었습니다. 이는 생소하게 느껴지는 문제라고 할지라도 곰곰이 생각해보면 본서에 나와 있는 내용일 수 있다는 겁니다. 결론적으로 부분점수를 받기 위해서라도 빈칸을 남기지 말고 암기비법을 총 동원해 써야 합니다. 또한 가장 중요한 점은 쓰는 사람 입장이 아니라 읽고 평가하는 사람의 입장에서 써야 한다는 것입니다. 본서의 모범답안을 토대로 암송을 통한 훈련을 하길 바랍니다.

04

다시 한 번 눈을 감고 직접 암송한 후 기술을 해보라고 권고합니다. 몇 차례 반복한다면 합격기준인 60점 이상을 받을 수 있을 것입니다. 스포츠산업 분야의 유일한 국가자격증을 취득함과 동시에 스포츠산업(스포츠시설업, 스포츠용품업, 스포츠서비스업) 분야의 직종에 지원하고, 면접을 치를 때 자신감을 갖게 될 것입니다. NCS가 최근 블라인드 채용 형식으로 취지와 의미를 강화하고 있으니 더욱 그러합니다. 아무쪼록 좋은 결과 기대합니다.

CHAPTER 01 스포츠용품 개발

스포츠제품

Q. 스포츠 소비재로서 편의품, 선매품, 전문품에 대해 기술하시오.

> **KEYWORD** 편의품: 쉽게 구매 / 선매품: 비교 구매 / 전문품: 독점적 유통구조

A. 편의품(convenience goods)은 스포츠 이온음료, 스포츠 타월과 같이 자주 찾고 쉽게 구매할 수 있는 소비재이다. 선매품(shopping goods)은 다른 제품과 비교한 후 구매하게 하는 특성을 가진 스포츠 의류, 골프클럽, 스키장비 등을 말한다. 또한 전문품(speciality goods)인 패러글라이딩 캐노피, 양궁의 활, 스쿠버의 부력 조절기 등은 가격이 비싸고 브랜드 가치에 따라 구매가 이루어짐에 따라 인적판매가 중요하고 독점적인 유통구조를 통해 거래된다.

Moon's Advice

스포츠제품의 분류 전체를 이해하고 기술을 할 수 있으면, 개별적인 분류에 대한 이해도를 높일 수 있습니다.

◇ 스포츠제품의 분류

물리적 특성에 따른 분류	용도에 따른 분류	
내구성 및 유형성	소비재	산업재
• 비내구재 　– 배드민턴 공, 테이핑밴드 등	• 편의품 　– 스포츠 이온음료, 스포츠 타월 등	• 원자재와 부품 　– 최종제품 생산에 완전히 투입되는 제품 　– 원료, 가공재
• 내구재 　– 골프클럽, 등산복 등	• 선매품 　– 스포츠 의류, 골프클럽, 스키장비 등	• 자본재 　– 최종제품 생산에 부분적으로 투입되는 제품 　– 기자재, 설비
• 서비스 　– 프로스포츠 경기	• 전문품 　– 패러글라이딩 캐노피, 양궁의 활, 스쿠버의 부력 조절기 등	• 소모품과 서비스 　– 최종제품 생산에 투입되지 않는 제품

Q 스포츠제품의 물리적 특성에 따른 분류로서 비내구재와 내구재의 차이점을 기술하시오.

> 🔊 **KEYWORD** 비내구재: 소모성/ 내구재: 오래 사용

A 비내구재는 배드민턴 공, 테이핑 밴드 등과 같이 오래 쓸 수 없는 제품을 말하고, 내구재는 상대적으로 오랜 기간 동안 사용이 가능한 골프클럽, 등산복 등을 의미한다.

Q 다음 중 선매품을 〈보기〉에서 고르시오. (단답형)

> **보기**
> 스포츠 이온음료, 스포츠 타월, 패러글라이딩 캐노피, 양궁의 활, 골프클럽, 배드민턴 공, 스키장비, 테이핑 밴드, 스포츠 의류, 등산복

A 골프클럽, 스키장비, 스포츠 의류

Q 스포츠제품의 수명주기(PLC; Product Life Cycle) 4단계를 각각 기술하시오. **매우중요**

> 🔊 **KEYWORD** 도입기: 초기비용 증대/ 성장기: 수요증가, 경쟁사 출현/ 성숙기: 수요 신장 둔화/ 쇠퇴기: 매출 감소

A 스포츠제품의 수명주기(PLC: Product Life Cycle)는 4가지 단계로 설명할 수 있다.
첫째, 도입기는 스포츠제품이 처음 시장에 나오는 단계다. 초기비용이 많아 적자상태가 유지되고, 인지도와 판매율을 높이기 위해 활발한 촉진활동을 해야 하는 시기다.
둘째, 성장기는 수요가 증가하고 이익이 발생하는 단계다. 경쟁사의 모방제품이 등장하여 시장을 잠식당하기도 하지만 시장규모가 커지게 된다. 집중적인 유통전략이 필요한 시기다.
셋째, 성숙기는 수요의 신장이 둔화되거나 멈추는 단계다. 새로운 고객 창출보다 경쟁사의 고객을 유인하는 전략이 필요한 시기다.
마지막으로 쇠퇴기는 매출이 눈에 띄게 감소하는 단계다. 제품을 상기시키는 최소한의 광고만 필요한 시기다.

> **Moon's Advice**
>
> 스포츠제품의 수명주기 전체를 이해하고 기술을 할 수 있으면, 개별적인 단계에 대한 이해도를 높일 수 있습니다. 각 시기의 특성을 묻는 문제가 출제될 경우를 상정해 학습해야 합니다. '도성숙퇴' 기억나시나요? 유사한 문제로 스포츠조직의 수명주기인 '형성중장'도 있습니다. 즉, 형성기, 성장기, 중년기, 장년기를 설명하는 문제입니다.
>
> ◎ 스포츠조직의 수명주기
>
> | 형성기 | • 지원부서가 마비
• 제도와 규정이 미비
• 초창기 조직으로 집권화 현상 |
> |---|---|

성장기	• 종업원이 증가하면서 업무분화 본격화 • 제도와 규정이 신설되고 정비 • 조직이 발전하는 단계이므로 여전히 집권화 현상
중년기	• 기업이 번창하면서 규모가 확대 • 지원부서가 신설, 통제시스템 확대, 업무의 전문화 • 권한 이양, 유연성 감소, 혁신성 감퇴
장년기	• 대규모 조직으로 통제 시스템의 일반화 • 작업 세분화, 업무 중복, 조직병폐 발생 • 혁신의 필요성 대두

Q 스포츠제품의 수명주기 중 도입기에 대해 기술하시오.

A 스포츠제품의 도입기는 시장에 처음 제품이 나오는 단계이므로 초기비용이 많아 적자상태가 유지된다. 그럼에도 불구하고 인지도와 판매율을 높이기 위한 촉진활동을 활발히 해야 하는 단계이다.

Q 제품수명주기별 특징 중 성장기에 대해 설명하시오.

A 스포츠제품의 성장기는 수요가 증가하고 이익이 발생하는 단계로서 시장규모가 커지는 시기이다. 이 시기에는 경쟁사의 모방제품이 등장하기 때문에 집중적인 유통전략이 필요하다.

Q 제품의 5가지 차원을 놓고 스포츠경기를 대입하여 설명하시오. 〈매우중요〉

> **KEYWORD** 핵심제품: 혜택, 이점/ 실제제품: 유형화/ 기대제품: 즐거움 편익 기대/ 확장제품: 애프터서비스, 부가된 서비스/ 잠재제품: 상징적 브랜드

A 스포츠제품을 핵심제품, 실제제품, 기대제품, 확장제품, 잠재제품으로 분류할 수 있다.
첫째, 핵심제품은 혜택 이점과 관련돼 있다. 소비기는 경기관람을 통해 다양한 이벤트 경험과 깊은 혜택과 이익을 얻고자 한다.
둘째, 실제제품은 유형화된 제품이다. 스포츠경기 자체가 실제제품으로서 소비자는 경기접근권을 구매한다.
셋째, 기대제품은 제품에 대한 기대심리와 관련돼 있다. 소비자는 스포츠경기를 보기 위해 지불한 입장권에 즐거움과 편익 등의 부수적인 기대를 갖고 있다.
넷째, 확장제품은 애프터서비스(A/S)와 같이 다양하게 부가된 서비스의 의미가 내포돼 있다. 소비자는 스포츠경기를 보기 위해 입장권을 구매하고 관중석에 앉게 되지만, 관리상태와 같은 관중석 시설 서비스, 주차장 및 편의시설 같은 경기장 시설 서비스, 경기시작 전의 이벤트, 경기 스태프의 친절도, 입장권의

가격 적정선 등까지 확장제품으로 인식한다.

마지막으로 잠재제품은 다른 경쟁자와 차별화하기 위해 경험할 수 있는 미래의 확장성과 연관돼 있다. 로고, 심벌, 엠블럼으로 상징되는 브랜드가 매우 중요해졌다.

> **Moon's Advice**
>
> 스포츠제품의 다섯 가지 개념 전체를 이해하고 기술을 할 수 있으면, 개별적인 차원의 제품에 대한 이해도를 높일 수 있습니다. 각 차원의 특성을 묻는 문제가 출제될 경우를 상정해 학습해야 합니다.
> ※ 스포츠제품의 다섯 가지 개념: '핵실기확잠' 기억나시나요?
> ① 핵심제품: 소비자가 제품 구매를 통해 얻고자 하는 서비스, 이점 또는 편익, 이벤트 경험의 가치 증진
> ② 실제제품: 소비자가 돈을 지불하고 실제로 구매하는 유형화된 제품
> ③ 기대제품: 소비자가 핵심제품(혜택)을 구매할 때 나타나는 다양한 기대(미끄럼 방지 운동화의 바닥 재질, 발목을 보호하는 적당한 높이의 뒤축), 즐거움, 편익 등 부수적 기대
> ④ 확장제품: 실제제품에 대한 부가된 서비스(친절한 판매원 서비스, 할부판매, 고객서비스, 품질보증, 애프터서비스)
> ⑤ 잠재제품: 미래에 경험할 수 있는 일체의 변화와 과정(디자인, 로고, 컬러, 브랜드)

Q 필립 코틀러가 제시한 제품의 다섯 가지 차원에 알맞은 제품의 개념을 쓰시오. (단답형)

핵심제품 → (㉠) → 기대제품 → (㉡) → 잠재제품

A ㉠: 실제제품 ㉡: 확장제품

Q 제품의 3가지 차원을 놓고 운동화를 대입하여 기술하시오.

A 운동화에서 핵심제품의 의미는 그 제품을 구매함에 따라 원초적으로 발을 보호한다는 이점으로 설명할 수 있다. 실제제품은 소비자가 돈을 지불하고 실제로 구매하는 유형화된 제품으로서 실제 운동화를 의미하고, 마지막으로 확장제품은 품질보증, 할부판매, 애프터서비스(A/S) 등으로 실제제품에 대한 부가된 서비스를 말한다.

> **Moon's Advice**
>
> 스포츠경기를 대입하든, 운동화를 대입하든 3가지 차원을 놓고 기술하라고 하면 '핵실확'만을 구체적으로 기술하면 됩니다. 매우중요
>
> | 1차원 | 핵심제품 | 발의 보호 |
> |---|---|---|
> | 2차원 | 실제제품 | 실제 운동화 |
> | 3차원 | 확장제품 | • 품질보증 처리
• 할부판매, 맞춤형 서비스, 애프터서비스(A/S) |

Q Mullin, Hardy, & Sutton이 제시한 스포츠서비스 제품의 특성을 4가지 이상 쓰시오.

A ① 무형 및 주관적 제품
② 소모성 제품
③ 사회적 촉진에 의한 대중적 소비 제품
④ 예측불허의 제품
⑤ 핵심제품은 통제 불가능한 제품
⑥ 확장제품은 통제 가능한 제품
⑦ 소비제품이면서 산업제품, 소구력 제품

스포츠용품 검증

Q 스포츠용품의 개발 과정에 알맞은 용어를 쓰시오. (단답형)

아이디어 창출→용품 선정→(㉠)→용품 개발→(㉡)→실행

A ㉠: 실행가능성 분석 ㉡: 시장 테스트

> **Moon's Advice**
>
> 각 단계의 의미를 숙지하여 서술형 문제에도 대비해야 합니다.
>
> ※ 스포츠용품 개발 과정
> ① **아이디어 창출**: 소비자의 충족되지 않은 욕구를 이해하면서 시작하는 단계, 기존 용품에 대한 개선점을 파악하고 새로운 제품에 대한 트렌드를 익히는 것이 중요한 단계임
> ② **용품 선정**: 개발과정 첫 단계에서 나온 아이디어로부터 용품의 개념을 정의, 생산의 적합성, 재무적 타당성, 시장의 잠재력을 충족할 수 있는 용품을 선정함
> ③ **실행가능성 분석**: 용품개발에 가장 적절한 아이디어를 선택하기 위한 과정으로 부적합한 아이디어를 선별하고 검토함
> ④ **용품 개발**: 검토된 용품 아이디어를 생산 제품으로 구체화시키는 과정임
> ⑤ **시장 테스트**: 시장 일부를 선택해 투자비용과 위험성으로부터 실패하지 않도록 문제점을 보완, 성공가능성을 구체적으로 하고 실제적인 적합성을 테스트하는 과정임
> ⑥ **실행**: 시장 테스트를 통해 얻은 것을 토대로 개발한 용품을 실제로 생산하는 과정임

Q 가치공학(VE)과 가치분석(VA)에 대해 설명하시오.

A 가치공학과 가치분석은 제품·서비스의 가치를 증대시키기 위한 체계적인 혁신방법이다. 가치공학(VE)은 원가회피방법으로 생산단계 이전의 제품설계를 할 때 사용한다. 또한 가치분석(VA)은 이미 생산되고 있는 제품에 적용되며 제품의 명세 혹은 요건을 분석하는 데 사용한다.

Q 모듈러 설계(Modular Design)와 로버스트 설계(Robust Design)에 대해 설명하시오.

A 모듈러 설계는 서로 다른 제품으로 조립되는 각각의 기본 구성품을 모듈로 개발함으로써 고객이 필요한 다양한 요구조건을 충족시키면서 한정된 수의 기본구성품만 사용할 수 있는 특성을 갖는다. 로버스트 설계는 제품이나 공정을 처음부터 환경변화에 의해 영향을 덜 받도록 설계함으로써 효율성을 강조한다.

> **Moon's Advice**
>
> 혁신적인 다른 설계방법도 이해하길 바랍니다.
> ① 가치분석: 원가를 올리지 않으면서 제품의 유용성을 향상 또는 제품의 유용성을 감소시키지 않으면서 원가를 절감하는 방법
> ② 모듈러 설계: 제품의 다양성을 높이면서 제품생산에 사용되는 구성품의 다양성을 동시에 낮추는 제품 설계방법
> ③ 로버스트 설계: 제품의 성능 특성이 제조 및 사용 환경의 변화에 영향을 덜 받도록 제품을 설계하는 방법
> ④ 동시공학: 마케팅, 생산, 엔지니어링 등 신제품 관련 부서와 외부 공급자까지 참여시켜 제품을 설계하는 방법

Q 스포츠용품 시제품의 신뢰성 검사 3가지를 쓰시오. (단답형)

A 검사-재검사, 동형검사, 반분법

해설 +

검사-재검사	하나의 검사를 서로 다른 시기에 두 번 실시할 때, 두 점수 간의 상관계수(안정성 계수)를 구하는 방법
동형검사	동일한 검사를 더 개발해서 두 검사의 점수 간 상관계수(동등성 계수)를 구하는 방법
반분법	전체 문항 수를 반으로 나누고 상관계수를 이용하여 두 부분이 모두 같은 개념을 측정하는지 내적 합치도를 평가하는 방법

CHAPTER 02 스포츠시설 사업 타당성

스포츠시설 경영 및 개발

Q 스포츠시설의 경영 방법에 대해 기술하시오.

A 스포츠시설 경영 방법은 직접경영과 간접경영이 있다.
첫째, 직접경영은 스포츠시설의 소유자와 관리자가 동일한 경우이다.
둘째, 간접경영은 위탁경영과 임대경영으로 구분한다. 위탁경영은 스포츠시설의 소유자와 관리자가 다른 간접경영 방식이다. 경영의 효율성을 높일 수 있는 장점이 있는 반면 사고가 발생할 시 책임소재가 불명확할 수도 있다. 임대경영은 위탁경영에 비해 비교적 단기간 간접 운영하는 방식이다.

Moon's Advice

스포츠시설의 경영 방법 전체를 이해하고 기술을 할 수 있으면, 개별적인 경영 방법에 대한 이해도를 높일 수 있습니다.

◇ 스포츠시설 경영 방법

직접경영		스포츠시설의 소유자와 관리자가 동일	
간접경영	위탁경영	• 스포츠시설의 소유자와 관리자가 다른 간접경영 형태 • 국가·지자체는 개인이나 단체에 위탁경영 가능	
		장점	-유지관리비용 절감 -시설활용도 제고 -경영의 효율성 제고 -행정 간소화 및 서비스 품질 제고 -개장시간의 탄력적 운영 가능 -지역주민 소통 강화, 지속적 연대분위기 조성
		단점	-사고발생 시 책임소재 불명확 -이권개입 등 부정 발생 가능성 -회원제 강화에 따라 서비스 편중
	임대경영	• 위탁경영에 비해 비교적 단기간 간접운영 형태 -공공체육시설: 3~5년 정도 -민간체육시설: 1년 정도	

Q 스포츠시설 위탁경영의 특징과 유의할 사항에 대해 기술하시오. `매우중요`

> 🔊 **KEYWORD** 위탁경영 장점: **유지비용 절감, 시설활용도 제고** / 위탁경영 단점: **책임소재 불명확, 이권개입**

A 위탁경영은 스포츠시설의 소유자와 관리자가 다른 간접경영 방식이다. 국가나 지방자치단체는 공공체육시설의 전문적 관리와 이용을 촉진하기 위해 개인이나 단체에 위탁운영할 수 있다.
위탁경영의 장점은 전문가를 활용하여 유지관리비용 절감, 시설활용도 제고에 따라 경영의 효율성을 높일 수 있다는 점이다. 행정 간소화, 개장시간의 탄력적 운영이 가능하여 서비스 품질을 제고할 수 있다. 또한 지역주민과의 소통을 강화하여 지속적인 연대 분위기를 조성할 수 있다.
위탁경영의 약점은 사고 발생 시 책임소재가 불명확할 수 있으며 소유자와 관리자가 다르다 보니 이권개입 등의 부정이 발생할 가능성이 있다. 또한 회원제 강화를 통해 특정 주민들에게 서비스가 편중돼 이용의 차별화 현상이 있을 수 있다.
위탁경영 시에 유의할 사항은 책임과 권한의 범위를 명확하게 하고, 공공체육시설의 설립취지에 어긋나지 않게 목적을 달성하게 하는 것이다. 또한 시설이용의 공평성을 유지하게 하고 인력확충을 통해 서비스 품질을 높이도록 한다.

Q 스포츠시설의 간접경영 방식 2가지를 쓰시오. (단답형)

A 위탁경영, 임대경영

Q 공공스포츠시설의 위탁경영에 대한 장점과 단점을 각각 기술하시오.

A 위탁경영의 장점은 유지관리비용을 절감하게 하고, 시설활용도를 높임에 따라 행정 간소화와 서비스 품질을 높일 수 있다는 것이다. 반면 위탁경영의 단점은 소유자와 관리자가 다르다 보니 사고 발생 시 책임소재가 불명확하거나 이권개입의 부작용이 있을 수 있다는 것이다.

Q 스포츠시설의 제3섹터 개발에 대해 설명하시오. `매우중요`

> 🔊 **KEYWORD** 제3섹터 개발 장점: **민간자본 유치, 공공예산 절감** / 제3섹터 개발 단점: **수익성만 추구, 공공성 저하**

A 스포츠시설의 제3섹터는 공공부문(정부, 지자체, 체육단체 등)에서 민간부문(기업)의 우수한 정보와 기술을 도입하는 개발방식이다.
제3섹터의 장점은 민간자본 유치를 통해 공공부문의 예산부담을 덜 수 있다는 것이다. 민간부문의 우수한 기술과 정보를 통해 효과적인 개발이 가능하다.
제3섹터의 단점은 수익성을 우선시하기 때문에 공공성이 낮아질 수 있다는 것이다. 지역에 필요한 시설이라 할지라도 수익성이 낮다고 판단되면 민간부문의 참여가 어려워질 수 있다.

제3섹터 개발의 전제조건은 첫째, 관련 법령과 제도가 확립돼야 한다. 둘째, 개발 대상사업에 대한 엄격한 심사와 명확한 선별이 진행돼야 한다. 셋째, 사업타당성에 대한 철저한 분석과 검증을 해야 한다.

Q 스포츠시설의 제3섹터 개발을 하기 위한 전제조건을 3가지 쓰시오.

A ① 관련 법령과 제도 확립
② 개발 대상사업의 엄격한 심사와 명확한 선별
③ 사업타당성에 대한 철저한 분석과 검증

스포츠시설 설계 및 입지선정

Q 스포츠시설 설계 시 고려할 사항을 3가지 이상 쓰시오. (단답형)

A ① 사용자 요구가 많은 시설
② 사용자 수준에 맞는 시설
③ 안전하고 관리가 쉬운 시설
④ 다목적, 다기능 시설
⑤ 장기간 사용할 수 있는 시설
⑥ 저렴한 시설

Q 스포츠시설 배치의 기본원칙을 3가지 이상 쓰시오. (단답형)

A ① 이용하는 고객이 편리해야 함
② 이용하는 고객의 안전을 고려해야 함
③ 효과적인 투자를 통한 경제성이 있어야 함
④ 업무처리를 하는 데 있어서 효율적이어야 함
⑤ 다양한 배치가 가능한 탄력성이 있어야 함
⑥ 전체적으로 미관이 조화를 이루어야 함

Q 스포츠시설의 입지선정 시 고려할 사항을 3가지 이상 쓰시오. 매우중요

A ① 소비자의 지리적 접근성
② 경쟁자 위치

③ 소비수준
④ 인구통계학적 특성
⑤ 스포츠시설의 다양화 가능성
⑥ 스포츠 활동 공간 창출 가능성

Q 스포츠시설의 수요예측방법 3가지를 설명하시오. **매우중요**

> **KEYWORD** 가중치 이용법: 입지요인, 가중치 부여 / 중력모델법: 규모 클수록, 거리 짧을수록 매력도 증가

A 스포츠시설의 수요예측방법은 다음과 같다.
첫째, 가중치 이용법은 각각의 요인점수와 가중치를 곱하여 가장 높은 점수의 입지를 선택하는 방법으로 요인평가법이라고도 한다.
둘째, 중력모델법은 규모, 거리, 시간과 관련이 있는 시설 매력도를 측정하는 방법이다.
셋째, 시간거리환산법은 시설까지의 소요시간과 거리 중심으로 예측하는 방법이다.

> **Moon's Advice**
>
> 스포츠시설의 대표적인 수요예측방법 전체를 이해하고 기술을 할 수 있으면, 개별적인 방법에 대한 이해도를 높일 수 있습니다. 또한 계산문제는 개념의 이해에 비해 출제 비중은 낮지만, 가중치 이용법과 중력모델법의 풀이과정을 이해하는 게 좋습니다.
>
> ◇ 스포츠시설 부지선정 방법
>
> | 스포츠시설의 입지
(수요예측) | 가중치 이용법
(요인평가법) | • 부지요인에 대한 고려사항 결정
• 정해진 사항에 가중치 부여
• 입지별 요인을 점수로 계산
• 각 요인의 요인 점수와 가중치를 곱하여 점수 순으로 배열
• 높은 점수 순으로 입지 선정 우선순위 결정 |
> |---|---|---|
> | | 중력모델법 | • 거리에 따라 이동 비용이 증가한다는 가정하에 시설의 매력도 측정
• 매력도는 규모와 이동에 따른 소요시간과의 상관관계로 분석 |
> | | 시간거리환산법 | • 시설까지의 소요시간과 거리 중심으로 예측 방법
• 직전거리, 이동거리, 이동소요시간 등 적용 |

Q 스포츠시설의 부지선정 방법 중 가중치 이용법에 대해 설명하시오.

A 가중치 이용법(요인평가법)은 대표적인 스포츠시설의 입지결정 기법으로 적합한 입지를 선정하기 위해 고려해야 할 요인들을 나열하고, 중요도에 따라 가중치를 부여한다. 각 요인에 매겨진 요인점수와 가중치를 곱하여 가장 높은 점수의 입지를 선택하는 방법이다.

Q 스포츠시설 입지선정의 수요예측을 하기 위한 중력모델법에 대해 설명하시오.

A 중력모델법은 시설의 매력도는 거리, 규모, 시간과 관련되어 있음을 가정하고, 거리가 늘어나면 이동하는데 필요한 비용도 증가한다. 스포츠시설의 규모가 클수록 소비자를 더 많이 유인할 가능성이 커지고, 규모가 작고 거리가 멀수록 매력도가 떨어진다.

Q 어느 지자체가 시민들이 이용할 수 있는 스포츠센터를 건설하고자 한다. 이 공공체육시설의 입지를 고려해보니 4가지 대안(A~D)이 나왔다. 가장 적합한 스포츠센터의 입지는?

입지요인	가중치	A입지	B입지	C입지	D입지
교통환경	0.3	80	80	70	80
경쟁자	0.2	70	90	80	70
상권형성	0.3	80	80	90	90
유동, 거주인구	0.2	90	80	80	70

A
A입지 = (0.3×80)+(0.2×70)+(0.3×80)+(0.2×90) = 24+14+24+18 = 80
B입지 = (0.3×80)+(0.2×90)+(0.3×80)+(0.2×80) = 24+18+24+16 = 82
C입지 = (0.3×70)+(0.2×80)+(0.3×90)+(0.2×80) = 21+16+27+16 = 80
D입지 = (0.3×80)+(0.2×70)+(0.3×90)+(0.2×70) = 24+14+27+14 = 79
- 지자체가 선택할 수 있는 입지는 가장 높은 점수가 나온 B입지임

Q 어느 기업이 도심지에 체력센터를 짓고자 한다. 가장 상권이 발달한 지점을 기준으로 민간체육시설의 입지를 고려해보니 4가지 대안(A~D)이 나왔다. 가장 매력도가 높은 체력센터는?

> A입지: 200평 규모, 15분 거리
> B입지: 250평 규모, 20분 거리
> C입지: 180평 규모, 12분 거리
> D입지: 300평 규모, 25분 거리

A
$$A = \frac{S}{T^\lambda} = \frac{규모}{시간^{영향정도}}$$

A입지 = $200/15^2$ = 200/225 = 0.89
B입지 = $250/20^2$ = 250/400 = 0.63
C입지 = $180/12^2$ = 180/144 = 1.25
D입지 = $300/25^2$ = 300/625 = 0.48
- 기업이 선택할 수 있는 입지는 매력도가 가장 높은 점수가 나온 C입지임

CHAPTER 03 스포츠시설 내부 디자인

Q 스포츠시설 배치의 기본 원칙을 4가지 이상 쓰시오.

A ① 이용하는 고객이 편리해야 함
② 이용하는 고객의 안전을 고려해야 함
③ 효과적인 투자를 통한 경제성이 있어야 함
④ 업무처리를 하는 데 있어서 효율적이어야 함
⑤ 다양한 배치가 가능한 탄력성이 있어야 함
⑥ 전체적으로 미관이 조화를 이루어야 함

Q 스포츠시설 집기와 비품의 표준규격 조건을 4가지 이상 쓰시오. (단답형)

A 기능성, 경제성, 시장성, 경쟁성, 최신성

Q 스포츠시설 실내동선의 고려사항을 3가지 이상 쓰시오.

A ① 사람·물건의 통행량, 동선의 방향, 교차, 사람의 행위, 물건의 흐름 등을 고려한다.
② 사람들이 자연스럽게 돌아가도록 동선의 흐름 고려, 휴식공간 마련, 시각적인 즐거움을 추구한다.
③ 각기 공간의 성격, 용도 등 조건에 따라 동선의 흐름은 다르게 구성한다.
④ 동선은 위계적 질서를 갖도록 하되 복잡하지 않게 동선을 처리한다.

CHAPTER 04 스포츠시설 경영기획

기업 및 경영층

Q 경영 전략의 수준에 대해 기술하시오. 매우중요

> **KEYWORD** 기업전략(전사적 전략): 최고경영자 의사결정, 자원투입량 / 사업부 전략: 전략사업단위(SBU), 경쟁전략 / 기능별 전략: 사업단위 세부부서 활동

A 경영자가 처해 있는 의사결정 수준과 범위에 따라 기업전략, 사업부 전략, 기능별 전략으로 분류할 수 있다.

첫째, 기업전략은 조직 전체 수준에서 사업의 미션을 정의하고 사업 분야를 결정하는 전사적 전략이다. 최고경영자 책임하에 조직의 장기적 목표를 갖고 수행된다.

둘째, 사업부 전략은 조직 내 각 사업부에서 해당 사업의 경쟁적 위치를 강화하는 경쟁전략이다. SBU라 하면 전략사업단위(Strategic Business Unit)로 사업부 수준의 전략을 의미한다.

마지막으로 기능별 전략은 사업부 전략을 실행하기 쉽게 기능조직단위로 구체화하는 전략이다. 재무, 인사, 생산, 마케팅, R&D 등 기능별 조직에서의 수행방법을 의미한다.

Moon's Advice

전략 수준 전체를 이해하고 기술을 할 수 있으면, 개별적인 수준에 대한 이해도를 높일 수 있습니다. 각 수준의 특성을 묻는 문제가 출제될 경우를 상정해 학습해야 합니다.

◇ 전략 수준

구분	내용	카츠의 경영자 기술
기업전략 (전사적 전략)	• 최고 경영자가 의사결정을 하는 수준 • 조직을 전체로 보고 사업 분야 결정	최고경영자 (개념적 기술)

사업부 전략	• 특정 분야에서 지속적인 경쟁우위 확보
	• 전략사업단위(SBU, Strategic Business Unit)
	  - 사업부 수준의 전략으로 전략 수립, 집행의 기본단위
	  - 다른 전략사업단위와 구별되는 목표
	  - 독자적 경영기능 수행 능력
	  - 시장의 경쟁자보다 경쟁 전략 확보
		중간경영자
		(대인관계 기술)

기능별 전략	마케팅, 인사 등 기능별 자원 분배	일선경영자 (전문적 기술)

Q 기업의 전사적 전략과 사업부 전략의 차이점을 설명하시오.

A 기업 전략은 전사적 전략으로서 기업이 어떤 사업들에 얼마만큼 자원을 투입해야 하는가에 대한 의사결정을 하는 수준의 전략으로서 최고경영자가 조직을 전체로 보고 사업 분야를 결정한다. 반면, 사업부 전략은 단일사업부가 각각 사업이나 시장에서 구체적으로 경쟁해서 목표한 수익을 창출하려는 전략을 뜻한다.

Q 스포츠 조직의 기능별 전략에 대해 기술하시오.

A 기능별 전략이란 사업단위 내 마케팅부서, 영업부서, R&D 부서, 재무부서, 인사부서 등 사업부의 목표를 달성하기 위한 세부적 활동방향과 관련된 전략이다.

> 🔊 **KEYWORD** 최고경영층: 개념적 기술, 전략적 의사결정/ 중간경영층: 대인관계 기술, 관리적 의사결정/
> 일선경영층: 전문적 기술, 운영적(기능적) 의사결정

Q 카츠(R. Kartz)의 경영자의 계층별 기술과 의사결정 유형에 대해 기술하시오.

A 카츠는 경영자 유형을 최고 경영자, 중간 경영자, 일선 경영자로 분류했다. 경영자 계층별 기술과 의사결정을 살펴보면 다음과 같다.
첫째, 최고경영자는 개념적 기술을 통해 전략적 의사결정을 하는 계층이다. 조직 내·외부 환경변화를 예측하고 상황을 판단하는 능력이 있어야 한다.
둘째, 중간경영자는 대인관계 기술을 통해 관리적 의사결정을 하는 계층이다. 조직목표를 달성하기 위해 효율적 전략을 찾고, 구성원 간 원활한 소통을 주도해야 한다.
마지막으로 일선경영자는 전문적 기술을 통해 운영적 의사결정을 하는 계층이다. 제품생산과 고객 서비스와 직결되기 때문에 특정 업무를 효과적으로 수행해야 한다.

> **Moon's Advice**
> 앞의 기업의 전략 수준과 병행해서 경영자의 계층별 기술 전체를 이해하고 기술을 할 수 있으면, 개별적인 계층별 기술에 대한 이해도를 높일 수 있습니다. 각 기술의 특성을 묻는 문제가 출제될 경우를 상정해 학습해야 합니다.
>
> ◇ 경영자의 계층별 기술
>
> | 경영자 유형 | 경영자 기술 | 의사결정 유형 | 내용 |
> |---|---|---|---|
> | 최고경영자 | 개념적 기술
(conceptual skills) | 전략적 의사결정 | • 조직 내·외부 환경변화 예측과 대응
• 조직을 전체로 보는 상황판단 능력 |
> | 중간경영자 | 대인관계 기술
(human skills) | 관리적 의사결정 | • 목표 달성 전략, 효율화
• 상·하 구성원 간 원만한 관계가 원활한 소통 |
> | 일선경영자 | 전문적 기술
(technical skills) | 운영적 의사결정
(기능적) | • 제품생산과 고객 서비스 직결
• 특정 업무의 효과적 수행, 현장실무 능력 |

Q 카츠가 제시한 경영자 기술의 3가지는 무엇인가? (단답형)

A 개념적 기술, 대인관계 기술, 전문적 기술

조직구성 및 형태

Q 민츠버그(H. Minzberg)의 5가지 조직 구성 요인에 대해 설명하시오. 매우중요

A
> **KEYWORD** 전략부문(최고경영층): 집권화, 단순구조/ 중간관리층: 표준화, 사업부제/ 핵심운영층: 분권화, 전문적 관료제/ 기술전문가: 표준화, 기계적 관료제/ 지원스태프: 애드호크러시

민츠버그의 5가지 조직 구성 요인은 다음과 같다.
첫째, 전략부문(SA, Strategic Apex)은 조직의 최고경영층으로 전체적인 방향성을 제시하는 역할을 한다.
둘째, 중간관리층(ML, Middle Line)은 업무핵심층과 전략부문(최고경영층)을 연결하고 원활한 업무 진행을 위해 피드백 역할을 한다.
셋째, 핵심운영층(OC, Operating Core)은 최종 생산물을 만들기 위해 조직 내의 현장 관리를 하는 운영의 핵심 역할을 한다.
넷째, 기술전문가(TS, Technostructure)는 전문적인 분석을 통해 조직 활동의 표준화에 대한 시스템을 구축하는 역할을 한다.
마지막으로 지원스태프(SS, Support Staff)는 법률 고문, 대외 관계, 노사 관계, 임금 관리, 인사 관리 등을 위한 지원 역할을 한다.

> **Moon's Advice**
>
> 민츠버그의 조직 구성 요인 전체를 이해하고 기술을 할 수 있으면, 개별적인 계층에 대한 이해도를 높일 수 있습니다. 각 계층의 특성을 묻는 문제가 출제될 경우를 상정해 학습해야 합니다.
>
> ◇ 민츠버그의 조직 구성 요인
>
> | | |
> |---|---|
> | 전략부문 | • 집권화를 향한 힘(최고경영층, 전략상층부)
• 직접적인 감독 활동, 외부환경과의 상호작용 활동, 전략수립 활동
• 단순구조(simple structure)로 형성됨 |
> | 중간관리층 | • 부분적 전략수립
• 산출물의 표준화를 향한 힘
• 사업부제(divisional form) 조직유형으로 형성됨 |
> | 핵심운영층 | • 재화와 용역의 산출업무와 직결되는 업무 담당
• 분권화를 향한 힘
• 전문적 관료제(professional bureaucracy)로 형성됨 |

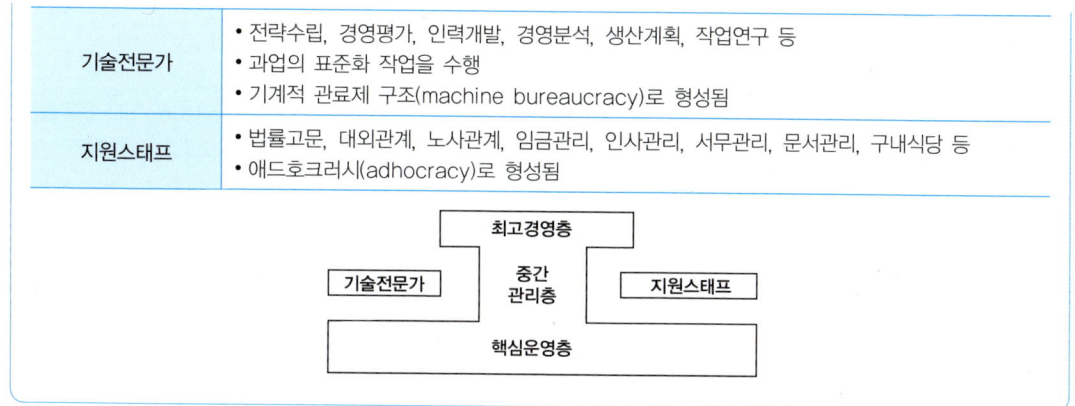

Q 민츠버그가 제시한 조직 구성 요인 중 3가지를 쓰시오. (단답형)

A 전략부문, 중간관리층, 핵심운영층 (* 전략부문, 중간관리층, 핵심운영층, 기술전문가, 지원스태프 중 3가지를 쓰면 됨)

Q 민츠버그가 제시한 조직 구성 요인 중에서 중간관리층(Middle Line)의 특성을 설명하시오.

A 중간라인부문은 핵심운영층과 최고경영층(전략부문)을 연결하는 중간관리자들이다. 이들은 각 기능들의 원활한 업무진행을 위해 상하 간에 명령의 전달과 피드백 역할을 한다. 이들은 산출물의 표준화(standardization of outputs)를 향한 힘이 강하게 작용하므로 중간라인부문의 역할이 강조되는 사업부제(divisional Form) 조직유형으로 형성될 수 있다.

Q 민츠버그가 제시한 조직 구성 요인 중에서 핵심운영층(Operating Core)의 특성을 설명하시오.

A 핵심운영부문은 재화와 용역의 산출업무와 직결되는 기본업무를 담당한다. 최종 생산물을 만들기 위한 기본적인 업무에 필요한 근로자(노동자)들을 비롯하여 조직 내 현장을 관리하는 운영의 핵심으로서 실제로 무언가를 해내는 실무진(구매, 제조, 판매 등)을 일컫는다. 이들은 분권화(decentralization)와 지식 및 기술의 표준화(standardization of skills)를 향한 힘이 강하므로 전문적 관료제(professional bureaucracy)로 형성될 가능성이 높다.

Q 민츠버그(H. Minzberg)의 5가지 조직 구성 유형에 대해 설명하시오. 매우중요

A 🔊 KEYWORD 단순구조: 상층부 권한 집중/ 기계적 관료제 구조: 표준화, 세분화/ 전문적 관료제 구조: 전문성, 수평적 갈등조정 어려움/ 사업부 형태: 독자적 조직구조, 자본주의 산물 비판/ 애드호크러시: TFT, 매트릭스 조직, 방향성만 결정

민츠버그는 5가지 조직 구성 유형을 제시했다.
첫째, 단순구조는 최고경영층의 주체가 되는 작은 규모의 조직으로 신속하고 유연한 특징이 있다.
둘째, 기계적 관료제 구조는 고도로 표준화된 업무를 하는 대규모 조직으로 반복적이고 세분돼 효율성을 추구하는 특징이 있다.
셋째, 전문적 관료제 구조는 전문성이 강화된 조직으로 민주적이고 분권적인 특징이 있다.
넷째, 사업부 형태는 사업부별로 독자적인 구조를 갖춘 조직으로 중간관리자가 조직의 주요 역할을 하는 특징이 있다.
마지막으로 애드호크러시는 문제해결에 초점을 맞추고 방향성을 제시하는 임시적 조직으로 수평적인 업무 분할의 특징이 있다.

Moon's Advice

민츠버그의 다섯 가지 조직 구성 유형 전체를 이해하고 기술을 할 수 있으면, 개별적인 유형에 대한 이해도를 높일 수 있습니다. 각 구조의 특성을 묻는 문제가 출제될 경우를 상정해 학습해야 합니다.

◇ 민츠버그의 조직 구성 유형

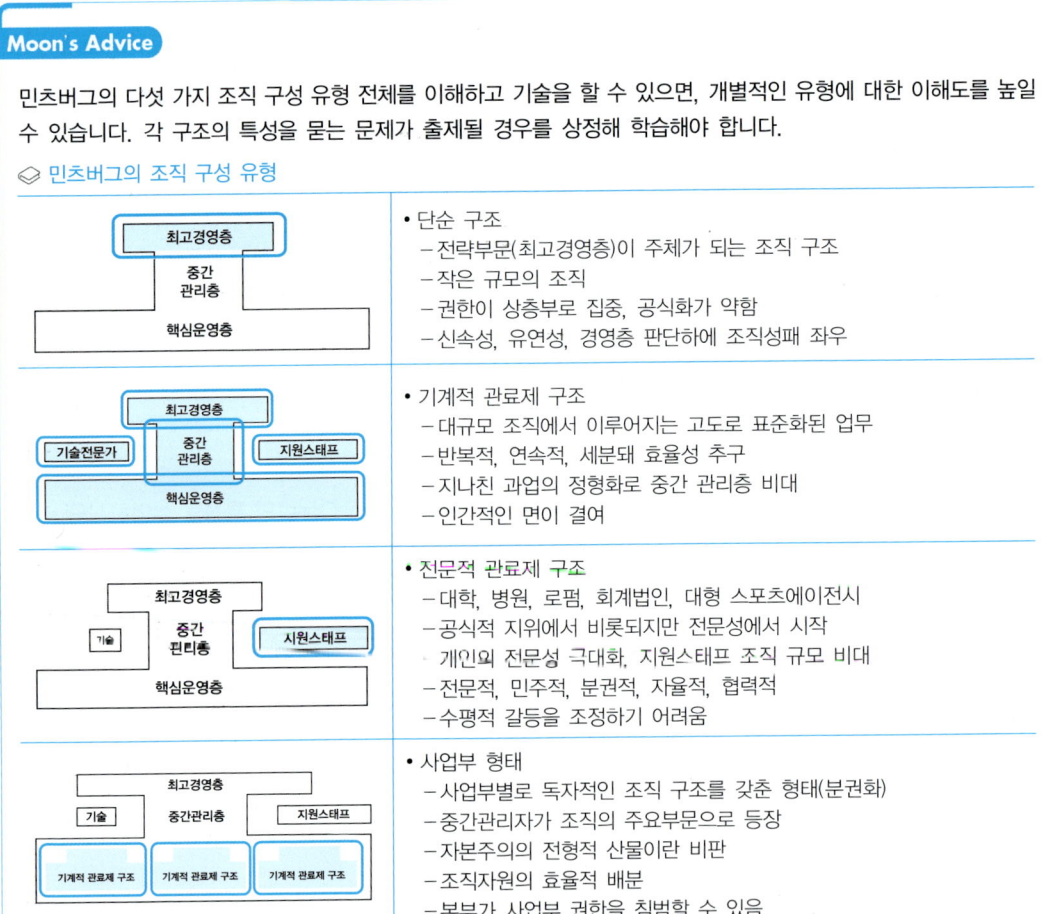

- 단순 구조
  - 전략부문(최고경영층)이 주체가 되는 조직 구조
  - 작은 규모의 조직
  - 권한이 상층부로 집중, 공식화가 약함
  - 신속성, 유연성, 경영층 판단하에 조직성패 좌우

- 기계적 관료제 구조
  - 대규모 조직에서 이루어지는 고도로 표준화된 업무
  - 반복적, 연속적, 세분돼 효율성 추구
  - 지나친 과업의 정형화로 중간 관리층 비대
  - 인간적인 면이 결여

- 전문적 관료제 구조
  - 대학, 병원, 로펌, 회계법인, 대형 스포츠에이전시
  - 공식적 지위에서 비롯되지만 전문성에서 시작
  - 개인의 전문성 극대화, 지원스태프 조직 규모 비대
  - 전문적, 민주적, 분권적, 자율적, 협력적
  - 수평적 갈등을 조정하기 어려움

- 사업부 형태
  - 사업부별로 독자적인 조직 구조를 갖춘 형태(분권화)
  - 중간관리자가 조직의 주요부문으로 등장
  - 자본주의의 전형적 산물이란 비판
  - 조직자원의 효율적 배분
  - 본부가 사업부 권한을 침범할 수 있음

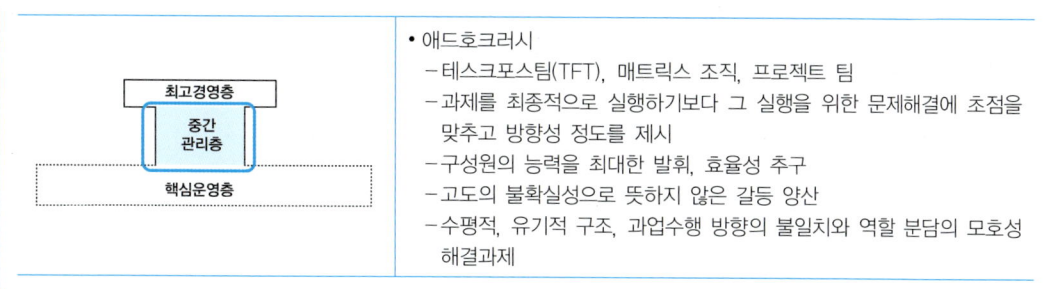

Q 민츠버그가 제시한 기계적 관료제 구조에 대해 기술하시오.

A 기계적 관료제 구조는 대규모 조직에서 이루어지는 고도로 표준화된 업무를 수행하고, 최고경영층과 핵심운영층 간에 중간관리층(Middle Line)의 역할에 집중하게 된다. 최고경영층의 미션과 비전이 중간관리층에 의해 핵심운영층으로 정확히 전달돼야 체계적인 업무의 흐름을 유지해 나갈 수 있다. 과업의 표준화를 지향하는 힘이 강한 기술전문가(Technostructure) 집단은 기계적 관료제를 선호하게 된다. 정확한 행정 절차와 체계적인 의사결정 시스템을 통해 조직 내 모든 과업을 공식화시키고자 한다.

Q 민츠버그가 제시한 전문적 관료제 구조에 대해 기술하시오.

A 전문적 관료제 구조는 대학, 병원, 로펌, 회계법인, 대형스포츠 에이전시 등의 전문적 기관을 예로 들 수 있다. 분권화(decentralization)와 지식 및 기술의 표준화(standardization of skills)를 향한 힘이 강한 핵심운영층(Operating Core)은 분야별 전문성을 강조하게 되고, 지원스태프의 역할과 권한이 확대되는 것을 선호한다. 전문적, 민주적, 분권적, 자율적, 협력적인 특성을 나타냄으로써 조직 전체 업무가 급격히 확대되더라도 위험요소를 최소화하며 운영이 가능한 역량을 갖추게 된다. 하지만 분야별 전문성이 강한 구성원 간의 집합체이다 보니 이견(異見)이 도출됐을 때 수평적 갈등을 조정하기가 어려워질 수도 있다.

Q 민츠버그가 제시한 애드호크러시 구조에 대해 기술하시오.

A 애드호크러시는 테스크포스팀(TFT), 매트릭스 조직, 프로젝트 팀 등으로 대변되는 임시조직을 뜻한다. 이 조직은 과제를 최종적으로 실행하기보다는 그 실행을 위한 문제 해결에 초점을 맞추고 방향성 정도를 제시하면서 임무를 완수하게 된다.

리더십

Q. 리더십 이론에 대해 기술하시오. 〔매우중요〕

> 🔊 **KEYWORD** 특성이론: 타고난 특성, 카리스마 / 행동이론: 경영격자 이론 / 상황이론: 리더-구성원, 직위권력, 과업구조

A. 리더십이란 조직 구성원에게 동기유발, 조직목표를 달성할 수 있도록 하는 기능을 말한다. 리더십의 역할은 조직 전체의 성과를 좌우하게 되고 구성원에게 동기부여를 한다. 또한 개인 역량을 배양하고 정보전달 기능을 강화하게 되며 조직발전에 스스로 참여할 수 있도록 유도하게 한다. 리더십의 이론은 크게 특성이론, 행동이론, 상황이론이 있다.

첫째, **특성이론**은 리더십을 소유한 타고난 특성(외모, 성격, 카리스마 등)으로 설명하는 초기 이론이다.

둘째, **행동이론**은 리더의 행동 여하에 따라 리더십이 결정될 수 있다는 이론이다. 대표적으로 블레이크와 머튼의 경영격자 이론이 있다. 이 이론은 생산에 대한 관심을 나타낸 수평축과 인간에 대한 관심을 나타낸 수직축으로 분류해 리더의 행동 유형을 계량화했다.

셋째, **상황이론**은 리더십 유형은 상황에 따라 달라질 수 있다는 이론이다. 대표적으로 피들러가 개발한 '가장 싫어하는 동료에 관한 설문(LPC; Least Preferred Co-worker)'을 통해 과업 지향적인 리더인지, 관계 지향적인 리더인지를 파악했다. 또한 LPC 설문조사를 통해 '리더-구성원 관계', '직위 권력', '과업 구조'의 세 가지 상황 적합 요인을 통해 리더의 효율성을 결정짓기 위한 주요 상황을 구분했다.

> **Moon's Advice**
>
> 리더십 이론 전체를 이해하고 기술을 할 수 있으면, 개별적인 이론에 대한 이해도를 높일 수 있습니다. 각 이론의 특성을 묻는 문제가 출제될 경우를 상정해 학습해야 합니다. '상들더럭업' 기억나시나요?

◇ 리더십 이론: 특성이론 → 행동이론 → 상황이론

구분	대표학자	내용
특성이론	바스 (Bass)	신체특성, 성격, 사회적 배경, 사회적 특성, 지능과 능력, 과업 관련 특성
	브리그스 & 마이어스 (Briggs & Myers)	마이어스-브리그스 유형 지표(MBTI): 외향성, 포용성, 신중성, 정서적 안정성, 경험에 대한 개방성
	콘거 & 카눙고 (Congor & Kanungo)	카리스마적 리더십: 구성원들이 리더의 불가항력적인 능력에 힘입어 맹목적일 정도의 추종을 하게 하는 유형
행동이론	맥그리거 (McGregor) -X·Y 이론-	• X이론: 기존의 인간에 대한 평가(조직 구성원은 일을 싫어하고 게으름) • Y이론: 새로운 인간관계론(조직 구성원은 일을 좋아하고 창의적)

행동 이론	블레이크 & 머튼 (Blake & Mouton) -관리격자이론-	(그래프: 9.9 관리격자, 1.9, 5.5, 1.1, 9.1 표시 / 인간관심 × 생산관심)	[1.1형] 방임형(무관심형) 리더
			[1.9형] 인간 중심형 리더
			[9.1형] 과업 중심형 리더
			[5.5형] 중간형(타협형) 리더
			[9.9형] 이상적 리더
상황 이론	피들러 (Fiedler) -상황적합성 이론-	리더-구성원 관계	리더에 대한 부하 직원의 신뢰, 존경, 확신 등의 정도를 의미, 양호 또는 불량으로 평가
		직위 권력	
		과업 구조	
	허시와 블랜차드 (Hersey & Blanchard) -상황대응이론-	설득형 (높은 과업-높은 관계)	리더는 지시적이고, 지원적인 행동을 제공
		설명형 (높은 과업-낮은 관계)	리더는 역할을 정의하고, 사람들에게 효율적으로 과업을 수행할 수 있도록 내용, 방법, 시기, 장소 등을 설명
	허시와 블랜차드 (Hersey & Blanchard) -상황대응이론-	참여형 (낮은 과업-높은 관계)	리더는 의사결정을 구성원과 분담하고, 커뮤니케이션을 강화
		위임형 (낮은 과업-낮은 관계)	리더는 지시나 지원을 거의 하지 않음
상황 이론	하우스 (House) -경로목표 이론-	지시적 리더	목표 달성 방법을 명확히 설정해주는 리더
		지원적 리더	구성원 모두의 욕구충족에 관심을 보이는 리더
		참여적 리더	의사결정 과정에 구성원들의 의견을 적극 반영하는 리더
		성취 지향적 리더	구성원의 능력을 최대로 끌어올리기 위해 노력하는 리더

Q 카리스마 리더십에 대해 기술하시오.

A 리더십을 소유한 타고난 특성으로 설명하는 초기 이론으로서 구성원들이 리더의 불가항력적인 능력에 힘입어 맹목적일 정도의 추종을 하게 하는 유형이다.

Q 피들러(F. E. Fiedler)가 상황적합성 이론을 설명하기 위해 제시한 세 가지의 상황변수는 무엇인가? (단답형)

A 리더-구성원 관계, 직위 권력, 과업 구조

Q 허시(P. H. Hersey)와 블랜차드(K. Blanchard)가 제시한 상황대응이론을 기술하시오.

A 상황대응이론이란 성공적인 리더십은 구성원의 준비수준에 맞는 적합한 리더십 스타일을 통해 조직 목표 달성의 성과를 얻는다는 것으로 네 가지로 분류했다. 첫째, 설득형의 리더는 지시적이고 지원적인 행동을 제공한다. 둘째, 설명형의 리더는 역할을 정의하고, 사람들에게 효율적으로 과업을 수행할 수 있도록 내용, 방법, 시기, 장소 등을 알려준다. 셋째, 참여형의 리더는 의사결정을 구성원과 분담하고, 커뮤니케이션을 강화한다. 마지막으로 위임형의 리더는 지시나 지원을 거의 하지 않는 유형이다.

Q 하우스(R. J. House)의 경로-목표 이론에 따르면 리더의 역할은 구성원들에게 길(path)을 따라 목표지점(goal)에 이르도록 한다는 개념이 내포돼 있다. 그가 제시한 네 가지 유형의 리더는 무엇인가? (단답형)

A 지시적 리더, 지원적 리더, 참여적 리더, 성취 지향적 리더

Q 거래적 리더십과 변혁적 리더십의 차이를 기술하시오. 〔매우중요〕

A 거래적 리더십은 많은 리더십 이론에 해당된다. 리더가 구성원들의 생산성에 대해 보상으로 교환해준다는 의미다. 전형적인 리더십 유형으로 계획된 목표 달성을 위해 방향을 정하고 동기부여를 한다.
변혁적 리더십은 구성원들 스스로 문제를 능동적으로 해결한 방식을 찾도록 지원한다. 높은 생산성, 낮은 이직률, 구성원 만족, 창의력 증진 등 높은 성과를 보여주고 있다.

📝 동기부여

Q 동기부여이론에 대해 기술하시오. 〔매우중요〕

> 🔊 **KEYWORD** 매슬로우: 욕구단계이론('생안사존자') / 앨더퍼: ERG이론(생존, 관계, 욕구) / 허츠버그: 2요인이론(동기-만족, 위생-불만족) / 브룸: 기대이론(기대, 수단, 가치성) / 애덤스: 공정성이론

A 동기부여는 구성원들이 조직의 목표를 자신의 중요한 목표 중 하나로 생각하여 이를 달성하기 위해 자발적으로 최선을 다하도록 유도하는 과정을 말한다. 동기부여의 성과는 조직성과를 향상시키고 개인 인성의 변화 및 노동의 질적 향상에 영향을 준다. 동기부여이론은 크게 내용이론과 과정이론이 있다.
첫째, 내용이론에는 매슬로우의 욕구단계이론이 있다. 인간 욕구의 내부에 생리적, 안전, 사회적, 존경, 자아실현의 5가지 계층이 있고 하위 계층이 충족되면 다음의 상위 계층의 욕구가 지배한다는 이론이다. 또한 허츠버그의 2요인이론이 있다. 개인의 동기를 유발하는 요인으로 동기부여-위생이론이라도 한다. 동기부여이론에서 승진, 보상, 좋은 평가 등은 직무만족에 영향을 주는 만족요인이고, 위생요인은 인간관

계, 작업환경, 회사방침, 급여 등은 직무불만족에 영향을 주는 불만요인이다.

둘째, 과정이론에는 브룸의 기대이론이 있는데 사람은 무엇을 얼마나 원하고, 원하는 것을 얻을 가능성이 얼마나 되는가를 제시하며 기대, 수단, 가치성에 의해 동기 수준이 결정된다. 또한 애덤스의 공정성이론이 있는데 자신의 성과에 대해 보상받을 때 사회적 공정성이 발생하여 동기부여가 된다고 했다.

> **Moon's Advice**
>
> 동기부여이론 전체를 이해하고 기술을 할 수 있으면, 개별적인 이론에 대한 이해도를 높일 수 있습니다. 각 이론의 특성을 묻는 문제가 출제될 경우를 상정해 학습해야 합니다.
>
> ◇ 동기부여이론: 내용이론 → 과정이론
>
> | 구분 | 대표학자 | 내용 |
> |---|---|---|
> | 내용 이론 | 매슬로우 | • 욕구단계이론: '생안사존자' 기억나시나요?
① 생리적 욕구 → ② 안전 욕구 → ③ 사회적 욕구 → ④ 존경 욕구 → ⑤ 자아실현 욕구 |
> | | 앨더퍼 | • ERG이론: 매슬로우 욕구단계이론 수정
① 생존(존재) 욕구 → ② 관계 욕구 → ③ 성장 욕구 |
> | | 허츠버그 | • 2요인이론(동기부여-위생이론)
- 동기요인(만족요인): 승진, 보상, 좋은 평가
- 위생이론(불만족요인): 인간관계, 작업환경, 회사방침, 급여 |
> | 과정 이론 | 브룸 | • 기대이론
- 동기유발 강도(M) = f(E×I×V) = f(기대×수단×가치성)
- 기대: 노력을 하면 좋은 결과가 나오기는 할까?
- 수단: 좋은 성과에 맞는 보상을 받을 수 있을까?
- 가치성: 받은 대가가 내 개인적인 목표에 맞는 것일까? |
> | | 애덤스 | • 공정성이론
- 투입: 시간, 경험, 노력, 교육, 충성심 등
- 결과: 임금, 인정, 승진, 사회적 관심, 자기존경, 성취감 등 |

Q 매슬로우의 욕구단계이론을 완성하시오. (단답형)

> 생리적 욕구 → 안전 욕구 → (㉠) → 존경 욕구 → (㉡)

A ㉠: 사회적 욕구 ㉡: 자아실현 욕구

Q 매슬로우의 욕구단계이론에 대해 기술하시오.

A 매슬로우의 욕구단계이론은 생리적 욕구, 안전욕구, 사회적 욕구, 존경 욕구, 자아실현 욕구의 다섯 가지 계층이 있다. 이는 하위 계층의 욕구사 충족되면 다음의 상위 계층 욕구가 지배할 수 있음을 의미한다.

Q 앨더퍼의 ERG이론에 대해 설명하시오.

A 앨더퍼의 ERG이론은 매슬로우의 욕구단계이론을 확장시킨 것으로 존재 욕구, 관계 욕구, 성장 욕구로 분류했다. 존재 욕구는 매슬로우의 생리적, 안전 욕구와 관련된 욕구이다. 예를 들어 신규직원이 스포츠 조직에 채용이 되면 경제적 보상과 안전한 작업환경 등에 관한 욕구를 갖는다. 둘째, 관계 욕구는 매슬로우의 사회적, 존경 욕구에 해당하는 욕구이다. 마지막으로 성장 욕구는 매슬로우의 자아실현 욕구에 해당되며 개인의 성취감, 창의성 등과 관련돼 있다.

Q 허츠버그의 동기부여 2요인이론(Two Factor Theory)을 설명하시오.

A 허츠버그는 동기부여요인과 위생요인으로 분류 제시했다. 동기부여요인은 직무만족에 영향을 주는 만족요인으로 성취감, 책임감, 목표 달성 의욕과 관련 있는 승진, 보상, 좋은 평가 등의 내재적 요인이 해당된다. 또한 위생요인은 직무불만족에 영향을 주는 불만요인으로 개인 욕구를 충족시키는 데 불만족을 방지해 주는 외재적 요인인 급여, 인간관계, 작업환경, 회사방침 등이 해당된다.

Q 브룸의 기대이론(expectancy theory)에서 제시한 동기부여 강도에 관한 세 가지 요인을 쓰시오. (단답형)

A 기대, 수단, 가치

커뮤니케이션(의사소통)

Q 조직 내에서 커뮤니케이션이 발생하는 원인과 대응방안에 대해 기술하시오.

> **KEYWORD** 개인적 차원: **소통기술 차이** / 조직적 차원: **경직적 분위기** / 메시지 차원: **내용이 많거나 복잡**

A 조직 내에서 커뮤니케이션 장애원인은 개인적 차원, 조직적 차원, 메시지 차원으로 구분할 수 있다.
첫째, 개인적 차원은 송신자와 수신자 간의 커뮤니케이션 기술의 차이로 인해 발생한다. 커뮤니케이션 기술 교육을 통해 피드백을 강화함으로써 개인적 차원의 장애원인을 방지할 수 있다.
둘째, 조직적 차원은 조직 내의 경직적인 분위기로 인해 발생한다. 조직구조를 개편, 비공식 채널을 육성, 참여문화를 확산하는 노력으로 조직적 차원의 장애원인을 방지할 수 있다.
마지막으로 메시지 차원은 커뮤니케이션의 내용이 너무 많거나 복잡할 때 발생한다. 메시지 양을 조정하고 적합한 경로 개발과 조정을 통해 메시지 차원의 장애원인을 방지할 수 있다.

Q 조직 내에서 의사소통이 안 되는 원인 세 가지는 무엇인가? (단답형)

A 개인적 장애, 지리적 장애, 메시지 장애

사업 분석

Q 기업의 사업포트폴리오 분석방법 중에서 BCG(Boston Consulting Group) 매트릭스의 개념과 4가지 유형별 특징을 기술하시오. 매우중요

> **KEYWORD** 별사업부: **강력한 지위, 시장 선도자**/ 자금젖소 사업부: **현금 창출, 효자상품**/ 물음표 사업부: **사업 추진 고민**/ 개 사업부: **철수 고려**

A BCG 매트릭스는 4가지 유형으로 분류하고 있다.
첫째, 시장점유율과 시장성장률이 높은 스타(Star) 사업이 있다. 가장 강력한 지위가 구축돼 있는 시장 선도자 역할을 한다. 집중적인 투자를 통해 시장을 확대하거나 유지하는 전략을 쓴다.
둘째, 시장점유율은 높으나 시장성장률은 낮은 자금젖소(cash cow) 사업이 있다. 시장점유율이 높아 시설규모를 확대할 필요가 없고 많은 현금이 창출된다. 효자상품이기 때문에 사업을 유지하는 전략을 쓴다.
셋째, 시장점유율은 낮지만 시장성장률이 높아 사업을 확대할지, 수확할지, 철수할지를 고민해야 하는 물음표(question mark)에 속한 사업이 있다.
마지막으로 낮은 시장점유율, 낮은 시장성장률에 속한 개(dog)에 속한 사업이 있다. 적극적으로 수확하거나 철수를 고려해야 한다.

> **Moon's Advice**
>
> BCG 매트릭스 전체를 이해하고 기술을 할 수 있으면, 개별적인 영역에 대한 이해도를 높일 수 있습니다. 각 영역의 특성을 묻는 문제가 출제될 경우를 상정해 학습해야 합니다. '별소물개' 기억나시나요?
>
> ◆ BCG 매트릭스

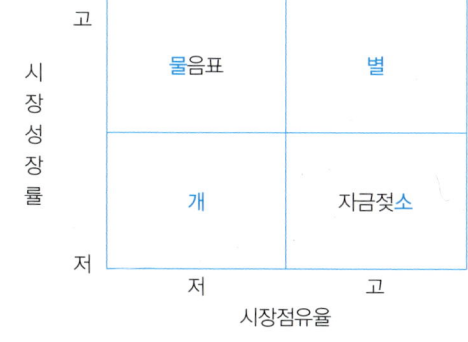

별	확대(build), 유지(hold)
자금젖소	유지(hold)
물음표	확대(build), 수확(harvest), 철수(divest)
개	수확(harvest), 철수(divest)

Q BCG 매트릭스에서 별(Star) 사업부의 특징을 기술하시오.

A 별(Star) 사업부에 속한 사업은 높은 시장성장률과 높은 시장점유율 사업이다. 이는 가장 강력한 지위가 구축되어 있는 고성장 시장선도자이다. 현금을 많이 창출하기도 하지만 시장에서 경쟁자를 막기 위해 생산시설 확충, 기술개발 등에 따른 실질적인 자금도 투입되어야 한다. 즉, 전략사업단위(SBU) 전략은 확대(build)하거나 유지(hold)해야 한다.

Q 기업의 사업포트폴리오 분석에서 자금젖소(Cash Cow) 사업부의 주요 전략 유형은 무엇인가?

A 전략사업단위(SBU, Strategic Business Unit) 전략은 유지(hold)해야 한다.

Q GE 매트릭스에 대해 기술하시오.

A GE 매트릭스는 BCG 매트릭스를 보완한 것으로 투자, 유지, 수확·철수의 3가지 사업추진 유형으로 분류한다.
첫째, 투자전략을 쓰기 위한 조건은 시장매력도 높고 경쟁적 지위가 강할 때, 시장매력도가 높고 경쟁적 지위가 중간일 때, 시장매력도가 중간이고 경쟁적 지위가 높을 때이다.
둘째, 유지전략을 쓰기 위한 조건은 시장매력도가 높고 경쟁적 지위가 낮을 때, 시장매력도와 경쟁적 지위가 중간일 때, 시장매력도가 낮고 경쟁적 지위가 높을 때이다.
마지막으로 수확·철수전략을 쓰기 위한 조건은 시장매력도가 중간이고 경쟁적 지위가 낮을 때, 시장매력도와 경쟁적 지위가 낮을 때, 시장매력도가 낮고 경쟁적 지위가 중간일 때이다.

해설 +

◇ GE 매트릭스

시장매력도 \ 경쟁적 지위	저	중	강
고	(유지)	투자	투자
중	수확/철수	(유지)	투자
저	수확/철수	수확/철수	(유지)

CHAPTER 05 스포츠시설 마케팅

시장 분석

Q 스포츠마케팅 프로세스인 STP에 대해 기술하시오. 매우중요

A 모든 시장은 경쟁자가 있는 한 시장 전체를 모두 점유하기는 어렵다. STP의 필요성은 정확한 표적대상을 선정하기 위해 작은 시장으로 나누어 경쟁상품과 차별화하기 위함이다. 마케팅 경영관리의 단계는 조사, STP(세분화·표적화·위치화), 마케팅 믹스, 통제과정이다. 마케팅 프로세스로 STP의 개념은 다음과 같다.
첫째, 세분화는 표적 마케팅의 첫 단계로 전체시장을 나누어 상품시장의 구조를 분석하여 현재의 시장을 이해하는 단계이다.
둘째, 표적화는 세분시장들 중에서 기업이 표적으로 하여 마케팅 활동을 수행하기 위해 경쟁력 있는 세분시장별로 사업성을 검토하는 단계이다.
셋째, 위치화는 각 세분시장에 대응하는 위치와 개념을 선정, 개발, 전달하기 위해 마케팅의 차별화 전략을 수행하고 목표설정을 위한 단계이다.

Q 시장세분화의 필요성을 쓰시오. 매우중요

> **Moon's Advice**
> '마욕충쟁프' 기억나시나요? 마케팅, 욕구충족, 브랜드 충성도, 경쟁우위, 프로그램 개발

A 시장세분화의 필요성은 다음과 같다.
첫째, 마케팅 기회의 발견을 통해 유리한 전략을 전개할 수 있다.
둘째, 정확한 욕구충족에 따른 맞춤형 공략방식을 추진할 수 있다.
셋째, 소비자의 다양한 욕구를 충족시켜 매출액 증대 및 브랜드 충성도를 강화할 수 있다.
넷째, 마케팅 자원의 효율적 배분을 통해 경쟁우위를 확보할 수 있다.
마지막으로 적합한 마케팅 프로그램 개발 및 소요예산을 수립할 수 있다.

Q 시장세분화 5가지 조건을 기술하시오. 매우중요

> **Moon's Advice**
>
> '측근행실차' 기억나시나요? 측정가능성, 접근가능성, 실행가능성, 실체성, 차별화 가능성

A 정확한 시장세분화를 위한 조건은 다음과 같다.
첫째, 측정가능성은 시장의 규모와 소비자의 특성에 따른 구매력 등을 계량적으로 측정이 가능한지 파악하는 것이다.
둘째, 접근가능성은 시장에 내놓은 상품이 현행 법규와 제도의 범위 안에 있는지 파악하는 것이다.
셋째, 실행가능성은 제품을 시장에 내놓을 만한 조직의 능력이 되는지 파악하는 것이다.
넷째, 실체성은 시장을 세분화할 만한 규모의 제품인지 혹은 투자해서 수익이 나는지 등을 파악하는 것이다.
마지막으로 차별화 가능성은 다른 세분화된 시장과 비교해서 마케팅 활동에 대한 반응에서 차이가 있어야 하는 것이다.

Q 시장세분화의 다섯 가지 조건 중 3가지를 쓰시오. (단답형)

A 측정가능성, 접근가능성, 실행가능성(*측정가능성, 접근가능성, 실행가능성, 실체성, 차별화 가능성 중 세 가지를 쓰면 됨)

Q 시장세분화의 6가지 기준을 기술하시오.

> **Moon's Advice**
>
> '인지행심시다' 기억나시나요? 인구통계학적 세분화, 지리적 세분화, 행동적 세분화, 심리묘사적 세분화, 시간 세분화, 다속성 세분화

A 시장세분화의 기준은 다음과 같다.
첫째, 인구통계학적 세분화는 연령, 성, 가족 수, 소득, 직업, 학력 등의 변수로 객관적인 측정이 가능하다.
둘째, 지리적 세분화는 지역에 따라 소비자 욕구가 다를 것이라는 가성에 따라 스포츠시장을 세분할 수 있고 경계확인이 쉽다.
셋째, 행동적 세분화는 사용빈도와 여부, 사용에 따른 만족도 등 다양한 변수가 포함된다.
넷째, 심리묘사적 세분화는 세분시장 도달 가능성이 낮고, 정확한 측정이 어렵지만 스포츠마케터들은 소비자의 라이프스타일에 대한 이해를 높이고자 노력한다.
다섯째, 시간 세분화는 사람마다 행동하는 시간대가 다르다는 사실에서 출발한다.
마지막으로 다속성 세분화는 시장을 세분화할 때 단일한 기준보다 여러 가지 기준을 활용한다.

Q 위치화의 개념을 설명하고 유형을 제시하시오.

A 위치화(Positioning)란 각 세분시장에 대응하는 위치와 개념을 선정, 개발, 전달하기 위해 마케팅의 차별화 전략을 수행하고 목표설정을 위한 단계이다. 유형으로는 속성에 의한 위치화, 이미지에 의한 위치화, 사용상황이나 목적에 의한 위치화, 이용자에 의한 위치화, 경쟁상품에 의한 위치화가 있다.

Q 스포츠소비자의 구매의사결정과정을 단계별로 설명하시오.

> **Moon's Advice**
>
> '문정선구행' 기억하시나요? 문제인식, 정보수집, 선택, 구매, 구매 후 행동

A 스포츠소비자의 의사결정 5단계 과정은 문제 혹은 필요 인식, 정보수집, 대안평가 및 선택, 구매의사 결정, 구매 후 행동의 단계로 구분할 수 있다.
첫째, 문제 혹은 필요 인식 단계다. 소비자가 내적 혹은 외적 영향요인에서 발생하는 정보를 처리하기 위해 문제나 욕구를 인식하게 하고, 문제해결을 위한 동기가 생긴다.
둘째, 정보수집 단계다. 소비자가 욕구를 충족시키기 위해 정보를 수집한다.
셋째, 대안평가 및 선택 단계다. 소비자가 해결방안을 찾기 위해 정보를 수집하는 과정을 거치고 선택한다.
넷째, 구매의사 결정 단계다. 소비자가 특정 제품이나 서비스를 구매하기로 결정하고 실제 구매를 한다.
마지막으로 구매 후 행동의 단계. 소비자가 특정 제품이나 서비스를 구매한 후 다시 구매하거나 다른 제품과 서비스를 찾는다.

> **Moon's Advice**
>
> 구매행동 단계 전체를 이해하고 기술을 할 수 있으면, 개별적인 단계에 대한 이해도를 높일 수 있습니다. 각 단계를 묻는 문제가 출제될 경우를 상정해 학습해야 합니다. 특히 구매 후 행동단계에서 나타나는 인지적 부조화(cognitive dissonance) 현상을 이해해야 합니다.

◇ 소비자의 구매행동 단계

단계	내용
문제 혹은 필요 인식 단계	• 내적 인식: 소비자 스스로 문제 인식 • 외적 인식: 광고 등 정보를 통해 인식
정보수집 단계	• 내적 탐색: 기억하고 있는 정보 탐색 • 외적 탐색: 기억 이외의 정보 탐색
대안평가 및 선택 단계	구매자의 기준에 따라 평가
구매의사 결정 단계	제품과 서비스에 대해 구매 혹은 이용

구매 후 행동의 단계	• 구매(이용)에 따른 만족 혹은 불만족을 경험하고, 재구매 혹은 대체품 탐색
	• 인지적 부조화 현상: 기대불일치(기대 > 성과) **매우중요**
	  − 소비자가 기대했던 것보다 만족하지 않게 되거나 불만을 갖게 되는 경우에는 심리적 갈등을 유발하는 현상
	  − 구매결정을 취소할 수 없을 때 발생할 가능성이 높음
	  − 선택하고 싶은 대안들이 여러 개 있을 때 발생할 가능성이 높음
	  − 구매자가 심리적 중요성을 갖고, 그 결정에 개입했을 때 발생함

Q 스포츠소비자의 5단계 구매의사 결정 과정에서 ㉠, ㉡에 들어갈 내용을 쓰시오. (단답형)

> 문제 혹은 필요 인식 단계 → 정보수집 단계 → (㉠) → 구매의사 결정 단계 → (㉡)

A ㉠: 대안평가 및 선택 단계   ㉡: 구매 후 행동의 단계

Q 인지적 부조화 현상에 대해 기술하시오. **매우중요**

A 인지적 부조화란 소비자가 기대했던 것보다 만족하지 않게 되거나 불만을 갖게 되는 경우 심리적 갈등을 유발하는 현상이다. 구매결정을 취소할 수 없을 때, 선택하고 싶은 대안들이 여러 개 있을 때 혹은 구매자가 심리적 중요성을 갖고 그 결정에 개입했을 때 발생할 가능성이 높다.

Q 스포츠소비자 행동에 영향을 미치는 내적, 외적 요인에 대해 기술하시오.

A 스포츠소비자 행동은 소비자가 스포츠제품과 서비스를 탐색, 구매, 사용, 평가, 처분하는 과정이다. 소비자 행동에 영향을 미치는 요인은 내적 영향 요인과 외적 영향 요인이 있다.
첫째, 내적 영향 요인은 동기, 태도, 라이프스타일, 자아관, 학습이 있다. 동기는 소비자의 목적 달성을 위한 행동을 유도하고, 태도는 학습된 사고와 느낌 등을 통해 형성된 행동이다. 라이프스타일은 개인만의 가치와 태도를 의미하고, 자아관은 개인의 인식과 평가를 뜻하며 학습은 개인적 경험에서 나오는 행동의 변화이다.
둘째, 외적 영향 요인은 사회계층과 문화, 준거집단, 가족이 있다. 사회계층과 문화는 자신과 유사한 사회계층 구성원과 비슷한 소비유형을 보이고, 준거집단은 자신의 행동과 태도에 영향을 미치는 개인 및 집단을 뜻한다. 가족은 개인에 대한 집단 영향 중 가장 큰 영향을 미치는 요인이다.

Moon's Advice

소비자에 미치는 영향 요인 전체를 이해하고 기술을 할 수 있으면, 개별 요인에 대한 이해도를 높일 수 있습니다. 각 요인을 묻는 문제가 출제될 경우를 상정해 학습해야 합니다. '동태스자학'과 '사문준족' 기억나시나요?

🏠 소비자 행동에 미치는 영향

내적 영향 요인	동기	소비자의 목적 달성을 위한 행동을 유도
	태도	학습된 사고와 느낌 등을 통해 형성된 우호적이거나 비우호적인 행동
	라이프스타일	행동에 상징적으로 나타나는 개인만의 가치와 태도
	자아관	자신의 인식과 평가로서 자신의 자아관과 일치하거나 유사한 제품과 서비스를 소비할 가능성이 높음
	학습	개인적 경험에서 나오는 행동의 변화

외적 영향 요인	사회계층과 문화	직업, 주거지, 소득, 교육수준 등 자신과 유사한 사회계층 구성원과 비슷한 소비유형을 보임
	준거집단	• 소비자의 행동과 태도에 영향을 미치는 개인, 집단을 의미 • 가족, 친구, 친척, 동호회, 전문가 집단 등
	가족	개인에 대한 집단 영향 중 가장 큰 영향력

Q 스포츠소비자의 행동에 영향을 미치는 내적 영향 요인을 4가지 이상 쓰시오. (단답형)

A 동기, 태도, 라이프스타일, 자아관(* 동기, 태도, 라이프스타일, 자아관, 학습 중 네 가지를 쓰면 됨)

Q 스포츠소비자의 행동에 영향을 미치는 외적 영향 요인을 3가지 쓰시오. (단답형)

A 사회계층·문화, 준거집단, 가족

Q 스포츠소비자에 영향을 미치는 요인 중 준거집단에 대해 기술하시오.

A 준거집단(reference group)은 개인의 태도와 행동에 직접적 혹은 간접적으로 영향을 미치는 집단이다. 소비자가 직접 혹은 간접적으로 접촉할 수 있는 가족, 친구, 친척, 사교모임 등이 해당된다.

Q 스포츠소비자의 충성도에 대해 설명하시오.

A 스포츠소비자의 충성도는 높은 충성도, 잠재적 충성도, 가식적 충성도, 낮은 충성도로 분류할 수 있다.
첫째, 높은 충성도는 심리적 애착과 구매율이 높을 때 생긴다.
둘째, 잠재적 충성도는 심리적 애착은 높지만 제약요인으로 구매율이 낮을 때 생긴다.
셋째, 가식적 충성도는 심리적 애착은 낮지만 구매율이 높을 때 생긴다.
마지막으로 낮은 충성도는 심리적 애착과 구매율이 낮을 때 생긴다.

> **Moon's Advice**
>
> 소비자 충성도 전체를 이해하고 기술을 할 수 있으면, 각 충성도에 대한 이해도를 높일 수 있습니다. 각각의 충성도를 묻는 문제가 출제될 경우를 상정해 학습해야 합니다. '고잠식저' 기억나시나요?

	고		
행동적	가식적 충성도	높은 충성도	
	낮은 충성도	잠재적 충성도	
저	저	고	
		심리적	

높은(고) 충성도	심리적 애착과 구매율이 높음
잠재적 충성도	심리적 애착은 높지만 제약 요인으로 구매율이 낮음
가식적 충성도	심리적 애착은 낮지만 구매율이 높음
낮은(저) 충성도	심리적 애착과 구매율이 낮음

Q 스포츠소비자의 잠재적인 충성도에 대해 설명하시오.

A 잠재적 충성도란 강한 심리적 애착에 비해 제약요인 등으로 낮은 참가율을 보이는 상태이다.

Q 소비자의 지속적 관여도와 상황적 관여도에 대해 기술하고, 마케터로서 어떤 전략을 취해야 하는지 기술하시오.

A 지속적 관여도는 제품이나 활동에 대해 오랫동안 관심이 지속되는 습관적 관여를 하는 경우에 나타난다. 소비자 자신의 가치(value), 자아(ego)와 관련될수록 지속적 관여도가 높아질 수 있다. 즉, 마케터는 고가의 스포츠 용품에 보다 높게 관여하는 경우를 강조하면서 남들에 비해 매력적으로 보이고 싶어 하게 하는 전략을 취할 수 있다. 반면, 상황적 관여도는 특별한 상황발생 시 순간적 구매시점에 관여도가 발생하는 경우에 나타난다. 즉, 마케터는 소비자가 특정 상황에서 위험을 크게 지각할수록 상황적 관여도가 높아질 수 있음을 인식하고, 판매 종료 시점이 얼마 남지 않음을 강조할 수도 있다.

Q 스포츠소비자의 고관여 구매행동에 대해 설명하시오.

A 스포츠소비자의 고관여 구매행동은 복잡한 의사결정에 따른 구매행동, 부조화-감소 구매행동, 단순한 의사결정에 따른 구매행동이 있다.
첫째, 복잡한 의사결정에 따른 구매는 상표 간 차이가 뚜렷하거나 최초로 구매하면서 관여도가 높을 때 나타나는 행동이다.
둘째, 부조화-감소 구매는 상표 간에 뚜렷한 차이점을 발견하기 어려운 경우 나타나는 행동이다.
마지막으로 단순한 의사결정에 따른 구매는 반복구매를 통해 제품 간의 차이를 인식하게 되면서 나타나는 행동이다.

Q 스포츠소비자의 저관여 구매행동에 대해 설명하시오.

A 스포츠소비자의 저관여 구매행동은 다양성 추구 구매행동, 시험적 구매행동, 습관적 구매행동이 있다.
첫째, **다양성 추구 구매**는 상표 간의 차이가 뚜렷하거나 최초로 구매하면서 관여도가 낮을 때 나타나는 행동이다.
둘째, **시험적 구매**는 최초 구매 상황에 관여도가 낮기 때문에 시험적으로 충동구매로 나타나는 행동이다.
마지막으로 **습관적 구매행동**은 상표 간에 차이가 없고 관여도가 낮을 때 관성적으로 나타나는 행동이다.

Moon's Advice

관여도 전체를 이해하고 기술을 할 수 있으면, 각 관여도에 대한 이해도를 높일 수 있습니다. 각각의 관여도의 개념과 마케터로서의 전략을 묻는 문제가 출제될 경우를 상정해 학습해야 합니다.

◇ 관여도 종류: '행정인고저속상' 기억나시나요?

일반적 분류	**행**동적 관여도	특정 제품을 구매, 스포츠활동에 직접 참여하거나 경기장에서 관람하는 활동
	정서적 관여도	구매(이용) 후에 갖게 되는 좋은 혹은 나쁜 감정적 태도로서의 관여도
	인지적 관여도	정보습득을 통해 제품이나 서비스의 기능적 성과에 대한 관심
수준에 따른 분류	**고**관여	적극적인 정보탐색, 신중한 선택, 구매 후 행동에도 관심이 높은 경우
	저관여	소극적인 정보탐색을 통한 구매행동
시간에 따른 분류	**지속**적 관여도	제품이나 활동에 대해 오랫동안 관심이 지속(=습관적 관여도)
	상황적 관여도	특별한 상황 발생 시 순간적 구매시점에 관여도가 발생

◇ 고관여도 및 저관여도: '복부단(고관여) 다시습(저관여)' 기억나시나요?

상표 간 차이 – 관여도			구매경험 – 관여도		
상표 간 차이	작은 차이	습관적 구매행동	인지 부조화 – 감소 구매행동	구매 경험	반복 구매	습관적 구매행동	단순한 의사결정에 따른 구매행동
	큰 차이	다양성 추구 구매행동	복잡한 의사결정에 따른 구매행동		최초 구매	다양성 추구 구매행동 시험적 구매	복잡한 의사결정에 따른 구매행동
		저관여 관여도	고관여			저관여 관여도	고관여

마케팅 전략

Q 스포츠비즈니스의 가치사슬 모형에 대해 기술하시오. 매우중요

A 스포츠비즈니스의 가치사슬모형이란 스포츠조직의 활동에서 부가가치가 생성되는 과정을 의미하고, 주활동과 지원활동으로 구분한다.
첫째, 주활동은 부가가치를 직접 창출하는 과정으로 물류투입, 생산, 출고, 저장, 분배, 판매 등을 의미한다.
둘째, 지원활동은 부가가치가 창출되도록 간접적 역할을 하는 과정으로 회계, 재무, 경영, 인적관리, 기술개발 등을 의미한다.

Moon's Advice

◇ 포터의 가치사슬 모형

개념	• 스포츠조직의 활동에서 부가가치가 생성되는 과정을 의미함 • 스포츠비즈니스를 여러 세부 활동으로 구분하여 목표수준과 실제 성과를 분석하면서 문제점과 개선방안을 도출

가치사슬
모형
	• 주활동(primary activities): 부가가치를 직접 창출
	  - 물류투입(입고, 입력)
	  - 운영(생산, 처리)
	  - 물류산출(출고, 저장, 분배)
	  - 마케팅 및 영업(판매)
	  - 서비스 활동
	• 지원 활동(support activities): 부가가치가 창출되도록 간접적 역할
	  - 기업의 인프라스트럭처(회계, 재무, 경영)
	  - 인적자원관리(HRM, Human Resource Management)
	  - 기술 개발
	  - 조달 프로세스

Q 포터의 가치사슬 모형에서 지원 활동에 해당되는 요소 4가지는 무엇인가? (단답형)

A 기업의 인프라스트럭처, 인적 자원관리, 기술 개발, 조달 프로세스

Q 앤소프(I. Ansoff)의 성장 전략에 대해 기술하시오.

A 앤소프의 성장 전략은 시장과 제품 간의 매트릭스를 통하여 분석하는 방법이다.
첫째, 기존의 시장과 기존의 제품 사이에선 시장침투 전략(market penetration strategy)을 사용한다. 사업을 확대하는 활동 대신 현상 유지에 치중하면서 제품을 재출시하고 가격을 인하해 시장을 선점한다.

둘째, 기존의 시장과 새로운 제품 사이에선 새로운 제품개발 전략(product development strategy)을 사용한다. 시장 기회가 좋지 않지만 제품 기술력을 높일 수 있을 때 사용한다.

셋째, 새로운 시장과 기존의 제품 사이에선 새로운 시장개척 전략(market development strategy)을 사용한다. 기존 제품의 시장 기회가 좋을 때 사용하며 신규 고객층이 유입돼 기존 시장이 지리적으로 확대될 수 있다.

마지막으로 새로운 시장과 새로운 제품 사이에선 경영 다각화 전략(diversification strategy)을 사용한다. 계절적 변동이나 주기적 변동 등에 따라 기존 사업이 심각한 위협에 처했을 때 사업 다각화 전략을 통해 기존 시장에 내재된 위협을 상쇄할 수 있다.

Moon's Advice

성장 전략(성장벡터) 전체를 이해하고 기술을 할 수 있으면, 각 전략에 대한 이해도를 높일 수 있습니다. 각각의 전략의 개념을 묻는 문제와 빈칸 채우기가 출제될 경우를 상정해 학습해야 합니다. 유사한 문제로 스포츠제품 또는 프로그램 연장 전략을 설명하는 문제가 있습니다.

◇ 앤소프의 성장벡터

시장침투	시장 개발 강화, 제품 재출시, 모방, 비용 절감, 개별적 가격 책정
제품개발	신제품, 신규 서비스, 문제 및 시스템 솔루션
시장개척	시장, 신규 고객층, 새로운 유통, 채널, 제품의 새로운 용도 개발
다각화	신규 시장을 위한 신제품

Q. 스포츠제품 혹은 프로그램의 수명을 연장하는 전략에 대해 기술하시오. 〔매우중요〕

스포츠제품 또는 마케팅 프로그램 수명을 연장하는 4가지 전략은 다음과 같다.

첫째, 시장침투 전략은 기존의 제품 또는 프로그램으로 기존 시장의 점유율을 높이기 위한 전략이다. 새로운 고객을 유치하기 보다는 기존 고객을 유지하고 사용량을 늘리게 한다.

둘째, 시장개발 전략은 기존의 제품 또는 프로그램으로 새로운 시장을 개발하는 전략이다. 새로운 지역과 표적 고객을 찾는 노력을 한다.

셋째, 프로그램 개발 전략은 새로운 제품 또는 프로그램으로 기존 시장의 점유율을 높이기 위한 전략이다. 기존 시장의 소비자를 유인할만한 새로운 프로그램을 개발한다.

마지막으로 프로그램 다각화 전략은 새로운 제품 또는 프로그램으로 새로운 시장을 공략하는 전략이다. 기존 시장의 소비자 욕구가 변하거나 경쟁자의 진입으로 기존 프로그램이 쇠퇴기에 접어들었을 때 필요하다.

Q 앤소프(I. Ansoff)의 성장벡터의 4가지 전략을 쓰시오. (단답형)

A 시장침투 전략, 시장개발 전략, 제품개발 전략, 다각화 전략

Q 앤소프가 제시한 시장-제품 매트릭스 모델 유형에서 빈칸에 들어갈 전략을 쓰시오. (단답형)

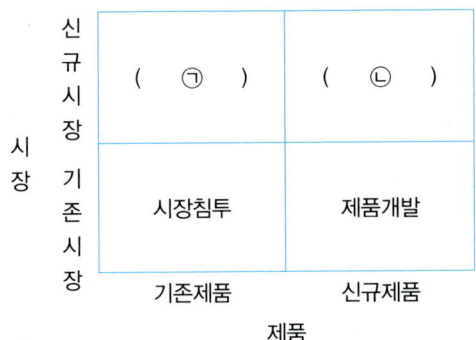

A ㉠: 시장개척 ㉡: 다각화

Q 시장의 매력도 분석에서 포터(M. Porter)의 산업구조를 결정하는 5가지 경쟁요인(5 Forces)에 대해 기술하시오.

A
> **Moon's Advice**
> '기공구대신' 기억나시나요? 기존 경쟁자, 공급자, 구매자, 대체재, 신규 진입자

조직의 수익성은 산업 내에서 경쟁관계로만 파악하는 것이 아니고 산업 전체의 수익성도 고려해야 된다. 산업구조를 결정하는 5가지의 경쟁요인에 대해 마이클 포터는 다음과 같이 제시했다. 첫째, 산업 내에서의 기존 경쟁자와의 경쟁요인이 있다. 둘째, 공급자의 교섭력이 있다. 셋째, 구매자의 교섭력이 있다. 넷째, 대체재의 위협이 있다. 마지막으로 잠재적 진입자의 신규진입의 위협이 있다.

Q 포터(M. Porter)의 본원적 경쟁 전략에 대해 기술하시오.

A 마이클 포터의 본원적 경쟁 전략은 차별화 전략, 비용우위 전략, 집중화 전략이 있다.
첫째, 차별화 전략은 제품 외관, 성능, 서비스 등 타사와의 경쟁우위를 확보하는 것이다.
둘째, 비용우위 전략은 투입비용, 제품설계 등에 소요되는 비용우위를 확보하는 것이다.
셋째, 집중화 전략은 고객집단이 독특한 욕구를 갖고 있는 틈새시장(niche market)을 공략하는 전략이다.

특히 경쟁범위와 경쟁우위 간의 관계를 놓고 살펴보았을 때 산업 전체에 해당되는 범위에서는 비용우위 전략과 차별화 전략이 필요하고, 특정한 산업 부문에서는 비용우위의 집중화 전략과 차별화 우위 전략이 요구된다.

> **Moon's Advice**
>
> 포터의 본원적 경쟁 전략 전체를 이해하고 기술을 할 수 있으면, 각 전략에 대한 이해도를 높일 수 있습니다. 각각의 전략의 개념을 묻는 문제와 빈칸 채우기가 출제될 경우를 상정해 학습해야 합니다. '차비집' 기억나시나요? 유사한 문제로 표적시장 선정 전략 '차비집'이 있습니다. 즉, 차별적 마케팅 전략, 비차별적 마케팅 전략, 집중적 마케팅 전략을 설명하는 문제입니다. 또한 스포츠시설의 경영 전략인 '차비집세'가 있다. 즉, 차별화 전략, 비용우위 전략, 집중화 전략, 세분화 전략을 설명하는 문제입니다.
>
> | 구분 | | 경쟁우위 | |
> |---|---|---|---|
> | | | 비용우위 | 차별화 우위 |
> | 경쟁범위 | 산업 전체 | 비용우위 전략 | 차별화 전략 |
> | | 산업 특정 부문 | 비용우위 집중화 전략 | 차별화 우위 집중화 전략 |

Q. 표적시장을 선정하기 위한 3가지 전략을 기술하시오.

표적시장을 선정하기 위한 전략에는 차별적 마케팅 전략, 비차별적 마케팅 전략, 집중적 마케팅 전략이 있다.

첫째, 차별적 마케팅 전략은 여러 세분시장을 목표로 삼고 각각의 시장에 독특한 제품을 공급하는 방법이다.

둘째, 비차별적 마케팅 전략은 세분시장의 차이를 무시하고 한 가지의 제품을 갖고 전체시장에 접근하는 방법이다.

마지막으로 집중적 마케팅 전략은 큰 시장에서 낮은 점유율을 차지하는 것보다 하나 혹은 몇 개의 세분시장에서 보다 높은 점유율을 확보하려는 방법이다.

◇ 표적시장 선정 전략

차별적 마케팅 전략	• 여러 세분시장을 목표로 삼고 각각의 시장에 독특한 제품을 공급하는 방법 • 소비자의 필요와 요구에 따라 다양한 가격형태로 제공돼 많은 소비자를 확보(소비자 충성도 높임) • 마케팅 비용이 증가할 수 있음
비차별적 마케팅 전략	• 세분시장의 차이를 무시하고 한 가지의 제품을 갖고 전체시장에 접근하는 방법 • 마케팅 비용 절감 가능
집중적 마케팅 전략	• 큰 시장에서 낮은 점유율을 차지하는 것보다 하나 혹은 몇 개의 세분시장에서 보다 높은 점유율을 확보하려는 방법 • 소비자의 충성도를 높일 수 있음

Q. 스포츠시설의 경영전략 유형을 3가지만 기술하시오. (단답형)
차별화 전략, 비용우위 전략, 집중화 전략, 세분화 전략

◇ 스포츠시설의 경영전략

차별화 전략	• 경쟁자와 차이를 두는 전략 • 프로그램, 서비스, 접근성, 가격 등
비용우위 전략	경쟁자에 비해 저가격, 비용 절감
집중화 전략	차별화 또는 비용(원가)우위를 집중하는 전략
세분화 전략	효율적 회원관리 및 확보를 위해 인구통계적, 이용 특성별로 구분해 전개

Q 마이클 포터의 본원적 경쟁 전략의 3가지를 쓰시오. (단답형)

A 차별화 전략, 비용우위 전략, 집중화 전략

Q 마이클 포터의 본원적 경쟁 전략의 4가지를 쓰시오. (단답형)

A 차별화 전략, 비용우위 전략, 차별화 우위 집중화 전략, 비용우위 집중화 전략

Q 포터(M. Porter)가 제시한 본원적 경쟁 전략에서 빈칸을 채우시오. (단답형)

구분		경쟁우위	
		비용우위	차별화 우위
경쟁범위	산업 전체	비용우위 전략	(㉠)
	산업 특정 부문	(㉡)	차별화 우위 집중화 전략

A ㉠: 차별화 전략 ㉡: 비용우위 집중화 전략

Q 포터가 제시한 비용우위 전략에 대해 설명하시오.

A 비용우위 전략은 경쟁사보다 저렴한 비용으로 상품을 제공하기 위한 비용 혹은 원가우위 전략이다. 즉 제품설계, 투입비용, 공정기술, 입지, 서비스, 광고 등에 따라 비용을 줄일 수 있는 전략을 의미한다.

Q 스포츠 마케팅 믹스 4P에 대해 각각 설명하시오.

A 마케팅 믹스 4P는 제품, 가격, 장소, 촉진이다.
첫째, 제품은 스포츠시장에서 스포츠소비자가 필요로 하거나 요구하는 것을 만족시키기 위해 제공되는 유·무형의 모든 요소를 뜻한다.
둘째, 가격은 고객이 제품의 효용가치를 인정하여 이를 얻기 위해 지불하는 금전적 가치를 말한다.
셋째, 장소는 고객이 상품이나 서비스를 구매하거나 이용하는 장소와 유통과정을 말한다.
마지막으로 촉진은 제품의 판매를 촉진시키기 위해 판매자와 고객과의 모든 커뮤니케이션의 수단을 의미한다.

Q 수직적 마케팅 시스템(Vertical Marketing System; VMS)에 관해 설명하시오.

A 수직적 마케팅 시스템은 제품이 제조업자로부터 소비자로 전달되는 과정이 수직적 유통단계를 거쳐 전문적으로 이루어진다. 이를 통해 시장 영향력을 최대로 발휘할 수 있도록 수직적 경로 내의 유통기관에 대한 통제력을 강화하게 된다. 예를 들어 프랜차이즈 시스템은 계약에 의해 통합된 수직적 마케팅 시스템이다. 수직적 마케팅 시스템의 유형에는 기업적 VMS, 관리적 VMS, 계약적 VMS 등이 있다.

Q 마케팅 활동과 관련된 푸시(push) 및 풀(pull) 전략에 관해 설명하시오.

A 푸시 전략은 인적판매를 중심으로 메이커 → 도매업자 → 소매업자 → 소비자에게 권유하거나 지원함으로써 제품을 판매하는 전략이고, 풀 전략은 메이커가 소비자에 대해 직접 광고나 홍보를 통해 구매를 환기하는 것이다.

상품개발

Q 스포츠상품의 개발과정에서 4가지의 환경 분석을 쓰시오. (단답형)

A 시장성 분석, 기술성 분석, 수익성 분석, 경제성 분석

> **Moon's Advice**
>
> 스포츠(라인선싱)상품의 개발과정(사업아이템 탐색 → 환경 분석 → 사업계획 수립과 실행)과 각각의 환경 분석에 대한 개념을 이해해야 합니다.
> ※ 스포츠라이선싱 상품개발 프로세스
> ① 사업아이템 탐색

② 환경 분석
  ㉠ 시장성 분석: 시장에서 얼마나 팔 수 있는지 수요조사
  ㉡ 기술성 분석: 상품의 생산과 판매에 소요되는 기술의 타당성과 원가수준 분석
  ㉢ 수익성 분석: 상품의 매출계획과 비용계획을 토대로 자금수지계획과 이익 산출
  ㉣ 경제성 분석: 손익분기점(판매량, 금액), 순현재가치법 등에 따라 파악
③ 사업계획 수립과 실행

Q 스포츠와 관련하여 새로운 상품을 개발하는 절차에 대해 기술하시오.

A

> **Moon's Advice**
>
> '정도선개포상' 기억나시나요? 도식도 채워 넣기 문제에도 대비하길 바랍니다. 정보수집, 아이디어 도출, 아이디어 선별, 개발 및 테스트, 포괄적 사업성 분석, 상품화

스포츠와 관련한 새로운 상품을 개발하는 절차는 정보수집, 아이디어 도출, 아이디어 선별, 개발 및 테스트, 포괄적 사업성 분석, 상품화 과정을 거친다.
첫째, 정보수집은 소비자의 욕구와 시장환경 변화를 파악하는 과정이다.
둘째, 아이디어 도출은 상품화의 가치를 지닌 다양한 아이디어를 도출하는 과정이다.
셋째, 아이디어 선별은 상품화가 가능한 아이디어를 선별하는 과정이다.
넷째, 개발 및 테스트는 개발 후에 시장에 내놓을 만한 상품인지를 테스트하는 과정이다.
다섯째, 포괄적 사업성 분석은 전체적인 관점에서 사업성을 분석하는 과정이다.
마지막으로 상품화는 시장에 출시할 사업화 단계를 의미한다.

Q 스포츠상품을 개발한 후 소비자가 수용하는 단계를 설명하시오.

A

> **Moon's Advice**
>
> '인심용평수' 기억나시나요? 도식도 채워 넣기 문제에도 대비하길 바랍니다. 인지, 관심, 사용, 평가, 수용

스포츠소비자는 새로운 상품의 인지, 관심, 사용, 평가를 거치며 수용하게 된다.
첫째, 인지는 신제품에 대한 정보를 처음으로 알게 되는 단계이다.
둘째, 관심은 노출이 반복돼 관심을 유발하고 추가정보를 탐색하는 단계이다.
셋째, 사용은 구매 후에 사용하는 단계이다.
넷째, 평가는 신제품의 요구충족 상태를 파악하고 태도를 형성하는 단계이다.
마지막으로 수용은 사용을 하거나 평가 수용 여부를 파악하는 단계이다.

스포츠가격

Q 스포츠시설의 초기 고가전략과 초기 저가전략에 대해 설명하시오. **매우중요**

A 초기 고가전략은 흡수가격 전략이라고도 하며 가격민감도가 낮은 고소득자를 대상으로 출시 초기에 높은 가격으로 책정하는 전략이다. 둘째, 초기 저가전략은 시장침투가격전략이고도 하며 가격민감도가 높은 고객들 대상으로 초기에 낮은 가격을 책정하는 전략이다.

Moon's Advice

◇ 가격전략

초기 고가전략 (skimming pricing strategy)	• 스키밍 전략, 흡수가격전략 • 가격민감도가 낮은 고소득 소비자층 대상으로 출시 초기에 고가격 책정 • 구매 감소가 시작되면 가격민감도가 높은 일반 소비자층 대상으로 가격 인하
초기 저가전략 (penetration pricing strategy)	• 페네트레이션 전략, 시장침투가격전략 • 가격민감도가 높은 고객들 대상으로 초기에 낮은 가격 책정 • 신제품 가격을 낮게 책정하여 빠른 속도 시장 침투

Q 흡수가격전략을 설명하시오.

A 단기적 이익을 목적으로 처음에 높은 가격 책정으로 고소득층을 공략하면서 점차 가격을 인하하는 정책이다.

Q 최근 A 지역에 새로운 스포츠시설 서비스를 제공하기 위해 결정한 차별화 지향 가격 정책에 대해 설명하시오.

A 차별화 지향 가격 책정이란 두 개 이상의 스포츠시설 대상을 각각의 시설 및 서비스 품질과 수준 등에 차이를 두어 구별된 상태가 되도록 가격을 결정하는 것을 말한다.

Moon's Advice

각각의 가격 책정의 개념을 이해하고, 가격 책정 방식에 대한 단답형 문제도 대비해서 학습해야 합니다.
※ 가격 책정
- 경쟁 지향 가격 책정: 경쟁자 가격 조사 후 대응하는 가격 책정
- 수요 지향 가격 책정: 참가자가 인정하는 가치 근거, 수요자 특성에 따라 가격 차별화
- 비용계산 가격 책정: 실제 소요되는 비용을 계산하여 예상 참가자 수로 나눔, 기대수익을 더하여 가격 결정
- 차별화 지향 가격 책정: 둘 이상의 대상을 수준 등의 차이를 두어 구별된 상태가 되도록 가격 결정

Q 가격이란 고객이 제품의 효용가치를 인정하여 이익을 얻기 위해 지불하는 금전적 가치를 말한다. 오픈가격(open price)에 대해 설명하시오.

A 오픈가격이란 제조업체가 제품 겉포장에 권장(희망) 소비자가격을 표시하는 것을 금지하고, 유통업체가 최종 판매가격(단위가격)을 정해서 표시하는 가격이다.

> **Moon's Advice**
>
> 각각의 가격의 개념을 이해하고, 단답형 문제도 대비해서 학습해야 합니다.
> ※ 가격의 종류
> - 재구매가격(Repurchase price): 제품을 구매하여 사용한 후 다시 구매할 때 할인 등의 혜택을 통해 고객을 유지하기 위해 사용
> - 촉진가격(Promotion price): 약간의 품목에 대하여 정상적인 가격보다는 낮거나, 원가 이하의 가격을 설정하여 고객들을 유치하기 위해 사용
> - 오픈가격(Open price): 제조업체가 제품 겉포장에 권장(희망) 소비자가격을 표시하는 것을 금지하고, 유통업체가 최종 판매가격(단위가격)을 정해 표시

Q 심리적 가격을 결정하는 가격 종류를 3가지 쓰시오. (단답형)

A 단수가격, 명성가격, 촉진가격 (*단수가격, 명성가격, 촉진가격, 가격층화가격, 관습가격 중 3가지를 쓰면 됨)

> **Moon's Advice**
>
> 각각의 가격 개념을 이해하고, 서술형 문제도 대비해서 학습해야 합니다.
> ※ 심리적 가격 결정(가격 전략의 실행)
> - 단수가격(Odd pricing): 실제 가격 차이는 별로 나지 않지만, 소비자들이 심리적으로 느껴지는 가격의 차이로 인해 판매량에 변화가 발생하는 가격
> - 명성가격(Prestige pricing): '가격-품질 연상효과'에 의해서 가격이 높으면 품질이 좋을 것이라고 생각하는 소비자의 심리를 이용하는 고가격 전략
> - 촉진가격(Promotion pricing): 약간의 품목에 대하여 정상적인 가격보다는 낮거나, 원가 이하의 가격을 설정하여 고객들을 유치하기 위해 사용하는 방법
> - 가격층화정책(Price lining pricing, 가격 계열화): 구매자는 가격에 약간의 차이가 아니라 큰 차이가 있을 경우에만 이를 인식하게 된다고 보고 선정된 제품계열에 한정된 수의 가격만 설정하는 방법
> - 관습가격(Customary pricing): 구매빈도가 잦은 일용품의 경우와 같이 사회적 관습으로 가격이 어느 징도 획정되어 있는 경우 원가가 증가하더라도 가격 인상은 거의 불가능하므로, 함량이나 품질수준으로 가격을 조정하게 되는 방법

스포츠장소(유통)

Q 유통경로의 중요성을 3가지 이상 쓰시오.

A ① 거래횟수 최소화
② 생산자와 소비자의 조정
③ 거래 표준화
④ 구매자와 판매자들에게 정보 제공

Q 참여스포츠시설의 특징에 따라 공공스포츠시설 관리 운영 시 고려할 사항에 대해 기술하시오.

A 참여스포츠시설은 초기 투자비가 많고, 회수기간이 오래 걸린다는 특징이 있다. 대규모 장치사업이므로 하드웨어에 대한 지출 비중이 높다. 또한 막대한 비용과 시간이 소요되므로 다른 프로그램 운영시설로의 변환이 어렵다.
따라서 공공스포츠시설을 관리·운영할 때 경영 관리 측면에서 민간 위탁관리의 적합성을 검토하고 정기적인 경영진단과 평가를 통해 지속적인 홍보 방안을 강구할 수 있는지를 고려해야 한다.

Q 도시지역과 농촌지역의 스포츠시설을 구분하고 각각의 특징과 관리방안을 기술하시오.

A <u>도심형 스포츠시설</u>은 다양한 계층의 고객을 확보할 수 있고, 시간대별 고객 쏠림 현상이 있다. 따라서 접근성, 가격 경쟁력, 프로그램 차별화, 시설의 우수성 등을 고려해야 한다. 지역 특성, 시간대별 이용자 및 사회적 소외계층에 따라 맞춤형 프로그램을 적용하고 부대시설을 확충할 필요가 있다.
<u>농어촌형 스포츠시설</u>은 소득이 높지 않아 소비시장이 작기 때문에 고객을 확보하기가 어렵다. 또한 육체노동이 많아 스포츠활동의 호응도가 낮다. 노인건강 운동 프로그램과 같이 지역특성에 맞는 특화 프로그램을 개발해야 하고, 지역행사와 접목한 체육활동을 유도해야 한다. 생활주변에 다양한 생활체육시설을 설치하고 운동에 따른 건강증진 필요성을 인식시켜야 한다.

Q PSL(Permanent Seat License)에 대해 설명하시오.

A PSL이란 특별권 형태의 입장권을 발전시킨 개인좌석인증제로 특정한 기간 동안 '개인좌석을 임대'하는 제도이다.

스포츠촉진

Q 스포츠조직의 광고와 홍보의 차이점을 기술하시오.

A 광고는 대가를 지불하고 방송, 인쇄물 등의 매체를 통해 정보를 전달하는 수단이다. 광고의 특징은 다수 소비자에게 짧은 시간에 전달될 수 있어 대중성이 높고, 1인당 소요비용이 저렴하다는 점이다. 또한 소비자와의 커뮤니케이션이 강한 반면, 목표 소비자 대상의 광고가 어렵고 일방적인 정보 전달과 전체 비용이 비싸다는 단점이 있다.

홍보는 광고와 비슷하지만 비용을 지불하지 않는다는 차이점이 있다. 홍보는 전체 비용이 저렴하고 신뢰적인 반면 매체들이 비협조적일 가능성이 있고 매체의 관심을 유발하는 경쟁이 심화될 수 있다.

Moon's Advice

촉진방법 각각의 장점과 단점을 묻는 질문에도 대비하길 바랍니다.
※ 촉진방법의 장점과 단점
① 광고
  ㉠ 장점: 동시에 많은 구매자 도달, 상표 이미지 창조하는 데 효과적, 유연성, 선택할 수 있는 다양한 매체
  ㉡ 단점: 잠재구매자가 아닌 상당수 사람에게 도달, 비판 대상, 노출시간 짧음, 사람들의 광고를 여과하는 경향, 고가의 총비용
② 인적판매
  ㉠ 장점: 판매원은 설득적이며 영향력 행사, 쌍방 커뮤니케이션으로 고객 불만 접수, 메시지는 특별한 사람에게 표적화됨
  ㉡ 단점: 접촉 건당 비용이 높음, 판매원 모집과 동기부여가 어려움, 판매원 간 제시기술이 각각 다름
③ 판매촉진
  ㉠ 장점: 수요를 조장하기 위해 계획된 단기적 가격 인하가 쉬움, 다양한 판매촉진 도구, 단기적 행동을 변화하는 데 효과적, 다른 커뮤니케이션과 연결하기 쉬움
  ㉡ 단점: 다른 사람들에게 영향을 주지 않는 동안에 상표충성고객으로 하여금 많이 비축하도록 유도하는 위험, 단기적 영향의 한계, 가격 관련 판매촉진이 상표이미지 손상, 경쟁자가 모방하기 쉬움
④ 홍보
  ㉠ 장점: 총 비용이 저렴하고 신뢰적임
  ㉡ 단점: 매체들이 비협조적일 가능성, 매체의 관심을 유발하는 경쟁이 심화
⑤ 공중관계(PR, Public Relations): 홍보와 유사하지만 PR이 보다 더 넓은 의미, 대언론 관계, PR은 긍정적인 이미지를 구축하기 위한 조직의 총체적인 모든 활동임

Q 인적판매의 특징을 설명하시오.

A 인적판매는 소비자를 직접 대면해 정보를 제공하고 구매를 유도하는 방식이다. 인적판매는 고객에게 주의를 집중시킬 수 있어 쌍방향 커뮤니케이션이 가능하다. 또한 복잡한 메시지의 정확한 전달이 가능하고 신속한 반응을 유도하여 결정할 수 있다.

반면 고객과 1:1 대면방식이므로 소요비용이 많이 들고, 판매원 간의 제시기술이 차이가 날 수 있다.

Q 기업의 전통적인 촉진활동을 3가지 쓰시오. (단답형)

A 광고, 인적판매, 판매촉진 (*광고, 인적판매, 판매촉진, 홍보, 공중관계 중 3개를 쓰면 됨)

Q ATL과 BTL의 차이점을 설명하고, 각 유형의 대표적인 예시를 1가지씩 쓰시오.

A ATL(Above the Line)은 불특정 다수를 대상으로 하는 전통적인 대중 매체 광고로서 TV, 라디오, 신문, 잡지 등을 통해 메시지를 전달한다. 이는 기업이 소비자에게 메시지를 일방적으로 전달할 수 있으나 효과 측정의 어려움이 있다.
BTL(Below the Line)은 특정한 타깃 소비층을 대상의 마케팅 활동으로 이벤트, 전시회, 박람회, SNS 마케팅, 인플루언서 활용 등이 있다. 이는 명확한 타기팅(targeting)과 쌍방향 소통의 장점이 있다.

CHAPTER 06 스포츠시설 재무관리

가격탄력성 및 재무분석

Q 프로야구장 입장료가 10,000원에서 12,000원으로 인상됐다. 이 경우 관람객 숫자가 8,000명에서 6,000명으로 줄어들었다면 수요의 가격 탄력성은?

A

Moon's Advice

'완탄단완비' 기억나시나요? 완전탄력적(E=∞), 탄력적(E>1), 단위 탄력적(E=1), 완전 비탄력적(E=0), 비탄력적(0<E<1)

$$E = \frac{\text{수요량의 변화율}}{\text{가격의 변화율}} = \frac{\text{수요변동분}/\text{원래 수요}}{\text{가격변동분}/\text{원래 가격}}$$

$$= \frac{(8,000-6,000)/8,000}{(12,000-10,000)/10,000} = \frac{0.25}{0.2} = 1.25$$

- E > 1이므로 탄력적이다.

레버리지 비율	자기자본비율(%)

• 자산구조의 안정성을 분석
  −"자본(자기자본)에 비해 부채가 너무 많지 않은가?"
  −(정의) 기업이 자금을 조달하는 과정에서 타인자본(부채)에 얼마나 의존하고 있는지를 측정하는 지표
	=(자기자본/총자본)×100
	=[(자기자본/(부채+자본)]×100

	• 부채비율(%) =(부채/자기자본)×100
유동성 비율	• 유동비율(%)

• 지불능력의 안정성을 분석
  −"단기부채를 감당할 유동자산이 충분한가?"
  −(정의) 기업의 단기 채무 상환능력을 평가하는 지표
• "필기시험"에 자주 출제됨
	=(유동자산/유동부채)×100

	• 당좌비율(%) =[(유동자산−재고자산)/유동부채]×100
안정성 비율	• 고정비율(%)

• 설비투자의 적정성을 분석
  −"설비투자(고정자산 투자)가 과도하지 않은가?"
  −(정의) 기업의 재무구조가 얼마나 건전하고 안정적인지를 장기적인 관점에서 평가하는 지표
	=(고정자산/자기자본)×100

	• 고정장기적합률(%) =[고정자산/(자기자본+고정부채)]×100

수익성 비율
• 조직의 수익성 분석
  – "얼마만큼의 이익을 달성하고 있는가?"
  – (정의) 기업이 얼마나 효율적으로 이익을 창출하고 있는지를 평가하는 지표
	• 총자산순이익률(%), ROA(Return on Assets)
	  = (당기순이익/총자산)×100
	• 자기자본순이익률(%), ROE(Return on Equity)
	  = (당기순이익/자기자본)×100
	• 총자본순이익률(%), ROI(Return on Investment)
	  = (당기순이익/총자본)×100
	  – "필기시험"에 자주 출제됨

활동성 비율
• 조직 자산의 효과적 활용성 분석
  – "자금이 얼마나 활발하게 순환하고 있는가?"
  – (정의) 기업이 보유한 자산을 얼마나 효율적으로 활용하고 있는지를 측정하는 지표
	• 총자산회전율(회)
	  = 매출액/총자산
	• 재고자산회전율(회)
	  = 매출액/재고자산

※ 재무관리는 실기시험에서 문제 풀이보다 개념 정리를 물어보는 경우가 많으므로 각각의 정의를 숙지해야 함

Q 유동성 비율에 대해 설명하고 2가지 종류에 대해 기술하시오. 매우중요

A 유동성 비율은 지불능력의 안정성을 분석하는 방법이다. 1년 이내 갚아야 할 단기 부채를 감당할 유동자산 즉, 1년 이내에 현금화할 수 있는 자산이 충분한지를 살펴보는 것이다. 유동성 비율은 유동비율과 당좌비율을 통해 알 수 있다.
첫째, 유동비율은 기업이 단기 지불능력을 가늠하는 지표로 은행가비율이라고도 한다.
둘째, 당좌비율은 기업이 단기 채무를 갚을 능력에 대해 보다 정확히 파악할 수 있는 지표이다. 언제든지 빨리 현금화할 수 있는 당좌자산과 단기부채의 크기를 견주는 비율이다.

Moon's Advice

유동성 비율에 대한 개념과 계산문제(유동비율, 당좌비율)를 대비해야 합니다.

◇ 유동성 비율

유동성 비율: 지불능력의 안정성을 분석 "단기부채를 감당할 유동자산이 충분한가?"	유동비율(%) = (유동자산/유동부채)×100 • 기업의 단기 지불능력을 가늠하는 지표(=은행가비율) • 1년 이내 갚아야 할 부채 • 200% 이상이면 적정 유동비율 • 높으면 단기 지급능력이 높지만, 현금이 있으면 투자해야 하므로 무조건 높다고 좋지 않음
	당좌비율(%) = [(유동자산−재고자산)/유동부채]×100 • 기업이 단기 채무를 갚을 능력이 얼마나 있는지 더 정확히 보기 위함 • 당좌자산(언제든 빨리 현금화)과 유동부채(단기부채)의 크기를 견주는 비율 (=신속비율) • 100% 이상이면 양호

Q 프로축구 A 구단의 재무 상태가 유동자산 150억원, 유동부채 300억원일 때 A 구단의 유동비율은?

A 유동비율=(유동자산/유동부채)×100=(150/300)×100=50%

Q 모 스포츠용품 회사의 유동자산이 1,000억원인데 이 중 재고자산이 400억원이다. 유동부채가 300억원일 경우 당좌비율은?

A 당좌비율(%)=[(유동자산−재고자산)/유동부채)]×100=[(1,000−400)/300)]×100=200%

Q 모 프로야구 구단의 총자본이 800억원이고, 당기순이익이 200억원이라면 이 구단의 총자본순이익율(ROI)은?

A 총자본순이익률(ROI, Return on Investment)
=(당기순이익/총자본)×100=(200/800)×100=25%

Q A 스포츠 에이전시는 부채 50억원을 포함해 총 자본이 200억원이고, 당기순이익은 30억원일 때 ROE를 구하시오.

A 자기자본순이익률(ROE, Return on Equity)
=(당기순이익/자기자본)×100=(30/[200−50])×100=20%
*자기자본=총자본−부채

Moon's Advice
간단한 계산문제를 대비하길 바랍니다.

ROI & ROE

총자본 순이익율	• 총자본순이익율(%) = $\frac{당기순이익}{총자본}$ × 100 • ROI(Return on Investment)라고 불림 • 엄밀히 얘기하면 투자자본순이익율이다. 대차대조표에 명시된 자본은 자기자본이고, 부채는 타인자본으로 외부차입금이다. 즉, 투자재원은 자기자본과 외부차입금으로 나뉜다.
자기자본 순이익율	• 자기자본순이익율(%) = $\frac{당기순이익}{자기자본}$ × 100 • ROE(Return on Equity)라고 불림 • 대차대조표에 나타난 자기자본(총자본−부채)과 손익계산서에 나타난 당기순이익을 통해 분석한다.

손익분기점 및 자본조달

Q A 스포츠용품업체가 생산 판매하는 스포츠제품의 판매가격이 3만원이다. A 사가 이 제품을 생산하기 위해서는 3천만원의 고정비와 단위당 1만5천원의 변동비가 소요된다. A 사의 판매량(수량) 및 금액(비용)에 대한 손익분기점을 구하시오.

A
- 손익분기점(판매량) $= \dfrac{FC}{p-v} = \dfrac{\text{고정비}}{\text{상품단위 판매가격} - \text{판매상품단위당 변동비}}$

  $= 30,000,000 / (30,000 - 15,000) = 2,000(개)$

- 손익분기점(금액) $= \dfrac{FC}{1-(v/p)} = \dfrac{\text{고정비}}{1-(\text{판매상품단위당 변동비}/\text{상품단위 판매가격})}$

  $= 30,000,000 / 1 - (15,000/30,000) = 6천만원$

> **Moon's Advice**
>
> 시험에는 판매량 혹은 금액 중 1개를 푸는 문제가 나올 수 있지만, 동시에 준비해놓길 바랍니다.

Q 어느 스포츠제품의 단가가 7,000원, 변동비가 5,000원, 고정비가 1,200,000원일 경우 목표 이익을 500,000원으로 설정한다면 손익분기점(BEP) 매출량은?

A 목표영업이익(TP, Target Profit)이 있을 때 공식은 다음과 같다.

손익분기점(판매량) $= \dfrac{FC+TP}{p-v} = \dfrac{\text{고정비} + \text{목표영업이익}}{\text{상품단위 판매가격} - \text{판매상품단위당 변동비}}$

$= \dfrac{1,200,000 + 500,000}{7,000 - 5,000} = 850개$

Q 다음 중 스포츠기업의 자금조달방법 중 간접금융을 통한 방법을 〈보기〉에서 선택하시오. (단답형)

> **보기**
>
> 기업어음, 주식 발행, 민자유치, 은행차입, 채권 발행, 기금지원, 매입채무, 스폰서십, 회원권 발행

A 기업어음, 은행차입, 매입채무

> **Moon's Advice**
>
> '직접민주회기채폰 간접어차입' 기억나시나요? 매우중요
> - 내부조달: 조직 내부의 유보금을 사용

- 외부조달: 직접금융을 통한 자금조달: 민자유치, 주식 발행, 회원권 발행, 기금지원, 채권 발행, 스폰서십 / 간접금융을 통한 자금조달: 기업어음, 은행차입, 매입채무

투자결정 기법

Q 이상적인 투자결정기법을 위한 기준을 4가지 이상 쓰시오.

A
① 모든 현금흐름을 고려해야 한다.
② 화폐의 시간적 가치를 반영해야 한다.
③ 가치의 가산원칙을 따라야 한다.
④ 복합 투자안의 경우 개별 투자안의 가치를 구한 후 결합하여 가치를 계산해야 한다.
⑤ 조직의 가치를 극대화할 수 있는 투자안을 선택해야 한다.

Moon's Advice

재무관리는 문제 풀이보다 개념 정리를 기술하라는 문제가 나올 수 있습니다. 특히 순현재가치법, 내부수익률법, 수익성지수법의 개념과 문제 풀이에 대비하길 바랍니다.

◇ 이상적인 투자결정기법

확실성하에 투자 결정 기법	화폐의 시간적 가치를 고려할 때	순현재가치법 (매우중요)	• 미래의 모든 현금 흐름을 적절한 할인율을 적용하여 산출한 현재가치로 투자안을 평가(=순현가법, Net Present Value Method) • 가치의 가산원칙을 적용함 $\dfrac{현금흐름}{(1+할인율)^{시점}} - 최초투자액$ • 단일투자안: NPV > 0일 때 투자결정 • 복합투자안: 가장 큰 NPV의 투자안 선택
		내부수익률법 (매우중요)	• 투자로 인해 발생하는 현금유입의 현재가치와 현금유출의 현재가치를 일치시켜 투자안의 순현가를 0으로 하는 할인율(IRR)을 구한 후 요구수익률(자본비용)과 비교하여 투자 여부를 결정하는 방법(IRR, Internal Rate of Return) $\dfrac{현금흐름}{(1+할인율)^{시점}} - 최초투자액 = 0$
		수익성지수법	$PI = \dfrac{현금유입의 현재가치투자안의 NPV(순현가치)}{현금유출의 현재가치}$ • 단일투자안: PI > 0일 때 투자결정 • 복합투자안: 가장 큰 PI의 투자안 선택

Q 어느 민간사업자가 스포츠센터를 짓고자 한다. 최초 투자금액이 1억원이고 2년 후 현금흐름이 2억원이다. 순현재가치법(NPV)으로 계산한 후 투자를 결정하시오. (단, 할인율 10%)

A $\dfrac{\text{현금흐름}}{(1+\text{할인율})^{\text{시점}}} - \text{최초 투자액}$

$\dfrac{200,000,000}{(1+0.1)^2} - 100,000,000 = 65,289,256$원

- NPV > 0이므로 투자를 결정함

Q A 사업자가 1억원을 투자해서 스포츠센터를 짓고자 한다. 2년 후에 약 1억 3천만원에 매각할 수 있을 거라고 예측하고 있다. 요구수익률(자본비용)이 10%라고 가정할 때 내부 수익률(IRR)은 얼마인가?

A $\dfrac{\text{현금흐름}}{(1+\text{할인율})^{\text{시점}}} - \text{최초 투자액} = 0$

$\dfrac{130,000,000}{(1+\text{IRR})^2} - 100,000,000 = 0$

- IRR = 0.14
- IRR이 14%로 요구수익률 10%보다 크기 때문에 투자를 결정함

Q 다음 스포츠시설 관련 투자안(A, B, C)에 대하여 수익성지수(PI)를 통한 투자순위를 바르게 나열한 것은?

> - 투자안 A: 투자비용 200만원, 순현가치 410만원
> - 투자안 B: 투자비용 150만원, 순현가치 300만원
> - 투자안 C: 투자비용 100만원, 순현가치 210만원

A 수익성지수법(PI) = $\dfrac{\text{현금유입의 현재가치투자안의 NPV(순현가치)}}{\text{현금유출의 현재가치}}$

투자안 A = $\dfrac{410}{200} = 2.05$

투자안 B = $\dfrac{300}{150} = 2$

투자안 C = $\dfrac{210}{100} = 2.1$

- 복합투자안이므로 가장 큰 투자안인 C를 선택해야 함

CHAPTER 07 스포츠시설 서비스 및 안전관리

인적자산관리

Q 인사평가방법 중 3가지를 쓰시오. (단답형)

A 목표에 의한 관리, 인적평정센터법, 행위기준고과법

> **Moon's Advice**
>
> 각각의 인사평가방법에 대한 서술형 문제도 대비하길 바랍니다.
>
> ◇ 인사평가방법
>
> | 인사평가방법 | 내용 |
> |---|---|
> | 목표에 의한 관리
(MBO; Management by Objectives) | • 구체적 목표와 성과기준을 상사, 부하와 함께 결정
• 목표 달성 여부를 정기적 점검, 보상 |
> | 인적평정센터법
(HAC; Human Assessment Center) | • 피평가자의 합숙교육을 통해 의사결정, 토의, 심리, 자질 등을 평가 |
> | 행위기준고과법
(BARS; Behaviorally Anchored Rating Scales) | • 평가자가 피평가자를 정기적으로 관찰
• 이를 근거로 평가 |

Q 평가자의 의도적인 주관적 인사평가에 따른 오류 3가지를 쓰시오. (단답형)

A 항상 오류, 상동 오류, 연공 오류

> **Moon's Advice**
>
> 각각의 오류 원인에 따른 종류에 대해서도 대비하길 바랍니다.
>
> ※ 평가 오류
> ① 평가자의 의도적인 주관적 평가에 의한 오류: 항상 오류, 상동 오류, 연공 오류
> ② 평가자 자신이 인식하지 못하는 오류: 후광 효과, 시간적 오류, 상관 편견, 논리적 오류, 근접 오류, 유사성 오류
> ③ 정보부족으로 인한 오류: 중심화 경향, 귀인과정 오류, 2차 평가자 오류

Q 직무분석(job analysis)의 목표와 방법을 기술하시오. `매우중요`

A
> **Moon's Advice**
>
> '면찰중플질' 기억나시나요? 각각의 개념을 이해하고 단답형 문제에도 대비하길 바랍니다. 면접법, 관찰법, 중요사건화법, 워크샘플링법, 질문지법

직무분석은 직무수행을 하기 위해 필요한 구성원의 적성에 대한 정보를 수집하고 분석하는 일을 의미한다. 직무분석의 목표는 업무의 양과 범위 조정, 업무 환경 개선, 정원 산정, 인사고과 기초자료, 조직합리화 기초자료, 직무급 산정 기초자료를 확보하기 위함이다. 직무분석방법은 5가지가 있다.
첫째, 면접법은 면접을 통해 직무에 대한 정보를 습득하고 분석하는 방법이다.
둘째, 관찰법은 관찰을 통해 직무에 대한 정보를 습득하고 분석하는 방법이다.
셋째, 주요사건화법은 중요한 일을 사건화하여 정보를 습득하고 분석하는 방법이다.
넷째, 워크샘플링법은 여러 번 관찰을 통해 직무에 대한 정보를 습득하고 분석하는 방법이다.
마지막으로 질문지법은 질문지를 통해 직무에 대한 정보를 습득하고 분석하는 방법이다.

Q 직무평가(job evaluation) 방법에 대해 기술하시오.

A
> **Moon's Advice**
>
> '분서점요' 기억나시나요? 각각의 개념을 이해하고 단답형 문제에도 대비하길 바랍니다. 또한 위의 직무분석과 헷갈리지 않길 바랍니다. 분류법, 서열법, 점수법, 요소비교법

직무평가(job evaluation)는 직무의 난이도, 책임도 등에 따라 직위의 비중을 기준으로 직위등급을 평가하고 결정하는 일이다.
첫째, 분류법은 기준을 정한 후 직무별로 분류하고 평가하는 방법이다.
둘째, 서열법은 직무 간 상호 비교를 통해 직무를 서열화하고 평가하는 방법이다.
셋째, 점수법은 요소별 중요도에 따라 점수를 부여하고 평가하는 방법이다.
마지막으로 요소비교법은 직무별 평가요소를 비교하고 평가하는 방법이다.

Q 직원교육을 위한 직장 내 교육훈련(OJT, On the Job Training)의 장점과 단점을 설명하시오.

A 직장 내 교육훈련(OJT)의 장점은 업무의 중단 없이 업무수행능력을 향상시키므로 시간 낭비를 최소화할 수 있고, 지도자와 교육자 사이의 친밀감 형성하며 기업에 실질적으로 도움이 되는 교육으로 구성할 수 있다. 반면, 지도자의 높은 자질이 요구되고 교육훈련 내용에 대한 체계화의 어려움이 있다.

> **Moon's Advice**
>
> OJT, OFF-JT를 이해하고 중요성과 목적도 숙지해서 직원교육에 대한 문제에 대비하길 바랍니다.
>
> ※ 직원교육 및 능력 개발 프로그램
>
> ① 종류
> - ㉠ 학습: 개인들이 조직생활을 통하여 새로운 경험을 하면서 얻는 지식
>   - OJT: 직장 내 교육훈련(On the Job Training)
>   - 장점: 업무의 중단 없이 업무수행능력 향상(시간 낭비 최소화), 지도자와 교육자 사이의 친밀감 형성, 기업에 도움이 되는 교육
>   - 단점: 지도자의 높은 자질 요구, 교육훈련 내용 체계화의 어려움
>   - OFF-JT: 직장 외 교육훈련(Off the Job Training)
> - ㉡ 자기개발: 외부적 도움에 의지하지 않고 스스로 책임과 권리를 갖고 과제를 부여하면서 필요한 과정을 찾아서 개발하는 것
>
> ② 중요성: 학습과 자기개발은 자아실현 욕구와 자기성장 욕구를 충족시켜 주는 중요한 수단
>
> ③ 목적
> - ㉠ 자신의 직무를 완전하게 수행하는 능력 함양
> - ㉡ 환경변화에 따라 업무를 수행할 잠재적인 능력 개발
> - ㉢ 급변하는 사회경제적 상황에서 적응할 수 있는 능력 개발

고객 서비스

Q 스포츠시설의 고객관계관리(CRM)에 대해 기술하시오.

A 고객관계관리(CRM)는 고객중심의 경영을 위한 통합적인 해결책으로 제시되는 방법을 통칭한 개념이다. 즉, 고객과의 접촉점을 세심하게 관리하는 과정으로 고객관계를 구축, 유지하는 전반적인 과정이다. 기존의 대중마케팅은 '판매'에 초점을 맞췄지만, 관계마케팅은 '고객유지'에 초점을 두어 고객데이터베이스를 구축하고 유지하는 전략을 구사한다.

Q 스포츠시설의 고객관계관리의 특징을 3가지 이상 쓰시오. (매우중요)

A
① 신규고객 창출보다 기존고객 충성도 확보에 초점을 둔다.
② 핵심고객 관리에 더욱 중점을 둔다.
③ 개별 마케팅이 아닌 유기적인 협조체제하에 이루어진다.
④ 단기적 이익보다는 장기적·지속적 이익을 중시한다.

Q 기존고객을 유지하면서 기대할 수 있는 효과를 3가지 이상 쓰시오.

A ① 기존고객의 홍보효과로 신규고객 유치가 가능하다.
② 기존고객의 유지로 일정한 매출액을 유지하고 증대시킬 수 있다.
③ 기존고객의 장기화로 할인된 가격을 적용할 수 있다.
④ 반복구매가 가능하고 고정 고객화를 통해 장기고객으로 유도가 가능하다.
⑤ 마케팅 비용을 절감할 수 있다.
⑥ 지역별 모임의 적당한 결속으로 충성도를 높일 수 있다.

Q 신규고객을 유치하고 관리할 때의 특성과 대처방안을 쓰시오.

A 새로운 고객을 유치하고 관리할 때 기존고객보다 시간이 많이 소요되고 비용이 많이 들어간다. 높은 수준의 서비스 교육, 다양한 운동프로그램 진행, 지속적이고 재미있는 이벤트, 고객들의 불만에 대한 빠른 대처를 통해 고객 이탈을 방지해야 한다.

Q 스포츠소비집단에 적용한 파레토의 법칙(Pareto principle)을 설명하시오.

A 이탈리아 경제학자 빌프레드 파레토의 이름에서 차용한 법칙으로 전체 결과의 80%가 전체 원인의 20%에서 일어나는 현상을 말한다. 즉, 20%의 열성 소비자가 전체 매출의 80%를 구성하는 것으로 2대 8법칙이라고도 한다.

Q 스포츠시설의 FCB Grid 모델을 활용한 고객유치전략에서 '고관여-이성' 공간에 대해 설명하시오.

A '고관여-이성'은 제1공간으로 '인지-느낌-구매' 순으로 소비자 반응이 나타난다. 예를 들어 고가의 골프장 회원권을 구매할 소비자층을 대상으로 매체에 긴 카피와 같이 구체적인 정보를 제시함으로써 고객을 유치한다.

> **Moon's Advice**
>
> 각 사분면 내용을 숙지하여 각 공간의 특성 혹은 단답형 문제를 대비하길 바랍니다.
>
> ◇ FCB 모델

개념	FCB(Foote Cone & Belding) 모델 -미국 광고대행사 FCB가 만든 광고 전략 모델 -전통적 소비자 행동 이론, 소비자 관여 이론 등을 통합한 개념 -2가지 차원을 이용해 4가지 유형의 소비자 반응 모형을 제시 • 관여-저관여/이성(사고)-감성

FCB 모델		이성	감성
	고관여	〈제1공간〉 • 정보적(informative) • 소비자 반응 모형: 인지 – 감정(느낌) – 행동(구매) • 구체적 정보 제시, 사고(思考)를 유발하는 매체에 따라 소비 – 매체: 긴 카피 등장(고가의 골프장 회원권 등)	〈제2공간〉 • 감성적(affective) • 소비자 반응 모형: 감정(느낌) – 인지 – 행동(구매) • 강한 임팩트가 발생, 감성적 광고를 제시하는 매체에 따라 소비 – 매체: 큰 지면에 제시
	저관여	〈제3공간〉 • 습관적(habit formation) • 소비자 반응 모형: 행동(구매) – 인지 – 감정(느낌) • 브랜드를 떠올리게 하는 습관 형성적 광고를 제시하는 매체에 따라 소비 – 매체: 작은 광고 지면	〈제4공간〉 • 자아만족(self – satisfaction) • 소비자 반응 모형: 행동(구매) – 감정(느낌) – 인지 • 주의를 환기하고 자아만족적 광고를 제시하는 매체에 따라 소비 – 매체: 입간판, 신문 등

Q 스포츠이벤트 수송관리 계획을 할 때 고려해야 할 사항을 3가지 이상 쓰시오.

A ① 관람객 수송 방안, 교통대책 수립, 경기장 교통통제 개선, 교통이용 편의 제공
② 대회패밀리 수송 총괄, 수송차량 및 인력 확보, 장소별 배치 및 운영
③ 행사차량 교통 신호 소등, 수송차량 승차장 교통통제, 교통질서 확립, 관람객 질서 유지

Q 스포츠이벤트 소요량을 산출하는 목적을 3가지 이상 쓰시오.

A ① 소요량의 크기를 표시하여 스포츠이벤트 시 물자의 중요성을 인식시킬 수 있음
② 물자관리에서의 문제점을 발견할 수 있음
③ 물자관리 계획, 관리, 실적을 평가할 수 있음
④ 생산과 판매부분의 불합리한 물자관리계획 소비를 찾아낼 수 있음

CHAPTER 08 스포츠시설 법률지원

Q 국내 스포츠산업 특수분류 3.0에 따라 분류한 참여스포츠시설 운영업에 해당되는 것을 〈보기〉에서 고르시오. (단답형)

> **보기**
>
> 종합스포츠시설운영업, 체력단련시설운영업, 골프장 운영업, 실외경기장운영업, 스포츠무도장운영업, 낚시장 운영업, 스키장운영업, 경주장운영업

A 종합스포츠시설운영업, 체력단련시설운영업, 스포츠무도장운영업

Q 국내 스포츠산업 특수분류 3.0에 따라 분류한 스포츠마케팅업에 해당되는 것을 〈보기〉에서 고르시오. (단답형)

> **보기**
>
> 스포츠에이전트업, 스포츠경기업, 스포츠복권 발행 및 판매업, 회원권대행판매업, 태권도교육기관, 온라인·모바일 스포츠게임 개발 및 공급업, 스포츠여행업, 스포츠마케팅대행업

A 스포츠에이전트업, 회원권대행판매업, 스포츠마케팅대행업

Q 국내 스포츠산업 특수분류 3.0에 따라 대분류 3가지 업종을 쓰시오. (단답형)

A 스포츠시설업, 스포츠용품업, 스포츠서비스업

Moon's Advice

'무(無)에서 유(有)를 만드는 업종', '유(有)에서 더 나은 유(有)로 가는 방향의 업종' 기억나시나요? 골프장운영업과 골프연습장운영업이 속한 업종분류가 다르듯이 꼼꼼하게 숙지하길 바랍니다.

◇ 국내 스포츠산업 특수분류 3.0

Q 국내 스포츠산업 특수분류 3.0에 따른 분류로서 '스포츠미디어업'에 속한 업종 4가지 이상을 쓰시오. (단답형)

A
① 스포츠신문 발행업
② 스포츠잡지 및 정기간행물 발행업
③ 스포츠 관련 라디오 방송업
④ 스포츠 관련 지상파 방송업
⑤ 스포츠 관련 프로그램 공급업
⑥ 스포츠 관련 유선 방송업
⑦ 스포츠 관련 위성 및 기타 방송업

Q 스포츠산업의 특성을 설명하시오. 매우중요

A

> **Moon's Advice**
>
> '공복시오감' 기억나시나요? 각각의 개념을 이해하고 단답형 문제에도 대비하길 바랍니다. 공간입지 중시, 복합적, 시간소비, 오락성이 중심인 최고 소비재 산업, 감동 건강

스포츠산업이란 스포츠와 관련된 재화와 서비스를 통하여 부가가치를 창출하는 산업이다. 스포츠산업의 5가지 특성은 다음과 같다.
첫째, 공간·입지 중시형 산업으로 접근성과 시설의 규모 등이 소비자들에겐 주된 관심 대상이 된다.
둘째, 복합적인 산업분류 구조를 가진 산업으로 스포츠시설업, 스포츠용품업, 스포츠서비스업 간에 상호 유기적이고 복합적인 특성을 내포한다. 스포츠용품업과 건설업은 2차 산업, 스포츠서비스업은 3차 산업이다.
셋째, 시간 소비형 산업으로 노동시간이 줄어들고 여가활동이 늘어나면서 스포츠활동이 많아지고 있다. 직접 참여하거나 경기장에서 관람하는 스포츠활동은 일정 시간을 소비해야 한다.
넷째, 오락성이 중심인 최고 소비재 산업으로 사람들은 수준 높은 경기를 관람하기를 원하고, 재미있는 종목을 배우고자 한다.
마지막으로 감동과 건강을 가져다주는 산업으로 각본 없는 드라마를 경험하게 하고, 궁극적으로 정신적·육체적 건강을 높여줄 기회를 제공한다.

Q 참여스포츠시설 운영업종을 4가지만 쓰시오.

A 종합스포츠시설 운영업, 체력단련시설 운영업, 수영장운영업, 볼링장 운영업, 당구장 운영업, 골프연습장 운영업, 스포츠무도장 운영업, 체육공원운영업, 기원운영업 중 선택

CHAPTER 09 스포츠이벤트 전략기획

스포츠브랜드

Q 브랜드 가치를 높이기 위해 브랜드 자산을 구성하는 4가지 요소를 쓰시오. (단답형)

A 브랜드 인지도, 지각된 품질, 브랜드 연상, 브랜드 충성도

> **Moon's Advice**
>
> 브랜드 자산과 각 구성요소의 개념을 숙지하고 서술형 문제에도 대비하길 바랍니다.
>
> ◇ 브랜드 가치 구성요소 **매우중요**
>
> | | |
> |---|---|
> | 브랜드 자산 | • 브랜드의 자산적 가치를 의미
• 제품의 질보다 브랜드 차별화를 통해 경쟁우위 확보
• 고객들에게 브랜드 충성도를 유지하게 하기 위해 필요 |
> | ↑ | |
> | 브랜드 인지도 | • 고객들이 친숙한 브랜드로 인식하기 위해 필요
• 브랜드 친숙, 애호, 브랜드 연상 강화 |
> | 지각된 품질 | • 고객들이 품질에 대해 상대적이고 주관적인 인식을 극복하기 위해 필요
• 브랜드 확장, 차별성, 유리한 위치 |
> | 브랜드 연상 | 고객들에게 브랜드에 대한 신념과 느낌 등을 풍부하게 하기 위해 필요(브랜드 이미지, 브랜드 확장) |
> | 브랜드 충성도 | • 고객들에게 장기간 동안 브랜드 선호를 유도하기 위해 필요
• 신규고객 인지도 구축과 재인지, 마케팅 비용 감소, 판매율 상승 |

Q 스포츠 브랜드의 계열 확장과 범주 확장을 비교하여 기술하시오.

A 계열 확장은 기존의 상표명을 기존의 제품범주의 새로운 형태, 크기 등에 확대하는 전략으로 신상품의 도입에 해당된다. 범주 확장은 새로운 범주에 어떤 신상품을 출시하기 위해 기존 브랜드명을 사용하는 전략을 의미한다.

Moon's Advice

각 용어를 정확히 정립하여 개별적 개념과 특성을 묻는 문제에도 대비하길 바랍니다.

◇ 브랜드 확장 **매우중요**

계열 확장 (line extension)	• '라인 확장'이라고도 함 • 기존의 상표명을 기존 제품범주의 새로운 형태, 크기 등에 확대함(신상품 도입) • 수직적 확장: 같은 제품 범주에 다른 타깃 시장을 대상으로 가격, 품질의 차이가 있는 유사 브랜드를 출시함. 이를 또 다시 기존 브랜드를 대중시장에서 상급시장으로 확대하는 상향 확장과 기존 브랜드를 갖고 저가형 시장에 진출하는 하향 확장으로 분류함 • 수평적 확장: 동일하거나 유사한 제품 범주에서 완전히 새로운 제품에 계속 사용하고 있는 상표명을 적용하는 경우임
범주 확장 (category extension)	• '카테고리 확장'이라고도 함 • 새로운 범주에 어떤 신상품을 출시하기 위해 기존 브랜드명을 사용함

Q 스포츠브랜드 확장의 장점과 단점을 각각 2가지씩 쓰시오. (단답형) **매우중요**

A
- 장점: 신규 브랜드 인지도 제고, 신제품 촉진비용의 효율성 증가
- 단점: 소비자에게 혼란 초래 가능, 모브랜드(parent brand) 이미지 저하 가능

Moon's Advice

각각 장단점을 숙지하여 비교 서술식에도 대비하길 바랍니다.

◇ 브랜드 확장의 장점과 단점

브랜드 확장의 장점	브랜드 확장의 단점

• 신제품 브랜드 관점
   -신규 브랜드 인지도 제고
   -신제품 브랜드의 긍정적 이미지 제고
   -신규 브랜드 의미 전달
• 기업 관점
   -신제품 촉진비용의 효율성 증가
   -신제품에 대한 유통과 고객의 신제품 수용 가능성
   -신제품 개발 및 마케팅 비용 절감
• 모브랜드 관점
   -모브랜드 의미의 명료화, 재활성화
   -모브랜드 이미지 강화 및 확장
	• 소비자와 유통 관점
	   -소비자에게 혼란 초래 가능
	   -신규 제품에 대한 신선함 저하
	   -소매 유통 저항에 직면
	• 브랜드 관점
	   -모브랜드와 확장 브랜드 간에 시장 잠식 가능
	   -브랜드 확장의 실패로 모브랜드의 이미지 저하 가능성

환경 분석 및 스포츠서비스

Q 스포츠시장 SWOT 분석의 4가지 전략을 기술하시오.

A 내부환경(강점 Strength, 약점 Weakness)과 외부환경(기회 Opportunity, 위협 Threat)을 통해 도출될 수 있는 전략은 O/S 전략, T/S 전략, O/W 전략, T/W 전략이 있다. 첫째, O/S 전략은 시장상황에 많은 외부의 기회요인과 내부의 강점요인을 활용하는 전략이다. 시장의 기회를 선점하고 제품을 다각화하는 전략을 구사한다. 둘째, T/S 전략은 시장의 위협요인을 최소화하고 내부의 강점요인을 극대화하는 전략이다. 시장에서 침투전략과 제품을 확충하는 전략을 구사한다. 셋째, O/W 전략은 시장의 기회요인을 극대화하고 내부의 약점요인을 최소화하는 전략이다. 핵심역량을 강화하고 전략적 제휴를 통해 단점을 보완한다. 마지막으로 T/W 전략은 외부의 위협과 내부의 단점을 최소화하는 전략이다. 시장에서 철수를 하고 제품에 대해 집중화 전략을 구사한다.

Moon's Advice

도식표를 통해 각 사분면의 의미를 이해하고, 단답형 문제에도 대비하길 바랍니다. 또한 거시적 환경 분석인 PEST의 개념과 내부환경 7S 분석까지 숙지해 놓길 바랍니다.

◇ SWOT 분석을 통한 마케팅 전략

구분		외부	
		기회(Opportunity)	위협(Threat)
내부	강점(Strength)	S-O전략: 공격전략	S-T전략: 다각화 전략
	약점(Weakness)	W-O전략: 안정전략	W-T전략: 방어전략

※ 거시적 환경 분석 PEST
① 정치적(Political): 정부에서 진흥하거나 게재하고자 하는 재화나 용역의 종류 포함
② 경제적(Economics): 경제성장률 금리, 환율, 인플레이션 정도 등 포함
③ 사회·문화적(Social): 문화적 요소, 보건인지도, 인구성장률, 연령대 분포, 직업 태도, 안전 관련 요소 등 포함
④ 기술적(Technological): 기술투자와 품질, 비용 및 혁신에 영향을 미치는 요소 포함

※ 7S 분석
① 전략(Strategy): 기업의 목표 달성을 위한 전략 수립 과정과 내용
② 기술(Skills): 사원이나 조직이 보유하고 있는 녹십자인 능력이니 기법
③ 조직구조(Structure): 회사의 조직구조나 형태 의미로의 조직의 연결
④ 시스템(System): 회사의 운영규칙이나 시스템
⑤ 인재·구성원(Staff): 구성원의 숫자, 고용 충원 형태, 교육 상태
⑥ 스타일(Style): 회사의 경영 방식 및 조직문화
⑦ 공유가치(Shared Value): 회사의 존재 목적을 정하는 가치관

Q 스포츠서비스의 특성을 스포츠경기에 대입하여 설명하시오.

A

> **Moon's Advice**
>
> '무비질소' 기억나시나요? 각각의 개념을 이해하고 단답형 문제에도 대비하길 바랍니다. 무형성, 비분리성, 이질성, 소멸성

스포츠서비스의 특징은 무형성, 비분리성, 이질성, 소멸성이다. 스포츠경기에 서비스 특징을 대입하여 기술하면 다음과 같다.

첫째, 스포츠경기는 정해진 형태가 없고, 미리 만져볼 수 있는 것이 아니기 때문에 무형적인 특징을 갖고 있다.

둘째, 스포츠경기는 정해진 장소와 시간에 생산을 하자마자 소비되기 때문에 분리를 할 수 없는 특징을 갖고 있다.

셋째, 스포츠경기는 모든 경기내용의 품질이 동일할 수 없고, 사람마다 서비스 품질에 대해 다르게 느끼기 때문에 이질적인 특징을 갖고 있다.

마지막으로 스포츠경기는 생산되고 소비되면 동일한 경기를 다시 실행할 수 없기 때문에 서비스가 사라지는 소멸적인 특징을 갖고 있다.

Q 파라슈라만 등(Parasuraman et al.)이 제시한 서비스 품질 척도를 스포츠센터에 대입하여 설명하시오.

A

> **Moon's Advice**
>
> '유신확답공' 기억나시나요? 각각의 개념을 이해하고 단답형 문제에도 대비하길 바랍니다. 유형성, 신뢰성, 확신성, 응답성, 공감성

파라슈라만 등이 제시한 서비스 품질 척도 5개는 유형성, 신뢰성, 확신성, 응답성, 공감성이다. 스포츠센터 운영자는 고객에게 5가지 모두의 질 높은 서비스를 제공해야 한다.

첫째, 유형성은 스포츠센터의 외형과 시설의 우수함이다.
둘째, 신뢰성은 스포츠센터의 약속된 서비스의 이행이다.
셋째, 확신성은 스포츠센터 구성원의 전문적인 지식과 태도에 관한 서비스 품질이다.
넷째, 응답성은 고객에게 서비스를 즉각적으로 제공하려는 의지다.
마지막으로 공감성은 고객별로 개별화된 주의와 관심을 제공하기 위한 노력이다.

CHAPTER 10 스포츠이벤트 마케팅

프로스포츠

Q 프로스포츠의 프랜차이즈 구조와 특징에 대해 설명하시오.

A 프로스포츠의 프랜차이즈 구조는 프로연맹과 같은 프랜차이저(franchiser, 본사)와 구단과 같은 프랜차이지(franchisee, 가맹점)가 있다. 가맹점은 본사에 가맹비를 지불함으로써 본사의 로열티를 획득할 수 있다. 프로연맹은 리그 소속 구단의 숫자를 제한하는 권한이 있다. 이는 프로구단의 희소성 유지, 리그가치 제고, 보다 많은 리그수입 배당금 확보, 선수 확보를 쉽게 하는 역할을 한다.
프로구단이 지자체 지원을 더 얻어내기 위해 연고지 변경 등을 내세우며 협상하는 방법을 프랜차이즈 게임이라 한다. 이에 지자체는 프로구단 유치를 통해 지역에 미치는 파급효과를 기대한다.

Q 프로스포츠의 주요 수입원을 직접수입과 간접수입으로 구분해 각각 3가지 이상 쓰시오. (단답형)

A ① 직접수입: 입장 수입, 스폰서 수입, 선수 이적, 상금, 배당금, 방송중계권료
② 간접수입: 신생팀 가입배당금, 라이선싱, 머천다이징

Q 프로리그에 진입하려는 신생팀에 가입비를 부담시켜 진입장벽을 높게 하는 이유를 3가지 이상 쓰시오.

A ① 프로구단의 희소성 유지
② 리그가치 제고
③ 리그수입 분배금을 기존구단들이 많이 배당받기 위함
④ 기량이 우수한 선수 확보 용이
⑤ 고정 팬 확보에 유리한 환경 유지

Q 프로연맹이 신생팀에서 창단가입금을 받는 이유 3가지를 쓰시오.

A ① 기존 팀의 입장수입 감소를 초래할 수 있기 때문이다.
② 방송중계권수입의 분배금액이 줄어들 수 있기 때문이다.
③ 구단 수가 늘어나면 경기장 수요가 늘어 지자체와의 임대조건협상에 불리해지기 때문이다.

스포츠 스폰서십

Q 스포츠 스폰서십 종류에서 공식스폰서, 공식공급업체, 공식상품화권자의 차이를 기술하시오. **매우중요**

A 공식스폰서(Official Sponsor)는 현금을 지불하는 대가로 등록된 마크를 광고와 판매촉진활동에 이용할 수 있는 권리를 부여받은 기업이다. 공식공급업체(Official Supplier)는 물자나 인력 등을 지원하고 등록된 마크를 광고와 판매촉진활동에 이용할 수 있는 권리를 부여받은 기업이다. 공식상품화권자(Official Licensee)는 일정액의 금액을 지불하여 특정 품목 또는 제품에 로고와 마스코트를 사용하여 제조, 생산, 판매를 할 수 있는 영업권리를 부여받은 기업이다.

Q 스포츠 스폰서십에서 타이틀 스폰서에 대해 서술하시오.

A 타이틀 스폰서는 일반 스폰서보다 많은 비용을 지불하여 대회명칭에 기업 혹은 상품명을 삽입하는 등의 마케팅 권한을 부여받은 기업이다.

Q 스포츠 스폰서십의 계약 구조(스포츠단체, 스폰서, 미디어, 대행사) 및 각 주체의 수익 창출에 대해 기술하시오.

A 스포츠 스폰서십 계약구조는 4가지의 주체에 의해 이루어진다.
첫째, 스포츠단체는 연맹, 협회, 구단과 같이 스포츠이벤트 및 프로리그의 개최권한을 갖고 있는 주최기관으로 스폰서 비용, 중계권료 등의 수익을 얻는다.
둘째, 스폰서는 기업과 같이 스폰서십에 참여함으로써 우선 광고권한을 획득하게 됨으로써 자사의 상품광고를 통해 판매를 증진시키고 이윤을 얻는다.
셋째, 미디어는 스포츠단체로부터 방송중계권을 확보하여 독점중계 및 기업광고 유치를 통해 수익을 얻는다.
마지막으로 대행사는 주체 간의 협상과 계약을 대행하는 중간자 역할을 통해 수수료 수입을 얻는다.

Q 스포츠 스폰서십을 통한 스포츠단체(주최·주관자)와 기업의 효과를 각각 3가지 이상 쓰시오. **매우중요**

A
- 스포츠단체: 경기력 향상, 복지증진, 선수일탈방지 등 체계적 관리, 선수안전, 조직 운영예산 보조
- 기업: 기업인지도, 상품이미지, 판매촉진, 조직구성원 자긍심 고취

Q 스포츠단체와 기업이 스폰서십을 유치하거나 참여할 때 고려할 사항에 대해 각각 3가지 이상 쓰시오.

A
- 스포츠단체: 이벤트와 스폰서 이미지 연관성, 마케팅 구조, 동종업계와의 경쟁관계, 스폰서 참여경험 유무, 생산제품 및 서비스

- 기업: 스포츠이벤트 가치, 전문성, 계절성, 비용효과, 매체노출 효과, 대중의 선호도, 장소의 근접성, 판매기회

Q 스폰서십에 참여를 희망하는 기업이 내부 기준으로 검토해야 할 사항을 3가지 이상 쓰시오.

A 참여능력, 참여비용, 시간적 여유, 기업 및 상품 이미지 제고 가능성, 표적시장과 측정가능성

Q Meenaghan이 제시한 스폰서십 효과를 측정하기 위한 요인을 3가지 이상 쓰시오. 매우중요

A
① 미디어 노출량 측정
② 상품 판매도 측정
③ 비용에 따른 효과 정도
④ 고객의 피드백 정도
⑤ 고객의 인지도 측정

Q 매복마케팅의 특징과 방지방안에 대해 기술하시오. 매우중요

A 매복마케팅(앰부시마케팅, ambush marketing)이란 대회 주최기관의 승인 없이 기업의 상표나 상품 로고 등을 노출시켜 소비자와의 커뮤니케이션 향상과 판매 촉진을 목적으로 하는 마케팅의 일종이다. 매복마케팅의 특징은 다음과 같다. 사전에 철저하게 계획된 의도적인 활동으로 경쟁사인 공식 스폰서에게 피해를 입히고자 한다. 또한 스폰서 권리를 침해하지 않는 범주 내에서 활동을 해야 하기 때문에 공식 스폰서 못지않은 비용으로 짧은 기간 동안 진행된다. 매복마케팅의 유형은 중계방송의 중간방송, 경기장 주변의 별도 프로모션 및 옥외광고판 활용, 선수와 단체 등과 교섭하면서 마케팅 활동 추진 등이 있다. 매복마케팅 방지방법은 법과 제도적 규제를 강화하고, 공식 스폰서의 광고·홍보기간을 충분히 확대할 수 있게 하는 것이다. 스폰서의 권리를 보장하는 기간을 행사기간에 국한시키지 않고, 대폭 확대하는 레버리징(leveraging) 프로그램을 활용할 수 있다.

Q 그레이의 스폰서십 6P 중 4가지만 쓰시오.

A 플랫폼, 동업, 편재, 선호, 구매, 보호 중 선택

> **Moon's Advice**
>
> 스포츠스폰서십 6P(그레이, D. P. Gray)
> ㉠ 플랫폼(Platform): 이해 당사자 간의 목적 달성을 위한 교환의 장을 잘 형성해야 한다.
> ㉡ 동업(Partnership): 스포츠단체와 기업 스폰서 간의 동반자적 관계형성을 잘 해야 한다.
> ㉢ 편재(Presence): 소비자가 제품을 선택하기 위해 접근이 쉽고, 구매하여 사용하기가 편리해야 한다.
> ㉣ 선호(Preference): 인지도를 높이기 위해 선호도를 강화할 수 있는 수단을 제공해야 한다.
> ㉤ 구매(Purchase): 스포츠이벤트 자산을 활용해 소비자의 구매를 유도해야 한다.
> ㉥ 보호(Protection): 스폰서 권리를 보호해야 한다.
> ※ 여섯 가지 요인 중 4가지를 선택해서 각각 설명하라는 문제로 나올 수 있음

> **Moon's Advice**
>
> 스포츠 마케팅의 구조 혹은 종류에 대해 각각 개념과 예시를 제시하는 문제가 나올 수 있음
>
> | | | |
> |---|---|---|
> | 스포츠의 마케팅 (marketing of sports) | 주체 | 스포츠기관, 단체, 센터 등(IOC, FIFA, 프로스포츠 연맹, 스포츠센터 등) |
> | | 의미 | 스포츠기관 및 단체가 스포츠 자체를 소비자와 교환하는 활동 |
> | | 예시 | 올림픽 주최기관 IOC, 월드컵 주최기관 FIFA, 프로스포츠 주최기관(야구위원회, 한국프로축구연맹, 한국농구연맹, 한국배구연맹 등)은 올림픽, 월드컵, 프로스포츠 리그란 상품을 소비자와 거래함 |
> | | 범위 | 입장권 판매, 경기관중 동원, 스포츠시설 회원 확보, 스포츠용품 판매활동 등 |
> | 스포츠를 통한 마케팅 (marketing through sports) | 주체 | 기업 |
> | | 의미 | 기업이 고객과의 커뮤니케이션을 극대화하고자 하는 마케팅 활동 |
> | | 예시 | 올림픽은 TOP(The Olympic Partner) 프로그램으로 10여 개의 세계 기업과 공식 스폰서를 운영한다. 올림픽의 공식 스폰서인 삼성전자, 월드컵의 공식 스폰서인 현대 자동차는 스포츠를 통해 마케팅을 하고 있음 |
> | | 범위 | 스폰서십, 선수보증광고, 라이선싱(licensing), 머천다이징(merchandising) 등 |

CHAPTER 11 스포츠이벤트 중계권 관리

Q 스포츠가 미디어에 미치는 영향을 3가지 이상 쓰시오. 매우중요

A ① 광고수익을 증대시킨다.
② 첨단기술이 도입된다.
③ 보도기술이 발전된다.
④ TV 중계권 가격이 상승한다.
⑤ 방송 프로그램을 다변화할 수 있다.(일반 프로그램보다 효율성, 효과성 측면에서 유리)

Q 미디어가 스포츠에 미치는 영향을 3가지 이상 쓰시오. 매우중요

A ① 스포츠 룰(rule)을 변화시킨다.
② 경기스케줄 변경시킨다.
③ 스포츠조직의 안정적 재원 조달에 기여한다.
④ 스포츠 상업화, 대중화, 세계화를 촉진한다.
⑤ 스포츠 과학화 및 경기력 향상에 기여한다.
⑥ 뉴 스포츠 종목을 변화시킨다.

CHAPTER 12 스포츠정보 분석

Q 스포츠시장의 양적 데이터 수집방법을 2가지 쓰시오. (단답형)

A 질문지법, 실험법

Q 스포츠정보 분석에서 질적 데이터 수집방법을 3가지 이상 쓰시오. (단답형)

A 면접법, 관찰법, 표준화검사법, 델파이검사법

> **Moon's Advice**
>
> 각각 특성을 숙지하고 서술형 문제에도 대비하길 바랍니다.
> ※ 양적 데이터 수집방법
> ① 질문지법
>   ㉠ 장점: 다수 대상으로 대량의 자료를 수집하는 데 적합, 시간과 비용 측면에서 비교적 효율적, 수량화된 자료이 므로 정확성과 객관성이 높음
>   ㉡ 단점: 문자 언어를 통해 조사할 경우 문맹자에게 활용하기 어려움, 회수율과 응답률이 낮음, 무성의한 응답률과 악의적 응답 가능성, 표본의 대표성이 낮을 경우 조사결과를 일반화하기 어려움
> ② 실험법
>   ㉠ 장점: 인과관계의 파악을 통해 법칙을 발견하는 데 유리함, 정확성·정밀성·객관성이 높은 결론을 도출, 집단 간 비교분석이 용이
>   ㉡ 단점: 자연과학의 실험과 달리 사회과학에서는 엄격하게 통제된 실험이 어려움, 실험대상이 인간이라는 점에서 윤리적 문제 발생, 통제된 상황에서의 실험결과를 실제 사회에 적용하는 데 한계
> ※ 질적 데이터 수집방법
> ① 면접법
>   ㉠ 절차: 면접자 선정 → 면접자 훈련 실시 → 면접 장소와 시간 전달 → 면접 실시 → 면접 내용 기록
>   ㉡ 유형: 구조에 따른 면접(구조화 면접, 비구조화 면접, 반구조화 면접), 방법에 따른 면접(인터뷰, 서적, 디지털 콘텐츠를 이용한 정보수집)
> ② 관찰법
>   ㉠ 절차의 조직성에 따른 분류: 조직적 관찰, 비조직적 관찰
>   ㉡ 참여 정도에 따른 분류: 참여관찰, 비참여관찰, 준참여관찰
>   ㉢ 관찰상황의 통제 여부에 따른 분류: 자연적 관찰, 통제적 관찰
>   ㉣ 관찰시점에 따른 분류: 직접관찰, 간접관찰
>   ㉤ 관찰사실 공개 여부에 따른 분류: 공개적 관찰, 비공개적 관찰
> ③ 표준화검사법: 최대수행검사, 전형적 수행검사, 검사매체에 의한 검사, 검사인원 수에 따른 분류

④ 델파이검사법: 전문가의 의견과 판단을 수렴하는 조사방법
　㉠ 장점: 직접 대면하고 회의할 때보다 시간과 노력이 덜 소요, 익명성과 독립성, 개인이나 집단압력으로부터 소수의 의견도 존중됨
　㉡ 단점: 질문지처럼 회수율이 낮음, 피드백 절차로 인해 비교적 장기간 소요, 응답자의 불성실한 응답과 조작될 가능성, 상호작용을 할 수 없음

Q 질문지법의 장점과 단점을 서술하시오.

A 질문지법의 장점은 대량의 자료를 수집하는 데 적합하고 시간과 비용 측면에서 비교적 효율적으로 확보된 수량화된 자료이므로 정확성과 객관성이 높다. 반면, 단점은 문자 언어를 통해 조사할 경우 문맹자에게 활용하기 어렵고, 회수율과 응답률이 낮다는 점이다. 또한 무성의한 응답률과 악의적 응답 가능성이 있고 표본의 대표성이 낮을 경우 조사결과를 일반화하기 어려울 수 있다.

Q 델파이검사법의 장점과 단점을 기술하시오.

A 델파이검사법의 장점은 직접 대면하고 회의할 때보다 시간과 노력이 덜 소요되며 익명성과 독립성을 통해 개인이나 집단압력으로부터 소수의 의견도 존중된다는 점이다. 반면, 단점은 질문지처럼 회수율이 낮고, 피드백 절차로 인해 비교적 장기간이 소요된다. 또한 응답자의 불성실한 응답과 조작될 가능성을 배제할 수 없다.

Q 스포츠마케팅 조사방법에서 탐색조사의 종류를 3가지 이상 쓰시오. (단답형)

A 문헌조사, 전문가조사, 사례조사, 표적집단면접법

Moon's Advice

마케팅 조사방법에 대해 각각의 특성과 차이를 숙지하길 바랍니다.

◇ 스포츠마케팅 조사방법 **매우중요**

탐색조사	• 당면한 문제를 정확하게 파악하여 마케팅 프로젝트를 수행 －문헌조사: 다른 사람이 만든 각종 자료를 분석 －전문가조사: 해당 분야의 전문가 지식과 경험을 분석 －사례조사: 현재 상황과 유사한 사례를 파악하고 분석 －표적집단면접법: 특정한 주제를 응답자 집단 대상으로 자유로운 토론을 통해 정보 수집, 분석
기술조사	• 경쟁상황, 소비자 변화 등 시장상황을 분석하기 위해 수행 －횡단조사: 현장조사, 표본조사 등 관심이 있는 모집단에서 단 1회에 걸쳐 선정, 조사 －종단조사: 조사대상자들로부터 여러 차례의 응답자료 조사

기술조사	– 코호트조사: 처음 조건이 주어진 집단(코호트)에 대해 미래의 경과와 결과를 알기 위해 조사하는 방법(cohort study) – 경향조사: 복수 시점에서 수집된 데이터를 분석
인과조사	• 마케팅 현상의 원인과 결과 간의 관계를 규명하는 조사 – 독립변수(원인변수)와 종속변수(결과변수)에 미치는 영향, 크기, 방향을 조사
패널조사	조사대상을 패널로 고정시켜 놓고 동일한 주제에 대해 반복적으로 진행하는 조사
포커스그룹조사	한 명의 진행자가 소수의 응답자를 한 장소에 모아 놓고 조사 주제와 관련해 대화, 토론을 통해 자료 수집

Q 코호트조사에 대해 기술하시오.

A 코호트조사란 처음 조건이 주어진 집단(코호트)에 대해 미래의 경과와 결과를 알기 위해 조사하는 방법(cohort study)이다.

Q 패널조사에 대해 기술하시오.

A 패널조사란 조사대상을 패널로 고정시켜 놓고 동일한 주제에 대해 반복적으로 진행하는 조사이다.

CHAPTER 13 스포츠라이선싱 계약

권리관계 파악 및 효과

Q 스포츠라이선싱에 대해 기술하시오.

A 라이선스(license)란 경제적 가치를 지닌 지적 재산권을 사용할 수 있도록 허가하는 일이다. 스포츠라이선싱(sports licensing)은 특허권, 상표권, 브랜드명 등의 경제적 가치를 갖고 있는 스포츠단체로부터 사용권한을 승인받아 사용하는 마케팅 수단이다. 스포츠라이선싱에는 기업의 촉진계획을 실현할 목적으로 스폰서십을 포함한 개념인 촉진 라이선싱과 기존의 제품에 스포츠자산을 부착해 판매를 증진할 목적인 판매 라이선싱이 있다.

Moon's Advice

라이선서와 라이선시의 권리와 기대효과를 이해하길 바랍니다.

◇ 스포츠라이선싱 구조 **매우중요**

라이선서 (licensor, 허가하는 자)	• 경제적 가치(특허권, 상표권, 브랜드명 등)를 통해 재산권을 행사할 수 있는 권리를 갖고 있음 • IOC, FIFA, 프로스포츠단체(KBO 등) • 라이선싱 수수료 수입 • 새로운 제품영역 확장에 따른 부가가치 창출 • 기업과의 우호적 관계
라이선시 (licensee, 허가받은 자)	• 라이선서의 권리를 이용해 이윤을 추구하는 주체(기업) • 상품판매 부가가치 창출 • 기업 인지도 제고 • 상품 이미지 제고

※ 라이선싱의 이점을 조직 관점과 기업 관점에서 각각 3가지씩 쓰라는 문제 형식으로 나올 수 있음. 조직은 라이선서(licensor)이고, 기업은 라이선시(licensee)임

Q 스포츠 라이선싱의 유형 2가지를 분류하시오. (단답형)

A 판매 라이선싱, 촉진 라이선싱

> **Moon's Advice**
>
> 스포츠라이선의 유형에 대한 서술형, 단답형 문제에도 대비하길 바랍니다.
> ※ 스포츠라이선싱의 유형
> ① 판매 라이선싱(sales licensing)
>   ㉠ 자산에 따른 분류
>   - 캐릭터 또는 엔터테인먼트 라이선싱: 만화, TV 프로그램, 영화, 비디오 게임 이용
>   - 스포츠 브랜드 라이선싱: 기업명, 로고, 브랜드명 이용
>   - 패션 라이선싱: 디자이너 이름 사용
>   - 스포츠 라이선싱: 팀, 스포츠단체, 스포츠행사 명칭 사용
>   - 대학 라이선싱: 대학 명칭 사용
>   - 예술 라이선싱: 예술 작품 이미지 사용
>   ㉡ 계약에 따른 분류
>   - 독점 라이선싱: 한 가지 계열의 제품을 한 지역에서만 판매
>   - 비독점 라이선싱: 두 개 이상의 라이선시가 동일한 계열의 제품을 동일한 지역에서 판매
>   - 공통 라이선싱: 두 개 이상의 라이선서가 동일한 판매제품에 지적재산권이 사용되는 것을 허가
>   - 크로스 라이선싱: 두 개 이상의 기업이 상대방에게 자신의 지적재산권 판매사용 허가
> ② 촉진 라이선싱(promotional licensing): 타인이 촉진활동을 위해 사용하고자 하는 제품에 라이선서가 소유하고 있는 자산사용 허가

Q 스포츠라이선싱 수익모델 중에서 거래 수수료형 모델에 대해 설명하시오.

A 거래 수수료형 모델이란 스포츠상품을 거래할 때마다 발행하는 수수료를 통해 수익창출을 한다.

> **Moon's Advice**
>
> 다양한 수익모델을 이해하고 서술형과 단답형 문제에 대비하길 바랍니다.
> ※ 스포츠라이선싱 수익모델
> ① 구독형 수익모델: 스포츠 신문, 기사, 주제 등 고객 리뷰, 논평 등을 판매해 수익 창출
> ② 거래 수수료형 수익모델: 스포츠 관련 상품을 거래할 때마다 수수료를 통한 수익 창출
> ③ 판매형 수익모델: 고객에게 스포츠 관련 상품, 정보 판매를 통해 수익 창출
> ④ 제휴형 수익모델: 스포츠 관련 상품을 제휴 웹 사이트를 통해 소개료, 고객이 구입한 금액의 일부를 받아 수익 창출
> ⑤ 광고형 수익모델: 전자 상거래의 가장 큰 수익모델로 상품과 유통비용은 고객들에게 무료 제공하면서 광고를 노출하기 위해 드는 상품과 유통비용을 광고주로부터 나오게 하는 방식의 수익 창출

Q 라이선서와 라이선시 간의 계약 체결을 통해 발생하는 효과를 각각 2개씩 쓰시오. **매우중요**

A
- 라이선서: 마케팅 도구로 활용, 로열티 수입
- 라이선시: 브랜드 노출 증가, 신시장 개척

> **Moon's Advice**
>
> 상호 계약을 통한 발생효과를 숙지하길 바랍니다.
> ※ 라이선서(Licensor)로 계약 시 발생효과
> ① 마케팅 도구: 브랜드 확장과 노출의 도구
> ② 로열티 수입: 해당 재산권에 대한 대여를 통한 일정한 대가
> ③ 소비자층 확대: 새로운 제품 품목 개발
> ④ 새로운 품목의 시장 테스트 가능: 해외시장 진출 시 리스크를 줄임
> ⑤ 브랜드나 지적자산의 재정비: 현재 브랜드 이미지 변경 및 탈피
> ⑥ 브랜드명, 이미지에 대한 통제력 강화: 상표권 침해 방지 용이
>
> ※ 라이선시(Licensee)로 계약 시 발생효과
> ① 시간과 비용 절약: 자체 브랜드 창조에 드는 시간과 비용 절약
> ② 판매망 확대: 특허, 노하우, 등록상표, 기술공정 등을 기존 판매망보다 넓은 판매망 구축
> ③ 노출 증가: 상품 및 브랜드 노출
> ④ 신시장 개척: 다른 새로운 시장 개척
> ⑤ 이윤 증대: 특정 제품의 생산, 사용, 판매, 전시를 통한 이익 창출

📝 상호 계약

Q 라이선서(Licensor)가 라이선시(Licensee)와의 계약을 체결하기 전에 파악해야 할 내부역량을 3가지 쓰시오.

A
① 회사 연혁, 임원진, 재무구조 등 기업의 안전한 구조형태 파악
② 라이선싱 경험 파악
③ 가치창출을 도모할 수 있는 상표, 기술, 머천다이징, 브랜드명칭 등 권리 파악

> **Moon's Advice**
>
> 라이선시 내부역량 고려사항도 숙지하길 바랍니다.
> ※ 라이선시 내부역량 고려사항
> ㉠ 회사 연혁, 임원진, 재무구조 등 기업의 안전한 구조형태 파악(라이선서와 공통사항)
> ㉡ 라이선싱 경험 파악(라이선서와 공통사항)
> ㉢ 상품의 생산 능력 파악

Q 스포츠라이선싱의 권리 종류에 따른 계약분류 2가지를 쓰시오. (단답형)

A 실시권 계약, 상표사용권 계약

> **Moon's Advice**
>
> 실시권 계약과 상표사용권 계약의 각각 개념을 숙지하길 바랍니다.
> ※ 스포츠라이선싱 권리종류에 따른 계약
> ① 실시권 계약: 특허, 실용신안, 디자인권
> ② 상표사용권 계약: 전용사용권, 통상사용권
>   • 전용사용권: 상표권자는 타인에게 전용사용권을 부여
>   • 통상사용권: 통상사용권자는 등록상표를 사용권 설정의 범위 안에서 그 지정 상품에 대해 사용할 수 있는 권리

Q 스포츠라이선싱 계약서 작성 전에 유의해야 할 사항을 기술하시오.

A ① 라이선서와 라이선시 간의 문제가 발생했을 때 효과적인 해결책을 마련해야 한다.
② 상호의 법인명, 소재지, 대표자 성명, 주소와 법적인 계약 여부를 확인해야 한다.
③ 라이선서와 라이선시의 계약 당사자들은 서로에게 가장 유리한 계약체결을 하기 위해 노력해야 한다.

Q 스포츠라이선싱 계약서에 포함돼야 할 핵심조항 6가지를 쓰시오. (단답형)

A 제품 독점성의 지역 범위, 하위 라이선싱으로의 양도 가능성 여부, 라이선스 제품 규정, 품질관리와 인증, 도안과 디자인 소유권, 계약 갱신 및 종료 기간

> **Moon's Advice**
>
> 나머지 조항도 숙지하길 바랍니다.
> ※ 스포츠라이선싱 계약의 핵심조항
>   지역의 범위와 제품 독점성, 양도 가능성과 하위 라이선싱 권리, 자산과 라이선스 제품의 규정, 품질 관리와 인증, 도안과 디자인에 대한 소유권, 계약 갱신 및 관계의 종료, 선금과 진행 로열티 대금, 라이선시의 유통에 대한 제한, 라이선서의 재산권에 대한 표시와 보증, 라이선시를 위한 이행 기준, 책임 보험, 손해배상, 상표권 및 저작권 침해의 준수 의무, 라이선시의 회계 및 기록 체크, 라이선서의 회계 감사 권리, 캐릭터와 이미지의 확장과 변형에 대한 1차 거부권, 라이선서의 기술 및 촉진 자원의 유효성

스포츠 에이전트

Q 스포츠 에이전시의 유형을 3가지 이상 쓰시오. (단답형)

A 국제 스포츠마케팅 에이전시, 선수관리 에이전시, 광고 스포츠에이전시

> **Moon's Advice**
>
> '국천광선풀' 기억나시나요? 국제 스포츠 마케팅 에이전시, 라이선싱과 머천다이징 전문 에이전시, 광고 스포츠에이전시, 선수관리 에이전시, 풀 서비스 에이전시/ 스포츠 에이전트의 종류는 선수 에이전트, 매치 에이전트까지 기억하길 바랍니다.

Q 스포츠에이전트의 사업구조에 대해 설명하시오.

A 스포츠에이전트의 사업구조 주제는 선수, 특정 이해관계자, 에이전트가 있다.
첫째, 선수는 특정 이해관계자와의 계약을 통해 수입을 얻게 된다. 특정 이해관계자는 프로구단, 용품회사, 광고회사 등이 있다.
둘째, 특정 이해관계자는 선수와의 계약을 통해 목적을 달성하고자 한다. 즉, 프로구단은 이적 및 연봉협상 계약체결을 통해 선수의 경기력, 상품가치 등을 활용하게 된다. 용품회사는 선수에게 용품을 협찬하는 대가로 선수의 초상권 등 상품가치를 활용하게 된다. 광고회사는 광고시장에 선수를 노출시킴으로써 특정 기업의 인지도와 상품 이미지를 높이고 판매촉진을 기대하게 된다.
마지막으로 스포츠 에이전트는 선수를 대리하여 협상 및 계약을 담당하며 선수로부터 일정요율의 수수료를 통해 수입을 얻게 된다.

Q 선수보증광고에 대해 설명하시오.

A 스포츠스타처럼 유명한 선수를 활용해 특정 제품을 촉진하기 위한 일종의 선수 스폰서십(athlete sponsorship)으로 인도스먼트(endorsement)라고 불린다. 인도스먼트는 유명선수로 한정되기 때문에 선수 스폰서십에 비해 많은 비용을 지불해야 한다. 또한 즉각적인 효과를 기대하는 만큼 잠재적으로 위험부담이 클 수도 있다.
반면 선수 스폰서십은 기업의 가치와 이상을 실현하기 위해 잘 알려지지 않은 선수라도 협찬을 할 수 있어 즉각적인 효과를 기대하지 않는다는 점에서 인도스먼트와 다르다.

Q 스포츠에이전트의 역할에 대해 설명하시오.

A 스포츠에이전트의 역할은 크게 세 가지로 분류할 수 있다.
첫째, 스포츠법률 지원 역할을 한다. 선수의 성명·상호·초상이 갖는 경제적 가치를 보호하기 위해 퍼블리시티권 관리를 하고, 선수 권익을 위해 고용, 협찬, 기타 선수계약 체결 및 이행과정을 보호하는 스포츠법률 지원을 한다. 또한 선수의 정신적·신체적 컨디션 및 자산관리를 지원한다.
둘째, 선수 마케팅 활동을 관리하는 역할을 한다. 선수 경쟁력을 파악하기 위한 선수정보를 파악하고, 미디어와의 우호적 관계설정을 위한 미디어 관계 관리를 한다. 또한 경기 외적인 활동을 통해 이미지를 높이기 위한 사회공헌활동을 관리한다.
마지막으로 선수계약 대리 역할을 한다. 선수 경쟁력의 객관적 평가, 이적 가능한 팀을 물색하여 선수 이적을 협상하고 계약을 한다. 선수 경쟁력의 수치화를 통해 구단과의 연봉협상 및 계약체결을 한다. 또한 선수와 용품협찬업체 간의 상호 이익을 분석, 협찬 가능한 기업을 물색하여 선수용품 협찬을 협상하고 계약을 한다. 더불어 선수의 광고가치를 분석, 광고대상을 선정하여 선수광고 계약을 협상하고 계약을 한다.

Q 프로스포츠의 팀 간 전력평준화를 위해 실시되고 있는 제도를 4가지 쓰시오. (단답형) **매우중요**

A 드래프트 제도, 트레이드, 샐러리 캡, 웨이버 공시

Moon's Advice

각각의 개념도 숙지하고 각각을 묻는 서술형 문제도 대비하길 바랍니다.

◇ 전력평준화 제도 **매우중요**

전력 평준화 제도	드래프트 제도 (Draft System)	• 일정 자격요건을 갖춘 선수를 프로연맹 등 스포츠단체의 주관 아래 성적 역순 등의 다양한 방법으로 구단에게 지명권을 부여, 선수를 지명, 선발하는 제도 • 한 시즌의 최상위팀에게 계속 우수선수를 스카우트하지 못하게 하는 효과 • 최하위팀에게 우수선수를 먼저 스카우트할 수 있도록 배려하는 제도로서 의미가 있음
	트레이드 (Trade)	선수의 보유권을 가지고 있는 선수의 보유권 및 기타 권리를 타 구단에게 이전하는 것
	샐러리 캡 (Salary Cap)	• 각 구단이 당해 시즌에 각 구단 보유 선수에게 지급하기로 한 연봉 총상한제 • 소속선수 연봉합계가 일정액을 초과할 수 없도록 규정 • 한 선수에게만 연봉이 쏠리지 않게 하는 배분효과 • 재정이 부족한 팀의 무분별한 스카우트 제지하는 효과 • 반대되는 제도로 '래리 버드 룰'이 있음
	웨이버 공시 (Waiver)	• 구단이 소속 선수와의 계약을 일방적으로 해제하는 방법(방출) • 프로스포츠 구단 등에서 선수에 대한 권리를 포기하는 것 즉, 구단에 소속된 선수를 일방적으로 방출하면서 일정기간 동안 다른 팀들에게 그 선수를 데려갈 의향이 있는지 물음

Q 선수보증 FRED의 4가지 요인은? `매우중요`

A 친근함, 관련성, 존경심, 차별성

> **Moon's Advice**
>
> 각각의 개념도 숙지하고 각각을 묻는 서술형 문제도 대비하길 바랍니다.
>
> ◇ 유명선수 선정기준 FRED 요인(Dyson & Turco)
>
> | | |
> |---|---|
> | Familiarity(친근함) | 대중들이 유명 선수에게 느끼는 친근함 |
> | Relevance(관련성) | 대중들이 인식하기에 유명 선수와 기업 제품과의 관련성 |
> | Esteem(존경심) | 유명 선수에 대한 존경심 혹은 존중하는 마음 |
> | Differentiation(차별성) | 유명 선수와 경쟁 선수 혹은 일반 선수들과의 차별성 |
>
> ※ 네 가지 요인을 각각 설명하라는 문제로 나올 수 있음

CHAPTER 14 실기 답안 작성 연습

> **Moon's Advice**
> 앞서 학습할 내용을 되짚어보면서 답변을 작성해보시기 바랍니다. 예시답안은 PART 05 CHAPTER 01~13을 참고하시기 바랍니다.

CHAPTER 01 스포츠용품 개발

스포츠제품

Q 스포츠 소비재로서 편의품, 선매품, 전문품에 대해 기술하시오.

A

Q 스포츠제품의 물리적 특성에 따른 분류로서 비내구재와 내구재의 차이점을 기술하시오.

A

Q 다음 중 선매품을 〈보기〉에서 고르시오. (단답형)

| 보기 |
스포츠 이온음료, 스포츠 타월, 패러글라이딩 캐노피, 양궁의 활, 골프클럽, 배드민턴 공, 스키장비, 테이핑 밴드, 스포츠의류, 등산복

A

Q 스포츠제품의 수명주기(PLC; Product Life Cycle) 4단계를 각각 기술하시오.

A

Q 스포츠제품의 수명주기 중 도입기에 대해 기술하시오.

A

Q 제품수명주기별 특징 중 성장기에 대해 설명하시오.

A

Q 제품의 5가지 차원을 놓고 스포츠경기를 대입하여 설명하시오.

A

Q 필립 코틀러가 제시한 제품의 다섯 가지 차원에 알맞은 제품의 개념을 쓰시오. (단답형)

핵심제품 → (㉠) → 기대제품 → (㉡) → 잠재제품

A

Q 제품의 3가지 차원을 놓고 운동화를 대입하여 기술하시오.

A

Q Mullin, Hardy, & Sutton이 제시한 스포츠서비스 제품의 특성을 4가지 이상 쓰시오.

A

스포츠용품 검증

Q 스포츠용품의 개발 과정에 알맞은 용어를 쓰시오. (단답형)

아이디어 창출 → 용품 선정 → (㉠) → 용품 개발 → (㉡) → 실행

A

Q 가치공학(VE)과 가치분석(VA)에 대해 설명하시오.

A

Q 모듈러 설계(Modular Design)와 로버스트 설계(Robust Design)에 대해 설명하시오.

A

Q 스포츠용품 시제품의 신뢰성 검사 3가지를 쓰시오. (단답형)

A

CHAPTER 02 스포츠시설 사업 타당성
스포츠시설 경영 및 개발

Q 스포츠시설의 경영 방법에 대해 기술하시오.

A

Q 스포츠시설 위탁경영의 특징과 유의할 사항에 대해 기술하시오.

A

Q 스포츠시설의 간접경영 방식 2가지를 쓰시오. (단답형)

A

Q 공공스포츠시설의 위탁경영에 대한 장점과 단점을 각각 기술하시오.

A

Q 스포츠시설의 제3섹터 개발에 대해 설명하시오.

A

Q 스포츠시설의 제3섹터 개발을 하기 위한 전제조건을 3가지 쓰시오.

A

스포츠시설 설계 및 입지선정

Q 스포츠시설 설계 시 고려할 사항을 3가지 이상 쓰시오. (단답형)

A

Q 스포츠시설 배치의 기본원칙을 3가지 이상 쓰시오. (단답형)

A

Q 스포츠시설의 입지선정 시 고려할 사항을 3가지 이상 쓰시오.

A

Q 스포츠시설의 수요예측방법 3가지를 설명하시오.

A

Q 스포츠시설의 부지선정 방법 중 가중치 이용법에 대해 설명하시오.

A

Q 스포츠시설 입지선정의 수요예측을 하기 위한 중력모델법에 대해 설명하시오.

A

Q 어느 지자체가 시민들이 이용할 수 있는 스포츠센터를 건설하고자 한다. 이 공공체육시설의 입지를 고려해보니 4가지 대안(A~D)이 나왔다. 가장 적합한 스포츠센터의 입지는?

입지요인	가중치	A입지	B입지	C입지	D입지
교통환경	0.3	80	80	70	80
경쟁자	0.2	70	90	80	70
상권형성	0.3	80	80	90	90
유동, 거주인구	0.2	90	80	80	70

A

Q 어느 기업이 도심지에 체력센터를 짓고자 한다. 가장 상권이 발달한 지점을 기준으로 민간체육시설의 입지를 고려해보니 4가지 대안(A~D)이 나왔다. 가장 매력도가 높은 체력센터는?
A입지: 200평 규모, 15분 거리   B입지: 250평 규모, 20분 거리
C입지: 180평 규모, 12분 거리   D입지: 300평 규모, 25분 거리

A

CHAPTER 03 스포츠시설 내부 디자인

Q 스포츠시설 배치의 기본 원칙을 4가지 이상 쓰시오.

A

Q 스포츠시설 집기와 비품의 표준규격 조건을 4가지 이상 쓰시오. (단답형)

A

Q 스포츠시설 실내동선의 고려사항을 3가지 이상 쓰시오.

A

CHAPTER 04 스포츠시설 경영기획

기업 및 경영층

Q 경영 전략의 수준에 대해 기술하시오.

A

Q 기업의 전사적 전략과 사업부 전략의 차이점을 설명하시오.

A

Q 스포츠 조직의 기능별 전략에 대해 기술하시오.

A

Q 카츠(R. Kartz)의 경영자의 계층별 기술과 의사결정 유형에 대해 기술하시오.

A

Q 카츠가 제시한 경영자 기술의 3가지는 무엇인가? (단답형)

A

조직구성 및 형태

Q 민츠버그(H. Minzberg)의 5가지 조직 구성 요인에 대해 설명하시오.

A

Q 민츠버그가 제시한 조직 구성 요인 중 3가지를 쓰시오. (단답형)

A

Q 민츠버그가 제시한 조직 구성 요인 중에서 중간관리층(Middle Line)의 특성을 설명하시오.

A

Q 민츠버그가 제시한 조직 구성 요인 중에서 핵심운영층(Operating Core)의 특성을 설명하시오.

A

Q 민츠버그(H. Minzberg)의 5가지 조직 구성 유형에 대해 설명하시오.

A

Q 민츠버그가 제시한 기계적 관료제 구조에 대해 기술하시오.

A

Q 민츠버그가 제시한 전문적 관료제 구조에 대해 기술하시오.

A

Q 민츠버그가 제시한 애드호크러시 구조에 대해 기술하시오.

A

리더십

Q 리더십 이론에 대해 기술하시오.

A

Q 카리스마 리더십에 대해 기술하시오.

A

Q 피들러(F. E. Fiedler)가 상황적합성 이론을 설명하기 위해 제시한 세 가지의 상황변수는 무엇인가? (단답형)

A

Q 허시(P. H. Hersey)와 블랜차드(K. Blanchard)가 제시한 상황대응이론을 기술하시오.

A

Q 하우스(R. J. House)의 경로-목표 이론에 따르면 리더의 역할은 구성원들에게 길(path)을 따라 목표지점(goal)에 이르도록 한다는 개념이 내포돼 있다. 그가 제시한 네 가지 유형의 리더는 무엇인가? (단답형)

A

Q 거래적 리더십과 변혁적 리더십의 차이를 기술하시오.

A

동기부여

Q 동기부여이론에 대해 기술하시오.

A

Q 매슬로우의 욕구단계이론을 완성하시오. (단답형)

생리적 욕구 → 안전 욕구 → (㉠) → 존경 욕구 → (㉡)

A

Q 매슬로우의 욕구단계이론에 대해 기술하시오.

A

Q 앨더퍼의 ERG이론에 대해 설명하시오.

A

Q 허츠버그의 동기부여 2요인이론(Two Factor Theory)을 설명하시오.

A

Q 브룸의 기대이론(expectancy theory)에서 제시한 동기부여 강도에 관한 세 가지 요인을 쓰시오. (단답형)

A

커뮤니케이션(의사소통)

Q 조직 내에서 커뮤니케이션이 발생하는 원인과 대응방안에 대해 기술하시오.

A

Q 조직 내에서 의사소통이 안 되는 원인 세 가지는 무엇인가? (단답형)

A

사업 분석

Q 기업의 사업포트폴리오 분석방법 중에서 BCG(Boston Consulting Group) 매트릭스의 개념과 4가지 유형별 특징을 기술하시오.

A

Q BCG 매트릭스에서 별(Star) 사업부의 특징을 기술하시오.

A

Q 기업의 사업포트폴리오 분석에서 자금젖소(Cash Cow) 사업부의 주요 전략 유형은 무엇인가?

A

Q GE 매트릭스에 대해 기술하시오.

A

CHAPTER 05 스포츠시설 마케팅

시장 분석

Q 스포츠마케팅 프로세스인 STP에 대해 기술하시오.

A

Q 시장세분화의 필요성을 쓰시오.

A

Q 시장세분화 5가지 조건을 기술하시오.

A

Q 시장세분화의 다섯 가지 조건 중 3가지를 쓰시오. (단답형)

A

Q 시장세분화의 6가지 기준을 기술하시오.

A

Q 스포츠소비자의 구매의사결정과정을 단계별로 설명하시오

A

Q 스포츠소비자의 5단계 구매의사 결정 과정에서 ㉠, ㉡에 들어갈 내용을 쓰시오. (단답형)

문제 혹은 필요 인식 단계 → 정보수집 단계 → (㉠) → 구매의사 결정 단계 → (㉡)

A

Q 인지적 부조화 현상에 대해 기술하시오.

A

Q 스포츠소비자 행동에 영향을 미치는 내적, 외적 요인에 대해 기술하시오.

A

Q 스포츠소비자의 행동에 영향을 미치는 내적 영향 요인을 4가지 이상 쓰시오. (단답형)

A

Q 스포츠소비자의 행동에 영향을 미치는 외적 영향 요인을 3가지 쓰시오. (단답형)

A

Q 스포츠소비자에 영향을 미치는 요인 중 준거집단에 대해 기술하시오.

A

Q 스포츠소비자의 충성도에 대해 설명하시오.

A

Q 스포츠소비자의 잠재적인 충성도에 대해 설명하시오.

A

Q 소비자의 지속적 관여도와 상황적 관여도에 대해 기술하고, 마케터로서 어떤 전략을 취해야 하는지 기술하시오.

A

Q 스포츠소비자의 고관여 구매행동에 대해 설명하시오.

A

Q 스포츠소비자의 저관여 구매행동에 대해 설명하시오.

A

마케팅 전략

Q 스포츠비즈니스의 가치사슬 모형에 대해 기술하시오.

A

Q 포터의 가치사슬 모형에서 지원 활동에 해당되는 요소 4가지는 무엇인가? (단답형)

A

Q 앤소프(I. Ansoff)의 성장 전략에 대해 기술하시오.

A

Q 앤소프(I. Ansoff)의 성장벡터의 4가지 전략을 쓰시오. (단답형)

A

Q 앤소프가 제시한 시장-제품 매트릭스 모델 유형에서 빈칸에 들어갈 전략을 쓰시오. (단답형)

	기존제품	신규제품
신규시장	(㉠)	(㉡)
기존시장	시장침투	제품개발

A

Q 시장의 매력도 분석에서 포터(M. Porter)의 산업구조를 결정하는 5가지 경쟁요인(5 Forces)에 대해 기술하시오.

A

Q 포터(M. Porter)의 본원적 경쟁 전략에 대해 기술하시오.

A

Q 마이클 포터의 본원적 경쟁 전략의 3가지를 쓰시오. (단답형)

A

Q 마이클 포터의 본원적 경쟁 전략의 4가지를 쓰시오. (단답형)

A

Q 포터(M. Porter)가 제시한 본원적 경쟁 전략에서 빈칸을 채우시오. (단답형)

구분		경쟁우위	
		비용우위	차별화 우위
경쟁범위	산업 전체	비용우위 전략	(㉠)
	산업 특정 부문	(㉡)	차별화 우위 집중화 전략

A

Q 포터가 제시한 비용우위 전략에 대해 설명하시오.

A

Q 스포츠 마케팅 믹스 4P에 대해 각각 설명하시오.

A

Q 수직적 마케팅 시스템(Vertical Marketing System; VMS)에 관해 설명하시오.

A

Q 마케팅 활동과 관련된 푸시(push) 및 풀(pull) 전략에 관해 설명하시오.

A

상품개발

Q 스포츠상품의 개발과정에서 4가지의 환경 분석을 쓰시오. (단답형)

A

Q 스포츠와 관련하여 새로운 상품을 개발하는 절차에 대해 기술하시오.

A

Q 스포츠상품을 개발한 후 소비자가 수용하는 단계를 설명하시오.

A

스포츠가격

Q 스포츠시설의 초기 고가전략과 초기 저가전략에 대해 설명하시오.

A

Q 흡수가격전략을 설명하시오.

A

Q 최근 A 지역에 새로운 스포츠시설 서비스를 제공하기 위해 결정한 차별화 지향 가격 정책에 대해 설명하시오.

A

Q 가격이란 고객이 제품의 효용가치를 인정하여 이익을 얻기 위해 지불하는 금전적 가치를 말한다. 오픈가격(open price)에 대해 설명하시오.

A

Q 심리적 가격을 결정하는 가격 종류를 3가지 쓰시오. (단답형)

A

스포츠장소(유통)

Q 유통경로의 중요성을 3가지 이상 쓰시오.

A

Q 참여스포츠시설의 특징에 따라 공공스포츠시설 관리 운영 시 고려할 사항에 대해 기술하시오.

A

Q 도시지역과 농촌지역의 스포츠시설을 구분하고 각각의 특징과 관리방안을 기술하시오.

A

Q PSL(Permanent Seat License)에 대해 설명하시오.

A

스포츠촉진

Q 스포츠조직의 광고와 홍보의 차이점을 기술하시오.

A

Q 인적판매의 특징을 설명하시오.

A

Q 기업의 전통적인 촉진활동을 3가지 쓰시오. (단답형)

A

CHAPTER 06 스포츠시설 재무관리

가격탄력성 및 재무분석

Q 프로야구장 입장료가 10,000원에서 12,000원으로 인상됐다. 이 경우 관람객 숫자가 8,000명에서 6,000명으로 줄어들었다면 수요의 가격 탄력성은?

A

Q 유동성 비율에 대해 설명하고 2가지 종류에 대해 기술하시오.

A

Q 프로축구 A 구단의 재무 상태가 유동자산 150억원, 유동부채 300억원일 때 A 구단의 유동비율은?

A

Q 모 스포츠용품 회사의 유동자산이 1,000억원인데 이 중 재고자산이 400억원이다. 유동부채가 300억원일 경우 당좌비율은?

A

Q 모 프로야구 구단의 총자본이 800억원이고, 당기순이익이 200억원이라면 이 구단의 총자본순이익율(ROI)은?

A

Q A 스포츠 에이전시는 부채 50억원을 포함해 총 자본이 200억원이고, 당기순이익은 30억원일 때 ROE를 구하시오.

A

손익분기점 및 자본조달

Q A 스포츠용품업체가 생산 판매하는 스포츠제품의 판매가격이 3만원이다. A 사가 이 제품을 생산하기 위해서는 3천만원의 고정비와 단위당 1만5천원의 변동비가 소요된다. A 사의 판매량(수량) 및 금액(비용)에 대한 손익분기점을 구하시오.

A

Q 어느 스포츠제품의 단가가 7,000원, 변동비가 5,000원, 고정비가 1,200,000원일 경우 목표 이익을 500,000원으로 설정한다면 손익분기점(BEP) 매출량은?

A

Q 다음 중 스포츠기업의 자금조달방법 중 간접금융을 통한 방법을 〈보기〉에서 선택하시오. (단답형)

> **보기**
>
> 기업어음, 주식 발행, 민자유치, 은행차입, 채권 발행, 기금지원, 매입채무, 스폰서십, 회원권 발행

A

투자결정 기법

Q 이상적인 투자결정기법을 위한 기준을 4가지 이상 쓰시오.

A

Q 어느 민간사업자가 스포츠센터를 짓고자 한다. 최초 투자금액이 1억원이고 2년 후 현금흐름이 2억원이다. 순현재가치법(NPV)으로 계산한 후 투자를 결정하시오. (단, 할인율 10%)

A

Q A 사업자가 1억원을 투자해서 스포츠센터를 짓고자 한다. 2년 후에 약 1억 3천만원에 매각할 수 있을 거라고 예측하고 있다. 요구수익률(자본비용)이 10%라고 가정할 때 내부 수익률(IRR)은 얼마인가?

A

Q 다음 스포츠시설 관련 투자안(A, B, C)에 대하여 수익성지수(PI)를 통한 투자순위를 바르게 나열한 것은?

- 투자안 A: 투자비용 200만원, 순현가치 410만원
- 투자안 B: 투자비용 150만원, 순현가치 300만원
- 투자안 C: 투자비용 100만원, 순현가치 210만원

A

CHAPTER 07 스포츠시설 서비스 및 안전관리

인적자산관리

Q 인사평가방법 중 3가지를 쓰시오. (단답형)

A

Q 평가자의 의도적인 주관적 인사평가에 따른 오류 3가지를 쓰시오. (단답형)

A

Q 직무분석(job analysis)의 목표와 방법을 기술하시오.

A

Q 직무평가(job evaluation) 방법에 대해 기술하시오.

A

Q 직원교육을 위한 직장 내 교육훈련(OJT, On the Job Training)의 장점과 단점을 설명하시오.

A

고객 서비스

Q 스포츠시설의 고객관계관리(CRM)에 대해 기술하시오.

A

Q 스포츠시설의 고객관계관리의 특성을 3가지 이상 쓰시오.

A

Q 기존고객을 유지하면서 기대할 수 있는 효과를 3가지 이상 쓰시오.

A

Q 신규고객을 유치하고 관리할 때의 특성과 대처방안을 쓰시오.

A

Q 스포츠소비집단에 적용한 파레토의 법칙(Pareto principle)을 설명하시오.

A

Q 스포츠시설의 FCB Grid 모델을 활용한 고객유치전략에서 '고관여-이성' 공간에 대해 설명하시오.

A

Q 스포츠이벤트 수송관리 계획을 할 때 고려해야 할 사항을 3가지 이상 쓰시오.

A

Q 스포츠이벤트 소요량을 산출하는 목적을 3가지 이상 쓰시오.

A

CHAPTER 08 스포츠시설 법률지원

Q 국내 스포츠산업 특수분류 3.0에 따라 분류한 참여스포츠시설 운영업에 해당되는 것을 〈보기〉에서 고르시오. (단답형)

| 보기 |

종합스포츠시설운영업, 체력단련시설운영업, 골프장 운영업, 실외경기장운영업, 스포츠무도장운영업, 낚시장 운영업, 스키장운영업, 경주장운영업

A

Q 국내 스포츠산업 특수분류 3.0에 따라 분류한 스포츠마케팅업에 해당되는 것을 〈보기〉에서 고르시오. (단답형)

| 보기 |

스포츠에이전트업, 스포츠경기업, 스포츠복권 발행 및 판매업, 회원권대행판매업, 태권도교육기관, 온라인·모바일 스포츠게임 개발 및 공급업, 스포츠여행업, 스포츠마케팅대행업

A

Q 국내 스포츠산업 특수분류 3.0에 따라 대분류 3가지 업종을 쓰시오. (단답형)

A

Q 국내 스포츠산업 특수분류 3.0에 따른 분류로서 '스포츠미디어업'에 속한 업종 4가지 이상을 쓰시오. (단답형)

A

Q 스포츠산업의 특성을 설명하시오.

A

CHAPTER 09 스포츠이벤트 전략기획

스포츠브랜드

Q 브랜드 가치를 높이기 위해 브랜드 자산을 구성하는 4가지 요소를 쓰시오. (단답형)

A

Q 스포츠 브랜드의 계열 확장과 범주 확장을 비교하여 기술하시오.

A

Q 스포츠브랜드 확장의 장점과 단점을 각각 2가지씩 쓰시오. (단답형)

A

환경 분석 및 스포츠서비스

Q 스포츠시장 SWOT 분석의 4가지 전략을 기술하시오.

A

Q 스포츠서비스의 특성을 스포츠경기에 대입하여 설명하시오.

A

Q 파라슈라만 등(Parasuraman et al.)이 제시한 서비스 품질 척도를 스포츠센터에 대입하여 설명하시오.

A

CHAPTER 10 스포츠이벤트 마케팅

프로스포츠

Q 프로스포츠의 프랜차이즈 구조와 특징에 대해 설명하시오.

A

Q 프로스포츠의 주요 수입원을 직접수입과 간접수입으로 구분해 각각 3가지 이상 쓰시오. (단답형)

A

Q 프로리그에 진입하려는 신생팀에 가입비를 부담시켜 진입장벽을 높게 하는 이유를 3가지 이상 쓰시오.

A

Q 프로연맹이 신생팀에서 창단가입금을 받는 이유 3가지를 쓰시오.

A

스포츠 스폰서십

Q 스포츠 스폰서십 종류에서 공식스폰서, 공식공급업체, 공식상품화권자의 차이를 기술하시오.

A

Q 스포츠 스폰서십에서 타이틀 스폰서에 대해 서술하시오.

A

Q 스포츠 스폰서십의 계약 구조(스포츠단체, 스폰서, 미디어, 대행사) 및 각 주체의 수익 창출에 대해 기술하시오.

A

Q 스포츠 스폰서십을 통해 스포츠단체(주최·주관자)와 기업의 효과를 각각 3가지 이상 쓰시오.

A

Q 스포츠단체와 기업이 스폰서십을 유치하거나 참여할 때 고려할 사항에 대해 각각 3가지 이상 쓰시오.

A

Q 스폰서십에 참여를 희망하는 기업이 내부 기준으로 검토해야 할 사항을 3가지 이상 쓰시오.

A

Q Meenaghan이 제시한 스폰서십 효과를 측정하기 위한 요인을 3가지 이상 쓰시오.

A

Q 매복마케팅의 특징과 방지방안에 대해 기술하시오.

A

CHAPTER 11 스포츠이벤트 중계권 관리

Q 스포츠가 미디어에 미치는 영향을 3가지 이상 쓰시오.

A

Q 미디어가 스포츠에 미치는 영향을 3가지 이상 쓰시오

A

CHAPTER 12 스포츠정보 분석

Q 스포츠시장의 양적 데이터 수집방법을 2가지 쓰시오. (단답형)

A

Q 스포츠정보 분석에서 질적 데이터 수집방법을 3가지 이상 쓰시오. (단답형)

A

Q 질문지법의 장점과 단점을 서술하시오.

A

Q 델파이검사법의 장점과 단점을 기술하시오.

A

Q 스포츠마케팅 조사방법에서 턴셋조시의 종류를 3가지 이상 쓰시오. (단답형)

A

Q 코호트조사에 대해 기술하시오.

A

Q 패널조사에 대해 기술하시오.

A

CHAPTER 13 스포츠라이선싱 계약
권리관계 파악 및 효과

Q 스포츠라이선싱에 대해 기술하시오.

A

Q 스포츠 라이선싱의 유형 2가지를 분류하시오. (단답형)

A

Q 스포츠라이선싱 수익모델 중에서 거래 수수료형 모델에 대해 설명하시오.

A

Q 라이선서와 라이선시 간의 계약 체결을 통해 발생하는 효과를 각각 2개씩 쓰시오.

A

상호 계약

Q 라이선서(Licensor)가 라이선시(Licensee)와의 계약을 체결하기 전에 파악해야 할 내부역량을 3가지 쓰시오.

A

Q 스포츠라이선싱의 권리 종류에 따른 계약분류 2가지를 쓰시오. (단답형)

A

Q 스포츠라이선싱 계약서 작성 전에 유의해야 할 사항을 기술하시오.

A

Q 스포츠라이선싱 계약서에 포함돼야 할 핵심조항 6가지를 쓰시오. (단답형)

A

스포츠 에이전트

Q 스포츠 에이전시의 유형을 3가지 이상 쓰시오. (단답형)

A

Q 스포츠에이전트의 사업구조에 대해 설명하시오.

A

Q 선수보증광고에 대해 설명하시오.

A

Q 스포츠에이전트의 역할에 대해 설명하시오.

A

Q 프로스포츠의 팀 간 전력평준화를 위해 실시되고 있는 제도를 4가지 쓰시오. (단답형)

A